Gotteskommunikation

Albert Biesinger
unter Mitarbeit von Simone Hiller

Gotteskommunikation

Religionspädagogische Lehr- und Lernprozesse in Familie, Gemeinde und Schule

Matthias Grünewald Verlag

VERLAGSGRUPPE PATMOS

PATMOS
ESCHBACH
GRÜNEWALD
THORBECKE
SCHWABEN

Die Verlagsgruppe
mit Sinn für das Leben

MIX
Papier aus verantwortungsvollen Quellen
FSC® C006701

Für die Schwabenverlag AG ist Nachhaltigkeit ein wichtiger Maßstab ihres Handelns. Wir achten daher auf den Einsatz umweltschonender Ressourcen und Materialien. Dieses Buch wurde auf FSC®-zertifiziertem Papier gedruckt. FSC (Forest Stewardship Council®) ist eine nicht staatliche, gemeinnützige Organisation, die sich für eine ökologische und sozial verantwortliche Nutzung der Wälder unserer Erde einsetzt.

Bibliografische Information der Deutschen Nationalbibliothek
Die Deutsche Nationalbibliothek verzeichnet diese Publikation in der Deutschen Nationalbibliografie; detaillierte bibliografische Daten sind im Internet über http://dnb.d-nb.de abrufbar.

www.gruenewaldverlag.de

Umschlaggestaltung: Finken & Bumiller, Stuttgart
Umschlagabbildung: earlysummer / photocase.com
Druck: CPI – Ebner & Spiegel, Ulm
Hergestellt in Deutschland
ISBN 978-3-7867-2902-0

Ich widme dieses Buch

meinen 1991 verstorbenen Eltern Anton und Martha Biesinger, die es mir unter damals schwierigen Bedingungen ermöglicht haben, zu studieren

meiner Frau Beate Biesinger, unseren Kindern David, Manuel, Benjamin und Ingrid, unseren fünf Enkelkindern Joshua, Lisa Khalea, Chiara Marie, Jonas, Noah und ihren Müttern Julia und Gaelle, denen ich für ihre alltagstaugliche spirituelle Wegbegleitung danke – sie haben mir so manches Licht für meine religionspädagogischen Suchprozesse aufgesteckt

meinen Lehrern Günter Biemer, ohne den ich nie Religionspädagoge geworden wäre, und Karl Ernst Nipkow, der mir die Erziehungswissenschaften und Ökumene erschlossen hat

Inhalt

Abbildungsverzeichnis ... 9

Vorwort und Dank ... 11

Einleitung ... 13

1 Gotteskommunikation als Herausforderung und Aufgabe der Religionspädagogik ... 17

1.1 ‚Dignificación' – Das Leben deuten können ... 17

1.2 Durchlässig zur göttlichen Welt – weil jetzt schon in uns göttliche Energie ist ... 24

1.3 Gotteskommunikation als lebenslanger Lernprozess ... 26

1.4 Religiöse Sozialisation als „symbolische Interaktion" ... 43

2 Gotteskommunikation als Beziehungsgeschehen ... 49

2.1 Glauben als Beziehungsprozess ... 49

2.2 Gotteskommunikation: Mitteilung des Wortes – Vollziehung des Wortes (zu Johann Baptist Hirscher) ... 50

2.3 Themenzentrierte Interaktion (TZI) – Lernwege der Gotteskommunikation ... 61

2.4 Die Bedeutung und Rolle des Lehrers im Lebendigen Lernen der Gottesbeziehung – Albert Biesinger und Thomas Schreijäck im Gespräch mit Ruth C. Cohn ... 74

2.5 Themenzentrierte Meditation ... 81

3 Gotteskommunikation in Familie und Gemeinde ... 93

3.1 Familien als Subjekte der Gotteskommunikation – Familienbiographische Katechese als zukunftsfähiger Paradigmenwechsel (Albert Biesinger/Simone Hiller/ Norbert Mette) ... 93

3.2 Kinder nicht um Gott betrügen ... 109

3.3 Wider die Versteppung des Glaubens in den Gemeinden ... 118

3.4 Wie Gemeindekatechese Zukunft hat (Albert Biesinger/ Ralf Gaus/Holger Stroezel) ... 138

3.5 Chancen der Familienkatechese – 20 Thesen ... 153

3.6 Familienkatechese – Befreiungstheologische Kontexte ... 156

X 3.7 Die Zukunft der Liturgie ist Familienliturgie – oder sie wird nicht mehr sein ... 162
3.8 Eltern – Kinder – Großeltern – Singles in der sonntäglichen Eucharistiefeier ... 168
3.9 „Den Benjamin, den haben wir getauft!" – Taufe lernen mit 3- bis 7-Jährigen (Beate Biesinger/Albert Biesinger) ... 172
3.10 Taufkatechese mit Eltern ... 177
3.11 Zukunftsfähige Perspektiven kirchlicher Erwachsenenbildung – Thesen ... 182
4 Gotteskommunikation in der Schule ... 191
4.1 Erschließung der Gotteskommunikation in der Schule?! Religionsunterricht als Ort religiösen Lehrens und Lernens – schulpädagogische und theologische Argumente ... 191
4.2 Wie der Religionsunterricht Zukunft hat – Kognition, Emotion und religiöse Handlungsorientierung ... 205
4.3 Was also gewinnen Schüler durch den Religionsunterricht? ... 208
4.4 Was gewinnt die Wirtschaft durch den Religionsunterricht? ... 210
4.5 Herausforderungen ... 217
4.5.1 Empfehlung zum konfessionell-kooperativen Religionsunterricht (Friedrich Schweitzer/Albert Biesinger/Jörg Conrad/ Matthias Gronover) ... 217
4.5.2 Interreligiöses Lernen (Albert Biesinger/Joachim Schmidt) ... 221
4.5.3 Unterricht über andere Religionen. Didaktische Reflexionen am Beispiel des Dialoges Christentum – Judentum ... 223
4.5.4 Ganztagsbetreuung, Sport und Kirche – Denkanstöße von der Theorie für die Praxis ... 226
Literaturverzeichnis ... 231
Websites ... 252
Sonstige Medien ... 252

Abbildungsverzeichnis

Abbildung 1: Integratives Modell von Einzelnormen und christlichem Sinn-Horizont nach Alfons Auer 54

Abbildung 2: Vertrauen der Eltern in Institutionen 100

Abbildung 3: systematisch strukturierte Kommunikationsstruktur der Gruppen in der Erstkommunion als Familienkatechese 145

Abbildung 4: Effekte durch Familienkatechese 148

Abbildung 5: Intensität religiöser Kommunikation durch Familienkatechese 149

Abbildung 6: Entwicklung der Gottesbilder von Teilnehmern an der Familienkatechese (Kindern und Eltern zusammen) 151

Anmerkung: Zugunsten des Leseflusses wird im vorliegenden Band bei Personenbezeichnungen durchgehend die männliche Form als neutral, also beide Geschlechter meinend, verwendet.

Vorwort und Dank

An diesem Band habe ich viele Jahre gearbeitet, meditiert und immer wieder neu geschrieben. Es handelt sich nicht um ein Handbuch oder Kompendium, das die Religionspädagogik insgesamt abzubilden beansprucht. Die Gedanken darin kommen aus der Meditation, der intellektuellen Reflexion und vor allem aus der praktischen Gotteskommunikation mit Tausenden von Menschen. Grundlage der Texte sind Beiträge, die ich im Laufe der letzten Jahre veröffentlichen konnte. Hier stehen sie – gestrafft und stellenweise aktualisiert – in einem Gesamtzusammenhang, um Studierenden ebenso wie professionellen Religionspädagogen oder engagierten Eltern, Erziehern, Lehrern, Pfarrern und allen, die sich dafür interessieren, wissenschaftlich fundiert, aber ebenso verständlich und praxisnah Grundlagen, Reflexionen und Praxisbeispiele zu dem zu präsentieren, worum es in der Religionspädagogik geht: gelungene Gotteskommunikation. Ich hoffe, damit konstruktive Diskussionen, Ermutigung und die spirituelle Mentalität, „nach vorne zu leben", fördern zu können.

Auf die Darstellung der religionspädagogischen Aufgabe in Kapitel eins folgt in Kapitel zwei die Entfaltung von Gotteskommunikation und Glaubenlernen als Beziehungsgeschehen. Der Schwerpunkt des Bandes ist der Gotteskommunikation in den drei religionspädagogischen Handlungsfeldern gewidmet, die die Schwerpunkte meiner wissenschaftlichen Beschäftigung bildeten und in denen ich selbst seit Jahrzehnten auch praktisch tätig bin: Familie und Gemeinde (Kapitel drei) sowie Schule (Kapitel vier).

Integriert sind aufgrund meiner jahrelangen wissenschaftlichen Arbeit in Kooperationen einige Beiträge, die gerade durch diese Zusammenarbeit besonders einmalig und interessant sind. Die Mit-Autorenschaft ist an den entsprechenden Stellen aufgeführt. Herzlich danke ich dafür: Dipl. Theol. Herbert Bendel, meiner Frau Beate Biesinger, Pfarrer Dr. Jörg Conrad, Dr. Ralf Gaus, Dr. Matthias Gronover, Simone Hiller, Prof. Dr. Norbert Mette, Dr. Joachim Schmidt, Prof. Dr. Thomas Schreijäck, Prof. Dr. Friedrich Schweitzer, Dr. Holger Stroezel.

Dr. Ralf Gaus und Dipl. Theol. Iris Gruhle danke ich für die erste Redaktion, Katharina Römer, Raphael Rauch, Eva-Maria Weber und Magdalena Viereck für ihre Hilfskrafttätigkeit, Edeltraud Gaus für ihre bereits bewährte Sorgfalt bei der Korrektur.

Meine Sekretärinnen Veronika Retzlaff, Martina Fridrich, Katharina Blondzik und Jessica Sellami haben viele meiner auf Band diktierten Texte in den verschiedenen Fassungen geschrieben. Ich danke ihnen an dieser Stelle für ihre Umsicht und einfühlsam-hilfreiche Kooperation herzlich.

Besonders zu danken habe ich Thomas Rupp für wertvolle Recherchen, inhaltliche Zuarbeiten und die Mühen der Textüberarbeitung.

Die wissenschaftliche Mitarbeiterin, Theologin, Politologin und Germanistin Simone Hiller hat durch ihre kritische Diskussion die Auswahl und Profilierung der Texte wesentlich beeinflusst. Ihr gebührt größter Dank für ihre inhaltliche Mitarbeit in entschiedener Sorge für den roten Faden und die Lesefreundlichkeit dieses Buches sowie dessen redaktionelle Endfassung.

Ich bin an Ihren Rückmeldungen interessiert. Sie erreichen mich über:

albert.biesinger@uni-tuebingen.de

Tübingen, im Advent 2011

Albert Biesinger

Einleitung

Gotteskommunikation...

Gotteskommunikation ist, wenn die Hebammen die totgeborene Johanna der Mutter im weißen Kleid auf die Arme legen und sie den Vater anrufen, er solle mit ihren älteren Brüdern in die Klinik kommen. In ruhiger Atmosphäre nehmen die beiden 4- und 6-jährigen Buben ihre tote Schwester auf den Arm, streicheln ihr über den Kopf und machen ihr ein Kreuzzeichen auf die kalte Stirn.

Gotteskommunikation ist, wenn der erwachsene Enkel Silvester mit den gebrechlichen Großeltern feiert. Wenn er die Zerstreutheit und die Phantasien der Oma, die früher doch eine so starke Frau war, wahrnimmt und annimmt.

Gotteskommunikation ist, wenn Eltern ihrem 6-Wochen alten Kind auf der Intensivstation des Klinikums Tübingen vor seinem Tod noch einmal im Klinikgarten die Erde und den Himmel zeigen. Das Kind ist an medizinischen Geräten angeschlossen, ein Arzt begleitet die Eltern in dieser Stunde. Sie erzählen ihrem Kind von ihrem Leben auf der Erde. Sie erzählen ihm, wie sie ihm zu Hause schon vor der Geburt sein Zimmer hergerichtet haben. Dass Oma und Opa auch schon lange warten. Sie zeigen ihm den „Himmel" und was sie dort von ihrem Kind erhoffen. Spiritualität nicht aus dem Lehrbuch...

Gotteskommunikation ist, wenn die 18-Jährige nicht bereit ist, in die längst gebuchten Ferien abzufliegen, ohne ihre an 14 Überlebensschläuchen hängende krebskranke Freundin auf der Intensivstation zu besuchen. Sie lässt sich auf der Station nicht abwimmeln, nähert sich zaghaft dem Intensivbett. Beide wissen sie nicht, ob sie sich in diesem Moment zum letzten Mal auf dieser Erde sehen. Eine spirituelle Begegnung, vielsagend über die ach so orientierungslose heutige Jugend und ihren angeblichen Egoismus...

Gotteskommunikation ist: Im Garten unserer Freunde brennt in einer meterhohen Glaslaterne oft Tag und Nacht eine Kerze. Er ist Krankenhausseelsorger im Klinikum, spricht mit den Sterbenden über loslassen, sich anvertrauen, hoffen und verzweifeln. Die Angehörigen bedürfen des Trostes, den es manchmal gar nicht gibt. Wenn er nachts heimkommt, vertraut er diese Menschen dem Licht der Osternacht an, das in der Dunkelheit schimmernd Orientierung und Zukunft gibt.

Gotteskommunikation ist, wenn Menschen vor dem Einschlafen ihr Leben Gott anvertrauen, so wie es an diesem Tag war.

Gotteskommunikation ist, wenn Menschen auf ihrem Meditationshocker sitzend schweigend und wunschlos sich der Gegenwart Gottes stellen.

Gotteskommunikation ist, wenn 5.000 Jugendliche beim ökumenischen Kirchentag in Berlin nicht nur im Tempodrom, sondern auch auf den umliegenden Straßen sitzend Psalmen und Wiederholungsgesänge singen. Langes Schweigen entsteht, knappe biblische Texte werden gelesen.

Gotteskommunikation ist, wenn Mönche auf dem Berg Athos morgens um 3.00 Uhr *Kyrie eleison* singen, oft und oft aufschreiend zu Gott am Beginn des neuen Tages.

Gotteskommunikation ist, wenn die Missionarin Cristy Orzechowski in Peru mit ihren Indigena-Gemeinden am Titicacasee eine biblisch orientierte basisnahe Kirche aufzubauen versucht.

Gotteskommunikation ist, wenn Menschen nach friedlichen Lösungen komplizierter Konfliktsituationen suchen.

Gotteskommunikation ist, wenn eine Tübinger Theologin in Ruanda mit missbrauchten Frauen und Mädchen Therapie- und Bildungskonzepte entwirft und einübt, die ihnen Linderung und Hoffnungsspuren ermöglichen.

Gotteskommunikation ist, wenn ein Priester in der Nähe von Cuzco/Peru in der Sonntagspredigt heftig dagegen protestiert, dass ein Reicher in der Gemeinde einer jungen Witwe den Acker abgeerntet hat. Er geht dafür fünf Tage ins Gefängnis und weiß nicht, ob er bald in das Zentralgefängnis verlegt wird, wo sie ihn foltern werden.

Gotteskommunikation ist, wenn in der Notfallseelsorge die Angehörigen der Unfalltoten in langen, tränenreichen Gesprächen begleitet und Möglichkeiten einer adäquaten Beerdigung gesucht werden.

Gotteskommunikation ist, wenn die Krankenschwester im Altenheim aufbegehrt, weil die dort lebenden Menschen an Ostern zum Nachmittagskaffee nur noch Schwarzbrot bekommen, weil man für ein Stück Kuchen kein Geld mehr habe. Wenn sie dagegen ankämpft, dass alten Menschen, die nicht mehr selbst auf die Toilette gehen können, in der Mittagspause einfach eine Windel umgemacht wird, weil man keine Zeit habe, mit ihnen auf die Toilette zu gehen.

Gotteskommunikation ist, wenn eine Familie ein behindertes Kind als Pflegekind in die Familie aufnimmt und bis in das Erwachsenenalter hinein mit allen Höhen und Tiefen begleitet.

Gotteskommunikation ist, wenn Menschen sich in biblischen Texten auf einer zweiten Ebene beheimaten (lassen) und sich auf den Weg nach dem Geheimnis der Menschwerdung Gottes machen.

Gotteskommunikation ist, wenn Katholiken zwischen der aktuellen Kirche und dem Reich Gottes selbst unterscheiden und die sich daraus ergebende Spannung konstruktiv-kritisch aushalten.

Gotteskommunikation ist, wenn Studierende ihr Studium als Realisierung der Gottesbeziehung verstehen und das Studium nicht von Spiritualität abgespalten wird.

Gotteskommunikation ist, wenn die junge Referendarin am Morgen auf dem Weg zur Schule, ihre Schüler Gott anvertraut, dass Er selbst in ihnen wirke auf dem Abenteuer ihres Lebens.

Gotteskommunikation ist, wenn ein Priester sein Leitungsamt so ausübt, das möglichst viele Mitarbeiter – hauptberufliche ebenso wie ehrenamtliche – weiter wachsen und Schritt für Schritt immer mehr Verantwortung übernehmen können, die Freude macht.

Gotteskommunikation ist, wenn Eltern ihr Kind nicht einfach zur Erstkommunion schicken, sondern sich mit Texten, Gedichten, Bildern auf die religiösen Fragen und die religiöse Entwicklung ihres Kindes einlassen (Biesinger 2004b).

Die skizzierten Situationen zeigen: Gotteskommunikation ist vielfältig und findet an ganz verschiedenen Orten auf unterschiedliche Art und Weise statt. Exemplarisch greife ich im vorliegenden Band die Lehr- und Lernprozesse heraus, die ich selbst „praktiziere" und über die ich schon über 30 Jahre lang forsche: Familie, Gemeinde und Schule. Ein Handbuch der Religionspädagogik soll es gerade nicht sein, sehr wohl aber Anstiftung, selbst weiter zu suchen und mit den Menschen vor Ort Gotteskommunikation zu realisieren.

Den Begriff der *Gotteskommunikation* profiliere ich im vorliegenden Buch bewusst als zentralen Begriff – nicht in Abgrenzung, sondern in Erweiterung und Profilierung der *Gottesbeziehung* – Gottesbeziehung als Gotteskommunikation.

Kommunikation leitet sich aus dem lateinischen *communicatio* ab, wo es (1) Mitteilung, (2) Teilhabe, Gemeinschaft und (3) Verbindung, Gemeinsamkeit bedeutet.[1] Menschliche Kommunikation ist eine soziale Grundfähigkeit zur Vermittlung bedeutungsvoller Inhalte durch kulturell geprägte, spezifische Zeichen. Ein Sprecher (Sender) verständigt sich mittels eines Sprachzeichens (eines Mediums) mit einem Hörer (Empfänger) über Gegenstände oder Sachverhalte. Pragmatiker, wie etwa Paul Watzlawick, beziehen selbstverständlich auch metasprachliche Aspekte wie Gestik, Mimik, Tonlage, Tonhöhe etc. in die Betrachtung von Kommunikation mit ein. „Man kann nicht nicht kommunizieren" (Watzlawick/Beavin/Jackson 1996, 53), lautet deshalb das erste von fünf pragmatischen Axiomen der Kommunikation von Paul Watzlawick. Wie bei der reinen Sprachbetrachtung ist Kommunikation auch hier ein Beziehungsgeschehen zwischen einem Sender und einem

[1] Für die Abfassung dieses Abschnittes bedanke ich mich bei Thomas Rupp.

(oder mehreren) Empfänger(n) – also ein Beziehungsgeschehen zwischen mehreren Menschen, das Wirklichkeit konstituiert und der Identitätsbildung dient.

Auch in der Theologie ist Kommunikation eine Leitkategorie. Denn Gott erschließt sich uns Menschen kommunikativ. Er teilt sich dem Menschen in einer auf Wechselseitigkeit von *Wort* und *Ant-Wort* gründenden Beziehung mit, die Partnerschaft ermöglicht.

Im interkulturellen Austausch stößt das Sender-Medium-Empfänger Modell an seine Grenzen, da dann Sender, Medium und Empfänger nicht mehr an derselben Kultur partizipieren, sich – banal ausgedrückt – oft nicht verstehen. Deshalb müssen wir uns auch das uns durch die Zeugnisse des Alten und des Neuen Testaments überlieferte Göttliche unter veränderten geschichtlichen und kulturellen Voraussetzungen immer wieder neu kommunikativ vergegenwärtigen und uns dessen vergewissern. So wird Offenbarung nicht informationstheoretisch als Erteilung einer Lehre betrachtet, sondern als Kommunikationsgeschehen verstanden – als Selbstmitteilung Gottes, in die die Glaubenden durch die *communio* Gottes einbezogen sind (Werbick 1997, 214f.).

1 GOTTESKOMMUNIKATION ALS HERAUSFORDERUNG UND AUFGABE DER RELIGIONSPÄDAGOGIK

1.1 ‚Dignificación' – Das Leben deuten können[2]

Glaube als Beziehungswissen

Christlich glauben lehren und lernen ist Erschließung von Leben und Verhinderung von Tod, Verhinderung unnötigen Leidens und Kampf gegen die vielen Todeslinien in unserem Leben und in der Gesellschaft: Erschließung der Jesus-Christus-Beziehung, des Lebens in Fülle.

Ich spreche nicht von jener Art von Leid und Tod, die wir nicht beeinflussen können. Wenn Gott selbst in den Tod gegangen ist, warum sollen wir den Tod verdrängen, uns vor ihm fürchten, er ist Verwandlung. Unser ganzes Leben ist in Kreuz und Auferweckung Jesu Christi Sakrament der Verwandlung (Biemer/Tzscheetzsch 1989). Ich spreche auch nicht von jener Art von Leid, die wir Menschen aufgrund unserer Begrenztheit aushalten und durchleiden müssen. Glauben lernen hat damit insofern zu tun, als Leid annehmen zum christlichen Weg gehört, wie Jesus selbst das Leid angenommen hat.

Die Rede ist hier vielmehr von Todes- und Lebenslinien, die wir selbst schaffen bzw. die wir, wenn wir in diese Welt hineingeboren werden, als Erblast und Hoffnungsmöglichkeit auferlegt bekommen. Glauben lernen und lehren ist Interpretation der grundlegenden Herausforderungen, Sackgassen und sklerotischen Verengungen unseres menschlichen Lebens aus der Beziehung mit Jesus Christus. Was gewinnt der Mensch durch diese Beziehung? Er gewinnt in der Hingabe an Gott Lebensmöglichkeiten aus Beziehung, er gewinnt Beziehungsfülle. Wer in dieser Beziehung lebt, wird Leben haben in Fülle (Johannes 10,10). Es geht also logischerweise um die Beziehung zu dem, von dem Leben kommt, mit dem sich Leben bewähren muss und auf den hin sich Leben vollendet.

Die vornehme und schwierige Aufgabe des Religionspädagogen besteht also darin, die Erschließung der Jesus-Christus-Beziehung zu reflektieren, wissenschaftlich im Theorie-Praxis-Zirkel zu untersuchen und dabei Modelle gelingender Kommunikation von solchen, die hinderlich sind, abzugrenzen.

Günter Biemer hat in einem prägnanten Beitrag die Strukturelemente des Christlichen als Sinn, Liebe und Hoffnung formuliert. Diese theologisch begründeten Strukturelemente sind *Beziehungs-* bzw. *Kommunikationsinterpretamente.* Sinn als im

---

[2] Überarbeitete Version 2011. Zuerst erschienen als: Biesinger 1989a, 116–134. Vgl. dazu auch: Schweitzer 2011, 91–95.

Voraus geschenkte Freiheit, Liebe als Freisetzung zur Beziehung und Zuwendung aufgrund der vorausgegangenen Zuwendung Gottes zum Menschen, Hoffnung als die intentionale Ausrichtung in die Vollendungsdynamik des Menschen und des Universums – dies sind nicht abstrakte, erstarrte Kategorien, sie strömen lebendige Kommunikationsgeschichte Gottes mit den Menschen und der Menschen untereinander aus.

Dabei muss geklärt werden können, was vom christlichen Glauben, Hoffen und Lieben zu wissen ist, wenn im Menschlichen etwas der Fall ist.

Glauben, Hoffen und Lieben – Wissen, was ist, wenn etwas der Fall ist

Die Gesamtgestalt des kirchlichen Glaubens kann sich nicht auf begriffliche Aussagen reduzieren. Da Glauben, Hoffen und Lieben Handlungsprozesse sind, die den Menschen mit all seinen Kräften (vgl. das Hauptgebot der Gottes- und Nächstenliebe) betreffen, ist über das Glaubens*wissen* hinaus danach zu suchen, was Christsein als sinnvoll erfahren lässt.

Lernende können einerseits nur dann hinzulernen, wenn das zu Lernende in einem für sie als sinnvoll eingestuften Kontakt zur Lebenspraxis steht. Andererseits ist es so, dass Lernende auch nur dann hinzulernen, wenn sie auf etwas hingeführt werden bzw. sich selbst auf etwas hinführen, was sie (noch) nicht notwendigerweise aus ihrer eigenen „Erfahrung" heraus entwickeln können.

> „Es ist klar, daß Glaube ohne Erfahrung zu einer leeren Formelsprache verfallen müßte. Es ist umgekehrt offenkundig, daß die Reduktion des Glaubens auf Erfahrung diesen seines Kerns berauben würde, da er uns doch ins Land des Unerfahrbaren führen und uns so – wie der Psalm sagt – ins Weite stellen möchte, in dem erst das eigentliche Leben aufgeht." (Ratzinger 1983, 22f.)

J. Ratzinger definiert Glaube mit diesen Worten als Kommunikationsgeschehen und legitimiert aus dogmatischer Sicht damit das Konzept „Glauben lernen als Beziehungslernen" (Ratzinger 1983, 26)[3].

> „Wie der Glaube ein anderes Können meint als das Können einzelner Verrichtungen, nämlich das Lebenkönnen selbst, so betrifft er auch eine andere Ebene des Seins und des Erkennens als die Erkenntnis dieser und jener einzelnen Dinge, die Grunderkenntnis selbst, in der wir unseres Grundes inne werden, und, weil wir einen Grund haben, leben können." (Ratzinger 1983, 26)

Zu einer katechetischen Zuspitzung führt der unmittelbar anschließende Gedanke, dass es die wesentliche Aufgabe der Katechese sei, „zur Erkenntnis Gottes und seines Gesandten hinzuführen" (Ratzinger 1983, 26). Es geht dabei nicht in erster Linie um das Erlernen von Kenntnissen, von kognitiven Formeln und Begriffen.

---

[3] Vgl. Biesinger 1984; Ludwig 1997; Boschki 2003.

„Erkenntnis“ ist ein ganzheitliches Erkennen und Anerkennen, das die aus dieser Erkenntnis folgenden Handlungsvollzüge meint.[4]

Was in Begriffen ausgedrückt wird, muss als Lebensvollzug „erfahrbar“ sein. Dies bedeutet, dass der Glaube an Gott den Vater, an Jesus Christus zur geisterfüllten Kommunikation wird. Im Folgenden gehe ich sinntheoretisch der Frage nach, wie der Glaube der Kirche als Kommunikation zur Sinnerfahrung werden kann.

Zu wissen, was ist, wenn etwas der Fall ist

Der Salzburger Philosoph und Psychologe Theodor W. Köhler hat wichtige Studien zur Sinnfrage vorgelegt (Köhler 1988, 57–81). In kritischer Auseinandersetzung mit Hermann Lübbe; „Religion nach der Aufklärung“, ging Theodor W. Köhler davon aus, dass ‚Lebenssinn‘ und ‚Handeln‘ nicht nur nicht auseinander zu dividieren, sondern im Gegenteil aufs engste strukturell miteinander verbunden sind (Köhler 1988, 76f.).

Erfahrungsgemäß stellt sich die Frage nach dem Lebenssinn im menschlichen Leben in spezifischen Situationen. Theodor W. Köhler beschreibt die Spezifika solcher typischer Situationen, in denen Menschen in der ersten Person die Sinnfrage stellen: „Es gibt eine Irritation bisheriger eingespielter Lebensvollzüge eines Menschen, was dazu führt, daß ‚nun alles so sinnlos sei‘.“ (Köhler 1988, 77) Diese Irritation bisheriger eingespielter Lebensvollzüge können plötzlich eingetreten sein und einen konkreten Anlass haben, z.B. bei Schicksalsschlägen wie Krankheit, Unfall, Partnerverlust, Arbeitsplatzverlust, schulischen Sackgassen. Solche Irritation können sich aber auch Entscheidungsprobleme wie Heirat oder Berufswahl beziehen. Andere Irritationen, wie die Adoleszenz-Krise und die Midlife-Crisis etwa, sind eher allmähliche Anlässe, die von Betroffenen als eher diffus eingestuft werden.

---

[4] Dieser Begriff von Glauben lernen als Beziehungslernen wird bei Ratzinger 1983, 30 näher definiert. Unbestritten ist meines Erachtens katechesegeschichtlich die Feststellung J. Ratzingers, dass sich eine gleichbleibende Struktureinführung in den Glauben herausgebildet habe: Das Apostolische Glaubensbekenntnis, die Sakramente, der Dekalog und das Vaterunser. Diese vier klassischen „Hauptstücke“ der Katechese würden nach Aussagen des „*Catechismus Romanus*“ darstellen, was der Christ zu *glauben* habe (*symbolum*), was der Christ zu *hoffen* habe (Vaterunser), was der Christ zu *tun* habe (Dekalog) und wo sich diese Realisierung christlicher Existenz ansiedelt, nämlich im Lebensraum der Kirche (Sakramente); vgl. Catechismus Romanus, Prooemium XII; Ratzinger 1983, 32. Diese vier Hauptstücke werden als „Sammlung der Gedächtnisstoffe des Glaubens“ verstanden (Ratzinger 1983, 33). Wenn man dies als die Grundbasis und den Konsens für die Inhaltproblematik der religiösen Erziehung annimmt, dann gibt es wohl keine weiteren Diskussionen. Ich kenne keinen Lehrplan und keine Religionsbuchreihe, in der nicht diese klassischen „Hauptstücke“ der Katechese vorkommen und ausführlich thematisiert werden. Die Frage ist vielmehr die, ob sie organisch entfaltet werden und damit verhindert wird, dass die vielen Themen der religiösen Erziehung als in sich geschlossene miteinander unverbundene Blöcke vorkommen und eine Entfaltung dieser vier Hauptstücke nur kärglich vorkommt.

> „Analysiert man als typisch präsumierte Äußerungen (‚Indikatoräußerungen') von Menschen in diesen Situationen, wonach ‚nun alles so sinnlos (geworden) sei', läßt sich aus ihnen mehr oder minder deutlich ersehen: die Betreffenden bekunden irgendwie einen dreifach gestuften Verlust des Zieles (Lebenszieles), des Lebenszusammenhanges und grundlegender (Lebens-) Aktivierung. Angesichts dieser dreifachen Verlusterfahrung bekunden Personen also, daß sie für sich keine weitere Handlungsmöglichkeit (Möglichkeit zielgerichteter, kontrollierender Aktivität) mehr sehen, d.h. sich als nicht mehr handlungsfähig ‚realisieren'." (Köhler 1984, 9–22)

Theodor W. Köhlers These lautet: „Die Realisierung seiner selbst als handlungsfähig (angesichts einer eingetretenen Irritation seines bisherigen Lebensbezugs im Hinblick auf sein weiteres Lebens) ist in fundamentaler Weise sinnstiftend." (Köhler 1988, 78) Handlungsfähig ist deshalb, wer „weiß, was zu tun ist, wenn etwas der Fall ist" (Köhler 1988, 78).

Es handelt sich dabei um ein Wissen „von der Art des Sich-Auskennens, des Sich-auf-etwas-Verstehens" (Köhler 1988, 78). D. Böhler (Böhler 1985, 188ff., 195; Ryle 1961, 25–61) unterscheidet in einer Parallele dazu „*knowing how*" von „*knowing that*". Überträgt man dies auf den Bereich des Glaubens, Hoffens und Liebens, dann weiß derjenige, *was zu tun ist, wenn etwas der Fall ist,* der im Bewusstsein seiner Endlichkeit sich etwa in seiner unheilbaren Krankheit ganz in Gottes Hand gibt, wenn er sich darauf versteht und sich auskennt, was der Glaube an die Erlösung bedeutet. Wer sich angesichts der Irritation bisheriger Lebensvollzüge im Besitz von Handlungsprogrammen sieht, bleibt handlungsfähig und realisiert sich selbst. Köhler fragt dann weiter, von welcher Struktur denn diese Handlungsprogramme sein müssen, um sich selber weiter handlungsfähig realisieren zu können. Köhler denkt in diesem Zusammenhang an Überzeugungen, Grundsätze und Zielvorstellungen auch im Sinne von Idealen und Deutesystemen religiöser und moralischer Art wie etwa: „Alles meinem Gott zu Ehren", Leben als Nachfolge des kreuztragenden Herrn, Vertrauen auf Gottes barmherzige Führung: „Herr, schicke, was du willst..." Aber auch außerreligiöse, außermoralische, selbst banale Überzeugungen, Grundsätze und Zielvorstellungen („Auch der schwierigste Weg wird mit dem ersten Schritt kürzer", „Meine Familie braucht mich", „eine möglichst einflussreiche politische Stellung" usw.) erfüllen in vielen Fällen, wie wir wissen, faktisch eine vergleichbare Funktion. Diese Grundsätze, Ziel- und Wertvorstellungen und Deutesysteme sind noch nicht als solche sinnstiftend, im Sinne von Sinnlosigkeitserfahrung aufhebend, sondern erst insofern sie als Handlungsprogramme „*Moment der Realisierung seiner selbst als handlungsfähig* sind" (Köhler 1988, 79).

Die Problematik ist allerdings, dass etwa religiöse Deutesysteme – selbst wenn sie vom Gläubigen geglaubt werden – offenbar noch nicht von vornherein auch Lebenssinn zu gewähren vermögen. Kriterium dafür ist die Möglichkeit, die jeweilige Situation kontrollieren zu können, Eingreifsicherheit zu haben. Der Verlust der Kontrolle in konkreten Situationen wird als Sinnlosigkeitserfahrung verstanden;

der Ermöglichungsgrund, jeweilige irritierende Situationen kontrollierend meistern zu können, wird als Sinnerfahrung eingestuft (Köhler 1988, 79f.).

Auf diesem Hintergrund wird zum massiven Problem, wenn Glauben lehren und lernen zentrale irritierende Situationen nur wenig thematisiert und dann noch in solcher Qualität, dass das Individuum sich in dieser Situation als nicht handlungsfähig erfährt. Damit hängt wohl zusammen, dass der christliche Glaube in der gegenwärtigen westlichen Gesellschaft massiv an Einfluss und Relevanz verloren hat. Die alltäglichen Prozesse bis hin zur Gentechnologie sind zwar noch der moralischen Reflexion eingedenk, religiöse Deutemuster aber sind in diesen Bereichen kaum vorfindbar. Viele Menschen sind in ihrem alltäglichen (Berufs-)Leben mit Situationen konfrontiert, in denen sie zunächst nicht aufgrund des christlichen Glaubens handlungsfähig bleiben.

Die Lebensrelevanz der lateinamerikanischen Befreiungstheologie ist ein positives Gegenbeispiel zu lebensfernem Glaubenlernen. Ein Konzept von Verkündigung, das integrativ die Entwicklung zu lebenswürdigen Verhältnissen begleitet, hat für die Menschen dort ein hohes Maß an Plausibilität, sich selbst zu realisieren, *zu wissen, was ist, wenn etwas der Fall ist*: Etwa wenn der Großgrundbesitzer die Witwe von ihrem Acker verdrängt, wenn eine Trinkwasserleitung gebaut werden muss usw. In den Industriegesellschaften ist ein solches plausibles Konzept von Verkündigung (noch) nicht realisiert. Verliert damit der Glaube seine sinnstiftende Bedeutung und damit seine Lebensrelevanz? Möglicherweise ist die Anfrage an den christlichen Glauben, ob er materialinhaltlich Hinweise dafür abgebe, in welcher Qualität die derzeitige Wirtschaft zu strukturieren ist, wie etwa die Computerbranche technologisch und ethisch vorzugehen habe, von vornherein falsch gestellt. Es käme jenem Missverständnis gleich, das zu dem Grundkonflikt zwischen Glaube und Naturwissenschaft am Beispiel Galileo Galileis geführt hat: nämlich die Bibel als das Buch der Beziehung und Kommunikation Gottes mit seinem Volk zu verwechseln mit einem naturwissenschaftlichen Lehrbuch. Ob die Erde sich um die Sonne oder die Sonne sich um die Erde dreht, ist kein genuines Problem des christlichen Glaubens. Der christliche Glaube, über dessen Lebensrelevanz wir in diesem sinntheoretischen Kontext nachdenken, hat nicht ausgespielt. Er kann zu den naturwissenschaftlichen Erkenntnissen und den Sachgesetzlichkeiten heutiger Wirtschaft zwar kaum Materialinhaltliches beisteuern, wohl aber stimulieren und kritisieren.

‚Dignificación' – Menschen würdig machen in allen Lebensbereichen

Meine Gedanken sind inspiriert von der Befreiungstheologie, insbesondere von Gustavo Gutiérrez, einem ihrer Gründerväter. Er interpretiert die Menschheit als Tempel Gottes: Seitdem Gott Mensch geworden ist sind die gesamte Menschheit und ihre Geschichte Ort des Daseins Gottes, Gott wohnt also in jedem Mensch.

Ihm zu begegnen heißt demnach dem Nächsten zu begegnen. Es erhält dadurch jeder Mensch eine ihm nicht zu nehmende – göttliche – Würde zugesprochen. Im Alten Testament wird unmissverständlich die enge Verbindung zwischen Gott und dem Nächsten betont:

> „Du sollst den Lohn eines Notleidenden und Armen unter deinen Brüdern oder unter den Fremden, die in deinem Land innerhalb deiner Stadtbereiche wohnen, nicht zurückhalten. An dem Tag, an dem er arbeitet, sollst du ihm auch seinen Lohn geben. Die Sonne soll darüber nicht untergehen; denn er ist in Not und lechzt danach. Dann wird er nicht den Herrn gegen dich anrufen und es wird keine Strafe für eine Sünde über dich kommen." (Deuteronomium 24,14–15)

Hieraus leitet sich schließlich ein Deutewort der lateinamerikanischen Kirche ab, das den Grundstein für die folgenden Überlegungen bildet: *dignificación* – Menschen würdig machen in allen Lebensbereichen (Gutiérrez 1992). Dieses Deutewort der lateinamerikanischen Kirche beschäftigt mich seit meinen Hospitationserfahrungen und theologischen Gesprächen in Peru: Gottes Liebe macht jeden Menschen würdig, gibt umfassenden Sinn, nicht nur Teilsinn. Diese *dignificación* ist der letzte Grund für ganzheitliche Verkündigung – Evangelium *und* menschliche Entwicklung – so der für riesige Elendsviertel in Lima zuständige Bischof Beuzeville. Eine „Umfassungserfahrung" (Martin Buber) letztlich ist es, die in verschiedenen Konkretionen menschliches Leben *sinnerfüllt* erfahren lässt.

Der Modernitätsschub, der sämtliche Lebensbereiche ergriffen hat, verdrängt die Frage nach dem Woher und Wohin in die Grenzsituationen menschlicher Existenz, Krankheit, Not, Leid, Tod (Biesinger 1987, 793ff.). Lässt sich zwischen dieser globalen Anfrage „Woher komme ich – wohin gehe ich" und den alltäglichen Vollzügen im Bereich der Wirtschaft, der eigenen Familie, und im Freundeskreis eine sinnvolle Brücke bauen? „Würdig machen" – muss das nicht ein *alltäglicher*, immer zu wiederholender Vorgang sein im Sinne von „Religion ist das, was man täglich tut"? Fehlt es möglicherweise in der religiösen Erziehung an Lernprozessen, die solche alltäglichen Vollzüge glaubwürdig erschließen? „X weiß, was zu tun ist, wenn etwas der Fall ist", hat zu tun mit konkreten Lebenssituationen, die glaubensgedeutet eine neue Qualität im subjektiven Handlungsvollzug erhalten (Biesinger 1980, 285–297):

- Morgens aufstehen, den Tag beginnen – in welcher Qualität, mit einem Gebet. Sich anvertrauen.
- Arbeiten, mit welcher Motivation, welchem Verantwortungsgefühl, in welcher Qualität der Kommunikation, welchem Grad an Verlässlichkeit und Ehrlichkeit, als Auftrag zur Mitgestaltung an der Schöpfung.
- Kommunikation in Partnerschaft und Familie. Nähe und Distanz, Einfühlung, Solidarität, Treue, Rücksichtnahme, gegenseitige Hilfe auch in Extremsituationen als Zeichen der Heils, der Nähe Gottes.

- Konflikte, Herrschaftsprobleme, in welcher Qualität gehe ich Konflikte offen an, mit dem Bewusstsein, in jedem Menschen ist auch etwas Göttliches, begegnet mir Jesus Christus selber.
- Eros, Sexualität, in welcher Qualität gehe ich mit meiner Geschlechtsbestimmung, Geschlechterneigung und den erotischen Antriebsfähigkeiten in der sexuellen Partnerschaft um, welche grandiose Sinndeutung erhält die Liebe zwischen Mann und Frau durch die sakramentale Heilszusage Gottes!
- Schuld, welche Zusagen der Offenbarung Gottes kennzeichnen diese Situationen. Wenn ich schuldig geworden bin, dann weiß ich, was ist, wenn dieser Fall eingetreten ist: Gott versöhnt mich, ich kann umkehren im Sinne von Hinkehr zu ihm als Neuanfang für eine andere Qualität von Zukunft.
- Tod: Ich gebe mein Leben dem zurück, der es erschaffen hat, und stelle mich seinem Gericht, lasse mich von ihm aus-richten auf ihn, lasse mir Richtung geben durch ihn, lasse mich er-lösen, voll-enden in die Fülle des Lebens.
- Ich erfahre mich nicht nur in Leistung, sondern in der Unverzwecktheit des Daseins, im Spiel, in der Freude. Leben ist Spiel, Tanz vor Gott, Akzeptiertsein, auch ohne etwas „leisten" zu müssen. Die Zusage des Sonntags: zu heiligen, zu sein, ohne zu leisten; zu feiern, Gemeinschaft zu halten in der Eucharistie, *communio* zu realisieren in der Familie, im Freundeskreis.
- Wenn ich ein Kind ins Leben gerufen habe, dann weiß ich, was der Fall ist, ich nehme es hinein in die Beziehung zu Gott durch die Taufe, ich wende mich ihm zu, wahre Nähe und Distanz, bete mit ihm den Abendsegen, ermögliche ihm einen Ritus der Geborgenheit und der Beziehung zu Gott.
- Erwachsen werden: Ich bin kein Kind mehr, dem man alles sagen kann, ich entscheide mich zu eigener Beziehung zu Gott (Firmung) und zum Dienst in der Gemeinde.
- Krank lasse ich mich hineinnehmen in die Beziehung zum leidenden Jesus Christus, halte mich an seinem Kreuz fest, lasse mich salben mit dem Zeichen des Lebens, lasse mir die Vergebung zusprechen, und ich werde hineingenommen in das Geheimnis des Todes und der Auferweckung Jesu Christi.

- Ich weiß, was zu tun ist, wenn der Fall eintritt, dass ich mich berufen fühle, in den Dienst der Glaubensverkündigung zu treten, ein Amt in der Kirche zu übernehmen: Beauftragung, Ordination.

Wenn man diese Bereiche auf sich wirken lässt, dann differenziert sich der Eindruck, dass der christliche Glaube mit den alltäglichen Situationen nichts zu tun habe. Der Prozess der *dignificación* ist nicht wirkungsleer, welt- und existenzlos. Durch ihn verschieben sich die Todes- und Lebenslinien der Menschheit. Gotteskommunikation ist alltagstauglich – wie die Eingangsbeispiele belegen.[5] Religion ist, was man täglich tut!

Wenn sich das Konzept des Glaubenlernens und -lehrens in der Familie, in der Schule und in der Gemeinde nicht auf diese Perspektive umstellt, nämlich einzuüben, *was zu tun ist, wenn etwas der Fall ist*, dann werden wir wohl mit dem Grundanliegen einer lebensnahen Verkündigung in unseren mitteleuropäischen Gesellschaften notwendigerweise scheitern (müssen).

1.2 Durchlässig zur göttlichen Welt – weil jetzt schon in uns göttliche Energie ist[6]

Wenn Gott unser Schöpfer ist, dann haben wir einen göttlichen Funken in uns. Dann hat er uns etwas von sich selbst mit in dieses Leben in der materiellen Welt mit all ihren Gefährdungen, Leidsituationen und Zusammenbrüchen, aber auch mit ihren Ekstasen und Visionen eingestiftet.

Wir sind nicht „Geworfene im Weltall“, vielmehr sein Ebenbild. Denn: „Gott schuf also den Menschen als sein Abbild; als Abbild Gottes schuf er ihn. Als Mann und Frau schuf er sie.“ (Genesis 1,27)

Die Durchlässigkeit zur Herkunft unserer Herkunft ergibt gleichzeitig auch die beglückende Erfahrung, nicht von Gott abgespalten, getrennt und allein gelassen, die uns hier gegebenen Jahrzehnte auf dieser relativ kleinen Erdkugel leben zu müssen. Wir sind schon in Gotteskommunikation und müssen nicht an Gott „herumzerren“, dass er sich uns großzügigerweise zuwendet.

Kraft Gottes-Spiritualität ist Diakonia-Spiritualität

> „Wenn ich nun Euer Herr und Meister, euch die Füße gewaschen habe, müsst auch ihr einander die Füße waschen. Denn ich habe euch ein Beispiel gegeben, damit auch ihr tut, wie ich euch getan habe.“ (Johannes 13,14–15)

---

[5] Vgl. die Eingangsbeispiele in der Einleitung des vorliegenden Bandes.
[6] Überarbeitete Version 2011. Zuerst erschienen als: Biesinger 2004a, 29–43.

Wer Jesus Christus begegnen möchte, muss nicht lange warten. Die Begegnungen mit ihm liegen am Wege: Die geschundenen Menschen, die Niedergedrückten, die wie der letzte Dreck in der Gesellschaft Behandelten, die Fremden, die in den Gefängnissen oder in ihren psychischen Strukturen Gefangenen, die Armen und die Hungernden, die Verzweifelten. Die sind Ort der Begegnung mit Jesus Christus. Wie anders sollen wir die Gerichtsrede Jesu verstehen:

> „Was immer ihr einem dieser meiner geringsten Brüder getan habt, das habt ihr mir getan." (Matthäus 25,40)

Versteht man unter Spiritualität die existentielle Handlungsdimension des Lebens in der christlichen Gotteskommunikation, dann sind diese beiden biblischen Grundlagen von höchster Brisanz und aufregender Provokation. Wenn wir das in unseren persönlichen Lebenseinstellungen und in die konkrete Gestaltung unserer Beziehungen untereinander transformieren, was der Glaube lehrt, dann ist dies christliche Spiritualität.

Die theologische Aussage „Gott liebt den Menschen", die sich durch die alttestamentlichen und neutestamentlichen Offenbarungsgrundlagen wie ein roter Faden hindurchzieht, muss auf der existentiellen Ebene „erlebt", also ins eigene Leben und in das Leben mit anderen ‚inkarniert' werden. Die Handlung Jesu, der seinen Jüngern die Füße wäscht, soll in uns Fleisch werden. Die Kirche hat die unverzichtbare Aufgabe, die elementare Glaubenswahrheit in den Scherben der Geschichte hochzuhalten und unerschrocken und offensiv weiter zu tragen.

Mein theologischer Ansatz ist: *Menschliches Leben als Inexistenz in der Gottesbeziehung – menschliches Leben als Ant-Wort in der Gotteskommunikation* – wie dies im Dialog mit Johann Baptist Hirscher weiterzuentwickeln wäre.[7] Dies ist Gabe und Aufgabe zugleich. Die Gabe ist das vorausgehende Schöpfungs- und Erlösungshandeln Gottes auf der Grundlage der jüdisch-christlichen Tradition. Die Aufgabe ist, dieses Handeln Gottes Schritt für Schritt wahrzunehmen im Sinne einer Entwicklung von religiöser Identität und deren lebenslanger Veränderung, diese Inexistenz in der Gottesbeziehung, die Gotteskommunikation zu gestalten und im Sinne von Gottes- und Nächstenliebe zu realisieren. Dies ist eine anspruchsvolle spirituelle Herausforderung, die bis in die konkrete Alltagsgestaltung hinein Relevanz hat, wie die beschriebenen Situationen belegen. Um Solidarität im Sinne der Realisierung der Gotteskommunikation durchführen zu können, ist Kontemplation, Mystik, eine elementare Herausforderung. Mystik und Politik, Mystik und Diakonia – diese Paare sind im christlichen Theorie- und Praxiszirkel nicht zu trennen.

---

[7] Vgl. dazu Kapitel 2.2 des vorliegenden Bandes.

1.3 Gotteskommunikation als lebenslanger Lernprozess[8]

Glaubenlernen in den „Brüchen der Existenz" – biblische Vergewisserung

Glauben lebenslang lernen? In der Arbeitswelt längst eine überlebenswichtige Selbstverständlichkeit ist lebenslanges Lernen in der Theorie der Glaubensbildung noch eine unterbelichtete Aufgabenstellung. Schon der Begriff "Religions*pädagogik*" insinuiert die Vorstellung, dass es sich um Lernprozesse vorwiegend für Kinder und Jugendliche handle. Eine große Zahl von Autoren in der Katechesegeschichte sieht den Begriff „*katechein*" bereits im Neuen Testament auf den Anfangsunterricht für Unmündige im Christentum eingeengt. Adolf Exeler konnte jedoch nachweisen, dass Katechese in der Einengung auf Anfangsunterricht für getaufte Kinder und Jugendliche sich auf das Neue Testament nicht berufen kann (Exeler 1966, 275).

Auch in der alttestamentlichen Tradition lässt sich die Fixierung auf Kinder und Jugendliche als Adressaten nicht nachweisen. So redet das *Sch'ma Israel* (Deuteronomium 6,4–9) zweifellos *ganz* Israel an. Jeder in Israel, nicht nur eine Altersgruppe, soll es auswendig kennen und in die Schreibtafeln des Hauses einschreiben (Lohfink 1983, 84–99).[9]

> „Höre, Israel! Jahwe, unser Gott, Jahwe ist einzig! Darum sollst Du Jahwe, Deinen Gott, lieben mit ganzem Herzen, mit ganzer Seele und mit ganzer Kraft! Und diese Worte, auf die ich Dich heute verpflichte, sollen auf Deinem Herzen geschrieben stehen. Du sollst sie Deine Söhne wiederholen lassen. Du sollst sie rezitieren, wenn Du zu Hause sitzt und wenn Du auf der Straße gehst, wenn Du Dich schlafen legst und wenn Du aufstehst. Du sollst sie Dir als Zeichen ums Handgelenk legen. Sie sollen zum Schmuck auf Deiner Stirne werden. Du sollst sie auf die Türpfosten Deines Hauses schreiben, ja an die Wände Deiner Stadttore." (Deuteronomium 6,4–9)

Dieses Lehren und Lernen hat als speziellen Ort nicht die Schule oder besondere Unterrichtszeiten. Es vollzieht sich allgegenwärtig in der Dimension des Raumes, zu Hause, im privaten Bereich, auf der Straße, in der Öffentlichkeit und in den verschiedenen Dimensionen der Zeit, abends bis zum Schlafengehen und morgens sofort vom Aufstehen an.[10] Das *Sch'ma* Israels führt hinaus in das *normale Lebensgeschehen*, das von ihm ganz und gar durchdrungen sein soll.

---

[8] Überarbeitete Version 2011. Zuerst erschienen als: Biesinger 1993a, 32–50.

[9] Nach Lohfink zeigt eine genauere Untersuchung der deuteronomistischen Terminologie, dass es sich hier keineswegs nur um die Texte Deuteronomium 6 handelt. Zumindest war der Text der Kapitel 5–26, eher sogar das ganze deuteronomistische Werk gemeint, das als „Wort" dem Israeliten ganz nahe und vertraut, „in seinem Mund" ist und das er zu rezitieren pflegte.

[10] Alle Generationen sind gemeint. Gedacht ist an eine Jugend, die neben den Eltern herläuft und deren Leben mitlebt. „Das dabei beständig weiter geführte Rezitieren des Glaubenstextes wird recht bald den Charakter des gleichsam schulischen Lernens verlieren und zu einem gemeinsamen lauten Meditieren werden, dem mittelalterlichen Rosenkranzbeten vergleichbar, oder dem Aufsagen der 99 Namen Allahs

Eine weitere Dimension des Glaubenlernens in Israel ist situationsspezifisch und übersteigt das textorientierte Glaubenlernen. Bei der jährlichen Familienwallfahrt nach Jerusalem – wohl identisch mit der Wallfahrt am Laubhüttenfest – deutet der Familienvater den Segen der jetzigen Ernte als Frucht der Befreiung der Vorfahren aus der Not in Ägypten durch Jahwe (Deuteronomium 26,5–10).[11]

Neben dem Rezitieren des Grundtextes des Glaubens und neben der in diesen Texten vorentworfenen gläubigen Deutung konkreter und voraussehbarer Lebenssituationen ist im Deuteronomium noch eine dritte Gestalt des Lernens festzustellen, die zunächst befremdlich anmutet, aber für unsere heutige Situation des Glaubenlernens eine wichtige Herausforderung in sich birgt:

> „Am Ende jedes siebten Jahrs, in einer der Festzeiten des Brachjahres, nämlich beim Laubhüttenfest, wenn ganz Israel zusammenkommt, um an der Stätte, die Jahwe auswählt, das Angesicht Jahwes, Deines Gottes, zu schauen, sollst Du diese Tora vor ganz Israel laut vortragen. Versammle das Volk – die Männer und Frauen, Kinder und Greise, auch die Fremden, die in Deinen Stadtbereichen Wohnrecht haben –, damit sie zuhören und damit sie lernen und Jahwe, euren Gott, fürchten und darauf achten, dass Sie alle Worte dieser Tora halten. Vor allem ihre Söhne, die noch keine Kenntnis haben, sollen zuhören und lernen, Jahwe, Euren Gott, zu fürchten." (Deuteronomium 31,10–13)[12]

Ein ganzes Volk gerät im rituellen Spiel des Lernens wieder in die Ursituation hinein, aus der seine Lebensordnung entspringt. Mitten in der die ursprüngliche Geschwisterschaft und Egalität vor Jahwe wieder herstellenden Feier im siebten Jahr, ein Fest mit Essen, Trinken und Tanz, steht Israel in einem öffentlichen Lernritual als „Versammlung" wieder am Horeb und wird als Gesellschaft Jahwes im kollektiven Bewusstsein neu geboren.[13]

Gegen Ende des Exils wird im Jeremiabuch für die Zeit nach der Heimkehr verheißen, dass „die Tora nicht mehr gelernt werden muss, weil Jahwe sie schon je-

---

bei den Mohammedanern oder dem Psalmenaufsagen der ägyptischen Anachoreten beim Mattenflechten" (Lohfink 1983, 92f.).

[11] Für jüdisches Bewusstsein ist die Tora Gnadengabe Gottes. Vgl. Weblowsky 1973, 156,–163; Mussner 1987, 13–29.

[12] Auch hier ist *ganz* Israel die Tora vorzutragen.

[13] Eine vierte Form des Lernens ist „Lernen gewissermaßen auf Vorrat für den Katastrophenfall". Vgl. Lohfink 1983, 94. Mose lehrt die Israeliten noch ein „Lied", das sie über Generationen weitergeben und ebenfalls rezitieren sollen (Deuteronomium 32,1–43). In poetischer Form wird hier ein weiteres historisches Credo vorgestellt, das selbst den Abfall Israels und den vernichtenden Zorn Jahwes bereits mit einschließt und dann allerdings auf neue Zuwendung Jahwes zu seinem Volk nach der Katastrophe Hoffnung macht. „Selbst diese an sich niemals wünschenswerte Randmöglichkeit der Geschichte der Jahwegesellschaft wird also lernend schon im Voraus zu bewältigen versucht" (Lohfink 1983, 94).

dem ins Herz gegeben hat"[14]. Nach der Heimkehr wird im Umfeld der nachexilischen Tempelgemeinde in der Schule gelernt. Der deuteronomische Entwurf und die auf die Familie und die große Festversammlung hin konzentrierte Rolle des Lernens wird zurückgedrängt (Lohfink 1983, 96).[15]

Die pharisäische Bewegung realisiert um die synagogalen Lehrhäuser herum wieder viele Elemente der deuteronomischen Konzeption des Glaubenlernens. Jesus stand der pharisäischen Bewegung nahe. Er wird eindeutig als „Lehrer" bezeichnet und die, die sich ihm anschlossen, als seine „Schüler". Wenn wir von „Jünger" sprechen, ist das eine irreführende Verschleierung dieses Tatbestandes.[16] Allerdings, Jesus lehrte wie einer, der Macht hat. Aber das kann nicht tabuisieren, dass er eben „lehrte" und es Menschen gab, die „lernten". Die von Jesus herausgerufene Kontrastgesellschaft basiert auf Lehren und Lernen. Seine Gleichnisbilder übersteigen die Auslegung der Tora-Texte, seine Passion, Auferstehung und Erhöhung weisen über eine prophetische Erneuerung des Glaubens Israels hinaus auf das unvergleichlich Neue. Jesus verkündet das „Reich Gottes", er verkündet die Beziehung Gottes zu den Menschen und die Beziehung der Menschen zu Gott wie einer, der Macht hat. In ihm selbst bricht das Reich Gottes an (Kasper 1976, 83–144; Lehmann 1982, 306).

Diese knappe biblische Vergewisserung zeigt: Die Gotteskommunikation ist ein Lernprozess, der sich an die Menschen aller Altersstufen richtet, ihre jeweiligen Lebenssituationen betrifft, sie ist lebenslanger Lernprozess, auch für die Erwachsenen in den verschiedenen Lebensphasen. Angesichts der heute üblichen Segmentierung von schulischem Religionsunterricht, kirchlicher Jugendarbeit und Sakramentenkatechese wird kirchliche Erwachsenenbildung immer (noch) defizitär behandelt. Dies hat erhebliche Folgen:

- Wenn Menschen über die Kindheit und Jugend hinaus in den vielen Jahren als Erwachsene nicht *lebens*lang die Gotteskommunikation weiterlernen, sind sie kaum in der Lage, die Herausforderungen des gesellschaftlichen Wandels mit christlichen Deutemustern zu interpretieren und sich den Veränderungen des eigenen Glaubensverständnisses kompetent zu stellen. Darüber hinaus entsteht die prekäre Situation, dass viele Eltern

---

[14] Lohfink 1983, 96; Jeremia 31,34: „Keiner wird mehr den anderen lehren müssen. Keiner wird mehr seinem Bruder sagen müssen: Lerne Jahwe kennen. Vielmehr werden mich alle kennen, vom Kleinsten bis zum Größten."

[15] Der Sog der hellenistischen Bildung, der auch auf das Jerusalemer Schulsystem Einfluss nahm und die kultzentrierte Tempelgemeinde innerlich aushöhlte, ist der Hauptgrund für diese Entwicklung.

[16] „Wer lernt, um zu lehren, dem wird Kraft gegeben, zu lernen und zu lehren; und wer lernt, um zu tun, dem wird die Kraft gegeben, zu lernen, zu lehren und zu tun" (aus Mischna Abot IV, 5a). Das „Lernen" steht also ganz im Dienste des „Tuns", der Realisierung. Vgl. die nach wie vor interessante Arbeit von Schulz 1962.

ohne Reflexion ihrer eigenen Glaubensgeschichte immer weniger in der Lage sind, ihren Kindern die Gotteskommunikation zu erschließen.

- Im Blick auf das Glaubenlernen führt der rapide gesellschaftliche Wandel in eine spezifische, für viele Menschen brüchige Erfahrung: Das, was an religiösen Interpretamenten im Religionsunterricht gelernt wurde, reicht für die Bewältigung von Sinnkrisen in den verschiedenen biographischen Knotenpunkten und Phasen menschlicher Entwicklung bei weitem nicht aus. Dies führt bei vielen zu der biographischen Erfahrung der Irrelevanz des eigenen Glaubens und zu Vorbehalten, den eigenen Kindern als verlässliche Zeugen zur Verfügung stehen zu können.

In der Mediengesellschaft kommt es zu einer spezifischen Herausforderung des Glaubens Erwachsener. Die mediale Diskussion und plakative Infragestellung von Glaubensaussagen der Kirche, meist im Kontext konkreter Konfliktfälle und Zuspitzungen, führt viele Menschen in Glaubenskrisen.

Wissenschaftstheoretische Zwischenüberlegung

Wissenschaftstheoretisch ist Konsens, dass Lehr- und Lernprozesse des christlichen Glaubens in der Konvergenz der folgenden drei Determinanten zu strukturieren sind:

(1) fachwissenschaftliche Strukturierung durch die Theologie als Glaubenswissenschaft; (2) Analyse der konkreten gesellschaftlichen und globalen Situation; (3) spezifische biographische Situation der Lernenden. Die spezifische Aufgabe der Theorie des Glaubenlernens und -lehrens besteht darin, diese drei Determinanten in einen gegenseitigen konvergenzargumentatorischen Auslegungszusammenhang zu bringen und unter den Aspekten von Lehren/Lernen und Entwicklung zu bedenken. Dafür sind, folgt man dem Erziehungswissenschaftler Wolfgang Klafki, empirische, hermeneutische und ideologiekritische Methoden erforderlich (Klafki 1971).

Die Theorien des Glaubenlernens und -lehrens reflektieren die Erziehungs- und Bildungsprobleme, wie sie durch die Kirche in der Gesellschaft und in der Kirche selbst stattfinden. Inkarnationstheologisch sind diese Prozesse notwendig gesellschaftlich und biographisch zu konzipieren. Zunächst ist theologisch die christliche Gotteskommunikation zu skizzieren. In weiteren Schritten sind in Auseinandersetzung mit der Theoriediskussion über die Stufen des Glaubensverständnisses Aspekte *lebenslangen* Glaubenlernens *exemplarisch* für das Erwachsenenalter zu erarbeiten.

Fundamentale theologische Überlegungen

Um den *spezifischen* Lern- und Lehrprozess im Anspruch der Gotteskommunikation erörtern zu können, ist zunächst das Verständnis der christlichen Gotteskommunikation zu vergewissern. Die *Menschwerdung* Gottes in Jesus Christus ist mit den Begriffen „Beziehung“ (Seckler 1985, 67; Boschki 2003) oder „Kommunikation“[17] beschreibbar.

Christlich ist Gott nicht als ein subtiles und abstraktes Wesen zu denken, das durch gedankliche Negation aller Unvollkommenheiten (*via negationis*) und die Steigerung aller Vollkommenheiten ins Absolute (*via affirmationis et eminentiae*) erschließbar bzw. erreichbar wäre. Und der damit korrespondierende Mensch ist nach dem biblischen Gottesglauben nicht jenes schöne, starke, weise und unabhängige Idealwesen.

> „Der für Gott sprechen soll, Mose, stammelt (Exodus 4, 10). Das Volk, in dessen Geschichte er sich als Hirt erweisen will, geht in die Irre. Sein Knecht scheint vom Schuttabladeplatz menschlicher Geschichte zu kommen (Jesaja 52,13–53,12). Und dann Jesus: Er endet am Schandpfahl (Galater 3,13).“ (Siller 1991, 195)

Die trinitätstheologische Reflexion versucht das von der Bibel vorgestellte Christusereignis zusammenfassend zu denken: „Ein Gott, der sich selbst mitteilt, muss ja als mitteilungsfähig gedacht werden. Er muss in sich differenziert sein: Er, der sich mitteilt (der Offenbarer, der Vater); er auch selbst, der mitgeteilt ist (die Offenbarung, das Wort); er auch selbst, indem er mitgeteilt ist (Offenbartsein, der Heilige Geist)“. In der Trinitätslehre wird die Mitteilungsfähigkeit, die Beziehungsstruktur Gottes reflektiert. „Die Trinitätslehre behauptet [also] keine Hinterwelt, sondern [...] ist ‚die Einzeichnung des christologischen Geheimnisses in den Gottesbegriff‘.“ (Siller 1991, 201)[18]

Glaubensbildung ist im Kontext des Offenbarungsgeschehens zu verstehen. Offenbarung ist mit Max Seckler im Horizont der Heilsfrage und im Rahmen einer eschatologischen Anthropologie zu verstehen. Sie ist „*diejenige Wirklichkeit, die zur definitiven Überwindung der menschlichen Heilsdifferenz schlechthin notwendig und zugleich unverfügbar ist.* Die Selbstoffenbarung Gottes bedeutet deshalb für das menschliche Dasein im Blick auf sein Letztes das erlösende Nahekommen und geschichtliche Wirklichwerden dieses Letzten“ (Seckler 1985, 81).

Offenbarung hat demnach konkret einen Heilsbezug, Gottbezug, einen essentiellen Freiheitsbezug und einen praktischen Weltbezug mit der Tendenz effektiver

---

[17] Vgl. die Einleitung zum vorliegenden Buch.

[18] Die Gottesherrschaft ist trinitarisch interpretiert „geschwisterlich-solidarisch, weil wir Jesus zum Bruder haben, herzgewinnend und herzbewegend und Würde verleihend, weil der Geist in uns wohnt, namentlich bekannt, weil dem Vater unmittelbar mitteilbar“ (Siller 1991, 202).

„Überwindung der Heilsdifferenz in einem Reich der Gerechtigkeit, der Liebe und des Friedens" (Seckler 1985, 67). Nach dem kommunikationstheoretisch-partizipativen Offenbarungsbegriff der Offenbarungskonstitution „*Dei Verbum*" des Vaticanum II offenbart der Gott der Offenbarung nicht etwas, sondern sich selbst und gibt Teilhabe an der Erlösungswirklichkeit Gottes. Gott ist und stiftet Kommunikiation.

Johann Baptist Hirscher – dessen ich besonders gedenken möchte – hat eine bis heute gültige Grundstruktur vorgeschlagen, wenn er seine „Katechetik" in zwei Bücher einteilt: 1. Buch: „Mitteilung des Wortes" und 2. Buch: „Durch den Katecheten vermittelte Vollziehung des Wortes" (Hirscher 1831)[19]. In der Glaubensbildung geht es um die Realisierung der menschlichen *Ant-Wort* auf die durch das *Wort* gestiftete Kommunikation. Katechese definiere ich folglich als Anstiftung und Erschließung dieses *Ant-Wort*-Handelns durch die vom *Wort* angesprochenen Menschen. Dieses Antworthandeln bedarf des „*notional assent*" und des „*real assent*", wie dies John Henry Newman in seiner „*Grammar of assent*" überzeugend ausdifferenziert.[20]

Bernhard Welte formuliert treffend: „Ich, ganz Ich-selbst lasse mich ganz ein auf Gott selbst und sein Geheimnis" (Welte 1965, 281). Jesus hat kommunikationsstiftend gewirkt, dies ist vor allem im alten Gut der Logienquelle für jesuanisches Wirken besonders stark betont. Zeichen dafür sind die Sündermähler, die Nachfolgeworte, die Sammlungsbewegung. Zu den Früchten der angebrochenen Heilszeit, die sich in der Beziehung zu ihm schon realisiert, gehören die Befriedigung leiblicher Bedürfnisse (Matthäus 5,3–12; 11,5), Friede und Solidarität (Sündermähler), Befreiung vom religiösen Druck (Sabbatgebot), Freude (Feste), ganzmenschliche Erquickung. Er bringt zerstörte Beziehung durch Vergebung wieder ins Lot (vgl. Lukas 15). Die Beziehungsstiftung Gottes in der Person Jesu birgt in sich den Gestus der Einladung (Matthäus 11,28–30; 22,1–10), des Einkehrens (Lukas 19,1–10), der Bitte (Lukas 14,21–23; 2 Korinther 5,20). Will man die Kommunikation

[19] Vgl. dazu Kapitel 2.2 des vorliegenden Bandes.

[20] Die Frage ist, wie die Gotteskommunikation, die im Vorhinein gestiftet ist, von uns „realisiert" wird. Newman hat die bloß begriffliche Zustimmung von der Ebene der realen Zustimmung unterschieden. „Realisieren heißt eigentlich erst begreifen, verstehen, was gesagt oder gemeint ist, wie man z.B. von der Jugend sagt, dass sie durch Erfahrung klug werden muss; man mag ihr noch soviel vorreden und erklären, sie hat keine konkrete Vorstellung von der Wirklichkeit. So realisiert auch erst der Kranke in sich den Begriff Krankheit, d.h. er begreift erst, was es wirklich heißt, krank zu sein." Die Begriffe Gesundheit und Krankheit werden so mit konkretem Inhalt gefüllt. Das nennt Newman „sie in der Seele realisieren". Im Gebet und in der Nachfolge realisiert sich die spezifische Gotteskommunikation. In der Anbetung, in den verschiedenen Gebetsformen der christlichen Tradition richtet sich der Mensch in seiner Gesamtheit auf Jesus Christus und realisiert damit Kommunikation und Beziehung. „*En Christō einai*", wie Romano Guardini bildungstheoretisch argumentiert, ist die Beziehungserfahrung zu Jesus: In-Existenz. Vgl. Schreijäck 1989, 192ff.

Jesu präzise beschreiben, dann ist sie reziprok nicht einseitig, sondern verantwortbar. Jesus spricht auf Verantwortung an, setzt Menschen zur Verantwortung frei und macht sie mündig (Siller 1991, 172).

Die Kommunikation Jesu ist reziprok, aber nicht symmetrisch, die Initiative geht von seiner Seite aus; sie ermöglicht jedoch der anderen Seite, uns Menschen, ihrerseits Kommunikations- und Beziehungsstiftung. Jesus bedingt in seiner Person eine solche reziproke Kommunikation und Beziehung. Seine Beziehung zu uns Menschen ist vom rettenden Majestätsakt Gottes getragen. Jesus ruft in die Nachfolge (Markus 1,16–20; 2,14; Lukas 9,57–62) und ist präsent in den Geringsten. Jesu Beziehungsstiftung realisiert Präsenz in den Leidenden. (Matthäus 25,40: „Was ihr für einen meiner geringsten Brüder getan habt, das habt ihr mir getan.“) Seine Geschichte ist die Leidensgeschichte der Menschheit. In ihm gründet die „*memoria passionis*“[21].

Die christliche Gotteskommunikation ist also von spezifischer Qualität: Gott ist kein apathischer Gott. „Wäre Gott in jeder Hinsicht und also in einem absoluten Sinne leidensunfähig, so wäre er auch liebesunfähig. Ist Liebe die Annahme des anderen ohne Rücksicht auf das eigene Wohlergehen, so enthält sie in sich die Potenz des Mitleidens und die Freiheit zum Erleiden der Andersartigkeit des anderen.“ (Moltmann 1972, 218) In der Nachfolge des Gekreuzigten realisiert sich die Gotteskommunikation und -beziehung gerade auch im Leid, das in die Krise führt. Nachfolge ist mehr als das Modell des rabbinischen Lehr- und Lernverhältnisses. Nachfolge ist eine Lebens-, Schicksals- und deshalb auch Zeugenbeziehung mit Jesus Christus. In der Nachfolge wird *seiner* Kommunikation und Beziehung zu *uns* entsprochen. Nachfolge als *Ant-Wort* Handeln auf sein *Wort* realisiert sich aber nicht ohne Lehren und Lernen, Jesus lehrte.

Schöpfungstheologisch argumentiert, sind die kognitiven und affektiven Begabungen des Menschen im Blick auf das *Ant-Wort*-Handeln gegenüber *Gott* von entscheidender Bedeutung. Inkarnationstheologisch realisiert sich die Gotteskommunikation nicht in einer fiktiven Überwelt, sondern in den konkreten Wahrnehmungen und Handlungsvollzügen hören, sehen, tun, riechen, fühlen, trauern, lachen, weinen, essen, trinken, umkehren, imaginieren, lieben, argumentieren, arbeiten, streiten, in kommunikativen Handlungsvollzügen. So ist es auch an Jesus ablesbar. Die Realisierung der Gotteskommunikation durch uns Menschen vollzieht sich in Lernstufen des Glaubens: in der Erfassung, in der Folgerung und

[21] „Weil er gelitten hat, darf es nicht mehr möglich sein, im Leiden der Menschen eine Weise der Ferne, ja der Abwesenheit Gottes, ein Zeichen seines Zornes zu sehen. Gerade weil er in Liebe diese Wirklichkeit sich nahe gehen ließ, sich zu eigen gemacht hat, in Freiheit sich davon betreffen ließ, kann Leiden nicht als Trennung von ihm, sondern muss als Gemeinschaft mit ihm verstanden werden“ (Siller 1991, 178 f.).

in der Zustimmung – unverzichtbar eingebettet in den Prozess gemeinschaftsbezogener Zeugenschaft (Kuld 1989, 254f.).

Indem christlicher Glaube Kommunikation mit Gott und den Menschen ist, ist diese Beziehung als Zeugnis aufgegeben, also Gabe und Aufgabe. Der lebenslange Prozess des Glaubenlernens realisiert sich durch Zeugnis und Bezeugen der Gemeinde. John Henry Newman hat zu Recht auf den Glaubenssinn der Laien für die Weitergabe des Glaubens hingewiesen (Biemer 1992, 446f.). Rolf Zerfaß formuliert provokant: „Der Ort, an dem Jesus das Evangelium weitergegeben hat, war der Tisch, nicht der Schreibtisch. Am Tisch haben viele Platz, am Schreibtisch nur einer. Am Tisch redet man miteinander, am Schreibtisch grübelt man vor sich hin. Nicht von ungefähr hat sich die weltweite Bibelbewegung an den Tischen entfaltet, an denen man ‚Bibelteilen' lernte, wie man das Brot teilt: Für jeden ist etwas da; jeder darf sich nehmen, was er braucht; jeder teilt mit, was ihm wichtig ist, weil es die augenblickliche Bedrängnis aufhält"[22]. Gustavo Gutiérrez fragte bei einem Theologenkolloquium in Lima: Wer sind die „*interlocutores*" eurer Theologie in Europa?

Der Artikulation von *Lebensgeschichten* als Glaubensgeschichten kommt ein besonders wichtiger Rang zu. Biographisch orientierte Erzähl- und Zeugnisgemeinschaft ist nicht beliebig, sehr wohl entstehen auf dem Weg Wahrheitsansprüche. Das Argumentative in Verkündigung und Theologie wird keineswegs zurückgedrängt, vielmehr beginnen Menschen dann von sich, neu nach theologischen Argumenten zu fragen. Der Standpunkt „erinnern und erzählen versus argumentieren" wäre in der Tat regressiv. Die argumentative Theologie hat die spezifische Bedeutung, „die erzählende Erinnerung des Heiles in unserer wissenschaftlichen Welt zu schützen, sie kritisch in der argumentativen Unterbrechung aufs Spiel zu setzen und immer wieder neu zum Erzählen anzuleiten" (Metz 1978, 182).

Ich fasse in zwei Punkten zusammen:

---

[22] „Dies ist die authentische, maßgebende Weise des Umgangs der Kirche mit den Texten der Überlieferung. Denn alle Texte des Neuen Testaments stammen aus einer ‚Kirche in den Häusern', aus einer Zeit, als der Holztisch noch nicht aus den Gemeindehäusern heraus, und in Basiliken hinübergewandert war, um schließlich in Stein aufgemauert und mit Stufen versehen zum ‚Altar' zu werden, von dem sich dann der Ort der Verkündigung abspaltet – zunächst als vorgeschobenes Rednerpult unter den Leuten [...], dann als Kanzel über ihren Häuptern, auf der jener eine steht, der für alle spricht und für alle weiß, was ‚Gott uns heute zu sagen hat', so wie er es sich zuvor an einem Schreibtisch ausgedacht und sicherheitshalber auch fein schriftlich ausformuliert hat. Die Kanzel aber ist kein Lehrstuhl, und der Prediger ist kein kleiner Professor. Denn die Schriftpredigt bedeutet nicht die Aufführung dessen, was einem Prediger am Schreibtisch eingefallen ist, sondern seine Schreibtischarbeit ist im besten Falle die Vorstufe und der Beginn dessen, was sich in einer Gemeinde ereignet, wenn sie auf ihrem Weg in die Zukunft überraschend auf ein Dokument ihrer Geschichte mit Gott trifft und neu entdeckt, wo es langgeht" (Zerfaß 1992, 47f.).

- Die Gotteskommunikation ist – wie offenbarungstheologisch knapp skizziert – ein dynamisches, dialogisches Geschehen, das die Menschen zur *Ant-Wort* auf das *Wort* herausfordert. Diesem *Ant-Wort*-Prozess hat Glaubensbildung zu dienen. Schöpfungstheologisch und inkarnationstheologisch ist dies als kommunikatives, dialogisches Geschehen zu begreifen, das sämtliche menschliche Möglichkeiten in Assimilation und Akkommodation zu lernen sowie die Stufen menschlicher Entwicklung mit einschließt. Glaubenlernen ist Erfassungs-, Folgerungs- und Zustimmungslernen. Dabei ist die kritische Differenz zur Unverfügbarkeit Gottes gnadentheologisch offen zu halten; ein empirischer Lernbegriff mit Totalitätsanspruch ist ungeeignet.
- Lehren und Lernen müssen für überraschende Einbrüche des *Wortes* als Anruf in die Nachfolge offen bleiben und Krisen als Veränderung und Wachstum im Glaubensverständnis begriffen werden.

Lebenslanges Lernen als Entwicklung: die Stufen des Glaubensverständnisses nach James W. Fowler

James W. Fowler geht davon aus, dass der Glaube „ein bündnisartiges *Beziehungsmuster*" (Fowler 1991, 37) sei. In der Fortschreibung der strukturgenetischen Forschungen von Jean Piaget, Lawrence Kohlberg und der Sozialpsychologie Erik H. Eriksons hat der amerikanische Theologe und Entwicklungspsychologe empirische Forschungen über die Entwicklung des Glaubensverständnisses angestellt. Sein Ansatz ist gegenüber dem von Jean Piaget, Lawrence Kohlberg und auch Fritz Oser breiter, da er die Entwicklung des Selbst und die des Glaubensverständnisses konsequenter integriert.

Fowler konnte in seiner Theorie der *Entwicklung des Glaubensverständnisses* – nicht also der Stufen des Glaubens, wie der Titel der deutschen Übersetzung ungenau formuliert – empirisch abgesichert sechs verschiedene Stufen des Glaubensverständnisses begründen, die für das Lernen der Gotteskommunikation höchst relevant sind.[23] Zunächst die Stufen im Überblick:

Zu Beginn: Der undifferenzierte Glaube im Kleinkindalter von 0 bis 3 Jahren.

Stufe 1: Intuitiv-projektiver Glaube und impulsive Daseinsform (Zuordnung: 88 % der bis 6-Jährigen).

Stufe 2: Mythisch-wörtlicher Glaube und imperiale Daseinsform (Zuordnung: 72,4 % der 7–12-Jährigen).

[23] Zur Rezeption vgl. Schweitzer 2007; Nipkow/Schweitzer/Fowler 1988. Zur kritischen Würdigung des Ansatzes vgl. Kießling 2004a, 218–223; Einen Überblick zur religiösen Entwicklung bietet Grom 2007, 173–181.

Stufe 3: Synthetisch-konventioneller Glaube und das interpersonale Selbst (Zuordnung: 50 % der 13–20-Jährigen, 28,6 % von ihnen befinden sich schon im Übergang zu Stufe 4; 17,8 % der 21–30-Jährigen; 37,5 % der 31–40-Jährigen; 9,4 % der 41–50-Jährigen; 35,3 % der 51–60-Jährigen und 24,2 % der ab 61-Jährigen befinden sich auf dieser Stufe; 33 % der 21–30-Jährigen sind im Übergang zur Stufe 4).

Stufe 4: Individuierend-reflektierender Glaube und institutionelle Daseinsform (Zuordnung: 40 % der 21–40-Jährigen, 33 % dieser Altersgruppe befinden sich noch im Übergang von Stufe 3 zu 4; 20,8 % der 31–40-Jährigen¨, 56,2 % der 41–50-Jährigen, 29,4 % der 51–60-Jährigen und 27,4 % der ab 61-Jährigen sind dieser Stufe des Glaubensverständnisses zuzuordnen).

Stufe 5: Verbindender Glaube und individuelle Daseinsform (Zuordnung: 14,6 % der 31–40-Jährigen, 12,5 % der 41–50-Jährigen, 23,5 % der 51–60-Jährigen und 16,1 % der ab 61-Jährigen).

Stufe 6: Universalisierender Glaube (Zuordnung: 1,6 % der über 61-Jährigen).

Nimmt man den Prozentsatz der gesamten untersuchten Gruppe auf jeder Stufe, dann sind die Stufen 3 und 4 am intensivsten belegt: 24 % befinden sich auf Stufe 3, 16,4 % auf der Zwischenstufe 3–4 und 24,8 % auf der Stufe 4, zusammen also 65,2 %. – Inhaltlich sind die Stufen konkret beschreibbar:

Stufe 1: Das intuitiv-projektive Glaubensverständnis und die impulsive Daseinsform

Diese Stufe der Drei- bis Sechsjährigen kann beschrieben werden als eine „phantasieerfüllte, imitative Phase, in der das Kind von Beispielen, Stimmungen, Handlungen und Geschichten des sichtbaren Glaubens der Erwachsenen, mit denen es am engsten verbunden ist, stark und anhaltend beeinflusst werden kann" (Fowler 1991, 150; 1989, 116–119). Sie zeichnet sich durch fließende Denkmuster aus und ist durch logisches Denken nicht gehemmt oder eingeschränkt (Fowler 1989, 123–127).

Der zentrale Punkt des *Übergangs* ist das zunehmende Verlangen des Kindes, für sich Klarheit zu gewinnen über das, was *wirklich* ist, und das, was nur wirklich zu sein scheint. Dies geschieht im Kontext des Auftauchens des konkret-operationalen Denkens.

Stufe 2: Das mythisch-wörtliche Glaubensverständnis und die imperiale Daseinsform

Kennzeichen ist hier, dass der Mensch anfängt, Glaubensinhalte in wörtlicher Interpretation zu übernehmen. Symbole werden eindimensional und wörtlich verstanden (Fowler 1991, 192). Der intuitiv-projektive Glaube weicht einer linearen, narrativen Konstruktion von Kohärenz und Sinn. Ein wesentlicher Faktor für den

Übergang zur nächsten Stufe sind implizite Gegensätze und Widersprüche in Interpretationen, die zum Nachdenken zwingen. Eine derartige Reflexion wird durch den Übergang zum formal-operationalen Denken unterstützt. Konflikte zwischen autoritativen *stories* (z.B. biblische Schöpfungsvorstellungen versus die Evolutionstheorie) müssen bewältigt werden.

Stufe 3: Das synthetisch-konventionelle Glaubensverständnis und das interpersonale Selbst

Dieses Glaubensverständnis, das sich normalerweise im Jugendalter entfaltet, für viele Erwachsene jedoch ein dauerhafter Ort des Gleichgewichtes wird, strukturiert die Gotteskommunikation in Begriffen der Zwischenmenschlichkeit (Fowler 1991, 123–127). Die Welterfahrung greift hier über die Familie hinaus und muss Schule oder Arbeit, Nachbarschaft, Kameraden, Medien und Religion in eine kohärente Orientierung bringen. „Der Glaube muss Werte und Informationen in eine Synthese zusammenbringen; er muss eine Basis für Identität und Weltanschauung schaffen." (Fowler 1991, 150) Weiteres Kennzeichen der Stufe 3 ist, dass der Mensch ein mehr oder weniger „konsistentes Bündel von Werten und Glaubensinhalten" (Fowler 1991, 191) hat, diese aber nicht zum Zweck der Prüfung objektiviert hat und sich in gewisser Weise nicht bewusst ist, sie zu besitzen. Die Erwartungen und Bewertungen der anderen können so zwingend verinnerlicht werden, dass die spätere Autonomie des Urteils und des Handelns in Gefahr sein kann. Die andere Gefahr ist, dass ein zwischenmenschlicher Verrat zu nihilistischer Verzweiflung gegenüber einem persönlichen Prinzip des höchsten Wesens führen kann oder aber zu einer kompensatorischen Intimität zu Gott, die weltlichen Beziehungen keinen Raum mehr gibt (Fowler 1991).

Faktoren, die zum Zusammenbruch der Stufe 3 und zum Übergang zur nächsten Stufe führen, können z.B. ernsthafte Widersprüche zwischen hochbewerteten Autoritätsquellen sein oder die Erfahrung, dass eigene Glaubensinhalte und Werte sich in Abhängigkeit von der eigenen Gruppe und der eigenen Herkunft gebildet haben und damit relativ sind. Altersgemäß fallen damit für viele das Weggehen von zu Hause und die Prüfung des eigenen Selbst, der eigenen Herkunft und der lebensbestimmten Werte zusammen (Fowler 1991, 192).

Diese im Erwachsenenalter weit verbreitete Glaubensstufe ist noch näher zu beschreiben:

- Die Menschen auf dieser Stufe wollen Beziehung zu Gott und zu Menschen realisieren, die ihnen wichtig sind, und deren Erwartungen entsprechen; durch Buße wollen sie Gottes Liebe zurückgewinnen. Sie sind massiv abhängig von signifikanten Anderen und der Gemeinschaft.
- Kirche beschreiben sie in der Metapher der idealen Großfamilie.

- Sie haben Schwierigkeiten, den eigenen Glauben mit ökonomischen und politischen Strukturen in Beziehung zu bringen. Analysen religiöser Erfahrung und der zentralen Symbole des Glaubens empfinden sie als uninteressant, sogar bedrohlich.
- Sie geraten in schwerste Krisen, wenn zentrale Rollen und Beziehungen verloren gehen (Pensionierung, Arbeitslosigkeit, Tod des Partners). Trauer und Verlust nehmen eine besondere Intensität an, weil die verlorene Rolle oder Beziehung für das eigene Selbstgefühl fundamental war. In solchen Lebenssituationen ist neu zu lernen, wer ich bin vor Gott ohne diese Schlüsselrolle, die mir genommen wurde: Die Gottesbeziehung und -kommunikation muss neu aufgebaut werden.

Der Übergang von der Stufe 3 zum individuierend reflektierenden Glauben der Stufe 4 wird von Fowler deswegen als besonders kritisch eingestuft, weil ältere Jugendliche oder Erwachsene bei diesem Übergang bereits anfangen müssen, die Last der Verantwortung für die eigenen Bindungen und Beziehungen, auch die Gottesbeziehung, ernst zu nehmen (Fowler 1989, 127f.).

Stufe 4: Das individuierend-reflektierende Glaubensverständnis und die institutionelle Stufe des Selbst

Diese Stufe des Verständnisses der Gotteskommunikation (Fowler 1989, 192–216) konstituiert sich in der Regel im frühen Erwachsenenalter, wobei darauf hinzuweisen ist, dass viele Erwachsene sie überhaupt *nie* aufbauen oder sie sich bei einer großen Gruppe erst Mitte der dreißiger oder in den vierziger Jahren einstellt. „Die Stufe ist durch eine doppelte Entwicklung gekennzeichnet. Das Ich, das in seinen Identitäts- und Glaubenskonstruktionen zuvor von einem interpersonellen Kreis bedeutender anderer getragen wurde, beansprucht jetzt eine Identität, die nicht länger durch das geordnete Verhältnis der eigenen Rolle oder Sinnvorstellungen zu denen anderer definiert ist. Um diese neue Identität zu stützen, schafft sich das Ich einen Sinnrahmen, der sich seiner eigenen Grenzen und inneren Bindungen bewusst ist und sich selbst als ‚Weltanschauung' erkennt." (Fowler 1991, 200)

Im Blick auf die Stufe 4 sind folgende Merkmale für den Prozess lebenslangen Glaubenlernens zu bedenken:

- Nach konsequenter Auseinandersetzung mit den internalisierten Stimmen von Eltern und Autoritäten erwarten diese Personen, dass die erreichte Selbstwerdung und Selbstautorisierung nun anerkannt und unterstützt wird.
- Lebenslanges Glaubenlernen muss intellektuelle Anregung und Herausforderung mit einer Form von Gemeinsamkeit erbringen, die nicht wie-

derum externe und konventionelle religiöse Erwartungen und Autoritäten aufzudrängen sucht (Fowler 1989, 128).

- Der christliche Glaube kann zu einer zusätzlichen Quelle der Verantwortlichkeit und des Selbst werden.
- Entmythologisierung und begriffliche Neuformulierung zentraler Elemente und Symbole der Tradition werden zu realisieren versucht.
- Die schwere Last, ständig auf sich selbst gestellt zu sein, ruft nach der vertrauenswürdigen Gemeinschaft mit Menschen mit demselben zentralen Lebenssinn, um nicht nur dem privaten Selbstgespräch ausgeliefert zu sein.
- Die Festschreibung der Abhängigkeit von Laien von geheimnisvoller Herrschaft z.B. durch Ordination oder die Festschreibung eines übertriebenen Geheimnischarakters des Glaubens wird abgelehnt, vielmehr möchte dieser Typus „partnerschaftlich an der Erforschung der Quellen des Glaubens teilhaben", mit dem Prediger in die Werkstatt gehen und neue Ansatzpunkte für seine Gotteskommunikation in der Auseinandersetzung mit den Herausforderungen seines eigenen Lebens und der Welt suchen (Fowler 1989, 130).

Kirchen/Gemeinden, die auf dem synthetisch konventionellen und interpersonalen Niveau der Stufe 3 sind, haben mit diesem Typus große Probleme und umgekehrt. Es kommt oft zu Antipathien und Konflikten zwischen Personen der Stufe 3 und 4. Menschen der Stufe 4 finden synthetisch-konventionelle Gemeinschaften der Stufe 3 „häufig erstickend und öde" (Fowler 1989, 131). Fowler ist angesichts dieser Konflikte nicht sehr optimistisch: „Diese beiden Gruppen zu wirklicher Koexistenz und Kooperation in einer Kirche zu bringen stellt, wenn es gelingt, eine der größten Leistungen pastoraler Leitung und Seelsorge dar." (Fowler 1989)

Die derzeitigen Konflikte in der katholischen Kirche sind in der Spannung dieser beiden Stufen des Glaubensverständnisses nüchtern zu analysieren. Von Seiten der römischen Kirchenleitung wird auf die diesen Glaubensverständnissen zugrunde liegenden strukturellen Übergänge nicht kompetent genug reagiert. Aber auch in der Verkündigung in den Gemeinden ist die große Gruppe der Stufe 4 als inhaltliche Herausforderung noch kaum realisiert, so etwa die Gruppe selbstbewusster Frauen. Sowohl methodisch als auch inhaltlich sind mit Menschen dieser Stufe spezielle Lernprozesse zu initiieren. Als Lernmodell eignet sich dafür besonders die themenzentrierte Interaktion nach Ruth C. Cohn, die auf den Selbstwerdungsprozess und die persönliche Neuerschließung der Glaubenstradition mit ihren Prinzipien „leite Dich selbst" und „Störungen haben Vorrang" explizit Wert legt (Cohn 1973, 124–127; Cohn/Farau, 1987; Biesinger 1984).

Stufe 5: Verbindendes Glaubensverständnis und die individuelle Daseinsform (Fowler 1991, 313–314)

Auf dieser Stufe wird vieles in das Selbst und in die Weltsicht integriert, das auf der Stufe 4 eher unterdrückt wurde. Es kommt zu einer Öffnung für die Stimmen des eigenen „tieferen Selbst", mit einem kritischen Anerkennen des eigenen sozialen Unbewussten, der Mythen, idealen Bilder und Vorurteile, die soziokulturell eingeprägt sind. „Dem Paradox in der Wahrheit in offensichtlichen Widersprüchen aufgeschlossen, strebt diese Stufe danach, die Gegensätze im Denken und in der Erfahrung zu vereinigen. Sie erzeugt und erhält die Verletzlichkeit für die fremde Wahrheit derer, die ‚anders' sind. Die Gerechtigkeit orientiert sich frei von den Beschränkungen auf Stamm, Klasse, religiöse Gemeinschaft und Nation. Und mit der Ernsthaftigkeit, die entstehen kann, wenn mehr als die Hälfte des Lebens vorüber ist, ist diese Stufe bereit, sich einzusetzen und eingesetzt zu werden, dass für andere die Möglichkeit erhalten und entwickelt wird, Identität und Sinn zu erzeugen." (Fowler 1991, 216)

- Menschen der Stufe 5 verstehen neu, „dass Gottes Selbstoffenbarung immer sowohl Erschließung als auch Verhüllung ist" (Fowler 1989, 131). Sie beten Gott an und verkünden seine Ziele, ohne Glaubensformulierungen oder Symbole zu domestizieren. Menschen dieser Stufe verstehen Gott immanent und transzendent.
- Sie sehen ihr Leben in der unwiderruflichen Übernahme von Verantwortung für andere, mit den Härten der Endlichkeit und des Scheiterns.
- Autonomie und Selbstkontrolle bekommen angesichts des Scheiterns den Geruch der Selbsttäuschung und Illusion. Das Selbst wird neu erkannt – nicht nur hineingespannt in Beziehungen und Verpflichtungen, sondern in mystischer Vertiefung. Christen dieser Stufe eignen sich ein neues und tiefes Vertrauen in die Symbole, Lehren, Erzählungen und Rituale der Tradition an, die „als strukturierende Wege der Gnade" anerkannt werden (Fowler 1989, 133).
- Solche Menschen und Gemeinschaften haben Sinn für das Fremde, sind offen zu fremden Religionen und eine interessierte Gruppe für interreligiöse Lernprozesse. Sie können sich aber kaum missionarisch für die *christliche* Evangelisation einsetzen.
- Das Wissen um paradoxe Verstricktheit in komplexe soziale Systeme und wirtschaftliche Verflechtungen, aber auch ihr Verständnis für die Unverfügbarkeit Gottes kann Menschen dieser Stufe in resignative Lähmung und privatistische Spiritualität führen. Menschen der anderen Stufen können dem mit ihren Schwerpunkten im Dialog entgegenwirken.

Stufe 6: Universalisierender Glaube (Fowler 1991, 217–229)

Die Menschen, die sich über die widerstreitenden Loyalitäten und Verstricktheiten hinausentwickeln, machen in wenigen Fällen den Schub in die Stufe 6. Sie bringen unsere üblichen Argumente der Normalität ins Wanken.

> „Ihre Gleichgültigkeit für Selbsterhaltung und die Lebendigkeit ihres Geschmacks und Gefühls für die transzendente moralische und religiöse Aktualität verleihen ihren Handlungen und Worten eine außergewöhnliche und eine oft unvorhersagbare Qualität. In ihrer Hingabe an universalisierendes Mitleid können sie unsere engen Gerechtigkeitsvorstellungen in Frage stellen. Indem sie unser Besessensein von Überleben, Sicherheit und Bedeutung durchstoßen, bedrohen sie unsere wohlabgewogenen Standards der Rechtschaffenheit, Güte und Klugheit.“ (Fowler 1991, 218)

Ihre ausgeweiteten Visionen einer universalen Gemeinschaft enthüllen die Einseitigkeit unserer gewöhnlichen kulturellen Höherwertigkeitsvorstellungen.

> „Und ihre Führungsqualitäten und ihre Initiativen, die oft mit Strategien eines gewaltlosen Leidens und eines letzten Respekts vor dem Leben einhergehen, bedeuten Angriffe auf unsere gewöhnlichen Auffassungen von Relevanz. Es ist kaum verwunderlich, dass Menschen, die am besten mit Stufe 6 beschrieben werden, so häufig zu Märtyrern für die Anschauungen werden, die sie verkörpern.“ (Fowler 1991)

Auf der Stufe 6 sind nach den empirischen Untersuchungen Fowlers lediglich 1,6 % der untersuchten Personen, die 61 Jahre und älter sind. Aus den anderen Altersstufen ist keine Zuordnung zur Stufe 6 zu erkennen, was ich für auffällig halte.

Ertrag und Ausblick

Die Untersuchungsergebnisse Fowlers provozieren die weitere Theoriebildung lebenslangen Glaubenlernens im Sinne der vorgelegten wissenschaftstheoretischen Zwischenreflexion. Für das Lernen der Gotteskommunikation sind die Forschungsergebnisse zunächst kritisch zu beurteilen:

- Der Schwerpunkt der stufentheoretischen Forschungen liegt nicht in der gesellschaftlichen und historischen Kontextualisierung, da sie sich mehr mit persönlichem als mit sozialem und systematischem Wandel befassen. Die Entwicklung des Gesellschaftssystems mit seinen strukturellen Sünden und global gesehen todbringenden Auswirkungen kommt denn auch bei Fowler erst neuerdings in seiner Rolle als *Theologe* im Anschluss an Johann Baptist Metz und nicht auf Grund seiner Rolle als *Entwicklungspsychologe* zum Ausdruck (Nipkow/Schweitzer/Fowler 1988, 277f.). In Konsequenz der eingangs geforderten Gesellschaftsanalyse als einer der drei Determinanten des Glaubenlernens bedarf die Stufentheorie des Glaubensverständnisses einer interdisziplinären gesellschaftstheoretischen Vernetzung, so dass etwa auch die „Option für die Armen“ relevant wird. Immerhin: Für Fowler ist der Endpunkt der Glaubensentwicklung in späteren Arbeiten durch „die Verkoppelung einer stark mystischen Dimension mit der Erneuerung durch soziales Handeln" charakterisiert, so dass Religion nicht nur individualistisch in den Blick kommt (Fowler 1984, 72; Nipkow/Schweitzer/Fowler 1988, 289).

- Die verschiedenen Stufen des Glaubensverständnisses sind *nicht* im Sinne *eines leistungsorientierten Zielbildes,* das es durch geschickt durchdachte Lernprozesse anzustreben gilt, zu verstehen. Ausdrücklich ist davor zu warnen, diese verschiedenen Stufen des Glaubensverständnisses soteriologisch zu deuten, als ob Personen auf der Stufe 5 die Gotteskommunikation „besser" oder „gläubiger" realisieren als Kinder auf Stufe 2. Diese Ergebnisse geben vielmehr Hinweise auf die verschiedenen kognitiven und affektiven Ausgangslagen von Menschen für die Gestaltung von Lernprozessen der Gotteskommunikation und -beziehung (Peukert 1978, 316ff.).
- Die Ernstnahme dieser Forschungsergebnisse führt also nicht zu einer Psychologisierung des Glaubens, sondern hilft – empirisch gesichert –, die verschiedenen Glaubensverständnisse als Herausforderung für Glaubenlernen und -lehren zu begreifen.[24]

Für die Theorie und Praxis lebenslangen Glaubenlernens ergeben sich folgende Problemstellungen:

(1) Sind zentrale Inhalte des christlichen Gottesglaubens je nach Stufe des Glaubensverständnisses strukturgenetisch zu lehren und lernen? Gibt es eine Auswahl von Glaubensinterpretationen, die mit den verschiedenen Glaubensstufen korrelieren und von denen Menschen auf der einen Stufe persönlich bedeutsam angesprochen und weitergeführt werden, Menschen auf einer anderen Stufe nicht?

Im Blick auf die Inhalte des Glaubenlernens, verstanden als Deutekategorien der Gotteskommunikation, ist die Strukturgenetik von Glaubensaussagen in interdisziplinärer Forschung zu untersuchen. Glaubensinhalte werden durch Personen auf verschiedenen Stufen strukturell verschieden assimiliert – was am Beispiel der Wundergeschichten oder der eschatologischen Gerichtsvorstellungen verdeutlicht werden kann. Dabei können kognitive Dissonanzen so groß werden, dass sich die bisherigen Deutestrukturen als nicht mehr tragfähig erweisen, sich verändern und ihrerseits an die neuen Erfahrungen akkommodieren (Nipkow 1988, 114).

Neuere restaurative Versuche, Katechese auf die immer gleiche Mitteilung von Lehrsätzen „absoluter Wahrheiten" zu reduzieren, sind aus diesem Wissen heraus zurückzuweisen. Sie würden lediglich zu einer „doppelten Buchführung" führen, nämlich etwas persönlich distanziert und oberflächlich als Wissensstruktur zu ler-

---

[24] Vgl. die theologische Kritik bei Schweitzer 2007, 230f.

nen, ohne sich in der religiösen Tiefenstruktur zu verändern (Englert 1988a, 131). Psychoanalytisch argumentiert, ist dabei mit Abwehrmechanismen zu rechnen.

(2) Wie sind Menschen auf den verschiedenen Glaubensstufen miteinander in Kommunikation zu bringen, damit sie Stimuli erhalten, sich weiterzuentwickeln? Forschungsergebnisse dazu liegen noch nicht genügend vor.

(3) Welche Lehr- und Lernwege eignen sich für die Menschen mit den jeweiligen Glaubensverständnissen? Welches sind für die Sensibilisierung und die Transformationen von glaubensgeschichtlichen Bildungsprozessen die „sensiblen Perioden“ nach Maria Montessori oder die „fruchtbaren Momente“ nach Friedrich Copei? Es sind Lernformen zu suchen, die die strukturelle Glaubensentwicklung begünstigen; statt assoziativem ist strukturierendes Lernen zu unterstützen, etwa durch die Lösung von religiösen Dilemmata (z.B. „Warum kommen wir überhaupt auf die Welt, wenn wir eh wieder sterben müssen?“).[25]

(4) Welche Bedeutung kommt der Leiterin oder dem Leiter in Lernprozessen zu? Sind die verschiedenen Stufen als gleichberechtigt nebeneinander zu akzeptieren oder sind sie miteinander in Dialog zu bringen, um Veränderung des jeweiligen Glaubensverständnisses zu erreichen? Wie ist die Gefahr abzuwenden, damit zum heilbringenden „Führer“ und „Guru“ zu werden, der weiß, was für andere gut ist?

Glaubenskonflikte sind in diesem Sinne nicht pädagogisch herbeizuführen; wichtig ist vielmehr dort, wo sie bereits existieren, begleitend nachzugehen. Geplante vorausgehende Hilfen sind dann sensibel zu realisieren, wenn die vorherrschenden Glaubensverständnisse offensichtlich in die Verengung führen, z.B. wenn Eltern glauben, dass ihr behindertes Kind die Rache Gottes für ihre früheren Sünden sei (Nipkow 1988, 114).

Zentral ist dabei der Begriff „Entdeckung“, der darauf hinweist, dass der Glaube als Antwort in der Umfassungserfahrung der Gotteskommunikation nicht von anderen bewirkt werden kann. Lebenslanges Glaubenlernen dient damit der Menschwerdung des Menschen, fördert personale Identität und soziale und politische Handlungskompetenz (Nipkow 1986, 35).

(5) In der Gemeinde ist die Bildung von verschiedenen Lerngruppen mit Teilnehmer(inne)n aus *verschiedenen Stufen* und von Teilnehmer(inne)n aus *denselben Stufen* anzustreben. Die erstere Struktur dient der wechselseitigen Ergänzung, die zweite hilft Menschen, etwa der Stufe 4, mit Gleichgesinnten Austausch zu pflegen und Verständnis zu erfahren. Zentrales Moment ist Vertrauensbildung.

---

[25] So die Frage des 13-jährigen Benjamin B. beim Abendessen.

(6) Wer Lernprozesse anleitet und begleitet, sollte die Krisen und Übergänge der einzelnen Glaubensverständnisse kennen und präventiv (auch in Einzelgesprächen) intervenieren können.

Für die Gestaltung lebenslangen Glaubenlernens ist es eine Herausforderung – z.B. in der Predigt – Texte so auszulegen, dass sich die Menschen auf den verschiedenen Glaubensstufen von ihrer Ausgangslage aus weiterentwickeln können und dabei anstehende Krisen nicht tabuisiert werden. Die Verkündigung der angebrochenen Gottesherrschaft soll Menschen mit dem Glaubensverständnis der Stufe 3 sehr wohl in die Krise führen, dass die Gotteskommunikation mit dem sich potenzierenden Armutstod der Dritten Welt zu tun hat. Glaubenskrisen sind also nicht „wegzubewältigen", vielmehr ist ihre transformierende Potenz zu entschlüsseln (Englert 1988a, 129).

(7) Wie verändern und begründen sich ethische Handlungsmuster im Motivationshorizont des christlichen Sinnhorizonts (Alfons Auer) in Korrelation mit den verschiedenen Stufen des Glaubensverständnisses?

(8) Karl Ernst Nipkow plädiert angesichts der theologischen und kirchlichen Konflikte dafür, diese als Möglichkeiten zu begreifen, „dass Christen in ihrem Glaubensverständnis zu erwachseneren theologischen Urteilsformen durchdringen können [...] Gott braucht zwar nicht Stufen des Glaubens und Stufentheorien für sein Heilshandeln an den Menschen (soteriologische Ebene); aber die Antworten der Menschen lassen sich in menschlichen und damit eben auch entwicklungspsychologischen Kategorien nachverstehen (anthropologische Ebene)." (Nipkow 1988, 114)[26] Im Theorie-Praxis-Zirkel lebenslangen Glaubenlernens können Fowlers Forschungsergebnisse dazu beitragen, Wege zu finden, wie der Glaube für die verschiedenen biographischen Stufen aus Langeweile befreit und lebensrelevant wird.

1.4 Religiöse Sozialisation als „symbolische Interaktion"[27]

Glaubenlernen ist – das ist heute unbestritten – immer auch ein Hineinwachsen des Individuums in gesellschaftliche Handlungs- und Deutesysteme. Diese soziale Integration kann auf verschiedene Weise erklärt werden. Hier soll in Abhebung zur Systemintegrationstheorie eine zentrale Sozialisationstheorie im Hinblick auf *religiöse Sozialisation* hypothetisch andiskutiert werden, die Theorie des „symbolischen Interaktionismus".

---

[26] Zu den strukturellen Konflikten in den Kirchen: Nipkow 1988, 103.

[27] Überarbeitete Version 2011. Zuerst erschienen als: Biesinger 1979b.

Der Hauptvertreter der Systemintegrationstheorie, Talcott Parsons, vertritt ein extrem anpassungsorientiertes Modell von Sozialisation. Die Rollen*norm* und deren Interpretation durch den *Rolleninhaber* müssen hochgradig übereinstimmen, wenn soziales Handeln gelingen soll. Parsons formuliert eindeutig und provokant genug: „Wenn eine Person voll im Interaktionssystem sozialisiert ist, ist es nicht richtig zu sagen, dass eine Rolle etwas ist, was ein Handelnder ‚hat' oder ‚spielt', sondern etwas, was er ist." (Parsons/Bales, 107) Dieses Sozialisationskonzept intendiert vorwiegend Normenkonformität. Die Identität des Individuums ist hochgradig „identisch" mit den vorgegebenen Rollenerwartungen.

In der auf George Herbert Mead bezugnehmenden Rollentheorie des „symbolischen Interaktionismus"[28] dagegen dürfen Rollennormen nicht rigide formuliert sein, sie müssen vielmehr einen Spielraum *subjektiver* Interpretation durch die Rollenpartner zulassen. Mit Herbert Blumer sind folgende drei einfachen Prämissen des „symbolischen Interaktionismus" zu nennen:

1. Menschen handeln gegenüber Objekten auf der Grundlage der Bedeutungen, die diese Objekte für sie haben.

2. Die Bedeutungen dieser Objekte entstehen aus der sozialen Interaktion, die man mit seinen Mitmenschen eingeht.

3. Die Bedeutungen werden von einzelnen Personen in einem interpretativen Prozess gehandhabt und abgeändert (Blumer 1973, 81).

Bedeutungen sind also Schöpfungen, die miteinander agierende Personen gemeinsam durch definierende Aktivitäten hervorbringen. Identität kommt nach diesem Sozialisationskonzept durch *aktive Interaktion* und *symbolprägende Interpretation* des Individuums zustande.

Der Mensch wird dabei nicht nur von *außen* interpretiert. Sein „Selbst" kann sich selbst interpretieren. Dieses „Selbst" entwickelt sich aus Interaktionsprozessen, in denen andere Personen jemandem die eigene Person definieren. Diesen Teil des „Selbst" nennt George Herbert Mead das „*me*", das was mich (passiv) zum „mich" macht.

Eine Person *muss* sich von außerhalb ihres Selbst betrachten, um für sich selbst Objekt werden zu können. „Man kann dies nur, indem man sich in die Position

---

[28] Der Begriff „Symbolischer Interaktionismus" wurde 1937 von H. Blumer geprägt. Der symbolische Interaktionismus bietet die Voraussetzungen einer tiefgreifenden, humanistischen Philosophie. „Indem er dem ‚Selbst' eine Position höchster Bedeutung zuweist, und indem er erkennt, dass Ausbildung und Verwirklichung des ‚Selbst' auch durch die Übernahme der Rollen anderer Personen, mit denen man in den gemeinsamen Aktivitäten des Zusammenlebens verbunden ist, erfolgt, erbringt der symbolische Interaktionismus die wesentlichen Bestandteile eines provozierenden philosophischen Entwurfs, der in besonderem Masse auf soziale Erfahrungen abgestimmt ist." Väter dieser Philosophie sind G.H. Mead und J. Dewey (Blumer 1973, 144 Anm. 2).

anderer hineinversetzt und von dieser Position aus sich selbst betrachtet oder in Bezug auf sich selbst handelt" (Blumer 1973, 92). Der Mensch kann – nach Geroge Herbert Mead – als einziges Lebewesen aber durch sein „*I*" zum „*me*" als Objekt Stellung beziehen. Er kann sich mit sich selbst auseinandersetzen. Es ist demnach nicht nur Aufgabe des Menschen, auf bestimmte Regeln zu *reagieren,* sondern *auch* sie zu schaffen (Blumer 1973, 99).

Bei der Geburt des Menschen ist eigene Identität anfänglich kaum vorhanden. Sie entwickelt sich vielmehr „innerhalb des gesellschaftlichen Erfahrungs- und Tätigkeitsprozesses [...] im jeweiligen Individuum als Ergebnis seiner Beziehungen zu diesem Prozess als Ganzem und zu anderen Individuen innerhalb dieses Prozesses" (Mead 1968, 377). *Religiöse Identität* – dies ist im Blick auf religiöse Sozialisation eine legitime These – entwickelt sich ebenfalls in *Erfahrungs- und Tätigkeitsprozessen.* Offenbarung fällt nicht als Produkt vom Himmel. Offenbarung ist vielmehr Prozess und Ergebnis der Interaktion zwischen dem sich mitteilenden Gott und konkreten Menschen. Religiöse Bedeutungen, z.B. Offenbarungsinhalte, sollen deswegen nach dem biblischen Ansatz aus *eigener* Überzeugung geglaubt werden. Theologisch verbietet sich nicht verstehende oder unfreiwillige Anpassung an vorgegebene Glaubensinhalte. Glaubensformeln werden erst durch interpretierende Interaktion zu (Glaubens-)Symbolen des Individuums.

Der traditionell festgesetzte Glaubenssatz z.B., dass Brot und Wein in der Eucharistiefeier in den Leib und das Blut Christi verwandelt werden, macht einen außerhalb des eucharistischen Bezugszusammenhangs stehenden Menschen noch nicht unbedingt betroffen. Erst in der Interaktion mit Jesus, dem Christus, im Vertrauen auf seine immer schon geschenkte Zuwendungsgeste einerseits und der in dieser Zuwendung liegenden Erwartung, dieses Brot zu essen und diesen Wein zu trinken, im Verweiszusammenhang mit seinem Tod und seiner Auferweckung andererseits werden aus den Grundnahrungsmitteln Brot und Wein signifikante Symbole. Für das Individuum entsteht ein neuer Bedeutsamkeitshorizont, den es selbst mitschafft, ja sogar mitschaffen muss, wenn die „gefährliche Erinnerung" (Johann Baptist Metz) nicht vergessen werden soll. Das „Sein" als das „An sich" des Brotes wird von seinem neuen Bezugszusammenhang bestimmt, d.h. von den Relationen, in die das „Sein" immer schon in seinem „Für" hineinverwoben ist (relationale Ontologie). Nach Bernhard Welte bedeutet eine Änderung des Bezugszusammenhangs „eine Wandlung des eigentlichen Seins oder der Substanz des Seienden" (Welte 1960, 194).

Durch die gemeindliche und individuelle Erinnerung an den Bezugszusammenhang von Tod und Auferweckung erhalten Brot und Wein eine neue Bedeutung, ein neues Sein, eine Seinswandlung. Diese muss nicht weniger objektiv sein als physikalisch-chemische Substanzänderungen.

Alle Objekte erhalten ihre Bedeutung durch symbolische Interaktion. Das menschliche Zusammenleben ist ein Prozess, „in dem Objekte geschaffen, bestätigt, umgeformt und verworfen werden“ (Blumer 1973, 91, 162). Objekte entstehen für eine Person im Wesentlichen aus der Art und Weise, in der mitagierende andere Personen diese definiert haben. Bezugszusammenhänge sind einseitig vom Menschen her nicht ohne Folgen aufzulösen. Wein ist nicht mehr *eucharistische* Gabe, wenn er z.B. im Konkurrenzzusammenhang einer Weinprämierung steht.

Ohne vorausliegende Deuteworte ist es den Menschen nicht möglich, Brot und Wein in dem Bezugszusammenhang von Tod und Auferweckung Jesu Christi zu bringen.

Der diese Deuteworte spricht, tut dies in der Erwartung der Reaktion, dass es Menschen gibt, die dieses Brot essen und diesen Wein trinken zu seinem „Gedächtnis“.

Der diese Deuteworte hört, kann sie für sich selbst interpretieren. Erst sein eigenes Handeln und seine eigene Interpretation machen Brot und Wein für ihn *selbst* zum signifikanten eucharistischen Symbol – oder auch nicht. „Denn wo keine Glaubensgemeinschaft, keine unter der Sendung Christi stehende Gemeinde ist, da kann auch keine eucharistische Gegenwart des Herrn zustande kommen.“ (Gerken 1973, 25)

Es handelt sich um ein Kommunikationsgeschehen. Alexander Gerken schreibt in seiner weithin anerkannten „Theologie der Eucharistie“: „Die Hauptbeziehung ist nicht die Beziehung ‚Jesus und das Brot’, sondern die Hauptbeziehung ist die Beziehung ‚Jesus und seine Jünger‘, ‚Jesus und wir als die Gemeinschaft der an ihn Glaubenden‘.“ (Gerken 1973, 25)

Definiert man den Offenbarungsprozess nicht statisch, sondern als geschichtliches Handeln Gottes mit den Menschen und *deren Handeln* angesichts dieser Vorausgabe, so wird deutlich, dass sich Offenbarung für die Individuen vor allem dann vitalisiert, wenn sie mit dieser Vorausgabe Gottes eigenständig umgehen lernen. Das Individuum kann sich vom Handeln eines Gottes her, der Auswege aus dem Tod hat, neu interpretieren. Seine Identität erhält eine religiöse Qualität, wenn es sich gegenüber transzendierenden Interpretationen offen hält, indem es sich nicht in geschlossenen Deutungen abkapselt.

Für den lebenslangen, insbesondere aber für den kindlichen und jugendlichen Sozialisationsprozess ist der spielerische Umgang mit Deutungen, auch mit religiösen Deutungen, höchst wichtig. Kinder und Jugendliche sollten nicht – durch welche Machtmittel auch immer – gezwungen werden, sich religiösen Bedeutungen anzupassen und sie formelhaft zu übernehmen. Vielmehr soll der Sozialisationsprozess originelle, selbst mitgeschaffene Bedeutungszugänge ermöglichen. Insbesondere

Kindern und Jugendlichen muss zugestanden werden mit religiösen Bedeutungen zu „operieren". Dazu eine mir widerfahrene Alltagssituation:

Der vierjährige David fragt mich, warum ich dem toten Vogel, den er tagelang auf dem Weg zum Kindergarten am Straßenrand sieht, nicht helfen könne. Auf meine Antwort, dass dem toten Vogel kein Mensch mehr, sondern nur der liebe Gott helfen könne, fragt mich David, wie groß und stark der liebe Gott denn sei, und warum ich nicht der liebe Gott sei. Ich versuche ihm zu erklären, dass ich doch ein Mensch sei und selber auch einmal sterben müsse und deswegen nur der liebe Gott dem toten Vogel helfen könne. David darauf: „Ist der liebe Gott so groß wie ein Hochhaus?"

Zusammen mit einem konkreten Interaktionspartner entstehen für das Kind neue, teilweise unerwartete Bedeutungen. Indem es mein Zugeständnis, nicht helfen zu können, und meine Selbstdeutung interpretiert, schafft es für sich eine neue Bedeutung. *Der Vater kann einem Toten nicht helfen: Wenn Gott helfen kann, muss er größer sein als der Vater.*

Dies bestätigt sich einige Wochen später: David hält seinen zweijährigen Bruder Manuel gerade noch vor einem fahrenden Auto zurück. Als er mir das abends erzählt, wendet er sich an Manuel: „Wenn ich dich nicht festgehalten hätte, wärst du nämlich jetzt tot. Dann kann dir der Papa gar nicht mehr helfen, nur noch der liebe Gott, weil der nämlich viel größer ist als der Papa".

Niemand sollte solche selbst geschaffenen und operierenden Deutungen vorschnell als einseitig oder zu wenig theologisch abgesichert verdächtigen. Einmal sind solche Forderungen an Kinder und Jugendliche nur beschränkt zu stellen, zum andern ist keineswegs sicher, dass diejenigen, die Glaubensformeln nachsprechen können, von Offenbarung – definiert als Interaktion zwischen Gott und Menschen – mehr begriffen haben.

Dennoch stellen sich abschließend dringliche Fragen, die unter religionspädagogischen Perspektiven intensiv geklärt werden müssten:

(1) Ist Offenbarung interpretationsbedürftig?

(2) Wie kann das Individuum mit Offenbarung überhaupt umgehen?

(3) Wo liegen die Möglichkeiten und Grenzen der Verwendung dieser sozialisationstheoretischen Theorie für religiöses Handeln? Unter welchen wissenschaftstheoretischen Voraussetzungen ist sie legitimerweise übertragbar?

(4) Wo liegen die Grenzen einer solchen „operativen" Theologie (Karl Rahner), die der Imaginationskraft des Menschen (John Henry Newman) bewusst Spielräume lässt?

(5) Welche Bedeutung haben diese Aspekte für die christliche These, dass Offenbarung geschichtlich und lebendig sei?

2 Gotteskommunikation als Beziehungsgeschehen

2.1 Glauben als Beziehungsprozess

Unter einem religionspädagogischem Blickwinkel müssen Kinder und Jugendliche konsequent in ihren Beziehungen wahrgenommen werden, da sich die Beziehung zu sich selbst, zu anderen, zur umgebenden Welt inklusive Zeit und Geschichte und die Gottesbeziehung im Kontext religiöser Bildung nicht trennen lassen (vgl. Boschki 2003).[29] Beziehung zu sich selbst ist nach Reinhold Boschki der zentrale Ort religiöser Bildung (Boschki 2003, 334ff .), Beziehung zu anderen Menschen das „Setting" religiöser Bildung (Boschki 2003, 337ff.), Beziehung zur Welt, Wirklichkeit und Geschichte der „Horizont" religiöser Bildung (Boschki 2003, 341ff.), Beziehung zu Gott und zu Christus der „Brennpunkt" religiöser Bildung (Boschki 2003, 341ff.). Als konstitutive Elemente von Beziehungen macht er die Nicht-Machbarkeit von Beziehungen, Eigenaktivität, bedingte Wechselseitigkeit, Emotionalität, Prozessorientierung, Leiblichkeit, Kreativität und Gefahr des Scheiterns aus.

Reinhold Boschki zeigt, dass menschliche Beziehungen in der Bibel untrennbar mit der Gottesbeziehung verknüpft sind (Boschki 2003, 238f.). Die Beziehung gerade junger Menschen zu Gott umschließt immer auch eine affektive Komponente. Beziehung kann verstanden werden als ein „emotional bedeutsames Geschehen", das über die „Qualität des Austausches der Menschen untereinander" (Boschki 2003, 96) bestimmt. Gottesbilder stellen auf diesem Hintergrund „Beziehungsbilder" dar, die sehr stark von sozialen Beziehungen, in denen Menschen leben, abhängig sind. Die Gotteskommunikation realisiert sich jedoch stets in „Gottes Entzogenheit". Das heißt, dass Gottesbeziehung und menschliche Beziehungen immer „unverfügbar" sind (Boschki 2003, 242ff.). Religionspädagogische Aufgabe ist es, Gottesbeziehung als Gotteskommunikation als *das* tragfähige Fundament das Leben in seiner Gänze – mit Wechselfällen und Brüchen – aufzuzeigen.

---

[29] Für die Abfassung dieses Abschnittes bedanke ich mich bei Thomas Rupp.

2.2 Gotteskommunikation: Mitteilung des Wortes – Vollziehung des Wortes (zu Johann Baptist Hirscher)[30]

Vorbemerkungen

Johann Baptist Hirscher (1788–1865), war Professor für Moral- und Pastoraltheologe in Tübingen und Freiburg und gilt als einer der Hauptvertreter der katholischen „Tübinger Schule".

Er betonte schon zu Beginn des 19. Jahrhunderts die Lebensrelevanz der Zusagen des christlichen Glaubens, um das Leben zu gestalten. Kern der Religionspädagogik ist demnach: Gott hat sich uns Menschen im Sinne einer radikalen Zuwendung bereits mitgeteilt. Jahwe geht einen Bund mit seinem Volk Israel ein. In Jesus von Nazareth bekommt die Mitteilung Gottes ein konkretes Gesicht, eine menschliche Biografie. Gott teilt sich mit im Leben, Sterben und der Auferweckung Jesu Christi.

Wie wir in Berührung kommen mit Gott ist nicht nur zufällig. Es bedarf der Zeugen, der Wegbegleiter auf diesem Weg der Entdeckung, aus Gott zu kommen und von Gott umhüllt zu sein und auf Gott hin zu gehen.

Wissenschaftstheoretisch ist zu beachten, dass eine Interpretation der Bedeutung Johann Baptist Hirschers nur im Kontext der konkret geschichtlichen Situation seines Werkes möglich ist. Eine Auseinandersetzung mit ihm ermöglicht aber eine historische Verwurzelung der gegenwärtigen aktuellen katechetischen Diskussion. Im Folgenden wage ich daher eine Anfrage und Interpretation des Werks von Johann Baptist Hirscher von gegenwärtigen Fragestellungen aus – immer unter Beachtung dessen, dass Johann Baptist Hirscher nicht ungeschichtlich überfordert werden darf.

Die gegenwärtige Elementarisierungsdebatte im Kontext der Argumente zur Auswahl des katechetischen Stoffes nach J.B. Hirscher

Das Bedürfnis nach Reduktion, Vereinfachung auf das Wesentliche, auch das Bedürfnis der Vergewisserung, was eigentlich das Zentrum und das Unverzichtbare sei, hat in der katechetischen Diskussion eine große Bedeutung erhalten. In dem von Günter Biemer und mir 1976 vorgelegten Band „Theologie im Religionsunterricht" (Biemer/Biesinger 1976) ist die Frage nach den Kriterien für die Auswahl der Inhalte für die religiöse Erziehung in der Schule im Kontext der wichtigsten erziehungswissenschaftlichen Arbeiten mit den Kategorien „Fachrepräsentanz" und „Lebensrelevanz" erörtert worden.

---

[30] Überarbeitete Version 2011. Zuerst erschienen als: Biesinger 1989b, 115–127.

Mit dem Kriterium der „Fachrepräsentanz“ ist gemeint, dass die Inhalte des Religionsunterrichts die Grundstruktur und die elementaren Aussagen der wissenschaftlichen Theologie (differenziert in verschiedene Fächer) zu vergewissern haben. Die Inhalte des Religionsunterrichtes können nicht beliebig sein, falls man nicht einer unredlichen Verwischung dessen, was die Substanz des kirchlichen Glaubens sei, das Wort reden möchte.[31]

Das zweite Kriterium für die Auswahl der Inhalte ist „Lebensrelevanz“. Damit ist inkarnationstheologisch die Ko-existenz und die Rezeptionsmöglichkeit und -fähigkeit des Menschen in seiner geschichtlichen Verfasstheit mitgemeint. Die Substanz des kirchlichen Glaubens ist im Blick auf das *Leben* zu erschließen.[32]

Die Inhalte des Religionsunterrichtes sind demnach weder die fachrepräsentanten Inhalte noch die Kriterien der Lebensrelevanz je für sich. *Die Inhalte des Religionsunterrichtes sind vielmehr die aus der gegenseitigen Interpretation entstandenen Inhalte. Diese haben eine spezifische Qualität, indem sie bereits vermittelte Inhalte sind und zusätzlich noch auf die biographische Ebene auszulegen sind.*[33]

Von Johann Baptist Hirscher her werden diese Anliegen der Elementarisierungsdiskussion bestätigt. Seine Grundforderung, nämlich die theologischen Inhalte auf das Eigentliche zu reduzieren, ein theologisches Strukturprinzip, nämlich das „Reich Gottes“ zu Grunde zu legen, und auch sein dauernd wiederholtes Grundpostulat, dass die Inhalte der Botschaft lebensbedeutsam werden müssen, reichen bis in die heutige Elementarisierungsdebatte hinein. In der Diskussion zur Korrelation, (z.B. Biemer 1987, 419–421) die in der Religionspädagogik intensiv geführt wurde, finden sich viele Anliegen von Johann Baptist Hirscher wieder: Vor allem, dass es nicht um abgehobenes Begriffswissen gehen kann, sondern dass das, was den Glauben zuinnerst ausmacht, im Leben zu einer grundlegenden Erkenntnis und Praxis führen müsse.

---

[31] Die Strukturelemente des Christlichen, Sinn (als vorausgeschenkte Freiheit), Liebe und Hoffnung, werden in Biemer, G./Biesinger, A., Theologie im Religionsunterricht, konkretisiert durch zentrale, unverzichtbare Begriffe der theologischen Disziplinen, wie etwa „Exodus“, „christliches Heilethos“, „christliche Dogmen angesichts antiker Geisteswelt“, „Herkunft – Ankunft – Zukunft“. Diese Begriffe repräsentieren elementare, unverzichtbare, fachwissenschaftliche Kategorien auf der Ebene der „Fachrepräsentanz“.

[32] Die Koexistentialien Arbeit, Herrschaft/Konflikt, Eros/Sexualität, Tod und Spiel verstehen sich als philosophisch-anthropologische (nicht theologisch-anthropologische) Grundkategorien der „Lebensrelevanz“, die für alle Menschen elementar sind.

[33] Die Begriffe „Fachrepräsentanz“ und „Lebensrelevanz“ werden gekreuzt, d.h. gegenseitig ausgelegt und ergeben die Unterrichtsinhalte – im Gegensatz zu nur theologischen Inhalten. Diese beiden – *fachwissenschaftliche* und *lebensrelevante* – Elementarisierungsebenen sind ein weiteres Mal auf die dritte, die *biographische* Elementarisierungsebene auszulegen, um auf die Unterrichtsinhalte zu kommen, die entwicklungspsychologisch die Wahrnehmungsmöglichkeiten der jeweiligen Altersstufe treffen. Vgl. Biemer/Biesinger 1976; Nipkow 1982a, 73–95.

Religiöse Erziehung im Religionsunterricht muss existentiell betroffen machen, persönlich bedeutsam und motivierend strukturiert werden. Dass und wie dies gelingen kann, hat Matthias Scharer auf Grundlage seiner Untersuchung alternativpädagogische Ansätze in ihrer Bedeutung für lebensrelevante religionspädagogische Strukturierungen überzeugend gezeigt (Scharer 1987a).[34]

Eine auf Begriffswissen und kognitive Reduktion basierende religionspädagogische Strukturierung ist abzulehnen, weil es sich dabei um einen offenbarungstheologischen Fehlansatz handelt. Die Botschaft ist auf die Veränderung des menschlichen Lebens hin zu verkünden. Ja, die Vereinseitigung auf Begriffswissen impliziert geradezu eine Verkehrung der Botschaft.

Mein religionspädagogischer Ansatz, der als Ziel von Katechetik und Religionspädagogik formuliert, die Jesus-Christus-Beziehung bzw. die Gotteskommunikation zu erschließen, ist eine zu Johann Baptist Hirscher analoge Konzeption. Denn entscheidend ist, dass es letztlich nicht um das Anlernen von religiösem Wissen, sondern um die Erschließung der Jesus-Christus-Beziehung geht, die man – und das ist unverzichtbar wichtig – nur verstehen kann, wenn man alles das, was diese Beziehung inhaltlich ausmacht, zur Kenntnis nimmt und damit auch erst in die Lage kommt, diese entsprechend adäquat zu interpretieren. In der Praxis handelt es sich dabei um einen integrativen Prozess.

Die Einwände, die gegen dieses existentiell ansetzende Konzept in der Regel formuliert werden, beziehen sich auf die Situation der Religionsunterrichtes an der Schule für alle, auf die verschiedenen Ausgangsvoraussetzungen bei den Schülern, die aus der Mentalität der säkularisierten Gesellschaft her kaum mehr die Möglichkeit hätten, das Christentum zu „begreifen“. Mich überzeugen diese Argumente insofern nicht, als sich erfahrungsgemäß zeigt, dass bei einer entsprechenden Qualität der Vermittlung, etwa nach dem Konzept der Themenzentrierten Interaktion, die Schüler intensive Motivation und auch persönliches Interesse an dem christlichen Lebensweg entwickeln können. Vor allem die in der Oberstufe der Gymnasien eingeschliffene Konzeption des Religionsunterrichtes als verhindertes universitäres Proseminar führt zu Reaktionen wie: „Wir haben sehr viele Texte bedeutender Theologen gelesen, aber mit unserem Leben hat das nichts zu tun.“ Manche kirchlichen Kreise führen sich mit einer solchen Konzeption von Religionsunterricht selbst in kognitivistische Sackgassen. Wenn man Johann Baptist Hirscher auch nur einigermaßen ernst nimmt, ist eine solche Konzeption von Religionsunterricht abzulehnen. In allen Schulstufen bis hin zur Universität sind existentielle, persönlich bedeutsame Lernwege und die damit erforderliche Elementa-

[34] Diese Arbeit versucht, gestaltpädagogische Ansätze und die Erkenntnisse des „lebendigen Lernens nach Ruth C. Cohn“ in die Erstellung von Religionsbüchern zu integrieren. Beispielhaft ist dies umgesetzt in: Scharer 1987b.

risierung der wichtigsten Inhalte des Glaubens möglich und werden von den Lernenden angenommen. Dass etwa der Ansatz der Themenzentrierten Interaktion mit seiner Balance von Ich-Wir-Thema zu hervorragenden Abiturleistungen führen kann, ist in Einzelbeispielen gut belegbar. Allerdings müsste man dann die Ausbildungskonzepte an den Theologischen Fakultäten genauso ändern wie die Studienseminare.

Wo bleiben die substantiellen Perspektiven des christlichen Glaubens für unsere komplexe Gesellschaft, die lebensrelevant erfahrbar sind und damit Alltagswissen werden? Es geht darum, den kirchlichen Glauben geschichtlich zu erschließen! Diese Forderung Johann Baptist Hirschers ist in der derzeitigen religionspädagogischen Diskussion weitgehend eingelöst. Die Trennung von Katechismus und Bibel und die Ausdifferenzierung in den Katechismusunterricht durch Kleriker und den Bibelunterricht durch Laien ist überwunden. Die Gefahr, dass mit dem Hinweis auf immer präzisere dogmatische Katechismen die biblische und damit auch die historische Erschließung des Glaubens erneut in den Hintergrund gedrängt wird, besteht aber.

Zum Zusammenhang der Glaubens- und Sittenlehre

Unter moralpädagogischen Gesichtspunkten habe ich in meiner Tübinger Dissertation (Biesinger 1979a, 90–101) den Zusammenhang zwischen Glaubens- und Sittenlehre in dem Katholischen Katechismus der Bistümer Deutschlands 1955, dem Rahmenplan zur Glaubensunterweisung 1967 und dem Nachfolgekatechismus „glauben-leben-handeln“ 1968 analysiert. In den Archiven zu diesen Katechismus- und Lehrplandokumenten bin ich auf Überlegungen gestoßen, die bei der Frage nach der Strukturierung der Sittenlehre das Konzentrationsprinzip „Reich Gottes“ diskutieren (Biesinger 1979a, 93 (Anm. 176), 108). Fritz Tillmann lehnt dieses Prinzip ab und will es durch das der „Nachfolge Christi“ ersetzen. Der sittliche Wert sei ein personaler und könne deshalb nur im sittlichen Wertverhalten einer Person zum Ausdruck kommen. Der Zentralidee „Reich Gottes“ fehle die „unmittelbare Lebensfülle der Person Christi und ihre Nachfolge, denen gegenüber [die] nur oder vorwiegend unpersönliche Fassung gleich und unlebendig erscheinen muss“ (Tillmann 1934, 7).

Doch F. Tillmann missversteht das Konzentrationsprinzip „Reich Gottes“ als starres Korsett und erkennt offenbar nicht dessen persönliche Dynamik. Die „Nachfolge Christi“ ist schließlich nicht Selbstzweck, sondern der Weg ins „Reich Gottes“.

Eine Auseinandersetzung mit Hirscher ist vom heutigen Diskussionstand ethischer Argumentation aus im Blick auf sein Konzentrationsprinzip eher kritisch zu führen. Johann Baptist Hirscher ist zuzustimmen, dass eine Trennung von Glaubens- und Sittenlehre im Kontext der religiösen Unterweisung unsinnig ist. Dieses Anliegen verwirklicht der meines Erachtens sehr fundamentale und weiterführende, wenn auch von manchen fehlinterpretierte, Ansatz von Alfons Auer, (Auer 1971; 1984) der mit dem Begriff der „autonomen Moral und christlicher Glaube“ ein integratives Modell von christlichem Glauben als Motivationshorizont und der Findung konkreter Einzelnormen nach offengelegten Schritten vorgelegt hat – in Johann Baptist Hirscher überbietender Qualität.

Der Prozess, sittliche Normen auf der Ebene der „Kasuistik“ zu finden und zu begründen, ist viel differenzierter, als Hirscher annimmt. Konkretisierungen im Bereich ethischer Normen, etwa zur Atomenergie, zur Gentechnologie usw., sind ohne eine Analyse der human-gesellschaftswissenschaftlichen und der technologischen Aspekte nicht möglich. Man muss davon ausgehen – ob man den Begriff „Relationale Autonomie“ akzeptiert oder nicht –, dass die ethische Normierung nicht lediglich eine ins Praktische gewandelte Dogmatik, sondern ein eigenständiger, über die Dogmatik hinausreichender, hermeneutischer Argumentationsgang ist.

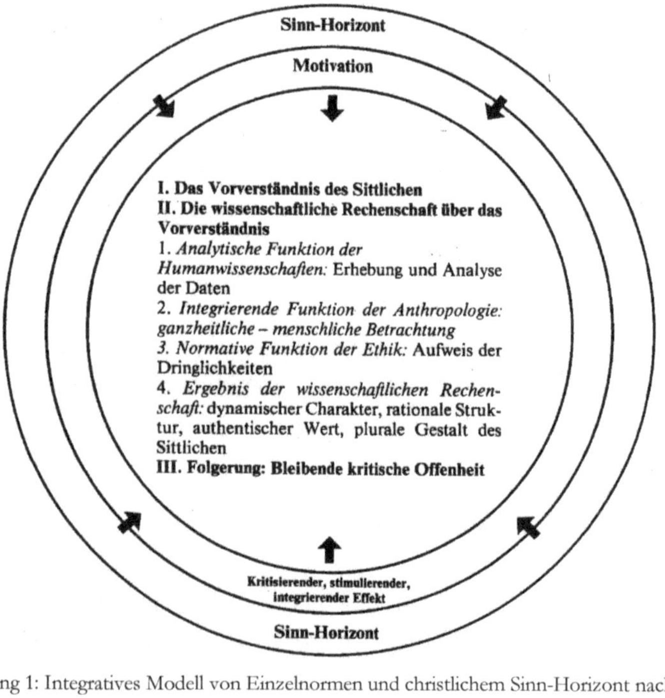

Abbildung 1: Integratives Modell von Einzelnormen und christlichem Sinn-Horizont nach Alfons Auer[35]

---

[35] Entnommen aus: Biesinger 1979a, 43.

Bruno Schüller (Schüller 1980) hat mit seiner Idee der Wertvorzugsregeln wichtige Hilfen für die Ausdifferenzierung ethischer Normen im Blick auf konkrete Entscheidungen vorgelegt, die kommunikable Argumentation ermöglichen. Hirschers Grundanliegen der Verbindung von Glaubens- und Sittenlehre wird durch die Ansätze Alfons Auers und Bruno Schüllers nicht abgelehnt, sondern vielmehr kompetent realisiert.

Einerseits ist festzuhalten, dass es ein ungeschichtlicher Fehler wäre, Hirscher heutiges Problembewusstsein als Defizite seines Ansatzes entgegenzuhalten, andererseits sind seine Vorstellungen zum Zusammenhang von Glaubens- und Sittenlehre für die heutige Situation nur dann relevant, wenn sie transformiert werden können. Konkrete Beispiele für ethische Anfragen wären:

- Welche Lebensstile sind ethisch begründbar – mit welchen Argumenten?
- Inwiefern führt eine kreuzestheologische Fundierung des christlichen Sinnhorizontes zu Wegen, die schreienden Ungerechtigkeiten des Weltwirtschaftssystems abzubauen?
- Welche Zwischenentscheidungen sind dabei kommunikabel zu beachten?

Plädoyer für organische Ganzheit

Die bisweilen vorgebrachten Gedanken, dass Hirscher die Idee „Reich Gottes“ nicht als Zentralidee versteht, aus der alles abgeleitet und auf die hin alles hinzuführen sei, sind nicht stimmig. Er fordert geradezu einen organischen Aufbau mit „Reich Gottes“ als Zentrum.

Die fragwürdigen Möglichkeiten, das, was im Religionsunterricht thematisch zu erschließen ist, auf verschiedene Themenfelder aufzuteilen, zu zerhacken und zu zerstreuen, sind ja bereits oft genug durchgespielt worden. Es fehlt jene Qualität thematischer Zusammenhänge, zumindest auf der Lehrplan- und Lehrbuchebene, die die innersten Kerne, aus denen heraus die vielen Einzelelemente zu erschließen und zu verstehen sind, transparent und nachvollziehbar macht. Hirscher fordert zu Recht, dass die Einzelelemente auf das Ganze rückbezogen sein müssten und vom Ganzen her die Einzelelemente entwickelt werden könnten. Die Lehrpläne für den Religionsunterricht leiden nach wie vor an dem Grundproblem, dass sie kaum eine strukturlogische Fundierung haben und die verschiedenen Einzelthemen nicht aufeinander bezogen sind, durch die sowohl für die Religionslehrer als auch für die Schüler ein logischer, organischer Aufbau möglich wäre.

Auch dies ist eine Anfrage an die Ausbildung an den Theologischen Fakultäten. Nach wie vor ist es eines der Hauptdesiderate von Theologiestudierenden, dass sie den Grundduktus des kirchlichen Glaubens im Sinne einer Einführung ins Heilsmysterium in der Regel nur unzureichend und Theologie meist nur in Fächersäulen nebeneinanderstehend vermittelt bekommen, letztlich Integrationsveranstaltungen fehlen. „Elementarisierungsseminare", wie wir sie in Tübingen in Kooperation zwischen mehreren theologischen Disziplinen entwickelt haben, erschließen Studierenden wichtige Kompetenzen, das Christentum insgesamt als Weg zu verstehen und zu kommunizieren.

Hirschers Postulat, einen durchschaubaren organischen Aufbau[36] des Glaubenlernens anzustreben, hat sich ebenfalls bis in die neuste katechetische Diskussion hinein prolongiert – und ist bis heute nur in Ansätzen zufriedenstellend eingelöst. Ergebnisse aus der Lernpsychologie machen dieses Anliegen aktuell wieder als ungelöstes religionspädagogisches Problem schmerzlich bewusst. Der schrittweise Aufbau einer kognitiven Struktur in einem Gegenstandsbereich wird durch die Darbietung einer sinnvoll abgestimmten Sequenz von Lehr-Lern-Einheiten, die persönlich bedeutsam ausgelegt sind, mit ermöglicht.[37]

> „Die Auswahl von Lerninhalten und Lernzielen muß sich dabei auf die wesentlichen Grundbegriffe und Zusammenhänge beziehen, und zwar solche, die die größte Kraft haben, also (für die Erklärung des zu vermittelnden Zusammenhangs in entscheidender Weise beitragen und so z.B.) in möglichst vielfältigen Situationen zur Lösung von Problemen eingesetzt werden können." (Eigler/Judith/Künzel/Schönwälder 1979, 63)

Dass der Begriff „Reich Gottes" ein solcher Grundbegriff ist, steht theologisch außer Frage (Reich-Gottes-Gleichnisse Jesu, Anbruch der Gottesherrschaft usw.). Religionspädagogisch beginnt damit allerdings die eigentliche Herausforderung auf allen Ebenen der Lehr-Lernplanung und -prozesse. Diese Erkenntnis ist durch die Kompetenzorientierung des deutschen Bildungssystems mittlerweile aufgenommen und beginnt, unterrichtspraktisch relevant zu werden. Entscheidend ist, dass nicht mehr die zu vermittelnden Inhalte isoliert von ihrer Lebensbedeutsamkeit betrachtet werden, sondern gerade Letzteres ebenfalls in den Mittelpunkt des Unterrichtens rückt. Die Debatte zur Elementarisierung ist diesbezüglich genauso erhellend wie die um die Kompetenzorientierung im Religionsunterricht (zuletzt Schweitzer 2008).

Einheit zwischen Begriffswissen und Handlungsebene

Der Zusammenhang zwischen Begriffswissen und Alltagswissen ist eine weitere Herausforderung durch Johann Baptist Hirscher. Ich nehme Hirschers Kritik und Impulse auf und bringe sie mit Erfahrungen in Verbindung, die ich in der lateinamerikanischen Kirche machen konnte. Hirscher hat Recht, wenn er davon ausgeht, dass wirklich beten das Kind nur „betend lernt". In der heutigen hochkomplexen und differenzierten Gesellschaft ist aber genau dieses Element des Lernens

---

[36] Vgl. den Abschnitt: Die Organik des Aufbaus, in: Biesinger 1979a, 80–83.

[37] Vgl. zur Aufarbeitung lernpsychologischer Erkenntnisse für religionspädagogische Praxisfelder: Herget 2000.

untergegangen, nämlich dass durch „Projektlernen" (Suin de Boutemard 1973; Frey 2010) intensivere, die gesamte Persönlichkeit beeinflussende Lernmöglichkeiten entstehen können. Dass in der gegenwärtigen Religionspädagogik Projektlernen so wenig aufgegriffen wird, ist angesichts des lateinamerikanischen Weges der Verkündigung erschütternd.[38] Rainer Preul hat zu Recht darauf hingewiesen, dass religiöse Begriffe nur dann wirklichkeitshaltig gefüllt gelernt werden können, wenn sie im Vollzug gelernt werden (Preul 1980, 209).

Natürlich kann man einwenden, dass die Trinkwasserleistungen und die Krankenhäuser im deutschsprachigen Raum schon gebaut seien und auf diese Art und Weise kirchliche Gemeinden hier nicht glauben lernen könnten. Auch der Hinweis, dass in der offenen, pluralistischen Gesellschaft die Bedingungen objektiv schwieriger geworden seien oder dass wir den Glauben nur noch von Mensch zu Mensch weitersagen können, vereinfacht das Problem nicht. Man verrät damit den Auftrag, den christlichen Weg als einen die Gesellschaft stimulierenden, kritisierenden Weg zu verstehen und dem Reich Gottes Raum zu schaffen in dieser konkreten Mitwelt und Umwelt.[39]

Die Bedeutung des Begriffswissens ist in diesem Konzept zu veranschaulichen. Ich verstehe christlich glauben Lehren und Lernen als hilfreiches Begleiten, als Erschließen der Jesus-Christus-Beziehung – sowohl sich selbst (lernen) als auch den anderen (lehren). Es geht also um ein fundamentales Beziehungsgeschehen. Von Gott her ist diese Beziehung bereits gestiftet (Schöpfung, Erlösung, Kirche, Hoffnung auf Vollendung). Diese Beziehung ist aber nicht beliebig, sie ist verkündbar, aussagbar für jene, die sich auf diese Beziehung einlassen oder eingelassen haben. Christliches Glauben-Lehren und -Lernen hat keine andere Aufgabe als kompetent mitzuhelfen, die *Ant-Wort* auf das *Wort* anzuregen, zu ermöglichen und als eigenständigen Glaubensakt in der Glaubensgemeinschaft Kirche zu stimulieren.

Beziehung und Beziehungslernen sind entwicklungspsychologisch fundamental. Beziehungen sind aber nie wertneutral, sondern inhaltlich und intentional bestimmt.[40] Theologisches Begriffswissen befreit die Jesus-Christus-Beziehung aus der gefährdenden Beliebigkeit von Auslegungsideologien verschiedenster Provenienz hin auf kommunikable Argumentationsstränge. Wem eine Beziehung wichtig ist, möchte über diese Beziehung auch möglichst viel und Treffendes wissen. Da-

---

[38] Vgl. Sayer/Biesinger 1988, wo im Teil 3.4, Projektorientierte Verkündigung oder: Glauben wird durch Handeln gelernt, Hintergründe und Konsequenzen auch mit Beispielen dargelegt sind.

[39] Vgl. Sayer/Biesinger 1988, Teil 3.5, Konflikte und Störungen in ihrer Bedeutung für die ganzheitliche Verkündigung.

[40] Vgl. dazu etwa Kaufmann/Metz 1987.

mit wird deutlich, dass Begriffswissen und Handlungsebene religionspädagogisch nicht auseinander zu dividieren sind.

Die Herausforderung, christlich zu glauben, ist unter den gegenwärtigen Plausibilitäten der Gesellschaft zu verstehen. Wenn sich der christliche Glaube mit den derzeitigen Ideologien zu Welt, Mensch, Mitwelt und Umwelt nicht kompetent auseinander zu setzen in der Lage ist, wird er in den pluralistischen Gesellschaften immer mehr an den Rand gedrängt. Die Kompetenz des Christen unter solchen Bedingungen muss auch eine kognitive, argumentative Befähigung beinhalten. Paulus hat etwa 1 Korinther 15 eine solche katechetische Auseinandersetzung mit den elementaren Anfragen zur Auferweckung vorgestellt. Kognitive Selbstbescheidung und der Rückzug von theologisch kompetenter Argumentation ist nicht biblisch. Höchstes theologisches Niveau ist für diese Auseinandersetzung eine Überlebensfrage des Glaubens in der Kirche, etwa in den Bereichen Glaube und Naturwissenschaft, Ökologie, Religionskritik, New Age usw.[41]

Beachtet man diese grundlegenden Zusammenhänge, so kommt man zu einer gelingenden Zuordnung von Beziehungs- und Begriffswissen und wird sogar entdecken, dass beide Arten von Wissen sich gegenseitig ergänzen, keine von beiden aber Ausschließlichkeitsanspruch haben kann. Dies festzuhalten ist in der gegenwärtigen religionspädagogischen Phase, in der manche die Krise der Verkündigung durch Begriffswissen, etwa durch lediglich dogmatisch formulierte „Katechismen", lösen wollen, besonders dringlich.

Ein Rückblick auf Johann Baptist Hirscher wäre in der gegenwärtigen Situation ein sehr guter Ausblick! Walter Fürst hat diesen Zusammenhang bei Hirscher für die Praktische Theologie weiter entfaltet: Es geht um eine „Orthodoxie des Lebens" (Fürst 1986, 65), darum, dass die objektive christliche Wahrheit subjektiv wird.

Aufmerksam werden, aufmerksam machen als wichtige religionspädagogische Grundaufgabe

Johann Baptist Hirscher hat in einer – auch für die heutige Situation – erstaunlichen Weise auf die Rezeptionsmöglichkeiten der Katechumenen hingewiesen. Die Erkenntniskräfte, die Gemütskräfte, die Triebe und Stimmungen usw. sind Bestandteil seiner Katechetik. Er lässt sich nicht auf eine begriffliche Ebene zurückdrängen. Die in der gegenwärtigen kirchlichen Diskussion wieder häufiger werdenden Vorbehalte gegen eine „Psychologisierung" der religiösen Erziehung sind nach dem Konzept von Hirscher zumindest zu hinterfragen, wenn nicht sogar abzulehnen. Inkarnationstheologisch ist davon auszugehen, dass auf jeden Fall die Wahrnehmungsmöglichkeiten des Menschen und die Bereitschaft zu Antwort auf

[41] Zur Auseinandersetzung, ob Gott in Beziehung zur Welt richtig gelebt werde, vgl. Fürst 1979, 84–85.

das *Wort* Bestandteil des Offenbarungsgeschehens sein müssen. Offenbarungstheologisch gehört die *Ant-wort* des Menschen zum Prozess der Zuwendung Gottes zum Menschen und damit zur Heilsgeschichte. Der Religionspädagoge hat die Aufgabe, zu dieser Antwort zu befähigen. Die Zuwendung Gottes zum Menschen ist nicht in menschlicher Verfügung. Sie kann theologisch vorausgesetzt werden. Es geht also letztlich um den Prozess, mit den verschiedensten katechetischen Möglichkeiten aufmerksam zu machen, die Wahrnehmungsmöglichkeiten des Schülers zu stärken, zu lenken, etwa im Bereich der Symbolerfassung Rezeptionsmöglichkeiten zu bilden und die Befähigung zu initiieren, gesellschaftskritisch systemimmanente Vorläufigkeiten zu transzendieren.

Diesen Prozess als ‚Psychologismus' abzutun, zeugt von inkarnationstheologischer Ignoranz und führt lediglich in Sackgassen. Wenn es nicht darum geht, dass das Reich Gottes im Menschen im Sinne eines Bekehrungs- und Reifungsprozesses ankommen soll, dann wird nicht Christ-Sein, sondern nur Religions- und Theologiekunde gelernt. Aus einer Fülle von Argumentationssträngen lehnt Johann Baptist Hirscher dies ab. Ich kann ihm aufgrund meines Konzeptes, dass es katechetisch um die Erschließung der *Jesus-Christus-Beziehung* als *Gotteskommunikation* geht, nur zustimmen.

Der Lehrer-Schüler-Bezug in seiner Bedeutung für das Glaubenlernen

Wenn Christ-Sein-Lernen als Beziehungslernen strukturiert werden muss, so hat dies Konsequenzen für die Qualität des Lernens. Der Glaube kommt vom Zeugnis, der Glaube kommt vom Hören, er entsteht in Beziehung. Deswegen ist die Qualität der Beziehung zwischen denen, die Zeugnis geben, und denen, die auf dieses Zeugnis aufmerksam gemacht werden sollen, höchst bedeutsam (Biesinger 1983a, 103–123). Hirscher hat die Prozesse des Beziehungs- und Identifikationslernens bereits sehr gut erkannt, wenngleich es damals noch keine empirischen Aussagen und weiterführenden Theorien gab.

Die gemeinsame Synode der Bistümer Deutschlands hat mit dem Begriff „personales Angebot" (Bertsch/Boonen/Hammerschmidt/Homeyer/Kronenberg/Lehmann/Imhof 1976) diesen Aspekt m.E. sehr kompetent aufgegriffen. In der religiösen Erziehung im Handlungsbereich Schule ist dieses personale Angebot allerdings neu zu bedenken und auszudifferenzieren. Insbesondere eine Transparenz zwischen Religionsunterricht als Schulfach mit 45 Minuten und Schulseelsorge mit Schülern, Lehrern, Eltern müsste die personalen Beziehungen im schulischen Interaktionsraum intensivieren. Dies hätte auch Konsequenzen für die Anstellung von Religionslehrern bzw. Pastoralassistenten, die mit einem halben Deputat in der Schule Unterricht geben und an derselben Schule mit dem anderen halben Deputat Schulseelsorge (Einkehrtage, Meditationsnachmittage, Exkursionen, regelmäßige Klassengottesdienste, Projekte) gestalten können.

Kleine überschaubare Gemeinschaften sind angesichts des Beziehungs- und Zeugnischarakters des Christ-Sein-Lernens von entscheidender Bedeutung.

> „Die Tradierung von Sinngehalten setzt aus soziologischer Sicht *personalisierte* soziale Beziehungen voraus. Wertübernahme erfolgt in der Regel durch Identifikation mit als vorbildhaft erlebten Personen oder Gruppen. Die Tradierung christlicher Sinngehalte ist somit an näher zu bestimmende kommunikative Voraussetzungen gebunden, welche in der Regel am ehesten in kleingruppenhaften Gebilden herstellbar sind. Bereits Schulklassen dürften hierfür in der Regel zu groß sein. Es zeigt sich also, dass die Tradierung des Christentums an die nachfolgende Generation auf die Bildung sozialer Gruppen angewiesen ist, innerhalb derer christliches Gedankengut als sinnstiftend erfahren wird." (Kaufmann 1979, 142)

Basisgemeinschaften dürfen nicht weiter als kirchzerstörendes Prinzip gelten, sondern sie müssen als Kirche/Gemeinschaft schaffendes, unverzichtbares Strukturelement einer lebendigen Kirche eingeschätzt werden.[42]

„Leite dich selbst" – zur Eigentätigkeit der Katechumenen

Dieses Postulat des lebendigen Lernens nach der Themenzentrierten Interaktion ist ein wichtiger Schlüssel für das, was Johann Baptist Hirscher die „Eigentätigkeit" der Katechumenen nennt (Biesinger 1984). Die Aufgabe besteht darin, Kinder und Jugendliche anzuregen, sich eigenständig und eigentätig mit dem Glauben auseinanderzusetzen. Wenn dieses Prinzip nicht ernsthaft verfolgt wird, ist es nicht verwunderlich, wenn die nachwachsende Generation zwar noch vorwiegend am Religionsunterricht teilnimmt, aber sich im alltäglichen Umfeld selbstmotiviert nicht als christlich versteht und sich nicht als Christ bekennt.

Die Vorschläge Hirschers zu memorierender Gedächtniseinprägung sind ebenfalls sehr ernst zu nehmen. Der Traditionsverlust in der derzeitigen Gesellschaft hat für den Bereich des Christ-Sein-Lernens auch Konsequenzen dahingehend, dass memorierendes Lernen – selbstverständlich nicht im Sinne des mechanischen Auswendiglernens – erheblich mehr ernstgenommen werden muss. Welche Schüler können etwa Gleichnisse selbstständig nacherzählen und darstellen, lernen wichtige Psalmen, das *Sch'ma Israel*, die Zehn Gebote oder das große Glaubensbekenntnis auswendig, nachdem es vorher didaktisch erschlossen wurde? Damit ist das Prinzip der Eigentätigkeit noch nicht ausgeschöpft. Die Eigentätigkeit bezieht sich nach Hirscher auch auf die persönlichen Glaubensvollzüge, etwa eigenständiges, freies Beten, was Johann Baptist Hirscher – wie bereits dargestellt – als die anzustrebende Gebetsform einschätzt.

---

[42] Vgl. Beschlüsse der Diözesansynode Rottenburg-Stuttgart 1985/86, Weitergabe des Glaubens an die kommende Generation, hg. vom Bischöflichen Ordinariat, Rottenburg 1986, die ein solches differenziertes Konzept von kommunikativem Zeugnis begründen und integrieren.

Auch sein Hinweis, dass sich Kinder den Glauben dann am ehesten zu eigen machen können, wenn sie anderen den Glauben weitergeben und begründen, ist lernpsychologisch ernsthaft zu bedenken. Die Bearbeitung inhaltlicher Einwände, etwa wie mit der neuzeitlichen Religionskritik eigentätig sinnvoll umzugehen ist, stärkt die eigene Glaubensüberzeugung. Zeugnishafte Vollzüge führen zu immer intensiveren Überlegungen.

Zusammenfassung

Johann Baptist Hirscher ist meines Erachtens ein herausragender Katechetiker, dessen Grundideen für die heutige Religionspädagogik noch wesentlich maßgebend sein können. Sein Ansatz der Ganzheit, des organischen Aufbaus und der progressiven Differenzierung des Stoffes und vor allem sein Konzept persönlich bedeutsamen Glaubenlernens ist unverzichtbar weiter zu überlegen.

Die Kirche macht aktuell einen ganz ähnlichen Prozess durch, wie ihn Hirscher erleben musste: Auch derzeit gibt es eine Reihe von Strömungen, die aus der Angst heraus, dass das Christentum in den säkularistischen Tendenzen der Gegenwart versickern könnte, in oberflächlichem Begriffswissen das Heil suchen. Das Plädoyer für eine ganzheitlich strukturierte Religionspädagogik, das Hirscher vorweist, kann uns Mahnung sein, keine solchen kurzschlüssigen Entscheidungen zu fällen. Johann Baptist Hirscher ist ein wichtiger Begleiter für all diejenigen, die es mit dem Glaubenlernen und -lehren ernst meinen. Das Christentum muss zuerst gelebt und miterlebt werden: „Vom Leben zur Liebe, von der Anschauung zum Begriff, von der Geschichte zur Idee, nicht aber umgekehrt." (Fürst 1978, 136)

2.3 Themenzentrierte Interaktion (TZI) – Lernwege der Gotteskommunikation[43]

Die in diesem Kapitel wiedergegebenen Thesen, die bezeichnenderweise hochaktuell sind, obwohl sie bereits Anfang der 1980er-Jahre – damals wie heute gegen zahlreiche Widerstände – formuliert und veröffentlicht wurden, beschreiben knapp und prägnant die grundlegenden Einsichten zum Verständnis von Glaube als Beziehungsgeschehen auf Grundlage der Themenzentrierten Interaktion.

Beziehungslernen hat verschiedene Aspekte, die – wenn sie alle gleichwertig im Auge behalten werden – die falsche Alternative zwischen einerseits sogenanntem schülerorientierten Religionsunterricht und andererseits inhaltsorientiertem Religionsunterricht gar nicht aufkommen lassen bzw. sie aufheben können.

[43] Überarbeitete Version zweier Artikel 2011. Zuerst erschienen als: Biesinger 1983b; Biesinger 1984.

Die Frage nach dem Woher und Wohin menschlicher Existenz, die Frage nach der Bestimmung des Menschseins (Knab/Langemeyer 1980, 8; Rahner 1967, 181; Speck 1967; Welte 1978; Kasper 1977, 95) muss in der Diskussion um die Bildung (wieder) zur Ausgangsfrage gemacht werden. Die Frage nach dem, was Schüler für die Bewältigung ihres Lebens tatsächlich benötigen, muss angesichts der Sinnlosigkeitserfahrungen vieler Jugendlicher heute neu gestellt oder zumindest offen gehalten werden (Grom/Schmidt 1987, 15–36, 51–59, 77–114). Diese Sinnlosigkeitserfahrungen der Jugendlichen deuten darauf hin, dass von einer Bewältigung der Lebenssituationen nur ansatzhaft gesprochen werden kann. Geht man von der in Kapitel 2.1 entfalteten Grundthese aus, dass die Schüler im Religionsunterricht lernen sollen, zentrale und gegenwärtige und zukünftige Lebenssituationen zu bewältigen, dann muss gleichzeitig gefragt werden, von welchem Sinnhorizont her die Bewältigung dieser Lebenssituation anzustreben ist, und welche diese zentralen Lebenssituationen sind. In naturwissenschaftlichen Unterrichtsfächern wird Wirklichkeit unter empirisch-naturwissenschaftlichen Sinnhorizonten interpretiert. Im Religionsunterricht wird Wirklichkeit vom christlichen Sinnhorizont her interpretiert, wie er in der Theologie reflektiert wird. Das Problem ist aber, wie im Religionsunterricht und wie in der Gemeinde, etwa in der Sakramentenkatechese,[44] gelernt wird:

Das Verhältnis zwischen Thematik und Beziehungsebene als Grundlagenproblem des Glauben-Lernens

These 1: Die Frage nach den spezifischen Inhalten des Religionsunterrichtes ist immer schon gekoppelt mit der Frage nach der Qualität dieses Lehrens und Lernens. Da der christliche Sinnhorizont den Menschen als Ganzen angeht, muss Glauben-Lernen ganzheitlich strukturiert sein. *Das bedeutet, dass der Lernprozess im Religionsunterricht so gestaltet sein muss, dass Lehrende und Lernende, Beziehungen zum Thema, zu sich selbst, ihrer Umwelt und zur Lerngruppe erschließen können.*

Inhalte und Lernwege stehen in einer wechselseitigen Durchlässigkeit und Abhängigkeit.[45] Wer sich mit der Frage nach den spezifischen, unverzichtbaren Inhalten des Glauben-Lernens beschäftigt, muss sich auch mit dem spezifischen, dem Glauben-Lernen adäquaten Lernweg beschäftigen. Damit werden jene Ansätze kritisiert, denen es einseitig um Theologievermittlung im Sinne von Begriffslernen

---

[44] Vgl. als gelungenes Beispiel der Integration von stimmiger Thematik und Lernprozessorientierung: Biemer 1999.

[45] Dies ist ein wohlbekanntes Postulat der sogenannten ‚Berliner Didaktik', vgl. Schulz 1979, 13–47. Die erheblich veränderte und weitergeführte Konzeption legte W. Schulz 1980 vor: Schulz 1980, wo er das Konzept der themenzentrierten Interaktion für die Unterrichtsplanung diskutiert und dabei auf der konkreten Praxisebene zu interessanten Ergebnissen für die Zuordnung von Inhalten und Lernwegen kommt.

geht, ohne die kommunikativen Aspekte des Lernens zu beachten, aber auch jene Ansätze, die vorwiegend auf die kommunikativen, gruppendynamischen Aspekte Wert legen und die spezifische Thematik des christlichen Sinnhorizontes außer Acht lassen. Versteht man den christlichen Sinnhorizont immer schon als „kommunikativen Sinnhorizont" (*communio*), [46] dann ist gerade auch aus theologischen Gründen religiöses Lernen als Beziehungslernen zu verstehen. Es geht also auch um eine kommunikative Religionsdidaktik.[47] Die falschen Alternativen zwischen kognitiven und affektiven Ansätzen werden deswegen überwunden, weil Beziehungen immer schon symbolgeladen sind und ein Thema haben.

These 2: Es ist ein Konzept zu suchen, das unter Einschluss der kommunikativen Bezogenheit der Lehrenden und Lernenden eine sachliche Arbeit am Thema ermöglicht, ein Lernkonzept also, das die Thematik und die Beziehungsebene integrativ realisiert.

Es geht also um die Lösung eines zentralen religionsdidaktischen Problems: Religiöses Lernen im Religionsunterricht der Schule darf einerseits nicht degeneriert werden in das Erlernen von kognitiven Begriffssystemen, und andererseits nicht zum Unterricht für alles werden, bei dem zwar Kommunikation (an)gestiftet wird, in dem aber die Spezifika des christlichen Sinnhorizontes von dem her die Wirklichkeit interpretiert werden soll, untergehen (Biemer/Biesinger 1976). Inhalt und Person müssen in der Katechese in Schule und Gemeinde durch Kommunikation gegenseitig erschlossen werden.

Der bedeutende Erziehungswissenschaftler Wolfgang Klafki beschreibt den Begriff ‚Didaktik' als den Prozess der Erschließung der Person für die Sache und der Erschließung der Sache für die Person (Klafki 1980; Klafki 1967). Im Religionsunterricht geht es letztlich nicht nur um eine Sache. Deswegen kann man für den Religionsunterricht sagen, es geht um die Erschließung der Person für das Geheimnis Gottes. Distanziert über Religion zu sprechen, kann nicht das eigentliche Ziel religiöser Erziehung sein.

These 3: Religiöses Lehren und Lernen ist jener Prozess, in dem die Frage nach dem Woher und Wohin menschlicher Existenz, die Frage nach der Rückbindung des Menschen an den Urgrund, im Sinne des christlichen Glaubens an den personalen Gott Jesu Christi, ganzheitlich erschlossen wird. Lernen ist die Erschließung der Gottesbeziehung. Religiöses Lernen ist also Beziehungslernen (Boschki 2003). Beziehungslernen setzt in jenem tiefgreifenden Sinn Martin Bubers voraus, dass ein guter Lehrer nur dann ein guter Lehrer ist, wenn das, was er vermitteln will,

---

[46] Vgl. hierzu den Ansatz der Kommunikativen Theologie: Hilberath/Scharer 2002; Hilberath/Scharer 2006 (vgl. auch die weiteren Bände der Reihe Kommunikative Theologie).

[47] Johannes Paul II. 1979, 622–624 spricht ausdrücklich von der „Freude des Glaubens in einer schwierigen Welt" , was m.E. auch ein bestimmtes Konzept von religiösem Lernen implizieren müsste.

wozu er Beziehungen vermitteln will, in ihm selbst als Beziehung ist. Erfolgreiches Lehren und Lernen der Gottesbeziehung und -kommunikation intendiert, dass das Thema für Lehrende und Lernende Bedeutung erlangt und in den Beziehungen lebendig wird.[48] Das Neue, das Ereignishafte entsteht im Dialog.

Die eigentliche religionsdidaktische Kunst besteht darin, Themen so zu formulieren, dass eine Beziehung zwischen dem Thema und den Lehrenden und Lernenden entstehen kann. So wurde in der angelsächsischen und deutschsprachigen pädagogischen Diskussion ein Konzept erarbeitet, das sich selbst beschreibt als ‚Lebendiges Lernen'[49]. Der Begriff ‚Living-Learning' wurde zuerst von Norman Libermann benutzt, der damit jene bestimmte Qualität von Lernen charakterisieren wollte, die vom Lernenden als anregender und engagierter Prozess erlebt wird.

> „Der Gegensatz von Living-Learning ist ein erzwungenes oder routinemäßiges Lernen, in dem Lern- und Arbeitsprozesse als notwendiges Übel erlebt werden, während Freude und Lebendigkeit nur in der Freizeit erfahren werden." (Vopel 1979, 2)

These 4: Das Lernkonzept des Lebendigen Lernens hat wie kaum ein anderes deutlich gemacht, dass, bei einer gleichgewichtigen Einschätzung der vier Faktoren des Lernens, nämlich des Themas, des Ich des Einzelnen, des Wir im Sinne der konkreten Lerngruppe und der Lernumwelt die eingangs erwähnte falsche Alternative zwischen kommunikativen Ansätzen und themenorientierten Ansätzen aufgehoben werden kann.

Im Folgenden soll der Ansatz des Lebendigen Lernens dargestellt werden. Eine theologische und religionsdidaktische Würdigung werden die Möglichkeiten, aber auch die Grenzen dieses Lernansatzes bezüglich des Lernens der Gottesbeziehung und Gotteskommunikation aufweisen.

Glauben-Lernen als Lebendiges Lernen nach der Themenzentrierten Interaktion (TZI)

Im Gegensatz zu jenen Versuchen, gruppendynamische und therapeutische Elemente in den Religionsunterricht einzubauen, die die thematische, vom christlichen Sinnhorizont her zu erschließende Potenz des Religionsunterrichtes abgebaut haben, kommt es im Konzept des Lebendigen Lernens gerade auf die Themenzentrierung an, die den Prozess der Interaktion initiiert und auch weiterführt.

These 5: Beim Lebendigen Lernen wird das Individuum motiviert, seine vitalen, emotionalen und intellektuellen Bedürfnisse weitgehend selbstbestimmt, bedeu-

---

[48] Eine Erörterung über die „Aufgabe des Religionslehrers" findet sich in: Biemer/Biesinger 1983.

[49] Vgl. zur Darstellung des ‚*living learning*' bzw. der daraus entwickelten Themenzentrierten Interaktion: Cohn 2009, besonders 120–128. Einführend: Langmaack 2009; Löhmer/Standhardt 1992. Zu TZI und Religionsunterricht: Lott 2001; Scharer 1997, 90–105; Scharer 2002, 84–97.

tungsvoll, experimentell und ursprünglich zu integrieren (Vopel 1979, 2f.). Der Lehrende muss insbesondere ein ursprüngliches Verhältnis zu dem Thema und der Gruppe der Lernenden entwickeln, er darf sich nicht vorwiegend hinter seiner professionellen Rolle und damit hinter einer Fassade verstecken. „Auf diese Weise können Lernende im Lehrenden eine lebendige Person erkennen, wodurch ihnen zugleich die Akzeptierung eigener Gefühle (z.B. auch negativer Gefühle), Wünsche etc. ermöglicht wird. Diese Akzeptierung der in der Regel unterdrückten eigenen Gefühlswelt ist eine wichtige Voraussetzung für Living-Learning." (Vopel 1979, 3) Das Konzept des Lebendigen Lernens zielt darauf ab, „die Erziehungs- und Kommunikationsprozesse zu personalisieren." (Vopel 1979, 9) Die Lernenden werden durch die Realisierung ihres Potentials an Wahrnehmungen, Gefühlen und Denken sowie durch die Verwirklichung direkter und realistischer Kommunikation mit den Mitlernenden ermutigt.

„Dahinter steht die Hypothese, dass ein Lernvorgang oder eine Arbeitsaufgabe für jeden einzelnen sowohl mit größerer sachlicher Effizienz als auch mit größerer persönlicher Relevanz gelöst werden kann, wenn die psychische, emotionale, intellektuelle und spirituelle Individualität jedes einzelnen respektiert und intensiviert wird durch Bezug auf die Aktivität der gesamten Gruppe." (Vopel 1979, 9) Denn der Mensch ist entsprechend der holistischen Philosophie, auf der Ruth C. Cohn bei ihrem Konzept des Lebendigen Lernens aufbaut, „eine Einheit aus Wahrnehmung, Gefühlen und Denken, seine psychosomatische Existenz integriert Vergangenheit und Zukunft im einzelnen bedeutungsvollen Augenblick." (Vopel 1979, 6)[50] Weiterhin ist der Mensch gewissen Kausalitätsgesetzen unterworfen, aber er hat auch die Möglichkeit der freien Entscheidung – er ist *autonom* und *interdependent* zugleich. Sich dessen bewusst zu sein, führt einerseits zu realistischer Selbsteinschätzung, zu Selbstvertrauen und zur Fähigkeit der Partnerschaft. Andererseits werden Autismus und Selbstüberschätzung vermieden. Der Mensch, der vollständig im Bewusstsein seiner Autonomie und seiner Interdependenz wäre, würde wichtige Merkmale realisieren können, die für die Leitung einer Gruppe bedeutsam sind.

These 6: Will man die spezifische Qualität des Lebendigen Lernens beschreiben, dann sind folgende Bezugspunkte unverzichtbar:

- Die thematische Orientierung des Lernprozesses (Stoffvermittlung, Es).
- Die Einübung von bewussten Ich-Funktionen, d.h.: Die Eigenanteile der Lernenden in Bezug auf das, was gelehrt wird, die Selbstleitung der Lernenden.

[50] Zur Auseinandersetzung über den ganzheitlichen Ansatz der Themenzentrierten Interaktion, vgl. Petersen/Cohn 1979. Eine noch davor liegende Auseinandersetzung findet sich von Cohn 1975.

- Die ausdrückliche Entfaltung der interpersonellen Beziehungen in einer Lerngruppe, die Beziehung der Lerngruppe zum Thema und zu den einzelnen Ichs.
- Die gesamte unmittelbare und fernere Realität muss auf den Lernprozess bezogen werden (Globe). Der Lernvorgang basiert also auf der Basis der realitätsnahen, gleichwertigen Inbezugsetzung von Ich – Wir – Es.

Das Besondere an diesem Lernkonzept ist nun nicht, dass es auf diese vier Faktoren abhebt, das Besondere ist vielmehr die Gewichtung dieser vier Faktoren und die daraus resultierende Qualität der Themenformulierung, einer existentiellen Themenformulierung.

Das Thema in seiner Bedeutung für Lebendiges Lernen der Gottesbeziehung

These 7: Als Thema einer interaktionellen Gruppe ist die ganze Bandbreite von Sachproblemen, theologischen Problemen, Glaubensaussagen, theologischen Texten, Bibelversen, Gebeten und anderen sprachlichen Genera zu verstehen, aber in einer bestimmten Qualität der Themenformulierung. Ruth C. Cohn weist auf die dringliche Fähigkeit hin, den obligatorischen Lernstoff mit dem inneren Interesse der Einzelnen und der Klasse in Verbindung zu bringen. Damit das Thema zu konstruktiv weiterführenden Gedanken provoziert, die über das Problem hinausführen, muss es entsprechend formuliert und eingeführt werden. Alle Einleitungen haben den zugrundeliegenden Sinn, „die Aufmerksamkeit und Gefühlslage auf das Thema hinzuleiten" (Cohn 1981, 168).

> „Zuerst sprich die Teilnehmer durch die Themenformulierung bei dem an, was sie weiterführt. Knüpfe an ihr Vermögen, ihre Stärke, ihren Willen, an ihr Positives an, nicht (nur in der Themenformulierung nicht!) an ihre Konflikte, an ihre Schwächen, auf die sie durch negative Themenformulierung leicht fixiert bleiben. Auf diese Weise kannst du leichter mit ihnen das Thema erleben, statt es nur zu analysieren." (Kroeger 1976, 199)

Hintergrund ist, dass jeder Lern- und Arbeitsstoff immer schon in irgendeinem Lebenszusammenhang steht. Und: „Jede Sachlage wird erst wirklich aufgenommen, ist auch erst sinnvoll ans Ziel gekommen, wenn sie mit Interessen, Wünschen, geplanten Unternehmungen in Berührung kommt." (Kroeger 1976, 193) Die Themenformulierung soll also nicht heißen „Wie sieht Afrika aus?", sondern: „Wie will ich Afrika kennenlernen?"; für den Bereich der Umweltkunde wäre das Thema nicht zu formulieren „Was für Gründe hat die Umweltverschmutzung?", sondern: „Was will ich gegen die Umweltverschmutzung tun – in dieser Gruppe, in dieser Stadt?" (Kroeger 1976)

Ein Thema ist dann richtig „angeschlagen" (Kroeger 1989, 196–197), wenn es bei den Teilnehmern der Lerngruppe, Klasse oder Gruppe in der Gemeinde eine Saite zum Schwingen bringt. Es muss deswegen in Tuchfühlung mit der Ausgangslage, mit den spezifischen Interessen, Abneigungen, Störungen und Motiven der Teilnehmer formuliert sein. Themen dürfen demnach nicht identisch sein mit dem augenblicklichen Ist-Stand der Gruppe, sondern sie müssen dem Zustand der Gruppe in Sicht- und Hörweite voraus sein.

> „Zwischen den Beteiligten und dem Thema entsteht dann ein spannungsvolles Assoziations- und Kräftefeld, in dem Phantasie und Intellekt hin und her gehen können. Ist das Thema zu weit ab formuliert, so zerreißt der Spannungsbogen." (Kroeger 1989, 196–197)

Bei der Formulierung des Themas ist es wichtig, dass der Leiter seine eigene Situation wie auch die Situation und die Voraussetzungen der Teilnehmer in den Prozess der Themenfindung einbezieht:

> „Was wollen Sie? Woher kommen Sie? Wie fühlen Sie sich? Kommen Sie freiwillig oder geschickt? Ich erkunde oder stelle mir Ihren Globe vor. Ich schätze Ihren Zustand, Ihre Erwartungen oder etwaigen Hemmungen und Ängste ab." (Kroeger 1989, 197)

Das Thema ist nur dann sinnvoll formuliert für den Prozess des Lebendigen Lernens, wenn ich mich als Lehrer selbst, wie ich zum Thema stehe, wie ich zur Lerngruppe stehe, und wie die Lerngruppe zu mir stehe, reflektiere.

> „Nur wenn das Thema auch mich intellektuell und emotional befriedigt, wird es mich und die anderen beteiligen." (Kroeger 1989, 198) Und: „Ich bringe vielleicht, wenn ich das Thema dann in der Gruppe angebe, in einer kurzen Einführung mich selbst mit meinen Gedanken, Gefühlen und Vermutungen ein. So rege ich die offene Beteiligung durch eigenes Verhalten an: Jeder Teilnehmer hat dann die Möglichkeit, in selbstgewählter Nähe und Distanz zum Thema (und zu mir, dem Leiter) sich aufzuhalten." (Kroeger 1989, 197–198)[51]

Wenn der Leiter das Thema nur für die anderen formuliert, schließt er sich selbst aus, bringt sich damit auch in dieser Weise aus dem Kontakt mit dieser Gruppe. Er wird dann zum bloßen Lehrer, anstatt zum beteiligten Mitlernenden. Der Lehrer darf demnach nicht nur an die anderen denken, er muss auch an sich selbst denken, an seine eigene existentielle Betroffenheit, aus der heraus er so reden kann, als ob ihm das „Herz voll" sei. Dies setzt natürlich eine Befähigung voraus, dass ich mich mit der näheren und ferneren Realität der Lernenden auseinandersetze bzw. mich in sie hineinversetze (Globe). Damit teilt der Lehrer die Affektebene des Themas für die Gruppe mit:

> „Ich spüre ab, ob das Thema konkret und echt genug gesetzt ist, oder ob es – wegen vorhandener Hemmungen – vielleicht lieber eine Stufe abstrakter (nicht indirekter!) formuliert sein soll. Befriedigt mich das Thema in all diesen Hinsichten nicht, so werde ich nicht konzentriert und beteiligt ein guter Lehrer sein. Das Thema muss schon in seiner Formulierung die Balance zwischen Ich – Wir – Es anvisieren." (Kroeger 1989, 198)

---

[51] Ein indirektes Thema verschärft nach Kroeger eher die Unklarheit, indem ich nicht offen sage, was ich „erreichen" will.

Religionsdidaktische Beispiele

- „Wer bin ich in der Geschichte des Auszugs Israels aus Ägypten?"
- „Wovon möchte ich mich von Gott befreien lassen?"
- „Wie gehe ich damit um, am Sonntag zur Messe zu gehen?"

Ein so verstandenes Themenprinzip für den Religionsunterricht zeigt, dass das Spezifikum des Religionsunterrichtes als Beziehungslernen sehr wohl themenzentriert werden kann (Lott 2001; Scharer 1997, 90–105; Scharer 2002, 84–97). Interessanterweise findet sich in der weithin anerkannten bildungstheoretischen Didaktik von Wolfgang Klafki die analoge, grundlegende Forderung, dass jedes Thema auf die *Gegenwartsbedeutung*, die *Zukunftsbedeutung* und die *exemplarische Bedeutung* für den Schüler hin ausgelegt werden muss (Klafki 1980; Biesinger/Biemer/Fiedler 1983). Darin zeigt sich, dass die existenzielle Strukturierung des Themas tatsächlich in hohem Maße eine fundamentale didaktische Relevanz hat, die für viele Religionslehrer nicht genügend deutlich ist. Schulpädagogisch formuliert, müsste die wechselseitige Transparenz des Themas auf die Lebensrelevanz der Schüler hin als selbstverständliches Postulat gelten. Wolfgang Klafki sichert diesen Auslegungsprozess auf die Gegenwarts-, Zukunfts- und exemplarische Bedeutung eines Unterrichtsthemas dadurch ab, dass er die „thematische Struktur" als einen unerlässlichen Argumentationsschritt einfordert (Klafki 1980).

Im Prozess des Glauben-Lernens ist die Erziehung zur Selbstleitung anzustreben – die „Chairperson"-Regel (Cohn 1981, 120–128)[52]

Am Bereich ethischen Handelns kann verdeutlicht werden, dass kein Mensch den anderen Menschen in der Gewissensentscheidung vertreten kann.[53] Dabei muss ausdrücklich festgehalten werden, dass ethische Einsicht kein Garant für die Veränderung ethischen Handelns ist (Nipkow 1981, 32f.; Nipkow, 1982b, 139–183, 150–154).[54] Im Prozess des ethischen Lernens geht es um jenen sensiblen Bereich der Selbstleitung, der als Nahtstelle bezeichnet werden kann

> „zwischen Einsehen, Wissen, Erfahren einerseits und Fühlen, Tun, Verhalten andererseits. Es geht darum, dem Menschen eine Haltung zu ermöglichen, in der er sich aus seinem Ich heraus, authentisch und ohne Zwang, menschlich bzw. christlich verhält. Wo solches Verhalten gelingt, ist christliche Ethik an ihr Ziel gekommen." (Modesto 1976)

Lebendiges Lernen kann diese Nahtstelle verlieren. Der Mensch ist nach Ruth C. Cohn eine psycho-biologische Einheit. Er ist deswegen aufgefordert, seine eigene

---

[52] Die anfangs gebräuchliche Bezeichnung *„chairman"* wird inzwischen geschlechterübergreifend als *„chairperson"* formuliert.

[53] Vgl. die sehr interessanten grundlegenden Ausführungen von Biemer 1980, 85–98, 117–122.

[54] Zum Zusammenhang des Lernens durch Einsicht und durch Nachahmung sowie die kritische Differenz zwischen beiden vgl. Biesinger 1974.

Chairperson zu sein (Cohn 1974, 150; Cohn 1981, 120ff.). Wenngleich dieser Begriff kaum vollständig übersetzbar sein dürfte, so meint er: Übernimm die Verantwortung für dich und den Sinn deines Lebens.

Dieses Konzept geht davon aus, dass menschliche Reife dadurch zustande kommt, dass die Bewusstheit der eigenen Autonomie einerseits und der Interdependenz andererseits wächst, und es durch diese angestrebte Bewusstheit zu einer erheblich hohen Handlungsbereitschaft kommt. Der Mensch wird tendenziell immer intensiver sich selbst leiten. Das Kind kann nach der Geburt die Nahrung der Mutter annehmen oder verweigern. Die Mutter kann nicht für das Kind essen.

> „Ebenso kann ein Lehrer sein Wissen und sein Können Schülern anbieten, aber nicht einpflanzen, ein Priester seinen Glauben bezeugen, aber nicht aufzwingen, ein Gruppenleiter optimale Situationen schaffen, aber Interaktionen nicht allein produzieren." (Cohn 1974, 152)

Diese Konzeption unterstützt meine Vorstellung von Religionsdidaktik, die die Realisierung von eigenständigen Entscheidungen auch in zum Teil schwierigen Schulklassen anstrebt. Lernprozesse, die Entscheidungsfähigkeit und Entscheidungswillen ausklammern, können nicht als Bildungsprozesse akzeptiert werden. Es ist sinnvoll, in diesem Zusammenhang ebenfalls schulpädagogisch zu argumentieren und die Intentionalität schulischen Lernens auf die Praxis von Schülern und Lehrern grundsätzlich zu bedenken.

These 8: Das Postulat, dass der Einzelne in die Sinnentscheidung geführt werden soll, ist in Bezug auf schulisches Lernen insofern legitimierbar, als schulisches Lernen ja zur „Bewältigung zukünftiger Lebenssituationen" qualifizieren soll. Sehr viele Lebenssituationen sind Entscheidungssituationen. Neu- und Umdefinition eigener Einstellungen, Werthaltungen, Glaubenshaltungen und die darin implizierten Konsequenzen für die Praxis sind demnach ausdrücklich zu optierende Intentionen schulischen Lernens. In diesem Prozess spielen bereits erworbene kognitive und emotionale Strukturen, also Denkformen, Gefühlseinstellungen und Verhaltensdispositionen, eine erhebliche Rolle. Diese können weder einfach abgestreift noch grundlegend als unveränderbar eingestuft werden (Preul 1980, 161; Stachel/Mieth 1979; Biesinger 1979).

Lebendiges Lernen in der Katechese muss bei den „Störungen" des Lernenden ansetzen

Das pädagogisch weithin bekannte, aus der TZI stammende Postulat *„Störungen haben Vorrang"* (Cohn 1981, 122.) wird allzu häufig oberflächlich banal verstanden. Dabei sind die empirisch-psychologischen Untersuchungen über diese sogenannte „Störungsprioritätsregel" so bedeutsam, dass sie für ein Konzept lebendigen

Glauben-Lernens unabdingbar wichtig sind.[55] Gerade weil es nicht um das Problem oberflächlicher Disziplinprobleme geht, ist eine intensive Sichtung erforderlich:

Nimmt man die schwerwiegender verhaltensgestörten Schüler von der folgenden Argumentation aus, dann kann man zuerst annehmen, dass Disziplinprobleme vorwiegend Motivationsprobleme und damit vorwiegend Bedeutungsprobleme sind (Schiefele 1978; Biesinger 1980, 285–297). Die Ungleichzeitigkeit der christlichen Botschaft zu den Erfahrungen der Schüler einerseits und die sich schnell verändernden Plausibilitätsstrukturen, denen die Jugendlichen in ihrer Alltagswelt ausgeliefert sind, andererseits, sind die tiefergehenden Ursachen für Disziplinprobleme. Wenn man ein Lernkonzept zugrunde legt, das den Menschen ganzheitlich interpretiert, dann sind für Lernprozesse auch Spannungen, leidenschaftliche Gefühle und Störungen gegenüber dem Lehrer, dem Mitlernenden, aber auch dem Thema gegenüber zu akzeptieren und als Bestandteil des Lernprozesses einzuschätzen.

Ob man sich zum Postulat „Störungen haben Vorrang“ bekennt oder nicht bekennt, immer gilt:

> „Störungen fragen nicht nach Erlaubnis, sie sind da: Als Schmerz, als Freude, als Angst, als Zerstreutheit; die Frage ist nur, wie man sie bewältigt. Antipathien und Verstörtheiten können den Einzelnen versteinern und die Gruppe unterminieren; unausgesprochen und unterdrückt bestimmen sie die Vorgänge in Schulklassen, in Vorständen, in Regierungen. Verhandlungen und Unterricht kommen auf falsche Bahnen oder drehen sich im Kreis. Leute sitzen am Pult und am grünen Tisch in körperlicher Gegenwart und innerer Abwesenheit. Entscheidungen stehen dann nicht auf der Basis von realen Überlegungen, sondern unterliegen der Diktatur der Störungen-Antipathien zwischen den Teilnehmern, unausgesprochenen Interessen und persönlichen, depressiven und angstvollen Gemütsverfassungen. Die Resultate sind dementsprechend geist- und sinnlos und oft destruktiv. Die unpersönlichen ‚störungsfreien‘ Klassenzimmer, Hörsäle, Fabrikräume, Konferenzzimmer sind dann angefüllt mit apathischen, unterwürfigen oder mit verzweifelnden und rebellierenden Menschen, deren Frustration zur Zerstörung ihrer selbst oder mehrerer Institutionen führt.“ (Cohn 1974, 153f.)

Wenn die Gruppe das Unveräußerliche und die unantastbare Würde der einzelnen „Ichs“ als Subjekte[56] anerkennt, den einzelnen Menschen im Sinne der ihm geschenkten Würde von Gott her einschätzt, dann muss sie zunächst zu den Gedanken, Gefühlen und Wertungen der Einzelnen stehen und sie als Ausgangspunkt akzeptieren. Dies heißt gleichzeitig, dass Ich-Störungen mit in die Interaktion einbezogen werden. Interessanterweise wird der zunächst als schmerzlich empfunde-

---

[55] Eine sehr grundlegende Auseinandersetzung mit dieser Störungsprioritätsregel legt Mahr 1979. Zur Problematik der Störungen vgl. weiter Cohn/Ockel 1981, 255–282. Eine theologische Reflexion der Störungsprioritätsregel bieten Fiedler/Gaus/Gronover/Guggemos/Schmidt 2008, 169–195.

[56] Diese Anerkennung zieht sich wie ein roter Faden durch alle Grundregeln des Lebendigen Lernens durch. Vgl. Vopel 1979, 12–15.

ne Zeitverlust solcher sogenannter „Nebenthemen" fast immer durch die Vertiefung der Wir-Solidarität kompensiert, und zwar nicht nur in der Dimension einer humaneren Interaktion, sondern auch in der Dimension der Leistung. Empirisch nachweisbar ist, dass die Bearbeitung von Störungen zu vermehrten Sachbeiträgen führt – verglichen mit dem Zeitpunkt vor der Störungsäußerung.

Ein Beispiel: Ich behandle mit den Schülern in der Oberstufe des Gymnasiums das Thema „Kirche". In der ersten Stunde bitte ich die Schüler, sich mit dem Thema „Welche Erfahrungen ich mit der Kirche gemacht habe, wie ich meine Erfahrungen mit der Kirche verändern möchte" ihre Eingangsvoraussetzungen bewusst zu machen. Es kommen damit erhebliche Verstörtheiten auf den Tisch und die nächste Stunde muss ich verwenden, um mit den Schülern zu gewichten, ihren Störungen nachzugehen und ihnen von meinen Lernprozessen mit der und für die Kirche Zeugnis zu geben. Es zeigt sich, dass damit für die Schüler der Boden bereitet ist, auf dem sie mit dem Thema „Kirche" Wurzeln schlagen können. Und viele Schüler formulierten im Anschluss an dieses Thema: „Immerhin habe ich jetzt gelernt, dass es doch sinnvoll sein kann, zur Kirche zu gehören." Diese Regel, auf die vorgängigen Störungen der Schüler – sowohl kommunikativer als auch thematischer Art – einzugehen, korrespondiert wissenschaftstheoretisch mit der Erkenntnis der Psychoanalyse, wonach „Lernen erst nach Beseitigung der Lernwiderstände möglich ist" (Mahr 1979, 25). Es steigert die Qualität des Lernprozesses, die „Gestörtheiten" der Schüler gegenüber dem Thema bewusst zu erheben, aufzugreifen und in die Planung und Durchführung des Lernprozesses einzubeziehen. Auch die Thematisierung disziplinärer Störungen führt zu einer Intensivierung der Motivation und der Mitgestaltung des Unterrichts durch die Schüler, das habe ich selbst in einer Abiturklasse erlebt. Gerade diese Form des Unterrichts „über" den abgelaufenen Unterricht, der als „Meta-Kommunikation" gefasst werden kann, ist für die Gestaltung von Beziehungslernen höchst wichtig, weil sich dadurch auch die ungeklärten Beziehungen der Schüler untereinander, die Beziehungen der Schüler zum Lehrer und umgekehrt sowie die gestörten Beziehungen aller zum Thema aufbrechen lassen. Störungen müssen Vorrang haben, weil sie vom Eigentlichen, nämlich dem allen gestellten Thema ablenken. Wer diese Realität nicht anerkennt und sie nicht zum Bestandteil des Unterrichtsgeschehens macht, blendet wichtige Elemente der Teilnahmefähigkeit der Schüler am Thema aus. Die Störungsprioritätsregel nimmt den Teilnehmer am Lernprozess, zunächst so wie er ist und wie er den Prozess mit vollziehen kann, ernst, und dies ist eine der wichtigen Voraussetzungen gelingender Katechese: Die Zuwendung zum Menschen, der die radikale Zuwendung Gottes zum Menschen voraus liegt, ist die erste Voraussetzung zur Veränderung hin zur Übernahme der Frohen

Botschaft. Kein Mensch kann existieren ohne Zuwendung, und kein Mensch kann sich verändern ohne die im Voraus zugesagte Liebe.[57]

These 9: Die Betrachtung der thematischen und kommunikativen Störungen in der Lerngruppe führt zur Verbindung von kognitiven und psychosozialen/sozialaffektiven Lernprozessen und wirkt sich damit erheblich auf die Lerneffektivität und die Lernmotivation aus. Religionsdidaktisch bedeutet dies: Indem ich bei den tatsächlichen Lernvoraussetzungen meiner Schüler ansetze, indem ich sie als konkrete, mit einer unantastbaren Würde versehene Partner akzeptiere, indem ich sie einschätze als Getaufte, die mit mir auf verschieden intensive Weise den Weg zur Realisierung ihres Christseins gehen, indem ich sie zunächst einmal nehme, wie sie sind, und nicht wie sie eigentlich sein sollten, realisiere ich ein grundlegendes Element offensiver Verkündigung. Die befreiende Botschaft wird genau dann am intensivsten erfahrbar sein, wenn sie mit den konkreten, alltäglichen Ansatzpunkten, Verstörtheiten und Hoffnungsspuren der Schüler in einen Strang gebracht werden kann.

Die Erfahrung, dass sich dies ganz konkret in einem vergleichsweise höheren Notenschnitt einer Klasse im Abitur auswirken kann, habe ich als Lehrer in Freiburg i.Br. selbst gemacht. Meine Erfahrung ist selbstverständlich noch keine repräsentative Aussage, aber doch im Sinne eines Fallbeispiels ein Hinweis darauf, dass die offensive Auseinandersetzung mit den vorgängigen „Störungen" der Schüler nicht zu Lasten kognitiver Lernergebnisse geht.

Schüler in der Pubertätsphase, die nach diesem Konzept unterrichtet wurden, äußerten sich wie folgt:

> „Die Atmosphäre in unserer Klasse hat sich im Religionsunterricht erheblich verändert, jeder kann zum Zuge kommen, es gibt keine Sanktionen von vornherein, wir trauen uns zu äußern, wie es um uns steht."
>
> „Wir lernen aufeinander hinzuhören, es ist mir in Bezug auf das Christliche viel aufgegangen, auch wenn es noch weit weg ist, dass ich wieder am Sonntag in die Kirche gehen kann."
>
> „Aufgrund der Gespräche habe ich gemerkt, welche Grundlagen aus der Religion und der Theologie ich brauchen würde, damit ich hier besser mitdiskutieren kann."
>
> „Ich merke, dass es wichtig wäre, dass wir aus unserer Klasse heraus einen Gottesdienst entwickeln und realisieren."
>
> „Wir fühlen uns von unserem Lehrer akzeptiert."

---

[57] Statt einer Vielzahl von Belegen beschränke ich mich hier bewusst auf Fromm 1979. Zur Problematik der Nächstenliebe und Gottesliebe vgl. Gonzales-Ruiz 1966.

Theologische Würdigung

These 10: *Sei deine eigene Chairperson* – Für Schüler ist der Weg des Beziehungslernens auch ein möglicher Weg, die Beziehung zu sich selbst als Aufgabe zu begreifen, sich selbst zu leiten, sich selbst eine Beziehung zur Thematik zu erschließen und damit zu lernen, existentieller zu leben.

Theologisch formuliert besteht kein Zweifel daran, dass der – pluralisch formulierte – Umkehrruf Jesu in Markus 1,15 jeden Einzelnen in seiner Gewissensentscheidung unvertretbar trifft. Es ist der Entwurf des sich selbst entscheidenden Menschen, der angesichts des angebrochenen Reiches Gottes (Kasper 2007, 116–139; Ratzinger 2000, 95–254; Gerken 1973, 38–42) eine neue Dimension entdeckt, die ihn auf Jesus den Christus[58] hinführt.

Störungen haben Vorrang – Theologisch steht weiter außer Frage, dass Jesus auf die konkrete Situation seiner Zuhörer die Botschaft vom angebrochenen Reich Gottes verkündet hat. Er hat die konkreten Störungen, auch solche, die seine Zeitgenossen noch nicht einmal als „Störung" bemerkt haben – z.B. eine einseitige Auslegung der Tora –, aufgegriffen. Er hat nicht an der Situation seiner Mitmenschen vorbeigeredet, sondern seine Botschaft vermittelt und zugespitzt auf die existentiellen Verstehensvoraussetzungen seiner Zuhörer. Gerade in diesen Situationen gelingt es ihm, das Zentrale des Reiches Gottes dringlich scheinen zu lassen: Zachäus der Zöllner, die Ehebrecherin, der reiche Jüngling, der Schatz im Acker, die Einladung zum großen Gastmahl. Diese Verkündigungsqualität Jesu darf nicht mit dem Hinweis auf die orientalische Vermittlungsstruktur abgetan werden. Für das 21. Jahrhundert sind adäquate Vermittlungsqualitäten zu suchen, die sich am Anspruch der Verkündigung Jesu zu messen haben.

These 11: Antworten auf Fragen, die seine Zuhörer nicht berührt haben, hat Jesus offensichtlich nicht gegeben. Und er hat nicht an ihren „Verstörtheiten" vorbeigesprochen, sondern hat sie zum Gegenstand seiner Verkündigung gemacht. Die Gefahr des heutigen Verkündens ist ja gerade, dass die Verknotungen und die elementaren Lebensanfragen heutiger Menschen übergangen werden, sei es aus Unfähigkeit oder sei es aus kleinlicher Ängstlichkeit. Für ein Konzept des Religionsunterrichts in der Schule, aber auch für ein Konzept der Gemeindeleitung ist es geradezu ein Akt der Umkehr und der radikalen Selbstbestimmung, sich nicht

---

[58] Wenn man diese neue Dimension formuliert, wie W. Kasper, dann kann sie sehr wohl als erfreuliche Erfahrung verstanden werden, die den Menschen in die Freiheit führt: „Glauben meint also ein Trauen und Bauen auf die in Jesus wirksame Macht Gottes, ein Gründen der Existenz in Gott. Glauben bedeutet also ‚Gott-wirken-lassen', ‚Gott-in-Aktion-treten-lassen', Gott Gott sein lassen und ihm die Ehre geben, also seine Herrschaft anerkennen. In einem solchen Glauben wird Gottesherrschaft konkret Wirklichkeit in der Geschichte. Der Glaube ist gleichsam die Hohlform für das Da-sein der Herrschaft Gottes." (Kasper 2007, 131)

projektiv über die Störungen der Schüler bzw. der Gemeindemitglieder hinwegzusetzen, sondern bei ihnen so intensiv anzuknüpfen, dass tatsächlich jene Vernetzung kommen kann, wie sie der bedeutende amerikanische Lernpsychologe David Ausubel[59] für jeden Lernprozess fordert. Ich schließe mit Konkretionen:

Es ist der Herr der Kirche, Jesus Christus, der seine Kirche führt und leitet. Es ist der Geist Gottes, der in seiner Kirche präsent ist und sie am Leben erhält. Dies ist die Grundlage dafür, dass eine Pfarrgemeinde die zentrale Aufgabe hat, ihre Mitglieder zu lebendigen Mitgliedern heranreifen zu lassen. Für das Konzept der Seelsorge ist es deswegen dringlich, die Qualität des Glauben-Lernens zu bedenken. Ein unverstellter Blick auf die Praxis zeigt: Es gibt Gemeinden, die immer mehr tot sind, und es gibt Gemeinden, die immer lebendiger werden.

2.4 Die Bedeutung und Rolle des Lehrers im Lebendigen Lernen der Gottesbeziehung – Albert Biesinger und Thomas Schreijäck im Gespräch mit Ruth C. Cohn[60]

Albert Biesinger: [...] Ich persönlich wäre höchstwahrscheinlich heute nicht Theologe, wenn es nicht damals in meiner späten Kindheit und Jugendzeit jenen Priester gegeben hätte, der für mich ein guter Wegbegleiter war. Ich habe mich mit ihm identifiziert. Ich wollte zunächst einmal so werden, wie er war. Heute habe ich kaum mehr Kontakt zu ihm. Ich bin ihm noch in Dankbarkeit verbunden, aber ich habe mich eigentlich abgelöst. Der Punkt, um den es mir zur Zeit geht: Wie laufen solche Lernprozesse, bei denen sich Schüler identifizieren können? [...] Dieses Problem beschäftigt mich auch als Lehrer an der Universität.

Ruth C. Cohn: Du weißt, dass ich sehr viele Menschen in Therapie- und TZI-Gruppen kennen gelernt habe. Und sehr viele von ihnen sagen, dass ihnen Religion in ihrer Kindheit verdorben worden sei durch zu viele oder falsche Betonung von Dogmen und Kirchgang. So hätten sie kein eigenes Interesse entwickeln können.

In den letzten paar Jahren wird mir jedoch deutlich, dass sehr viele früher Ungläubige jetzt ein lebendiges Interesse an Religion entwickeln. Das hat sicher viel zu tun mit Wellen, die von den Naturwissenschaften ausgehen, denn die größten Wissenschaftler unserer Zeit, z.B. *Einstein* und *Heisenberg*, haben sich deutlich gegen die Auffassung gewehrt, dass die Aufklärung Gott überflüssig gemacht habe.

---

[59] Vgl. die übersichtliche Darstellung bei Eigler 1979, 61–79.

[60] Überarbeitete Version 2011. Zuerst erschienen als: Biesinger/Schreijäck 1985. Das Interview wurde bei einem hierfür anberaumten Treffen in der Schweiz geführt; es wird das in der TZI weitverbreitete „Arbeits-Du“ benutzt.

Die Schlagworte „Gott ist tot", die marxistische Einstellung „Opium fürs Volk" und die *Freud*'sche Erklärung, Gott sei eine Übertragung vom individuellen Vater auf eine Wunschvorstellung eines All-Mächtigen, sind heute im Abklingen. Dazu hat sicher auch die aufdämmernde Erkenntnis beigetragen, dass die Menschheit in einer wirklichen Notlage ist, denn Not hat schon immer beten gelehrt!

Auch viele Menschen früherer Generationen, deren Eltern keinen frommen Haushalt führten, haben doch als Kleinkinder auf die Fragen „Wer hat die Welt gemacht?", „Warum soll ich denn gut sein?" Antworten bekommen, die irgendwie mit einer Gottesvorstellung zusammenhingen. Der „liebe Gott" verschwand nur in wenigen Kinderzimmern.

Thomas Schreijäck: Ein guter Lehrer ist nach Buber nur dann ein guter Lehrer, wenn das, was er vermitteln will, in ihm selber Gestalt angenommen hat. Der Religionslehrer hat danach die grundlegende Aufgabe, sich, als Persönlichkeit, nicht distanziert hinter dem „man" versteckend, in den Dialogprozess mit den Schülern einzubringen. Wie bewertest Du von Deinem Ansatz des Lebendigen-Lernens her den Einfluss und die Bedeutung der Lehrerpersönlichkeit auf die Sinnwertentstehung?

R.C. Cohn: Ich höre zwei Fragen in Deinen Aussagen: Die Frage nach der Echtheit des Lehrers und nach möglichen Schäden, die Schüler aus ihrer Abhängigkeit von der Persönlichkeit und den Handlungen des Lehrers erleiden können. Die erste Frage wurde für mich wichtig, als ich spürte, dass die neutrale Haltung, die wir als hilfreich und wichtig für die Behandlung von Patienten ansahen, nicht den gewünschten Erfolg hatte. Kinder und Patienten spüren zuallererst, ob der Erwachsene bzw. Therapeut echt ist oder nicht. Es kommt nicht auf ein „so Tun als ob man neutral wäre" an, sondern man kann als Therapeut oder Lehrer von seiner Sache überzeugt sein, doch auch wissen, dass eine Überzeugung auch falsch sein kann, vielleicht auch einseitig. [...] Wir stärken die Autonomie des Jugendlichen oder Patienten, die zunächst in gewisser Weise abhängig von uns sind und sein müssen, indem wir uns zu unserer eigenen Autorität und gleichzeitig auch zu unserer Fehlbarkeit bekennen. Oder anders gesagt: Mit klaren Aussagen von Lehrern ist der Einfluss oder die Abhängigkeit viel weniger zwingend als mit einer unechten neutralen Haltung.

A. Biesinger: Das heißt also, es ist sinnvoll, dass die Schüler sich eine Zeitlang mit mir identifizieren, mich vielleicht sogar nachahmen, wenn ich – und da kommt dann die Debatte, was die richtigen Werte sind – ihnen etwa Toleranz vermitteln kann.

R.C. Cohn: Ja, und Du vermittelst das durch Deine Haltung mehr als durch das, was Du sagst. Wirklich persönlich tolerant zu sein, bedeutet sehr viel mehr als „Sei tolerant!" zu sagen! Natürlich wird keine Fehlhaltung sich je schnell ändern. Wenn

Du einen Schüler hast, der autoritär erzogen worden ist, dauert es sicher lange, bis er Toleranz überhaupt schätzen kann. Er könnte z.B. denken, dass Du schwach bist, mag Dich auf Deine Stärke hin testen, oder auch nur Deine Toleranz belächeln. [...]

A. Biesinger: Es ist immer wichtiger für mich geworden, an mich den Anspruch zu haben, die Schüler zur Selbstleitung anzuleiten. [...] Hast Du Dir schon einmal überlegt, wie andere Lehrer solche kleinen Schritte zur Selbstleitung fördern können, da ja nun nicht alle Menschen TZI-Kurse machen können oder wollen?

R.C. Cohn: TZI ist eine gute Methode, aber keine Heilslehre. Es hat immer Menschen gegeben, die gewusst haben, dass sie als Lehrer Selbständigkeit fördern wollen. TZI hat etwas Methodisches hinzugefügt.

Ich möchte zuerst als Analogie und als ein Beispiel einen Lernprozess durch TZI in einem Familienhaushalt andeuten: Die bisherige Struktur der Familie: Die Mutter hat alles im Haus *besorgt*, der Vater außerhalb des Hauses *gearbeitet*. Die Kinder haben im Haus *geholfen*. Wenn man nun den TZI-Stil im Haushalt einführt, würde man z.B. anfangs der Woche in der Familiengruppe themenzentriert zusammensitzen: „Das sind die Aufgaben, die im Haushalt in dieser Woche gemacht werden müssen, und wir müssen sehen, wie wir die Arbeit teilen und einteilen können." Damit wird eine ganz andere Lehr-/Lernform im Haushalt eingeführt. Was kann, und was will jeder einzelne für den Haushalt tun? Es muss gekocht werden, eingekauft, sauber gemacht werden etc. Frage: Was ist wichtig, und was kann liegen bleiben? Entscheidend ist das Gefühl, dass alle Mitglieder der Familie für diesen Haushalt verantwortlich sind, und zwar von Vater, Mutter, den Jugendlichen bis zum dreijährigen Kind. In solchem Planen werden alle in ihrer Verantwortlichkeit gefördert: Jeder nach Fähigkeit und nach den Notwendigkeiten des Haushalts. Die Flexibilität ist durch die gemeinsame wöchentliche Besprechung gestärkt.

Analog: Wie viel Verantwortung müssen oder können Lehrer für ihre Schüler übernehmen? Sie können Schüler fördern zu erkennen, was sie lernen möchten und was von der Schule verlangt wird, und was sie für ihren späteren Lehrgang wahrscheinlich können müssen, je nach bestimmten Berufen und/oder Lebensvorstellungen.

Der Lehrer kann nicht verantwortlich sein für das, was der Schüler lernt, sondern nur für das, *wie er selbst lehrt.* Wie ich lehre, hängt damit zusammen, wie ich meine Aufgabe als Lehrer sehe. Und wenn ich sie zum Großteil darin sehe, mit dem Schüler dessen eigene Fähigkeiten und Verantwortlichkeiten zur Selbstentscheidung zu klären, dann muss ich ihn fragen, wie ich ihm helfen kann, diese Dinge zu lernen, die er lernen will. Mit anderen Worten: Ich glaube nicht, dass der Lehrer verantwortlich dafür ist, was und wie der Schüler lernt, sondern, dass er ihn zur Selbsterkenntnis und inneren Disziplin führt, wozu sein Vertrauen in den Schüler nötig ist. Ich halte es für eine übliche, aber *nicht gute Haltung, dass wir Schüler „motivieren"; ich halte es für wichtiger, wenn Lehrer die Motivationen der Schüler zu finden suchen.* Es hindert meiner Ansicht nach die Selbständigkeit des Schülers, wenn der Lehrer überzeugt ist, dass Schüler dies oder jenes können und wissen müssen, wenn die Schüler selbst diese Notwendigkeit nicht erkennen oder ablehnen. [...]

Th. Schreijäck: Was also macht einen guten Lehrer aus? Er muss demnach von dem, was er vermitteln möchte, überzeugt sein...

R.C. Cohn: Ja, doch wenn er etwas lehren muss, wovon er nicht überzeugt ist, kann er das natürlich zum Ausdruck bringen: Dies hat Herr X und Frau Y geschrieben, und ich möchte, dass Ihr dies an Euch ranlasst. Ich teile deren Meinung nicht, aber vielleicht könnt Ihr darüber nachdenken und Euch in Pro und Kontra zur Sache äußern.

A. Biesinger: So dass man für Religionslehrer- oder Pfarrerausbildung darauf achten müsste, dass die jungen Leute im Prozess mitlernen, warum ihnen etwas bedeutsam ist, und warum sie anderen etwas davon mitteilen wollen. Wer bin ich eigentlich, dass ich mit einem solchen Anspruch auftreten darf, anderen etwas so Wichtiges beizubringen wie Religion? Dazu habe ich Entscheidendes in TZI-Arbeitsgruppen hinzugelernt.

R.C. Cohn: Was war entscheidend für Dich?

A. Biesinger: Entscheidend war für mich, dass ich in diesen Seminaren ein Thema so existentiell angehen lernte, dass ich selber darin vorkomme mit meinen Motivationen, mit *meinen* Einstiegen, auch mit meinen Blockaden; so dass ich nicht einfach lerne, Jesus Christus ist wahrer Gott und wahrer Mensch, sondern dass ich lerne, was das für mich bedeutet. Will ich das später lehren? Eine Theologische Fakultät oder Lehrerausbildungsstätte hat demnach auch die Aufgabe, die Studierenden in die Entscheidung zu führen, ob sie das überhaupt lehren wollen, was sie dort gelernt haben.

R.C. Cohn: Das finde ich gut. Der Student oder Referendar soll sich damit auseinandersetzen, was er glaubt. Er muss zweifeln dürfen, sich mit den Zweifeln auseinandersetzen und doch zu einer Glaubensentscheidung kommen, die ihn auch durch den Zweifel hindurch trägt. Wenn er predigen müsste, was er nicht glaubt, dann könnte er diesen Beruf gar nicht ausüben. [...]

Was mir schon öfter gesagt wurde, ist nicht, dass ich [...] Ähnlichkeit hätte mit der Teresa von Avila. Die sei so mystisch und so praktisch gewesen. Das hat mich auch interessiert und gefreut. Doch das sind relativ äußerliche Assoziationen. Von innen gesehen möchte ich meine Religiosität eher als Staunen vor dem Unwissbaren bezeichnen, das mich immer wieder zum Nachdenken und Nachlesen über Religiosität und Religionen geführt hat. Dies Staunen ist in mir als ständige Melodie bei allem, was ich auch tue. Doch schwer ist es auch, die Schönheit und die

Grausamkeit in dieser Welt als Ausdruck Gottes oder der Göttlichkeit zu verstehen.

Th. Schreijäck: Du bist Dir also der philosophischen Grundvoraussetzungen sicherer als der religiösen. Du sagst, dass es ohne Ethik nicht geht, vor allem der Ethik, die aus der Ehrfurcht vor dem Lebendigen entsteht. Ich unterstütze diese Ethik, mit der Du deutlich machst, dass es ohne Grundvoraussetzungen, Axiome, in der Erziehung überhaupt nicht geht.

R.C. Cohn: Die Frage ist, ob man sie sich bewusst macht. „Ehrfurcht vor dem Leben" ist als Axiom zu abstrakt, um erzieherisch wirksam zu sein. Es muss konkretisiert werden. Wir stehen z.B. immer in der Verantwortung, Entscheidungen zu fällen. Eine Fliege lebt, und ein Kind lebt, und wenn die Fliege eine Malariafliege ist, werde ich sie töten. Ich habe also weniger Ehrfurcht vor dem Leben der Malariafliege als vor dem des Kindes. Und diese in diesem Fall simple Frage, welches Leben zu schützen ist, ist eine grundlegende ethische Frage, sowohl für körperliches Leben als auch bei seelischen Konflikten. Wann finde ich es wichtiger und richtiger, mich zurückzuziehen, wann meine Kinder oder andere Angehörige oder Freunde zu unterstützen? Wann gebe ich Geld für mich und Luxus aus, wann unterstütze ich die Ärmsten? Zweifel können nie aufhellen, ob das, was ich entscheide, von einem anderen Standort aus richtig wäre. Alle Entscheidungen sind subjektiv. Doch zum Kompass von Entscheidungen gehört für mich das Anerkennen unabdingbarer Werte. Es scheint mir unmöglich zu sein, dass wir richtig handeln, wenn es Millionen von Menschen gibt, die heute zum Verelenden, Verhungern, Verdursten gezwungen sind. Es kann nicht richtig sein, dass wir „gemeinsam autistisch" mit unserer Konsumwelt Andere erschlagen. Dieses Nichtbewusstsein der Interdependenz Aller mit Allem und Allen, und dass wir Menschen und Erde zerstören, das ist Verletzung der ethischen Grundvoraussetzungen des Lebens. Es ist wohl das, was Jesus gemeint hat, wenn er sagte, dass ein Reicher eine geringere Chance hat, in den Himmel zu kommen, als ein Kamel durch ein Nadelöhr zu gelangen.

Wenn wir diese ethischen Grundfragen nicht in unser eigenes Leben und in unsere Arbeit als Lehrer mit einbeziehen, dann sehe ich keine Hoffnung mehr für diese Welt. [...]

Es kann keine geteilte Gerechtigkeit geben, sowenig wie einen geteilten Frieden. Es nützt nichts, wenn wir in Schulen lehren, welche Fakten auswendig gelernt und Techniken geübt werden müssen, wenn wir nicht lehren, Prioritäten zu setzen zwischen Wichtigem und Unwichtigem. Wichtig ist mir grundsätzlich die Ehrfurcht vor dem Leben, vor allem Leben. Wenn wir die Wichtigkeit von nationalen Fußballspielen für größer ansehen als die Wichtigkeit, Wege zur Gemeinschaftlichkeit und zum Gemeinschaftsgefühl zu finden, dann dürfen wir uns auch nicht über Terrorismus und Folter wundern. Wenn wir die Angst zum Grundprinzip des Lebens machen, indem wir aufrüsten und „nach" -rüsten, bis unsere Dritte-Welt-Geschwister nichts mehr zu essen haben, und bis die Wälder und der Boden und das Meer vernichtet sind, dann ist die Hoffnung gestorben.

Schulen sind fast überall gesetzlich aufgefordert, Kooperation und Fairness zu lehren. Was jedoch wirklich gelehrt wird, ist ethische Gleichgültigkeit und Leistungswahn. Ich sehe als die Lehraufgabe aller Lehrer, aber speziell von Religionslehrern, sich diesem Wahn nicht zu unterwerfen, dass sie ethische Prioritäten erkennen und auch gegen quantitativen Leistungsdruck kämpfen. Wir sollten das aus der Nazizeit gelernt haben, dass es sich nie lohnt zu sagen, „Mein Lehrplan sagt zu", „Mein Vorgesetzter hat mir doch gesagt" usw. Es gibt ein Ethos, das wir höher zu stellen lernen müssen. Was kann ich tun in einer Zeit, in der die Reaktion des Unverständnisses überhandnimmt?

Es gibt ein Gedicht von Matthias Claudius (z.B. in: Reich-Ranicki 2002, 437f.):

> Kriegslied
> 'S ist Krieg! 's ist Krieg! O Gottes Engel wehre,
> Und rede Du darein!
> 's ist leider Krieg – und ich begehre
> Nicht schuld daran zu sein!
> Was sollt' ich machen, wenn im Schlaf mit Grämen
> Und blutig, bleich und blass,
> Die Geister der Erschlagnen zu mir kämen,
> Und vor mir weinten, was?
> Wenn wackre Männer, die sich Ehre suchten,
> Verstümmelt und halb tot
> Im Staub sich vor mir wälzten und mir fluchten
> In ihrer Todesnot?
> Wenn tausend tausend Väter, Mütter, Bräute,
> So glücklich vor dem Krieg,
> Nun alle elend, alle arme Leute,
> Wehklagten über mich?
> Wenn Hunger, böse Seuch' und ihre Nöten
> Freund, Freund und Feind ins Grab
> Versammelten und mir zu Ehren krähten
> Von einer Leich' herab?
> Was hülf' mir Kron' und Land und Gold und Ehre?
> Die könnten mich nicht freun!
> 's ist leider Krieg - und ich begehre
> Nicht schuld daran zu sein!

Das ist eines der schönsten deutschen Gedichte, das ich kenne, nicht so bekannt wie „Der Mond ist aufgegangen", genauso schön und politisch wichtiger. Ich möchte dieses „Kriegslied" von Matthias Claudius im Unterricht aller Religions- und Deutschlehrer sehen! Dieses Kriegslied könnte, wenn Worte Einfluss hätten, ein Wendepunkt vom Grauen zum Leben hin bedeuten. „[...] und ich begehre/nicht schuld daran zu sein“ – am Krieg gegen diese schöne Welt. Und doch bin ich es auch.

Als Lehrerin möchte ich den Jüngeren helfen, weniger schuldig zu werden.

Th. Schreijäck: Ich beobachte mit ganz großer Sorge, was ich mit dem Stichwort Entlastung und Entlastungsmechanismus bezeichnen möchte. Ich meine, die Haltung des einzelnen, der im Zweifelsfall noch bereit wäre, für eine gute Sache (im Sinn des genannten Ethos) zu arbeiten, sich dann aber wieder zurückzuziehen mit den Erklärungen, über einen bestimmten kleinen Schritt nicht hinauszukönnen. Eben wegen des Lehrplans oder des Schulrahmens oder der Erwartung des Direktors, der Andersheit der Kollegen etc. Ich möchte auf die erste Frage zurückkommen: Ist es nicht die Aufgabe des Lehrers, Prozesse zu ermöglichen, dass *sinnvolles* Lernen geschieht?

R.C. Cohn: Ja, doch jeder muss mit seiner eigenen Angst, mit der Möglichkeit professionellen Schadens, mit der Unsicherheit den Vorgesetzten und Kollegen gegenüber rechnen.

Für mich heißt Ethos, die Aufgabe zu finden, die meinem eigenen Leben und dem der anderen dient. Bei jedem Konflikt kommen unausweichliche Fragen, und niemand kommt um diese Konflikte herum, wenn er sich für das Leben, für den Frieden, für sinnvollen Schulunterricht, für gerechtere Lebensweise einsetzen will: Welche persönlichen Gefahren will ich ertragen und wo ziehe ich die Grenze? Es ist wirklich sehr viel leichter für die meisten von uns, mit einem schlechten Gewissen zu leben, als sich in schwierige ökonomische Situationen zu begeben, Freunde oder Prestige zu verlieren – im täglichen Kleinkrieg. [...]

A. Biesinger: Unser Gespräch geht zu Ende, ich möchte aber doch gerne noch auf eine Frage zurückkommen, nämlich auf die zum Problem Nähe und Distanz zwischen Lehrer und Schüler. Es wird mir in Erinnerung bleiben, wie ich heute Morgen den Blumenstrauß geholt habe, und viele Schüler von der *Ecole de Humanité* [der Schule, die Ruth C. Cohn gegründet hat] sich herzlich umarmt haben am Beginn der Osterferien, und auch die Lehrer gekommen sind zum Winken. Mir ist aufgegangen, das ist eine andere Art der Kommunikation, ein anderer Stil, auch wie dann Lehrer mit einzelnen Schülern gesprochen haben. Es schien mir eine sehr intensive Nähe der Lehrer zu den Schülern, die Lehrer erscheinen wie gute Freunde. Und dann sehe ich in meiner Biographie, dass es manchmal auch sehr wichtig ist, auf Distanz zu gehen. Ich habe schon die intensive Erfahrung mit Schülern gemacht, dass, wenn ich mich heftig mit ihnen auseinandergesetzt und zum Teil auch schon Konflikte provoziert habe, gerade durch diese Konfliktlösungen Eigentliches entstanden ist, erhebliche Lernprozesse wie zum Beispiel Verstehen, dass ein gemeinsamer Gottesdienst u.a. entstanden sind. Nachher habe dann ich gedacht, hätte ich mich jetzt einfach angepasst...

R.C. Cohn: Die Frage von Nähe und Distanz stellt sich ja in jeder menschlichen Beziehung und ist weitgehend ausschlaggebend für die Entwicklung des Menschen. Wenn z.B. eine Mutter dem Baby zu viel Nähe gibt, es überwältigt mit etwas, das das Kind im Augenblick gar nicht will, hat das schwerwiegende Folgen für seine Entwicklung. Das Gleiche und oft noch Schwerwiegendere gilt natürlich für mangelnde Nähe.

Es kommt in jeder menschlichen Beziehung auf die individuelle Sensitivität und die Bedürfnisse von Partnern an. Eine absolute Antwort wäre sehr gefährlich. Innerhalb jeder Beziehung muss beides, und in der Beziehung von Lehrern und Schülern auch deren sachliche Aufgaben immer wieder durchfühlt und durchdacht werden.

Auch in der *Ecole d' Humanité* sind Lehrer sehr verschieden genauso wie Schüler. Nicht alle Lehrer und nicht alle Schüler waren beim Postauto, als die Kinder in die Ferien fuhren. Nicht alle Lehrer und nicht alle Schüler werden sich physisch umarmen oder auch nur menschlich nahe kommen.

Manche Menschen sind prinzipiell distanzierter und andere näher. Die Aufforderung „Sei nah!" wäre ebenso unnatürlich wie „Sei distanziert!". Jeder und jede haben ihr übliches Maß an Nähe und Distanzbedürfnis und sind zudem auch von der inneren Situation in den äußeren Gegebenheiten abhängig. Für mich gilt es, die eigene Sensitivität zu üben und als Lehrer auch die Sensitivität der Schüler zu fördern. „Selektive Authentizität" ist ein Begriff, den ich für interaktionelle Aussagen geprägt habe und liebe! Dieser Begriff passt aber auch für Nähe und Distanz: „Sei echt und selektiv entsprechend Deinen eigenen Gefühlen, Deinem Denken und Deinem Verständnis für die andere Person und die äußeren Gegebenheiten." Dies ist, wie überhaupt TZI, kein Rezept, sondern ein Lebenskompass, den ich gut finde.

2.5 Themenzentrierte Meditation[61]

Meditatives Lernen und Lehren hat seine eigene Dignität. Dass angesichts der technologischen Struktur unserer Gesellschaft mit ihren rationalen und auch irrationalen Momenten die Sehnsucht nach Konzentration, Ruhe, nach erwägendem Bedenken (vgl. *meditari* bei Cicero) immer nötiger wird, verwundert nicht.[62]

Heinrich Rombach hat in seiner Anthropologie des Lernens bereits 1969 wichtige Korrekturen zu den Möglichkeiten und Grenzen schulischen Lernens diskutiert. Er plädiert für eine neue Dimensionierung des Lernbegriffs und diagnostiziert,

---

[61] Überarbeitete Version 2011. Zuerst erschienen als: Biesinger 1996.

[62] Vgl. zu Hintergründen und zur wissenschaftlichen Reflexion: Biesinger/Hiller 2010.

dass die westliche Wissenschaft in der Gefahr allzu großer Vereinfachung grundlegender Vorgänge zentrale Möglichkeiten des Lernens übersehen könnte (Rombach 1969, 45).

> „Was man mit dem generellen Namen der Meditation benennt, sind sehr unterschiedliche und komplizierte Vorgänge der ‚Bewußtmachung' (d.h. des Lernens) elementarer Lebensfunktionen, die auf diese Weise ganz anders in ein durchlichtetes existentielles Ganzes eingebracht werden können, als es in der nachlässigen Weise geschieht, wie wir heute noch die Dinge ‚selbstverständlich', d.h. ohne eine Verfremdung, hinnehmen. Bei dem rapiden Zuwachs an Lernaufgaben, der uns heute bedrängt, und noch viel mehr bedrängen wird, könnte es einmal notwendig werden, auf diese noch unerforschten Lernformen zurückzugreifen." (Biesinger 1981, 11)

Unter pädagogischen Gesichtspunkten überzeugt die Hypothese Hartmut von Hentigs zur grundlegenden Situation des Menschen in der modernen Industriegesellschaft:

> „Wenn die Tätigkeiten und Denkformen der Menschen immer weiter rationalisiert werden und die Einübung in die Rationalität im Leben des Einzelnen folglich immer weiter vorverlegt wird, dann besteht die Gefahr, daß irrationale Erlebnisse und Vorstellungen Einzelner vorzeitig abgedrängt oder oberflächlich rationalisiert werden. Sie bleiben unverarbeitet, machen später um so mehr zu schaffen als es dann keine altersgemäße Ausdrucksformen, keine ‚normalen Verhaltensmuster', keine selbstverständliche Verständigungsmöglichkeit dafür gibt" (Hentig, 35)

Als Lernziele für die Schule fordert Hartmut von Hentig von dieser hypothetischen Diagnose ausgehend:

> „Der Schüler muß erfahren, daß die Irrationalität seiner Anschauungen und Gefühle ernstgenommen wird – und zwar, weil sie es verdient, nicht weil es ‚pädagogisch' ist. Er muß sich der ihn auch weiterhin begleitenden Irrationalität bewußt bleiben und sie bejahen dürfen, solange sie der Vernunft nicht unmittelbar widerspricht. Er muß lernen, daß die Gewißheiten der Religionen an Vorstellungsweisen gebunden sind, die die Vernunft nicht außer Kraft setzen, die Vernunft nur auf einer anderen Ebene beanspruchen." (Hentig, 37)

Von Ruth C. Cohn konnte ich lernen, dass ohne die falsche Alternative von kognitivem und emotionalem Lernen dynamische Lernprozesse ermöglicht und Störungen bearbeitet werden können; es entstehen sowohl in der Schule als auch in der Gemeinde persönlich bedeutsame Bildungsprozesse.

Michael Frickel hat die Weiterentfaltung des TZI-Konzeptes auf die meditative Ebene geleistet. Im Kontext vieler Seminare konnte ich seinen Ansatz theoretisch und in praktischen Übungen als anstiftend und weiterführend wahrnehmen. Themenzentrierte Meditation ist eine Methodenkombination von Gruppendynamik und Meditation. Gruppendynamik und Meditation haben in der Methode viele Gemeinsamkeiten. Es geht beiden um den Primat der Erfahrung vor aller Theorie, bei beiden wird die volle Präsenz im Hier und Jetzt angestrebt, damit Erfahrung möglich wird. Beide führen zur Sensibilisierung des ganzen Menschen, indem Worte wie Schweigen in Verbindung mit der Gestalt und der Gebärde gebracht werden. Beide konfrontieren den Menschen unerbittlich mit sich selbst, seiner menschlichen und dinglichen Umwelt. Sie konfrontieren den Menschen mit seiner Vergangenheit, aber auch mit den Ansprüchen, die heute an ihn herangetragen werden. Somit entsteht in der Auseinandersetzung Zukunft – offen und verantwortlich. Beide Verfahren wollen Verkrustungen lösen und den Menschen zum eigentlichen Selbst führen, wo er im Kern lebendig und in seinem Wesen angerufen ist. Beide Verfahren überlassen sich dem immanenten Prozess des Geschehens im Innen- wie im Außenbereich. In beiden Bereichen wird das, was kommt, zugelassen und nicht abgewehrt und moralisch bewertet. Indem so auch die Schatten angeschaut und/oder angesprochen werden, kann Reinigung und Versöhnung geschehen (Frickel 1981, 130f.).

Michael Frickel geht in seinem Ansatz davon aus, dass sich Gruppendynamik und Meditation ergänzen.

> „Meditation erschließt primär den personalen Bereich des Einzelnen, Gruppendynamik führt stärker zum Du/Wir. Gruppendynamik verhindert, daß Meditation ins Ghetto kommt, in die reine Innerlichkeit; Meditation hilft einseitige Versozialisierung durch Gruppendynamik und bloße Geschäftigkeit vermeiden. Meditation fordert und bewirkt Gelassenheit, die das Zulassen im Gruppenprozeß fördert (Steigerung der Frustrationstoleranz). Meditation hilft die im Gruppenprozeß aufgebrochenen Probleme tiefer anzunehmen; freiwerdende Energie (Aggression) vermag sie in konstruktives Tun umzuwandeln. Der gruppendynamische Prozeß bringt ständig die bewußten und unbewußten Probleme zum Vorschein und fördert so den Realitätsbezug der Meditation.“ (Frickel 1981, 131)

Meditation meint die Aufmerksamkeitslenkung auf einen Gegenstand, auf ein Bild, auf Töne, auf Symbole, ein Stück Erde, einen Baum und vor allem auf den eigenen Leib. Das Besondere an der Themenzentrierten Meditation ist, dass die Lenkung der Aufmerksamkeit und damit der Wahrnehmung zunächst nicht auf die Gruppe, sondern auf diese ‚Gegenstände‘ der Meditation zielt. Dieser Lernweg ist von „Meditation für Manager“ über schulisches Lernen hin zu Gottesdiensten von Bedeutung.

Meditation bekommt mit diesem Weg ein spezifisches Profil. Es geht um die thematische Meditation, die die Sensibilisierung der Sinneswahrnehmungen: hören, sehen, riechen, schmecken, tasten; Muskelanspannung und -entspannung; modellieren, malen, bauen, tanzen, sich ausstrecken, sich verbeugen, knien, sich zum Himmel ausstrecken, sich umarmen, sich trennen. Das Besondere ist also die Erschließung des Themas auf diesen Wahrnehmungs- und Aktivitätswegen.

Wesentliche Bedeutung hat Zeit. Themenzentrierte Meditation bedarf der Aufmerksamkeitslenkung, dafür ist Zeit dringend nötig. Das Chairperson-Postulat der Themenzentrierten Interaktion stellt hier besondere Anforderungen:

> „Wenn einer sein eigener Chairman ist, dann heißt das: er sieht nach innen, wie es in ihm gerade aussieht und er sieht nach außen, wie es um ihn herum, im anderen und ‚im Globus‘ aussieht. Es ist natürlich eine Schwierigkeit, daß es sehr lange dauert, beides, das Außen und das Innen wirklich miteinander zu integrieren.“ (Cohn 1979, 25)

Die Themen finde ich nicht nur in mir, die Themen werden auch von außen gesetzt. So sind hermeneutische Zusammenhänge zwischen Innen und Außen über die Themen gestaltbar.

Matthias Scharer hat in seinem wichtigen Buch, das TZI- Erfahrungen mit religiösem Lernen in Gemeinde, Schule und Erwachsenenbildung verbindet und reflektiert, ein wichtiges Kapitel: Mit Bildern kommunizieren (Scharer 1995, 177–180). Über die bewährten Schritte der Bildbetrachtung hinaus weist er auf die Chancen hin, mit dem Bild zeichnend, malend und verbal ins Gespräch zu kommen, das Bild körperlich Gestalt werden zu lassen, mit dem Bild musikalisch zu kommunizieren.

Unterbrechung des Üblichen

Wie können sich Menschen heute angesichts der gesellschaftlichen Verflechtungen etwa durch die Medienwelt auf die Beziehung mit Gott einlassen, wie können sie überhaupt die Dimension des Religiösen wahrnehmen?

In seiner religionspädagogischen Psychologie hat Bernhard Grom fundiert die meditative Dimension als Grundvoraussetzung für Glaubenlernen und -lehren erörtert (Grom 2000a, 151–159). Unter „Meditationsfähigkeit" versteht er die „Umschaltung der Aufmerksamkeit" (Grom 2000a, 155).

Im Blick auf die Intensität dieser Erfahrung kann man die Skala von besinnlicher Stille im normalen Wachbewusstsein bis hin zur alles andere vergessenden Versenkung in verschiedenen Graden annehmen. Verschiedene Formen der Meditation, die eingeübt werden können, sind:

> „(1) Von der sinnlichen Außenwelt stärker auf die mentale Innenwelt der eigenen Körperempfindungen, Gedanken, Gefühle, Vorstellungen: Man schränkt die äußeren Sinnesreize ein (sensorische Deprivation), sucht für kürzere oder längere Zeit die Stille auf, entfernt Gegenstände, die ablenken, schließt die Augen und schränkt das Blickfeld ein.
>
> (2) Von der Vielfalt auf einen einzelnen Gegenstand (Fokussierung): Man versucht, länger bei einem äußeren oder inneren Bild, einem Gedanken oder einem Gefühl zu verweilen, damit der Gedanken- und Vorstellungsstrom nicht, wie gewohnt, von einem Gegenstand zum anderen fließt. [...]
>
> (3) Von der kritischen Kontrolle seiner Gedanken und Gefühle zur unbefangenen Hinwendung zum Gegenstand: Man nimmt die gewohnte Distanz und überprüfende Einstellung zurück, wechselt die Rolle des Betrachters mit der des Betroffenen, so daß die emotionale Reaktionsbereitschaft leichter aktiviert werden kann. [...]
>
> Gewöhnlich versetzen sich Meditierende in einen Zustand, der weder angespannte, willentliche Konzentration – wie bei einer schwierigen Arbeit – noch Schlaf, sondern entspannte Wachheit ist. Darauf weisen auch die Zunahme der Alphawellen und die Blockierung der Beta- und Deltawellen im Elektroenzephalogramm hin." (Grom 2000a, 155)

Für den Bereich des meditativen Lernens sind Wege zu üben, die es ermöglichen, das eigene „Ich“ mit seinen individuellen und privaten Empfindungen mit dem Thema in Verbindung zu bringen. In Wegen der Selbstbeobachtung, der Selbstverstärkung und auch des Selbstgespräches können Zugänge zu Themen intensiviert werden. Je nach Altersstufe eignen sich dafür sehr gut meditatives Malen, Atemübungen, Meditationsgesänge, Körpermeditation, Symbolmeditation etwa mit einem Stein, einer Blume, einem Pausenbrot aus dem Papierkorb, einer Coca-Cola-Dose usw. ebenso wie die Aufmerksamkeit für ein Kreuz, ein Jesusbild, für verschmutztes Wasser, klares Wasser usw.

Mit Kindern und Jugendlichen ist je nach konkreter Situation Körpererfahrung wie Schwere, Wärme, Selbsttätigkeit des Atems, Wohlspannung einzuüben. Ebenso möglich sind direkte Übungen zur Stille, wie auf den eigenen Atem, auf das Ticken der Uhr, auf verschiedene Töne, auf verschiedene Orff-Instrumente zu hören. Auch Übungen wie Tasten und Sehen etwa einer Baumrinde, von Pflanzen, von Blumen, oder Wahrnehmen von Licht sind wichtige Möglichkeiten naturaler Meditation. Nach solchen Übungen ist die Auswahl einer entsprechenden Geschichte, die Darstellung einer Pantomime, oder das Hören einer speziellen Musik ebenso eine sinnvolle Weiterführung, wie eine Bildbetrachtung oder meditatives Malen mit Musik.

Die Motivation, sich mit Inhalten von Texten, auch von Bibeltexten auseinander zu setzen, wird durch meditative Zugänge erheblich gestärkt, ganz abgesehen davon, dass das, was in diesen Texten gemeint ist, durch meditative Wahrnehmung intensiver verstanden werden kann.

Über Günter Biemer habe ich den Zugang zu einem ganz zentralen Ansatz von Katechese in der Gestalt von Kardinal John Henry Newman lernen können. Newman verweist auf die Bedeutung von zwei Ebenen der Glaubenszustimmung, der rationalen-kognitiven und der „realen“, der Ganzhingabe (Kuld 1989, 84–97; Biesinger 1981, 28–33).

In der Meditationsforschung finden sich interessante Ergebnisse, die viel zu wenig ernstgenommen werden. Die amerikanischen Meditationsforscher Claudio Naranjo und Robert E. Ornstein haben nachweisen können, dass durch konzentrative Meditationswege Kategorialisierungsprozesse deautomatisiert werden, d.h. dass wir durch Meditation in die Lage versetzt werden, unsere Wahrnehmungen neu zu gewichten, damit auch Bekehrung zu realisieren, also Umkehrentscheidungen zu fällen (Naranjo/Ornstein 1980). In der Regel sind unsere Kategorialisierungsprozesse automatisiert, das ist auch für viele Lebensbereiche wichtig, etwa beim Autofahren oder in Bereichen technischer Abläufe. Eine Deautomatisierung ist im Bereich von geistigen Prozessen aber sehr bedeutsam. Wenn wir nicht an der Oberfläche des Üblichen bleiben wollen, ist eine „Unterbrechung des Üblichen“

anzustreben. Die Üblichkeiten der alltäglichen oft oberflächlichen Sichtweisen zu durchbrechen, ist zentrales Anliegen der themenzentrierten Meditation.

Praxisbeispiel: Meditieren als „Wiederkäuen"

In der Meditationstheorie wird die *ruminatio* als durchgehendes Handlungsprinzip in den verschiedenen religiösen Wegen beschrieben. Es ist wie ein „Wiederkäuen" von Grundnahrung. Die Mönche vom Berg Athos beten stundenlang *Kyrie eleison – Christe eleison.* Dieses zentrale „Mantra" bewirkt eine intensive Aufmerksamkeitslenkung. Ein solcher Weg der *ruminatio* ist der Weg des *Jesusgebetes*, zu dem ich eine mögliche Anleitung verdeutlichen möchte.

Anleitung zur Jesusgebet-Meditation

In dem sehr lesenswerten Büchlein *Aufrichtige Erzählungen eines russischen Pilgers* (Jungclausen 1974), das meine eigene Spiritualität ganz erheblich weiterentwickelt hat, wird dieser Weg der *ruminatio*, der weit zurück in die frühe Kirche, in die Zeit der ägyptischen Mönchsväter geht, in einer Erzählung beschrieben.

Diese Übung des Jesusgebets habe ich in vielen Schulklassen, Jugendgruppen, aber auch Erwachsenenbildungsgruppen angeleitet. Ich gebe grundsätzlich keine Anweisungen für andere, sondern formuliere die Anweisungen für mich selbst und bitte die Teilnehmer von Meditationsgruppen, sich in eigener Entscheidung auf meine Selbstanweisungen einzulassen, wie sie im Folgenden wiedergegeben sind:

Die Meditationsform, die wir jetzt gemeinsam üben, hat eine lange Tradition. Sie ist leicht zu lernen, bedarf aber der täglichen Übung. Zurück geht sie auf die Wüstenväter in Ägypten. Die Erfahrungen, die ein ursprünglich verzweifelter Mensch macht, dessen Frau gestorben ist und der dringend danach sucht, wie er seinen Glauben weiterleben kann, werden in dem Band „Aufrichtige Erzählungen eines russischen Pilgers" beschrieben. Ein „Starez" – man könnte ihn in diesem Zusammenhang verstehen als einen Spiritual oder geistlichen Begleiter – leitet ihn dazu an, einige tausend Mal am Tag vor sich hin zu sprechen: „Herr Jesus Christus, Sohn Gottes, erbarme dich meiner". Diese Meditation kann auch mit abgekürzten Worten „Herr Jesus Christus, erbarme dich meiner" oder „Jesus Christus" geübt werden. Es ist der Weg der konzentrativen Meditation. Wir lenken also unsere Aufmerksamkeit auf die Wiederholung dieses Gebetes.

Es gibt für diese Meditation drei Phasen:[63]

1. Die hinführende, induktive Phase,
2. Die konzentrative Phase,

[63] Eine Beschreibung der Phasen mit schematischer Darstellung findet sich bei Biesinger/Kießling 2002, 81–92.

3. Die herausführende, eduktive Phase.

1. Induktive, hinführende Phase: Ich setze mich aufrecht und entspannt hin. Entspanne Nacken, Wirbelsäule, Rücken, Beine und Arme. Die Hände lege ich ineinander, nach oben geöffnet auf die Oberschenkel. Ich schließe meine Augen, mache sie noch ein paar Mal auf und zu und lasse sie dann geschlossen. Ich atme tief ein und aus. Damit ich mich leichter konzentrieren kann, wiederhole ich dieses tiefe Ein- und Ausatmen etwa zehnmal. Ich werde nach 20 Minuten an die Zeit erinnern und auffordern, die Übung zu beenden. Damit beginne ich jetzt die Meditation. Ich spreche das Gebetswort, für das ich mich entscheide, in der mir entsprechenden Form vor mich hin, überlasse mich diesem „Wort" und lasse sämtliche anderen Gedanken und Assoziationen, die mir dabei kommen, stehen, ohne sie zu verdrängen. Ich gehe immer wieder zurück auf mein „Wort". Ich spreche oder singe es laut oder leise, mit oder ohne Bewegung der Lippen.

2. Konzentrative Phase: Während dieser konzentrativen Phase wiederhole ich für mich das Jesus-Gebet, behalte jedoch auch die Teilnehmer im Auge, so dass ich letztlich nicht voll in die konzentrative Phase komme. Die konzentrative Phase dauert in der Regel 20 Minuten.

3. Eduktive Phase: In dieser Phase bitte ich die Teilnehmer, die Meditationsübung zu beenden und ein paar Mal die Augen zu öffnen und zu schließen, um sich an die Helligkeit zu gewöhnen. Ich schlage ihnen vor, sich zu recken und zu strecken, um die Meditation zu beenden.

Wenn man die Intensität bedenkt, mit der in der Religionspädagogik über Unterrichtsmodelle, Katechismen, und eine Fülle von theologischen Texten versucht wird, Menschen den Glauben zu erschließen, wird die Vernachlässigung der meditativen Zugangsweisen deutlich. Eine solche konzentrative Meditationsform lenkt auf das Zentrum des Christlichen, nämlich die Person Jesus Christus selbst und führt damit in die Mitte der Christusbeziehung. Interessant wäre, empirisch zu untersuchen, wie Menschen nach eigener Selbstwahrnehmung ihre Beziehung zu Jesus Christus beschreiben, wenn sie diese Meditationsübung regelmäßig realisieren. Viele Probleme, die wir in der Katechese haben, hängen mit Defiziten in der Wahrnehmung der Beziehung zu Jesus Christus zusammen.

Mit vielen Jugendlichen habe ich diesen Weg des Jesus-Gebets geübt. Besonders leicht ist er durch Gesänge zu lernen. Auch mit Kindern kann man leicht in 5 bis 10 Minuten diesen Wiederholungsgesang *Kyrie eleison – Christe eleison* erlernen und üben. Als Melodie wähle ich die aus dem – wieder sehr aktuell gewordenen – gregorianischen Choral.

Praxisbeispiel: Gott in Farben sehen

Angeregt durch eigene Erfahrungen in Kursen mit Michael Frickel und Franz-Xaver Jans-Scheidegger, habe ich neue Wege in der Katechese erkundet. Ich möchte dies im Folgenden anhand des Bereichs themenzentrierte Meditation als Farbenmeditation verdeutlichen. In Arbeiten mit Gerhard Braun (Biesinger/Braun 1995) hat sich mir eine wichtige neue Welt thematischer Meditation erschlossen. Die Farben setzen Themen, rühren Gefühle und Assoziationen auf, lenken die Aufmerksamkeit auf eigene Lebenserfahrungen und auf den hermeneutischen Zirkel von Innen und Außen, von Emotion und Kognition.

Ein Beispiel: Meine Erprobungen in der Familienkatechese stehen im Dialog mit den Farbsymbolen, wie sie von Meinulf Blechschmidt, Esther Kaufmann und Marianne Fackler entwickelt wurden (Blechschmidt/Kaufmann/Fackler 1989, 45–47). Ich habe mit Elterngruppen, die sich selbst auf die Erstkommunion mit ihren Kindern vorbereiten, auf diese Art mit themenzentrierter Meditation gearbeitet und sehr intensive, positive Rückmeldungen bekommen.

Der konkrete Weg: Eine Palette farbiger Tücher – braune, gelbe, grüne, weiße, rote, blaue und schwarze – sowie weiße Seile werden ausgelegt. Ich sitze mit 16 Eltern, die ihre Kinder zur Erstkommunion begleiten, in einem großen Kreis. Es geht um das Thema „Wer ist dieser Jesus?".

Wir legen braune Tücher zu einem *Tor*, durch das Jesus kommt. Die Grunderfahrung *Tor* taucht in brauner Farbe auf. Wo stehen Tore? Wohin kommen wir? Durch welche Türen und Tore gehen wir? Haben Tore für unsere Kinder eine Bedeutung? Geburt – Tor in diese Welt; Tod – das Tor, das uns ängstigt: Ich muss die Welt verlassen; Kinder entdecken Türen, um hinaus zu gehen, dahinter zu schauen. Im symbolischen Vollzug „braunes Tor" wird die Erfahrung des Hauses vorbereitet.

Wir legen ein gelbes Tuch in den Kreis, es symbolisiert das *Haus*. Das helle Haus erzählt uns von der Gemeinschaft, dem Frieden, der Familie und der Gastfreundschaft, vom Teilen und Füreinanderdasein. Es erzählt uns von der Tischgemeinschaft. Das wurde am ersten Abend angesprochen. Nochmals müsste behutsam und einfühlsam erinnert werden, dass unsere Häuser nicht immer so sind; und dennoch ist die Sehnsucht danach in uns.

Mit einem braunen und einem grünen Tuch entsteht ein *Baum* im großen Kreis der Eltern. Der *Baum* spricht uns anders an als das *Tor* und das *Haus*. Er ist lebendig. Er spricht vom Leben, vom Wachsen und Reifen, vom Fruchttragen und vom Sterben. Einen kleinen Baum muss man schützen. Er kann Generationen überdauern und erzählt von jenen, die ihn gepflanzt haben, ein Zeichen der Erinnerung und Hoffnung. Kinder klettern gern auf Bäume, sie wollen größer werden, hoch hinaus; sie zeigen ihre Lebenskraft. Das bekannte Wort: „Was würdest Du tun, wenn Du heute sterben müsstest?" – „Ich würde einen Baum pflanzen."

Das *Tor*, der *Baum*, das *Haus* in unserem Kreis sind Zeichen und Stationen unseres Lebens. Wir legen mit den weißen Seilen einen *Weg*. Es ist der Weg Jesu in die Stadt und es ist der Weg des Zachäus zu Jesus. Die *Jesuskerze*, das helle Licht wird entzündet und in das *Tor* gestellt. Zachäus hat von Jesus schon gehört. Er möchte gern sehen, wer dieser Jesus ist. Doch da er klein ist, kann er nicht über die vielen Menschen hinweg sehen. Denn um Jesus sind viele Menschen, eine ganze Menschenmenge. Das sind jene, die Jesus gesund gemacht hat und die ihm jetzt folgen. Jesus macht die Traurigen froh. Von Jesus geht eine gute Kraft aus. Seine Worte geben den Menschen Freude und Mut. Alle wollen ihn sehen, hören und anrühren.

So versucht auch Zachäus, Jesus zu sehen. Wer ist dieser Jesus? Doch da er klein ist, vermag er ihn wegen der vielen Menschen nicht zu sehen. So läuft Zachäus voraus und klettert auf einen Baum am Weg, wo Jesus vorbei kommen muss. In Zachäus ist ein großer Wunsch aufgewacht, eine Sehnsucht, die wächst wie ein Baum: Ich möchte Jesus sehen! Er streckt sich dem Licht entgegen. Er wartet – wie der Baum. Er schaut nach Jesus aus. Da kommt er.

Die *Jesuskerze* wird zum *Baum* getragen.

Als Jesus an die Stelle kommt, schaut er hinauf und ruft: „Zachäus, komm schnell herunter, denn heute muss ich in Deinem Haus zu Gast sein!" Da steigt Zachäus schnell vom Baum herunter und nimmt Jesus mit Freude in sein Haus auf.

Die *Jesuskerze* wird ins *Haus* getragen.

Wir können alle unsere Arme öffnen; wie ein offenes Haus. Zachäus öffnet sein Haus, er nimmt Jesus bei sich auf. Jesus kehrt bei ihm ein. Zachäus und Jesus, sie sitzen zusammen am Tisch. Brot auf einem weißen Tuch wird in das *Haus* getragen. Sie haben Tischgemeinschaft miteinander.

Das Brot auf dem Tuch wird geteilt und so gebrochen hingelegt. Und wo ich zuviel genommen habe, gebe ich es vierfach zurück; da sagt Jesus zu ihm: „Heute ist diesem Haus das Heil geschenkt worden, weil auch er ein Sohn Abrahams ist. Heute ist es in Deinem Haus hell geworden." „Denn ich bin gekommen, um zu suchen, was verloren war." „Ich bin gekommen, um Dich zu suchen."

Die biblische Szene formt sich in den farbigen Tüchern. Die biblische Situation gibt der jeweiligen Farbe einen symbolischen Gehalt. Die biblische Szene erhält visuelle Wahrnehmung mit hoher Sinnlichkeit; wieder und wieder fangen die Menschen bei einer solchen Katechese an, gerührt und offen über ihr eigenes Verhältnis zu Gott zu sprechen, und sogar ihre Farbeindrücke in Gebete zu fassen.

Gott in Farben malen

Die intensiven Lehr- und Lernprozesse, die zustande kommen, wenn Menschen ihren eigenen Glaubensweg malen, haben wir schon in vielen Kursen, Schulklassen und Seminaren sehen können. Wenn Menschen beginnen, das, was sie als Gotteskommunikation in sich selbst spüren, in Farben auszudrücken, dann kommen überraschende, bisweilen sehr beeindruckende Farbkompositionen zustande. Es zeigt sich, dass die entsprechenden individuellen Zugänge zu Bildern für persönlich bedeutsames Glaubenslernen ganz besonders wichtig sind.

Die Gestaltung von Farbkompositionen als Ausdruck der Gotteskommunikation ist in verschiedenen Handlungsfeldern möglich. Wenn eine Gruppe die Möglichkeiten der Farbgestaltung nutzt, machen Menschen in der Regel intensive Erfahrungen, die über die Rezeption von Farben in Bildern hinausreichen; durch selbstgestaltete Farbkompositionen kommt persönliche Betroffenheit zustande.

Dieser Weg der Farbgestaltung und Farberfahrung in Gruppen eignet sich als Beginn eines Lernprozesses, aber auch als Verdichtung und Höhepunkt oder als Zusammenfassung. Da es dabei immer auch um die Aktivierung von psychischen Tiefenschichten geht, die in solche Gestaltungen mit Farbe eingehen, sollten entsprechende Prozesse nicht mit Menschen, die psychisch instabil sind, unternommen werden.

In der Regel sind aber die in Schulklassen, in der Jugendarbeit oder in der Erwachsenenbildung gegebenen Möglichkeiten nicht so intensiv, dass Gefahren entstehen. Wenn man von vornherein solche Lernprozesse nur unter dem Aspekt der Gefährdung sieht, würde das solche Prozesse stören und letztlich unmöglich machen.

Gott mit allen Sinnen wahrnehmen, den Glauben also sinnlich lernen und lehren, hat eine große Bedeutung für die Zukunft. Noch immer leiden wir zu sehr an der Last der „Traditiönchen“ der neuscholastischen Welle im letzten Jahrhundert, die uns die vielen Katechismusbegriffe und Merksätze gebracht und die Freude und Begeisterung der themenzentrierten Meditation verhindert hat.

Die themenzentrierte Meditation ist insofern (weiterhin) bedeutsam – sie hat viel angestoßen und viele neuere Wege stehen noch bevor.

Ostern 2011, Seekirchen am Wallersee/Salzburger Land:

Lisa, fünf Jahre, geht mit in ihren Eltern und Großeltern in die Liturgie am Ostermorgen um 5.00 Uhr. Als Diakon trägt ihr Großvater die Osterkerze in die Kirche hinein mit dreimalig singend: „*Lumen Christi*" – Christus, das Licht der Welt. Mit großen Augen und Ohren verfolgt Lisa das Geschehen…

Auf dem Heimweg kommt aus einem Nachbarhaus ein Junge im Trainingsanzug.

Lisa sagt: „Dieses Kind durfte gar nicht in die Kirche mitkommen, weil seine Eltern können ja nicht wissen, wie spannend das dort ist..."

Dieses kleine Mädchen hat es begriffen: Wie sollen Kinder die Chance bekommen, eine solch eindrucksvolle, spannende Liturgie live erleben zu können, wenn ihre Eltern ihnen dies nicht ermöglichen!

„Aber sie wissen es ja nicht, wie *spannend* es in der Kirche am Ostermorgen ist..."

3 Gotteskommunikation in Familie und Gemeinde

3.1 Familien als Subjekte der Gotteskommunikation – Familienbiographische Katechese als zukunftsfähiger Paradigmenwechsel (Albert Biesinger/Simone Hiller/ Norbert Mette)[64]

Familien sind originärer Ort der Gotteskommunikation, weil sie der Ort erster und eindrücklicher Beziehungen überhaupt sind.[65] In Familien leben Eltern und Kinder miteinander in Beziehung und kommunizieren ihre alltäglichen Lebenssituationen. Familien sind deshalb auch originärer Kommunikationsort von religiöser Erziehung und Bildung.[66] Gesellschaftlich und kirchlich ist dies scheinbar anerkannt, tatsächlich ist die christliche Familie aber auch stigmatisiert durch Beschuldigung und Überforderung (Fuchs 1993). Es stellt sich die Frage, wie gelingende religiöse Erziehung und Bildung Eltern hilft, religiöse Kompetenzen zu erwerben und weiterzugeben.[67] Religiöse Kompetenzen entwickeln sich – auch in Familien – durch und in der Aktion, vor allem im Vollzug religiöser Rituale.[68] Eltern sind dabei in zweifacher Weise angesprochen – Elternkatechese dient einem doppelten Kompetenzerwerb. Sie sind als Subjekte ihrer eigenen Gotteskommunikation zum einen selbst Subjekte der Katechese als Erschließung der Gotteskommunikation in der Dimension der eigenen Glaubensbiographie; zum anderen sind sie Subjekte in der Dimension der religiösen Erziehungskompetenz.

Katechese ist, wenn sie wirksam sein soll, ein lebensbegleitender Prozess, der – gerade im Hinblick auf Jugendliche und Eltern in der Erziehungsphase – biographisch „pünktlich" strukturiert werden muss (Englert 1988b).

---

[64] Überarbeitete Version 2011. Zuerst erschienen als: Biesinger/Hiller/Mette 2011.

[65] Zum Beziehungsbegriff vgl. Boschki 2003. Raphael Rauch, wissenschaftliche Hilfskraft an der Universität Tübingen, ist für seine engagierte und präzise Zuarbeit zum vorliegenden Artikel zu danken.

[66] Vgl. dazu Hauf 2004. Die Forschungsarbeit von Jörn Hauf ist für den Bereich der katholischen Religionspädagogik einmalig. Sie reflektiert auf der Basis von familienwissenschaftlichen Fundierungen sowie biblisch-systematisch-theologischen Vergewisserungen die Profilierung eines integrativen Gesamtkonzeptes einer familienbiographischen Katechese. Jörn Hauf ist der Begriff „familienbiographische Katechese" zu verdanken. Außerdem: Mette 1983.

[67] Vgl. dazu Braun 2009. Die aktuelle Kompetenzdebatte rund um Bildungsstandards kann auch für katechetische Prozesse wichtige Impulse geben, wie Tomberg 2011 ausführt. Strukturelle Überlegungen zur Form der Katechese, insbesondere zur Familie als originärem Ort religiöser Erziehung, dürfen dabei aber nicht vernachlässigt werden.

[68] Vgl. dazu Biesinger 1979b sowie Kapitel 1.4 des vorliegenden Bandes.

Katechese gehört im Sinne von Martyria und Diakonia zu den Grundvollzügen von Kirche; Elternkatechese ist deshalb ein konstituierender Lehr- und Lernprozess als Vollzug der Gemeindekatechese.[69] Ziel von Katechese sind außerdem religiöse Sozialisation und Kompetenz; Katechese ist insofern Intervention im Verlauf der religiösen Sozialisation (Biesinger 1979b; Biesinger/Hermann/Mette 2008).

Familienbiographische Katechese als subjektorientierte Erschließung der Gotteskommunikation begleitet Familien als Subjekte in ihrer Glaubenskommunikation. Dies ist religionspädagogisch angezeigt und erfordert in der katechetischen Praxis einen Paradigmenwechsel, dessen Grundlagen und Ausgestaltung im vorliegenden Kapitel dargestellt werden. Im Folgenden sollen die hier einleitend vorgetragenen Überlegungen zu Familie und Religiosität theologisch vertieft und weitergeführt (1), anschließend aus religionspsychologisch-sozialisationstheoretischer Perspektive fundiert (2) und schließlich aus soziologischer Perspektive differenziert (3) werden, um nach Benennung weiterer Bedingungsfaktoren und Wirkungen religiöser Erziehung in der Familie (4) religionspädagogische Konsequenzen vorzustellen.

(1) Familie als Ort der Gotteskommunikation

In ihren Kindern werden Eltern von Gott berührt. Biologische Zeugung ist – schöpfungstheologisch reflektiert – immer auch Gottesberührung.

In einem Kind werden Menschen biologisch und spirituell berührt: Die Mutter in der Schwangerschaft besonders intensiv in einer ihre Existenz insgesamt betreffenden Weise; Analoges gilt aber – häufig vernachlässigt – auch für den Vater. Spirituell können beide die Wirklichkeit christlich interpretieren – Gott schenkt uns unser Kind, Gott ist da. Wenn wir unsere Existenz als „In-Existenz" in der Gotteskommunikation verstehen (Schreijäck 1989), dann fällt die existenziell betroffen machende Situation von Schwangerschaft und Geburt, die Erweiterung der Paar-Kommunikation zu der auf ein Kind geöffneten Familienkommunikation nicht aus der Gotteskommunikation heraus, sondern ist vielmehr Realisierung der Gotteskommunikation im Sinne der „Mitteilung *und* Vollziehung des Wortes"[70] in dieser biographisch hochaufgeladenen Situation des Vater- und Mutter-Werdens und -Seins als Bildungsprozess. Familien müssen nicht an Gott „herumzerren", damit er sich ihnen endlich zuwendet. Er hat sich ihnen schon zugewandt als JHWH, der Gott „Ich-bin-da", als menschgewordener Sohn im

---

[69] Vgl. dazu die grundlegende, sowohl sakramententheologisch als auch katechetisch präzise strukturierte Arbeit von Biemer 1999; weiterführend: Biesinger/Gaus 2006; Biesinger/Gronover 2010; Biesinger 2010a.

[70] Vgl. Kapitel 2.2 des vorliegenden Bandes sowie: Hirscher 1831; Biesinger 1989b, c.

Kind in Bethlehem, als Verkünder des angebrochenen Reiches Gottes, als Gekreuzigter und Auferstandener aus dem Tod. Konsequent gedacht ist Gott für Familien „Ich bin mit euch".

Die Herausforderung dieser Situation ist für Eltern im nächsten Schritt, dies wahrzunehmen, diese Nähe Gottes zuzulassen, zu reflektieren und entsprechend zu „realisieren". Josef Goldbrunner drückt mit dem Begriff „Realisation" Wesentliches für die christliche Glaubenspraxis aus (Goldbrunner 1966). Johann Baptist Hirscher lenkt mit dem Begriff „Vollziehung des Wortes" ebenfalls die Aufmerksamkeit darauf, wie Menschen als Subjekte der Gotteskommunikation diese ihre Lebenssituation – Gott hat uns ein Kind anvertraut – konkretisieren, feiern, deuten und alltagstauglich gestalten können (Hofrichter 1997). Familien interpretieren ihren Glauben als Subjekte, sie sind nicht lediglich Objekte kirchenamtlicher Weisungen oder katechetischer Begriffe und Inhalte. Familien sind deshalb als Subjekte ihrer Gotteskommunikation und als „*loci theologici*" – „Orte, an oder aus denen sich theologische Erkenntnis bildet" (Seckler 1996)[71] – zu verstehen. Dies ist als eine zentrale religionspädagogische Herausforderung endlich ernster zu nehmen und umzusetzen. Familien interpretieren ihren Glauben als Subjekte und generieren ihre biographisch relevanten Glaubensbedeutungen in ihrer „Freude und Hoffnung, Trauer und Angst"[72]. Familien sind als Subjekte Trägerinnen der Verkündigung und dies auf verschiedenen Ebenen:

- Zunächst interpretieren die Frau und der Mann, die durch ihr erstes Kind zur Mutter bzw. zum Vater werden, diesen Knotenpunkt ihrer Existenz im Blick auf ihre eigene biographische christliche Sinndeutung.
- Eltern, die sich für die Taufe ihres Kindes entscheiden, sind Subjekte der Taufkatechese und der Taufliturgie – immer auch in Stellvertretung zu dem kleinen Kind, das seinen eigenen Glauben und seine eigene Entscheidung noch nicht selbst zum Ausdruck bringen kann. Wenn die Kirche Säuglinge tauft – in der frühen Kirche waren es vorwiegend Erwachsenentaufen[73] –, dann sind Eltern, Paten intensiv in ihrem ureigenen Glaubenszeugnis gefragt (Kasper 1970).
- Familien sind – auch als *loci theologici* – Kommunikationsorte und Kommunikationssituationen im konkreten Alltag. Deswegen sind mit Eltern als Subjekte ihrer eigenen alltagstauglichen Sinnorientierung eben auch alltagstaugliche Wege der Glaubenskommunikation auszutauschen, zu diskutieren und konkret familienpraktisch zu erschließen und zu erpro-

[71] Vgl. zur theologischen Diskussion der „*loci theologici*" Pottmeyer 2000.

[72] Vgl. *Gaudium et Spes*, Nr.1.

[73] Die *oikos*-Formel wäre hier weiter auszudifferenzieren, was an dieser Stelle nicht geleistet werden kann.

ben: Familien sind Subjekte ihrer Gotteskommunikation, wenn sie ihrem Kind ein Kreuzzeichen auf die Stirn machen, es segnen und sich und das Kind Gott, dem Schöpfer und Erlöser der Welt, anvertrauen. Familien sind Subjekte ihrer Gotteskommunikation, wenn sie ihr Kind teilhaben lassen an ihren eigenen Ritualen, wenn sie kindgemäße Rituale entwickeln und in der eigenen Familie regelmäßig realisieren.

Das zugrundeliegende sozialisationstheoretische Modell ist mit der Theorie des „Symbolischen Interaktionismus"[74] am präzisesten zu beschreiben. In der Kommunikation zwischen Eltern und Kindern entstehen immer auch Bedeutungen, dies gilt auch für Glaubensbedeutungen und -deutungen. Dazu eine vor Jahren geschehene Alltagssituation, die bereits in Kapitel 1.4 erzählt wurde und die wir an späterer Stelle nochmals aufgreifen werden (Biesinger 1979b, 163): Der vierjährige David fragt seinen Vater Albert Biesinger, warum er den toten Vogel, den er tagelang auf dem Weg zum Kindergarten am Straßenrand sieht, nicht helfen könne. Auf die Antwort, dass dem toten Vogel kein Mensch mehr, sondern nur der liebe Gott helfen könne, fragt David, wie groß und stark der liebe Gott denn sei, und warum der Vater nicht der liebe Gott sei. Sein Vater versucht ihm zu erklären, dass er doch ein Mensch sei und selber auch einmal sterben müsse und deswegen nur der liebe Gott dem toten Vogel helfen könne. David darauf: „Ist der liebe Gott so groß wie ein Hochhaus?"

Zusammen mit einem konkreten Interaktionspartner entstehen für das Kind neue, teilweise unerwartete Bedeutungen. Indem es das Zugeständnis des Vaters, nicht helfen zu können, und die Selbstdeutung des Vaters interpretiert, schafft es für sich eine neue Bedeutung: Der Vater kann einem Toten nicht helfen – wenn Gott helfen kann, muss er größer sein als der Vater.

Dies bestätigt sich einige Wochen später: David hält seinen zweijährigen Bruder Manuel gerade noch vor einem fahrenden Auto zurück. Als er das abends seinem Vater erzählt, wendet er sich an Manuel: „Wenn ich dich nicht festgehalten hätte, wärst du nämlich jetzt tot. Dann kann dir der Papa gar nicht mehr helfen, nur noch der liebe Gott, weil der nämlich viel größer ist als der Papa."

Niemand sollte solche selbst geschaffenen und operierenden Deutungen vorschnell als einseitig oder zu wenig theologisch abgesichert verdächtigen.

(2) Familie als Ort für biographisch „pünktliche" Katechese

Sozialisationstheoretisch gedacht ist wirksame Katechese als lebensbegleitender Prozess zu strukturieren, der biographisch „pünktlich" (Englert 1988b) an die Entwicklung von Kindern, Jugendlichen und Erwachsenen anknüpft (Biesin-

[74] Vgl. dazu die Ausführungen in Kapitel 1.4 des vorliegenden Bandes.

ger/Kerner/Klosinski/Schweitzer 2005).[75] Ausgehend von Studien aus Skandinavien und den USA ist anzunehmen, dass religiöse Erfahrungen in erster Linie während der Kindheit und nicht in späteren Lebensabschnitten langfristige Konsequenzen haben. Veränderungen der Religiosität sind insbesondere bei jüngeren Personen zu beobachten (Tamminem1993).[76] Mit zunehmendem Alter ist ein Trend zu einer Säkularisierung, insbesondere eine Abkehr von traditioneller Religiosität erkennbar (Wilits/Crider 1981). Eine früh eingeübte Haltung zu Religion sowie religiöse Verhaltensmuster scheinen relativ stabil zu sein und bleiben selbst noch im Erwachsenenalter in der gleichen Grundausrichtung erhalten. Diese Beobachtungen zeigen, welches Potential – als Chance wie als Gefahr für gelungene religiöse Sozialisation – in der Erstkommunionkatechese, die in der Regel acht- bis neunjährige Kinder und deren Familien betrifft, liegt.

Ausgehend davon lassen sich folgende, für eine familienbiographische Katechese – hier exemplarisch fokussiert auf den Erstkommunionunterricht – wichtige Hypothesen bilden:

- Fasst man unter gelungener religiöser Sozialisation sowohl Religiosität (affektive, kognitive und konative Ebene) als auch die Verbesserung gesellschaftsrelevanter Faktoren (z.B. moralische Ordnung, soziale Kompetenzen und sozialintegrative Aspekte), kann postuliert werden, dass die religiöse Sozialisation von Teilnehmern am Erstkommunionunterricht erfolgreicher verläuft als die anderer Personen.
- Form und Inhalt der Katechese zur Erstkommunion variieren erheblich. In der Praxis stehen für die didaktische Umsetzung der Kommunionkatechese verschiedene Modelle zur Verfügung, die sich insbesondere im Hinblick auf die Einbeziehung der Familie unterscheiden. Es kann vermutet werden, dass insbesondere die Einbeziehung der Familie in die Katechese für einen nachhaltigen Erfolg von Bedeutung ist, wenn die familienintegrativen Maßnahmen zu einer Homogenisierung der relevanten Sozialisationsinstanzen führen (Mette 1999; Biesinger/Kerner/Klosinski/Schweitzer 2005, 66–79). Somit kann des Weiteren postuliert werden:
- Je intensiver die Familie in die Kommunionkatechese einbezogen wird, desto geringer sind die theologischen Differenzen zwischen Eltern und Betreuern.

---

[75] Die folgenden Beobachtungen und Hypothesen sind Grundlage unseres aktuellen interdisziplinären Forschungsprojekts, vgl. Biesinger/Herrmann/Mette 2008; Projekthomepage: http://www.uni-heidelberg.de/institute/fak2/krimi/Werte/.

[76] Eine Ausnahme sind Glaubensvorstellungen über die Existenz von Himmel und Hölle, vgl.: Hamberg 1991.

- Je intensiver die Familie in die Kommunionkatechese einbezogen wird, desto deutlicher ist eine positive Veränderung der Religiosität der Eltern erkennbar.
- Je intensiver die Familie in die Kommunionkatechese einbezogen wird, desto erfolgreicher verläuft die religiöse Sozialisation von Teilnehmern am Erstkommunionunterricht.
- Der Erfolg der Katechese zur Erstkommunion ist zudem von der Dauer und Intensität des Unterrichts, der didaktischen Ausgestaltung, der jeweiligen Person der Katecheten sowie der methodischen Strukturierungen des Kommunionweges abhängig.
- Bei einer Katechese, die sich an Familien wendet, sind positive Rückwirkungen auf das Familienleben zu erwarten.

(3) Familie als religionsgenerativer Ort: Familienreligiosität und Familientheologie

Weithin herrscht die Einschätzung vor, dass im Vergleich zu früher, als das Familienleben von morgens bis abends von religiösen Ritualen mitgeprägt und von religiösen Symbolen umgeben war, die heutige Familie säkular geworden sei. Das trifft in der Realität jedoch nur bedingt zu. So hat etwa der Kinder-Survey von Jürgen Zinnecker und Rainer K. Silbereisen überraschende Belege für eine starke Präsenz religiöser Erziehung in Familien zu Tage gefördert (Zinnecker/Silbereisen 1996): Es wird „eine, im Vergleich zur vorhergehenden Generation, fast unveränderte Intensität der Weitergabe religiöser Wertvorstellungen“ beobachtet; desweiteren stellen die Autoren bezüglich der Religion eine im Vergleich zu anderen Bereichen (zum Beispiel „Weitergabe von Sportkultur, einer Kultur des sozialen Aufstiegs“) besonders direkte und hohe Tradierung fest. Familie ist insofern nach wie vor sowie auf die Zukunft hin prognostiziert ein religiöser Ort. Dies lässt allerdings keinen Rückschluss auf die Kirchennähe der Familien zu. Die Erörterung des Zusammenhangs von Familie und Religion bedarf also einer sachlichen Differenzierung (Domsgen 2004):

(1) Zum einen ist dem Verhältnis von Familie und institutionalisierter Religion (vornehmlich den Kirchen) nachzugehen. (2) Davon zu unterscheiden ist eine aus dem Familienleben selbst erwachsende Form von Religion, die so genannte Familienreligiosität. Es ist zu klären, ob und wo im familiären Zusammenleben Vollzüge anzutreffen sind, die als religiös bzw. als religiös affin gekennzeichnet werden können. (3) Und schließlich und vor allem ist der für die religiöse Erziehung und Bildung von Kindern und Eltern kaum zu unterschätzende Stellenwert einer „Fa-

milientheologie",[77] die von authentischen Reflexionen von, mit und für Kinder auf religiöse Themen ausgeht, darzustellen.

(1) Was das Verhältnis der Mehrheit der heutigen Familien zur Kirche angeht, so ist zumindest für die beiden großen Kirchen hierzulande der Befund eindeutig: Die Beziehung ist weitestgehend abgebrochen. Dass Familien sich in ihrer Erziehung der Kinder und Jugendlichen an kirchlichen Vorgaben und Erwartungen orientieren, ist nur ausnahmsweise der Fall (Hauf 2004, 39–46). Das distanzierte Verhältnis vieler Eltern zur Kirche hat verschiedene Gründe. Es hängt mit einer Lockerung der Bindung der Bevölkerung an die Kirchen insgesamt und der Individualisierung auch im religiösen Bereich zusammen. Eltern können möglicherweise selbst schlechte Erfahrungen mit der religiösen Erziehung in ihrer Kindheit gemacht haben. Mit Religion können sie für ihr eigenes Leben nicht viel anfangen und fühlen sich darum auch unsicher, ihre Kinder religiös zu erziehen. Sie verfolgen als Maxime ihrer Erziehung, dass die Kinder sich selbst zu entscheiden haben (Schweitzer 2000, 59–75). Erste Ergebnisse unseres aktuellen Forschungsprojekts[78] zeigen ein vergleichsweise erschreckend geringes Vertrauen der Eltern in die großen Kirchen – die in dieser Befragung noch nicht berücksichtigten, im vergangenen Jahr aufgedeckten Missbrauchsfälle ließen das Vertrauen der Eltern vermutlich noch weiter sinken (vgl. Abbildung 2).

[77] Der Begriff „Familientheologie" ist bewusst von uns generiert, um in expliziter Erweiterung des Begriffs der Kindertheologie die Wechselseitigkeit des Theologisierens zwischen Kindern und ihren Bezugspersonen sowie die Familie als *locus theologicus* zu kennzeichnen; vgl. dazu Sabine Pemsel-Maier 2010, die den Begriff analog prägt und verwendet als: „[...] Begriff von ‚Familientheologie' [...], der sich unterscheidet von der theologischen Reflexion auf die Bedeutung von Familie, wie sie etwa in der katholischen Kirche der Päpstliche Rat für die Familie zu seinem Anliegen erklärt hat"; vgl. des Weiteren die im Text folgende Darstellung, bei der wir Bezug nehmen auf die grundlegenden Erörterungen zur Kindertheologie von Schweitzer 2003a, 9–18.

[78] Biesinger/Hermann/Mette 2008; Biesinger/Kerner/Klosinski/Schweitzer 2005; http://www.uni-heidelberg.de/institute/fak2/krimi/Werte/

Interessant ist auch ein Ergebnis, das eine Studie unter jungen Eltern in der Schweiz erbracht hat. Demnach gibt es Diskrepanzen in den Erziehungszielen, die den Eltern vorschweben, und denen, die ihrer Meinung nach die Kirche verfolgt. Verfolgen die Eltern bei der Erziehung ihrer Kinder „Werte wie Selbständigkeit, Offenheit, Konfliktfähigkeit, Toleranz, Kritischsein", so vermuten sie bei der Kirche genau dazu gegenläufige Präferenzen, also einen „Überhang an Gehorsams- und Gemeinschaftswerten" (Dubach 1991, 87). Der Kirche wird „ein Übersoll an Akzeptanzforderungen und ein Defizit an Selbstverantwortung" (Dubach 1991, 88) zugeschrieben. Dass die Eltern sich lieber keine solche kognitive Dissonanz einhandeln wollen, ist erklärlich. Nicht zuletzt ist es die Tatsache, dass nicht wenige Ehen oder Partnerschaften in konfessioneller oder religiöser Hinsicht nicht homogen zusammengesetzt sind, (Schweitzer/Biesinger 2009) die es bedingt, dass die Eltern sich ihrer Konfession oder Religion gegenüber distanziert verhalten und teilweise Religion generell „als mögliches Streitthema aus der familiären Kommunikation" (Schweitzer 2006a, 202) aussparen. Es kann aber auch der Fall sein, dass die Verantwortung für die religiöse Erziehung einem Elternteil übertragen wird und der andere das toleriert (Froese 2005; Liebold 2005).

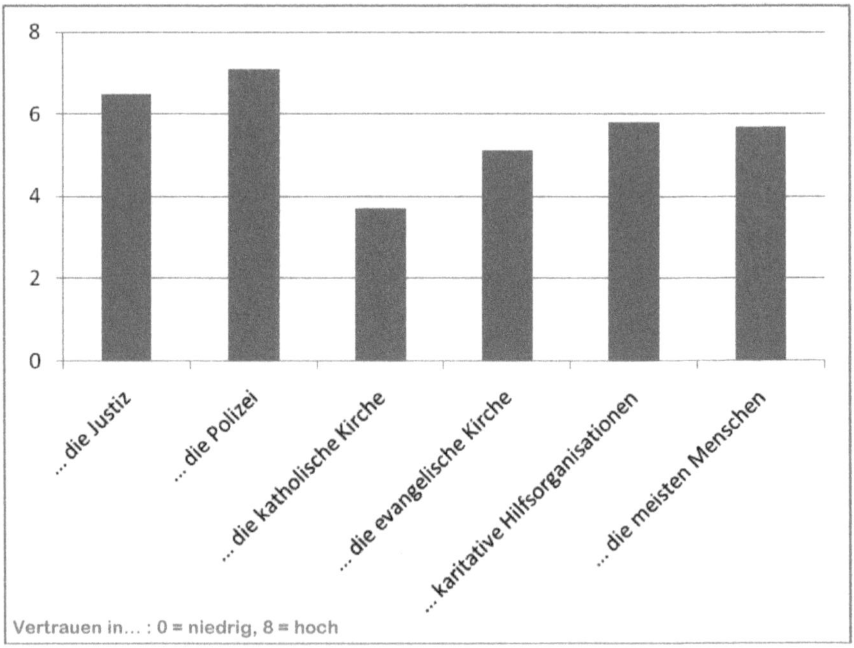

Abbildung 2: Vertrauen der Eltern in Institutionen

Diese Beobachtung ist entscheidend, weil die eigene Beziehung zur Kirche stark mit dem während des Aufwachsens im Elternhaus erfahrenen Verhältnis zur Kirche zusammenhängt (Dubach 2005). Demnach wird die Wahrscheinlichkeit, dass die heute groß werdenden Kinder später einen Kontakt zur Kirche aufrechterhalten, immer geringer. Die Vernachlässigung der kirchlichen Zuwendung und kompetenten Begleitung von Familien beschädigt sowohl die Kirchenzugehörigkeit der nachwachsenden Generation als auch die Kirche als Glaubensgemeinschaft – bis hin zu ihrer institutionellen Zukunftsfähigkeit!

(2) Es sind vor allem familiäre Anlässe, die nach Ritualen, Symbolen, Festen u.a. nachfragen lassen, um ihrer den Alltag transzendierenden Bedeutung Ausdruck zu verleihen. Beispielhaft dafür ist die Taufe eines neugeborenen Kindes, bei der es für einen Großteil der Eltern allerdings motivational nicht um die Aufnahme ihres Kindes in die Kirche geht, sondern vor allem um einerseits den Ausdruck von Dankbarkeit für das Geschenk des neuen Lebens ihres Kindes und andererseits um ihren aus der Sorge um seine unsichere Zukunft sich aufdrängenden Wunsch, es dem Schutz einer mächtigeren Instanz als menschlichen Instanzen anzuvertrauen (Ritzer 2001). Hinzu kommt, dass es sich um einen Anlass handelt, der innerfamiliär gefeiert wird – wie es ähnlich bei anderen biographischen Übergängen und Wendepunkten geschieht. Wie sie das Verhältnis einer Familienreligiosität zur institutionalisierten Religion gestaltet – etwa in Form der Nachfrage zu den kirchlichen Kasualriten –, liegt ausschließlich im Ermessen der Familie. Durch die Individualität ihrer jeweiligen Angehörigen und Situation ist jede Familie ein einzigartiges Gebilde und muss sich als solches immer wieder neu zusammenfinden. In dem Maße, wie die Angehörigen sich gemeinsam als Mikrokosmos eigener Art erleben, kommt es zur Ausbildung eines „Eigensinns" dieser spezifischen Familie – und umgekehrt (Kaufmann 1995a, 31). Dieser „Familiensinn" prägt wesentlich die Einstellung und das Verhalten der Mitglieder weit über die eigenen Reihen hinaus – und zwar in der Regel mehr, als es ihnen bewusst ist. Dies ist ein Teil einer eigenständig zu betrachtenden „Familienreligiosität", die teilweise schon eine beachtliche Kontinuität in manchen Familiengeschichten aufweist (Schwab 1995).

Bei der Familienreligiosität handelt es sich um eine individualisierte und zum Teil auch privatisierte Form von Religion.

Diese These von der Familie als einem Ort, an dem wesentlich Religion generiert wird, lässt sich noch durch weitere Hinweise erhärten. Denn wie kaum anderswo erleben in der Familie die Angehörigen das Leben in seinem ganzen Ausmaß, mit all den Höhen und Tiefen: Geburt und Tod, Gesundheit und Krankheit, Eros und Sexualität, Alltag und Feier, Abschied und Wiedersehen, Gelingen und Scheitern, Eintracht und Zwietracht, Freude und Trauer etc. Häufig ist damit verbunden, was Hans Joas im Anschluss an William James „Erfahrungen der Selbsttranszendenz" nennt. Er meint damit „Erfahrungen, in denen eine Person sich selbst übersteigt, nicht aber, zumindest zunächst nicht, im Sinne einer moralischen Überwindung ihrer selbst, sondern im Sinne eines Hinausgerissenwerdens über die

Grenzen des eigenen Selbst, eines Ergriffenwerdens von etwas, das jenseits meiner selbst liegt, einer Lockerung oder Befreiung von der Fixierung auf mich selbst" (Joas 2007, 17). Es sind mithin Erfahrungen, die man im weiteren Sinne als religiös interpretieren kann und die auch für explizite religiöse Deutungen offen sind.

Es lassen sich noch weitere religiös bzw. theologisch bedeutsame Vollzüge im familiären Zusammenleben ausmachen, auch wenn sie von den Betroffenen nicht so interpretiert werden. So sind die meisten Eltern darum besorgt und bemüht, die Weichen für eine gesunde körperliche und psychosoziale Entwicklung ihrer Kinder zu stellen und ihnen deshalb grundlegende Erfahrungen zuteilwerden zu lassen „wie Wärme und Schutz, Geborgenheit und Annahme, Streit und Versöhnung, Liebe und Hass, Teilen, Danken, Feiern, Staunen, Spielen, Pflege und Trost in Krankheit, Zusammengehörigkeit, geteilte Freude und Trauer, Mahl halten..." (Blasberg-Kuhnke 2004, 66). Alle diese Erfahrungen und Vollzüge weisen eine große Nähe zu zentralen religiösen Inhalten auf. Es kommt darum nicht nur für die Persönlichkeitsbildung allgemein, sondern auch für ihre Disposition zu einer religiösen Entwicklung entscheidend darauf an, dass es den Kindern möglich ist, solche grundlegenden Erfahrungen im engsten sozialen Miteinander zu machen. Kaum zu unterschätzen sind hierbei in der Familie ausgeprägte Rituale, die Familien bei der Bewältigung ihres Alltags helfen und die außerdem die Tradierung religiöser Vorstellungen und Werte innerhalb der Familie unterstützen, wie empirische Forschungsprojekte gezeigt haben (Fiese/Tomcho/Douglas 2002; Morgenthaler 2005; Zehnder/Morgenthaler/Käppler 2008). So ist erwiesen, „dass der familiäre Angstpegel sinkt und Konflikte in Familien abnehmen, wenn ein Gute-Nacht-Ritual eingeführt wird, das von beiden Eltern getragen wird und Musik oder Geschichten als Elemente enthält" (Morgenthaler 2005, 4). Christoph Morgenthaler bilanziert: „Rituale stärken Familien." (Morgenthaler 2005, 5)

(3) Neben einer solchen, durch Rituale verstärkten Familienreligiosität und sicherlich häufig von ihr angeregt, kommt es in Familien – meist durch Kinderfragen, wie die bereits erzählte von David zum toten Vogel – nicht nur zu religiösem Denken und Handeln, sondern darüber hinaus zu einem „Denken über religiöses Denken" (Schweitzer 2003a, 11), einer Metareflexion über Religion, die wir als „Familientheologie" bezeichnen.[79] In Anlehnung an die von Friedrich Schweitzer beschriebenen Dimensionen von Kindertheologie ist sie als ein Theologisieren *von*, *mit* und *für* Kinder und ihre erwachsenen Ansprechpartner zu beschreiben. Wenn Eltern und ihre Kinder in ihrer Beziehung alltagstaugliche Glaubensdeutungen und Rituale vollziehen und auch selbst (weiter-)entwickeln ebenso wie wenn Kinder ihren Eltern existentielle Fragen stellen und Kinder gemeinsam mit ihren und unterstützt von ihren so in ihren eigenen Erklärungen und Deutungen angefragten

---

[79] Vergleiche Fußnote 77.

Eltern Antworten darauf suchen, dann ist dies eine spezifische Glaubenskommunikation zwischen Eltern und Kindern, die Kinder- und Elterntheologie – „Familientheologie“ – ist, weil sie voraussetzt, dass auch „Erwachsene ihr Verhältnis zu ihrem eigenen Kinderglauben und zu dem zum Teil in konflikthaften Ablösungsprozessen abgelegten kindlichen religiösen Vorstellungen und Weltbildern soweit geklärt haben, dass sie für kindliche Vorstellungen und Argumente offen sind“ (Schweitzer 2003a, 17). Nicht selten sind gerade die Kinder in der Lage ihre Eltern (wieder) mit der eigenen Gotteskommunikation zu konfrontieren – Kinder sind Engel am Wege ihrer Eltern, wie zum Beispiel die Fernsehdokumentation „Hilfe, mein Kind ist fromm“ (Häcke 1998) eindrücklich zeigt.

Familie ist Ort religiösen Lernens und religiöser Reflexionen für Kinder und ihre Eltern (und andere Bezugspersonen): Das Tübinger Forschungsprojekt zur Erstkommunion als Familienkatechese zeigt, dass die „Kommunikation mit dem Kind über Religion“ in annähernd drei Vierteln der an der Erstkommunion als Familienkatechese teilnehmenden, befragten Familien intensiv stattfindet und daher innerhalb der Familienreligiosität eine herausragende Rolle einnimmt (Biesinger/Gaus/Stroezel 2008, 70–95).[80]

(4) Bedingungsfaktoren und Wirkungen religiöser Erziehung in der Familie

Die einschlägigen Sozialisationstheorien sind sich weitestgehend einig, dass die vor allem in den Familien erfolgende Primärsozialisation der Heranwachsenden konstitutive Bedeutung für „die Vermittlung und Aneignung von Weltbildern, Weltanschauungen, Werten, letzten Sinngebungen und Gewissheiten“ hat und „dass grundlegende Überzeugungen hinsichtlich einer verantwortlichen Lebensführung sowie die Unterscheidung zwischen Gut und Böse wichtige Wurzeln in den ersten Lebensjahren besitzen“ (Schweitzer 2005, 13). Einsichten in Bedingungsfaktoren und Wirkungen dieser religiösen Erziehung hat ein an der Universität Tübingen interdisziplinär angelegtes Forschungsprojekt erbracht (Biesinger/Kießling 2005):[81]

- Ob und wie in einer Familie religiös erzogen wird, hängt stark davon ab, wie in dieser Hinsicht das Umfeld beschaffen ist, in dem sie lebt, ob sie also „von außen her“ Unterstützung findet oder allein gelassen wird. Bedeutsam ist, ob im engeren Bezugskreis der Familie (Verwandtschaft,

[80] Vgl. auch Kapitel 3.4 des vorliegenden Bandes. Am intensivsten wird mit den Kindern zu Hause über Gott, Glaube und Religion gesprochen. Die religiöse Erziehung findet andererseits spezifisch durch den Konsum religiöser Geschichten und das Erzählen von Geschichten über Gott/Jesus statt. Sehr häufig geben die Befragten Eltern auch an, bei Angst oder Problemen im Alltag zu beten.

[81] Fundierte Ergebnisse erwarten wir von unserem aktuellen Forschungsprojekt. Vgl. Biesinger/Kerner/Klosinski/Schweitzer 2005; http://www.uni-heidelberg.de/institute/fak2/krimi/Werte/; Biesinger/Hermann/Mette 2008.

Freundeskreis u.ä.) Religion und Glaube eine Rolle spielen und ob zu einer eigenen religiösen Praxis angeregt wird. Großeltern nehmen häufig bei der religiösen Erziehung ihrer Enkelkinder eine wichtige Rolle ein. Weiterhin ist entscheidend, wie sich der Kontakt der Familie zur Kirchengemeinde gestaltet und ob sie dort eine Heimat zu finden vermag. Wenn, wie es bei der Tübinger Studie der Fall gewesen ist, Jugendliche rückblickend erklären, sie hätten kaum eine für sie einladende Kirche erlebt, ist es nicht verwunderlich, wenn in ihrem Leben die Kirche nur einen marginalen Stellenwert – wenn überhaupt – einnimmt.

- Tatsache ist, dass bis heute – wenn sie erfolgt – religiöse Erziehung in der Familie überwiegend Frauensache ist, was zur Folge hat, dass männliche Vorbilder im religiösen Bereich fehlen.
- Die Wirkung von religiöser Erziehung ist, wie die von Religion überhaupt, ambivalent. Sie kann zur Förderung der Persönlichkeitsentwicklung beitragen; sie kann ihr aber auch im Wege stehen. Es kommt stark darauf an, wie sie in die allgemeine Familiendynamik eingebettet ist. Friedrich Schweitzer führt dazu aus: „Eine grundlegende Erkenntnis liegt dabei darin, dass religiöse Familienerziehung stets sowohl von ihrer Inhaltsdimension als auch von ihrer Beziehungsdimension her gesehen werden muss. Religiöse Erziehung ist in die weiteren Zusammenhänge sowohl der Familienerziehung überhaupt als auch der Familienkonstellation (Stellung eines Kindes in der Familie, Verhältnis zum jeweiligen Elternteil, Übertragungs- und Gegenübertragungseffekte, Projektionen und Identifikationen, systemische Effekte usw.) eingebunden und wird, wiederum positiv oder negativ, davon mitbestimmt. Dies gilt auch für die in unseren Untersuchungsergebnissen immer wieder aufscheinenden Mehr-Generationen-Zusammenhänge zwischen Großeltern-, Eltern- und Kindergeneration. Auch hier gehen von der Familienkonstellation komplexe und manchmal ambivalente Wirkungen aus. Weitere Aspekte betreffen insbesondere konfessionsverschiedene bzw. -verbindende Elternhäuser oder andere konfessionelle und (nicht-)religiöse Konstellationen. Unterschiede gibt es dabei ebenso zwischen den (Ehe-)Partnern wie zwischen den Generationen (Eltern, Schwiegereltern/Großeltern). Familien sind hinsichtlich ihrer religiösen Orientierung nur noch selten homogen. Dabei scheint religiöse Pluralität in der Familie häufig zu Unsicherheiten bei der religiösen Erziehung zu führen, da es den Beteiligten an angemessenen Bearbeitungsstrategien fehlt oder über strittige oder Streit auslösende religiöse Fragen in der Familie lieber geschwiegen wird.“ (Schweitzer 2005, 19)

- Religiöse Erziehung in der Familie geht eng mit einer ausgeprägten, religiös begründeten und nachhaltig prägenden Werteerziehung einher. Selbst wenn die religiöse Begründung dafür später nicht mehr nachvollzogen wird, wird häufig eine Orientierung an den durch die Eltern vermittelten Werten beibehalten. Umgekehrt hat eine Untersuchung unter straffällig gewordenen Jugendlichen ergeben, dass sie in ihrer Kindheit kaum eine religiöse Erziehung erfahren haben (Hermann 2009).

(5) Religionspädagogische Konsequenzen

Die Sicht auf Familie als Ort der Gotteskommunikation, als Ort für biographisch pünktliche Katechese und als religionsgenerativer Ort im Sinne von Familienreligiosität und Familientheologie sowie die Beachtung der Bedingungsfaktoren und Wirkungen religiöser Erziehung in der Familie machen einen Paradigmenwechsel in der katechetischen Praxis hin zu einer familienbiographischen Katechese als subjektorientierter Erschließung der Gotteskommunikation notwendig.

1. Gestaltung von Religion im familiären Zusammenleben: So wie jede Familie ihre Interaktionsbeziehungen unterschiedlich gestaltet, so vielfältig gestaltet sich auch die religiöse Familienerziehung (Grom 2000b). Von daher können im Folgenden sowie in den weiteren Kapiteln des vorliegenden Bandes (vgl. v.a. Kapitel 3.3) nur einige allgemeine Hinweise und Anregungen gegeben werden, die jeweils auf die konkrete Situation hin spezifiziert werden müssen. Wichtig ist, dass die religiöse Erziehung von den Betroffenen nicht als zusätzliches Element empfunden wird, das mehr oder weniger beziehungslos neben dem abläuft, was sonst im familiären Alltag geschieht, sondern dass sie darin integriert ist. Für den christlichen Glauben grundlegend ist die Erfahrung, dass Gott die Menschen, und zwar jeden Menschen, unbedingt annimmt und liebt. Gläubige Praxis besteht demnach wesentlich darin, sich gegenseitig diese in Gott gründende unbedingte Annahme und Liebe zu schenken. Wo das in der Eltern-Kind-Interaktion geschieht, geschieht also bereits etwas, was christlicher Deutung gemäß zutiefst religiös ist. In der religiösen Erziehung geht es im Kern darum, diese so gelebte kommunikative Praxis von einem religiösen bzw. spezifischer von einem christlichen Horizont her zu deuten und in explizit religiösen Vollzügen (Gebet, Gottesdienst, Feier, Taten der Nächstenliebe etc.) zu gestalten.

Je stärker die religiöse Erziehung in die Gesamterziehung in der Familie eingebettet ist, (Biesinger/Kießling 2005) desto mehr können von ihr auch Impulse für die Gestaltung des familiären Zusammenlebens ausgehen. Fulbert Steffensky betont die Bedeutung, die besonderen Orten und Zeiten sowie besonderen Personen im Rahmen der religiösen Erziehung zukommt: „Kinder lernen Religion zunächst nicht als Lehre, sie lernen sie von außen nach innen. Sie lernen sie von den Außenwelten, die sie erleben, von den Ritualen, Rhythmen und erfahrenen Orten."

(Steffensky 2004, 19) Dazu ist es notwendig, den familiären Alltag bewusst zu unterbrechen und Orte und Zeiten vorzusehen, an denen ausdrücklich etwas Religiöses praktiziert wird. Im Verlauf des Tages kann es das Tischgebet sein oder die gegenseitige morgendliche Segnung. Kinder lassen sich bekanntlich ausgesprochen gern Geschichten erzählen, auch religiöse Geschichten, und rahmen diese Momente nicht selten mit eigenen Ritualen ein, z.B. dass eine Kerze angezündet wird. Eine weitere wichtige Gelegenheit ist der Sonntag und sind die Feiertage. Es macht einen Unterschied, ob das Leben an diesen Tagen anders als an normalen Werktagen abläuft oder nicht. Nach Steffensky kommt es nicht darauf an, „dass ein Kind versteht, was der Sonntag ist, sondern dass es ihn erfährt im anderen Geruch, im anderen Geschmack, im anderen Verhalten und am anderen Ort. Bewusstheit und Verstehen folgen später, und sie bleiben schwach, wenn sie nicht vorbereitet sind durch sinnliche Erfahrungen. Es gibt ein tiefes Verstehen, das sich nicht über den Weg des Nachdenkens, der Sprache und der Argumente ereignet. Es kommt zu Stande auf dem Weg der Inszenierung und der Figurierung. Wenn also ein Kind vor allen Inhalten Religion über den Weg der Aufführung lernt und wenn es über die Aufführung zu einem ersten wortlosen Verstehen der Religion kommt, dann ist es nötig, liturgische Welten für unsere Kinder zu bauen; Welten, die aus Zeiten, aus bezeichneten Orten und aus Ritualen bestehen." (Steffensky 2004, 19) Sowohl im Lebens- als auch im Jahreszyklus gibt es immer wieder hervorgehobene Tage und Zeiten, die Anlass geben, die alltägliche Routine zu unterbrechen und in besonderer Weise über das eigene und gemeinsame Leben nachzudenken.

Ausdrücklich sei in diesem Zusammenhang auf die kirchlichen Feiern zu den verschiedenen Übergängen im Leben hingewiesen und zu denen die Familien in einen engeren Kontakt mit der Kirche kommen, als es bei vielen normalerweise der Fall ist, also Taufe, Erstkommunion und Firmung bzw. Konfirmation, Heirat und Beerdigung. Zugleich sind es vielfach Anlässe, zu denen über die engere Familie hinaus große Teile der Verwandtschaft zusammenkommen und gemeinsam miteinander feiern oder trauern. Soll in diesem Zusammenhang der kirchliche Ritus nicht gewissermaßen als notwendiges Übel in Kauf genommen werden, muss alles daran gesetzt werden, dass alle Beteiligten das Gefühl haben, mit ihren je eigenen Erwartungen und Bedürftigkeiten darin vorzukommen, und zwar so, dass sie durch den religiösen Vollzug eine neue Tiefendimension bekommen (Matthes, 112). Dies gelingt umso eher, wie beispielsweise bei der Kommunion- oder Konfirmationsvorbereitung die betroffenen Eltern und Kinder bzw. Jugendliche als Subjekte ernst genommen werden und aktiv diese Phase mitgestalten können.

2. Begleitung und Unterstützung der Eltern: Unzureichend ist es, bei der religiösen Erziehung in der Familie den Blick nur auf die Kinder und Jugendlichen zu richten. Die Eltern sind in hohem Maße mit involviert. Konfrontiert sie doch unweigerlich die Frage, ob und wie sie ihre Kinder religiös erziehen wollen oder nicht, mit der ihrer eigenen Religiosität. Von großer Bedeutung für ihr Entscheiden und Handeln ist, wie sie die religiöse Sozialisation und Erziehung im Zuge ihres eigenen Aufwachsens erfahren haben.[82] Wo sie als belastend empfunden worden ist, ist verständlicherweise der Wille groß, dies den eigenen Kindern ersparen zu wollen. Hinzukommt, dass viele Erwachsene der Meinung sind, in Theologie und Kirche habe sich soviel verändert, dass sie mit dem in ihrer religiösen Erziehung beigebrachten Wissen nicht mehr auf der Höhe der Zeit seien, und dass sie deswegen lieber die religiöse Erziehung ihrer Kinder an religionspädagogische Fachkräfte wie z.B. die Erzieher, Religionslehrer oder insbesondere den pastoralen Hauptamtlichen in Gemeinden überlassen.

In diesem Zusammenhang stehen Kirchengemeinden, Kindergärten und Schulen vor der Aufgabe, den Eltern auf verschiedene Weise entgegenzukommend Begleitung anzubieten, die ihnen Wege eröffnet, mit anderen die eigene religiöse Sinnsuche und Glaubenskommunikation Glauben ins Gespräch und in den Vollzug zu bringen und so einer (möglicherweise bisher vernachlässigten) Dimension ihres Lebens auf die Spur zu kommen. Dabei müssen natürlich auch Zweifel, Ängste und Störungen thematisiert werden dürfen.[83]

In Elterntreffen verschiedenster Art – etwa auch als „Elternschule" angesiedelt und entwickelt von Kindertagesstätten, Schulen und Gemeinden in Kooperation mit der kirchlichen Erwachsenenbildung – können Eltern praxisnah lernen, Glaubenskommunikation in ihrer Familie zu realisieren. In diesem Zusammenhang kann Eltern auch ein Überblick über die religiöse Erziehung unterstützende Materialien und Medien (Biesinger/Berger/Mittler-Holzem 2006; Biesinger/Mayer-Klaus 2007; Biesinger/Gaus/Gaus 2009; Biesinger/Gaus/Gaus 2010; Biesinger/Gaus/Gaus 2011) gegeben werden, angefangen von theologisch angemessenen Kinderbibeln bis hin zur Kriterienfindung zu Angeboten, wie sie mittlerweile zahlreich im Internet zu finden sind.

Neben solchen theologischen und religionspädagogischen Bildungsangeboten kommt von der Kirche eingerichteten Möglichkeiten zur psychologisch-pädagogischen Beratung (bis hin zur Familientherapie) und zur seelsorglichen Begleitung ein hoher Stellenwert zu, über die im Ehe- und Familienleben aufkommende Probleme und Krisen bearbeitet werden können.

In vielen Kirchengemeinden werden Veranstaltungen (Einkehrtage, Freizeiten, Familienkreise etc.) durchgeführt, an denen Familien als ganze teilnehmen und bei denen sie andere Familien kennen lernen können. Zur Stabilisierung des familiären

---

[82] Vgl. dazu die Hinweise zur Tradierung von Gottesbildern im folgenden Kapitel 3.2.

[83] Vgl. das Postulat in der TZI: „Störungen haben Vorrang!"; vgl. Kapitel 2.3 des vorliegenden Bandes; religionspädagogisch reflektiert in: Fiedler/Gaus/Gronover/Guggemos/Schmidt 2008.

Zusammenlebens trägt erfahrungsgemäß bei, wenn Familien nicht isoliert leben, sondern sich mit anderen Familien vernetzen, sich gegenseitig helfen und so gut wie möglich Freude und Leid miteinander teilen. Netzwerke wie Familienkreise können die engere Phase des Familienlebens, wenn die Kinder aus dem elterlichen Haushalt ausscheiden und sich selbstständig machen, überdauern und auch in der „nachelterlichen" Lebenssituation eine wichtige Bezugsgröße für die Mitglieder darstellen.

Auch Kindergärten und Schulen, zumal wenn sie in kirchlicher Trägerschaft liegen, sind Stätten, an denen die Eltern in die religiöse Bildungsarbeit einbezogen und aktiv in der einen oder anderen Weise daran beteiligt werden können.

Bei all dem kommt es darauf an, dass die Eltern zu spüren bekommen, dass die Kirchen nicht aufgrund von „Rekrutierungsinteressen"[84] auf sie zukommen, sondern dass Katechese und Begleitung um der Eltern selbst willen zu tun sind und dass die Kirche grundsätzlich den „Eigensinn" der Familie respektiert.

3. Erstkommunionvorbereitung als Familienkatechese: Die Initiation als Lehr- und Lernprozess ist unter den Aspekten religiöser Sozialisation in der Gesellschaft insofern interessant und wichtig, als 2009 in Deutschland insgesamt ca. 235.000 Kinder pro Jahr die Initiation zur Erstkommunion realisiert haben (Sekretariat der Deutschen Bischofskonferenz 2010, 2). Die damit vernetzten Familien eingeschlossen ergeben jährlich eine sehr ernstzunehmende Anzahl von religiösen Lehr- und Lernprozessen und damit große Chancen und Potenziale.

Bei der Erstkommunionkatechese handelt es sich in der Regel um mehrstufige Lehr- und Lernprozesse, die in verschiedener Qualität strukturiert und umgesetzt werden (in Kindergruppen, angeleitet von Eltern, in einführenden Liturgien, in Familientagen u.a.).

Inhaltlich wird meist zu wenig deutlich, dass Christen im gesellschaftlichen Kontext Themen wie Frieden, Sonntagsarbeit, Ökologie, Versöhnung, Armut, Asylsuchende und Solidarität im Rahmen der Initiation integrieren müssten. Initiation in die Kommuniongemeinschaft und Wertebildung sind konsequent aufeinander zu beziehen – für die Erstkommunionkatechese zeigt sich das für Themen der religiösen Orientierung, Werteentscheidung, Wert- und Sinnorientierung, Normen und prosoziales Verhalten, die – wenn auch in verschiedener Qualität – in vielen Modellen strikt aufeinander bezogen sind, und sich in Bausteinen und Elementen wie Gewaltlosigkeit, Schuld und Versöhnung, Zehn Gebote, Konflikte lösen, Sozialkompetenz, arm und reich usw. konkretisieren.

Im Sinne von religionspädagogischen Konsequenzen des Ernstnehmens von Familien als Subjekte der Gotteskommunikation essentiell ist aber vor allem, dass

---

[84] Vgl. dazu die Einleitung von Kapitel 3.3 des vorliegenden Bandes.

Kinder und ihre Familien biographisch längerfristig zu einem religiösen und theologischen Kommunikationsprozess eingeladen und hierin unterstützt werden. Strukturell umgesetzt ist dies im Modell „Erstkommunion als Familienkatechese", dessen konkrete Ausgestaltung in den folgenden Kapiteln vorgestellt wird.[85] Im Fokus des vorliegenden Kapitels lag die Explikation theologischer sowie sozialwissenschaftlicher Fundierungen dieses Modells, die im Zusammenspiel einen zukunftsfähigen Paradigmenwechsel in der Katechese im Sinne einer familienbiographischen Katechese als dringend notwendig anzeigen.

3.2 Kinder nicht um Gott betrügen[86]

Kinder fragen nicht erst, was sie fragen dürfen; sie sind religiöse Menschen von innen heraus, sonst könnten sie uns mit ihren Fragen und Aussagen nicht an den Rand unserer Denkvorstellungen treiben:

„Wo war ich eigentlich, als ich noch nicht da war?"

„Wie geht das, dass ich weiß, dass ich bin?" (4 Jahre)

„Gibt es in der Luft noch eine Welt und unter dem Boden, wenn man tief gräbt, auch eine Welt?"

„Glaubt die Katze, dass Gott aussieht wie eine Katze?"

„Wer macht die Tage, und wann sind sie alle?"

„Irgendeiner muss doch den Anfang gemacht haben. Aber wer?"

„Papa, weißt Du, was ich mir eigentlich gar nicht vorstellen kann?" – „Na was?" – „Dass es Gott gibt."

„Mutti, ich finde es gar nicht schön, dass ich geboren bin und dass ich vielleicht lange leben muss." (5 Jahre)

„Wenn ich tot bin, bin ich dann noch ganz?" (3 Jahre)

„Ist Gott ein Mensch oder eine Frau oder beides?" (8 Jahre)

„Ich weiß gar nicht, warum es die Welt gibt." (5 Jahre)

„Wozu sind die Menschen eigentlich da? Sag mal, wozu?" (Biesinger 2011a, 27)

Solche Fragen von Kindern sind nicht etwa angelernt oder von außen beigebracht. Es sind vielmehr ursprüngliche Themen, die Kinder beschäftigen und die üblichen Schemata sprengen.

---

[85] Vgl. die folgenden Kapitel des vorliegenden Bandes sowie: Biesinger 2004a. Materialien zur Erstkommunion als Familienkatechese: Biesinger/Bendel/Biesinger/Berger 2009.

[86] Grundlage dieses Kapitels ist der Band Biesinger 2011a.

Kinder machen sich Vorstellungen von Gott. Peruanische Kinder sagten mir, dass Gott dunkle Haare und braune Haut habe und er so aussehe wie sie.

Kinder sind nicht auf das Leben und Sterben vorbereitet, wenn ihnen Eltern die Beziehung zu Gott nicht erschließen. Dies kommt im Brief eines jugendlichen Mädchens zum Ausdruck, den sie im Krankenhaus hinterlassen hat. Sie schrieb ihn angesichts des bevorstehenden Todes. Ihre Mutter hat diesen Brief weitergegeben.

> „Liebe Mutter! Seit einigen Tagen kann ich nur noch eine halbe Stunde täglich im Bett sitzen, sonst liege ich fest. Das Herz will nicht mehr. Heute früh sagte der Professor etwas – es klang so nach 'gefasst sein'. Worauf? Es ist sicher schwer, jung zu sterben! Gefasst muss ich darauf sein, dass ich am Wochenanfang eine Gewesene bin – und ich bin nicht gefasst. Die Schmerzen wühlen fast unerträglich; aber wirklich unerträglich dünkt es mich, dass ich nicht gefasst bin. Das Schlimmste ist, wenn ich zum Himmel ausblicke, ist er finster. Es wird Nacht, aber kein Stern glänzt über mir, auf den ich im Versinken blicken könnte. Mutter, ich war nie gottesfürchtig; aber ich fühle jetzt, dass da noch etwas ist, das wir nicht kennen, etwas Geheimnisvolles, eine Macht, der wir in die Hände fallen, der wir antworten müssen auf alle Fragen. Und das ist meine Qual, dass ich nicht weiß, wer das ist.
>
> Wenn ich ihn kennen würde! Mutter, weißt Du noch, wie Du mit uns Kindern in den Wald gingst bei einbrechender Dunkelheit, dem Vater entgegen, der von der Arbeit kam? Wir liefen Dir manchmal davon und sahen uns plötzlich allein. Schritte kamen durch die Finsternis – welche Angst vor den fremden Schritten! Welche Freude, wenn wir den Schritt erkannten, Deinen, den der Mutter, die uns liebte. Und nun höre ich wieder in der Einsamkeit Schritte, die ich nicht kenne. Warum kenne ich sie nicht?
>
> Du hast mir gesagt, wie ich mich kleiden muss und wie ich mich im Leben verhalten muss. Wie man isst, wie man so durchs Leben kommt. Du hast für mich gesorgt; Du wurdest nicht müde, über allem Sorgen. Ich erinnere mich auch, dass Du am Heilig Abend mit Deinen Kindern in die Christmette gingst; auch an ein Abendgebet erinnere ich mich, das Du mir einige Male vorgesagt hast. Immer hast Du uns zur Ehrlichkeit angehalten, aber das alles zerfällt mir jetzt wie mürber Zunder. Warum hast Du uns von so vielem gesagt und nicht – von Jesus Christus? Warum hast Du mich nicht bekanntgemacht mit dem Klang seines Schrittes, dass ich merken könnte, ob er zu mir kommt in dieser letzten Nacht und Todeseinsamkeit? Dass ich wüsste, ob der, der da auf mich wartet, ein Vater ist! Wie anders könnte ich sterben!"

Dieses anrührende Zeugnis angesichts des frühen Todes eines jungen Menschen stellt eine zentrale Herausforderung dar: Wer seinem Kind die Beziehung zu Gott vorenthält, nimmt ihm etwas Wesentliches, beraubt es um wichtige Möglichkeiten, das eigene und das gemeinsame Leben jetzt und über den Tod hinaus zu deuten.

Die Familie ist trotz starker außerfamilialer Einflüsse entscheidend für den Zugang zu religiösen Glaubensüberzeugungen, persönlicher Gebetspraxis und Teilnahme an Veranstaltungen der Glaubensgemeinschaft (Grom 2007, 263–267).[87] So konnte eine Langzeitstudie in den USA zeigen, dass Menschen umso wahrscheinlicher religiös bleiben und noch religiöser werden, je stärker sie in ihrer Kindheit religiös

[87] Für die Abfassung dieses Abschnittes bedanke ich mich bei Thomas Rupp.

sozialisiert wurden (McCullough 2005, 78–89). Andere Studien belegen, dass etwa die Teilnahme an der religiösen Unterweisung und Jugendarbeit der Kirche, aber auch religiöse Anregung durch Medien, bei Jugendlichen fast nur wirksam ist, wenn sie von der religiösen Erziehung in der Familie mitgetragen werden (Vogel 2003). Die Beeinflussung durch die Medien, durch Gleichaltrige und durch die Teilnahme an religiöser Unterweisung durch die Glaubensgemeinschaft scheint dagegen einen weitaus geringeren Einfluss auf die persönliche Religiosität von Kindern und Jugendlichen zu haben (De Hart 1990, 59–78). Religiosität als kulturelles Erlebens- Denk- und Verhaltensmuster wird auch (aber natürlich nicht ausschließlich) durch Beobachtung und Nachahmung von Modellpersonen gelernt. Als Modell nimmt die Familie hier einen sehr hohen Stellenwert ein, da sie wohl die erste Bezugsgröße des Kindes darstellt.

Eltern wollen in der Regel für ihre Kinder das Beste. Umso erstaunlicher ist es, dass eine große Gruppe von Eltern ihre Kinder um die Beziehung mit Gott betrügt. Die These meines Buches „Kinder nicht um Gott betrügen" ist ein Aufschrei in die derzeitige gesellschaftliche Situation hinein, in der es für Eltern immer wichtiger wird, ihren Kindern frühzeitig Ballettunterricht, musikalische Früherziehung und mehrere Sportarten zu ermöglichen. Eltern sehen sich diesbezüglich schon geradezu unter einem gesellschaftlichen Leistungsdruck: „Gute Eltern tun das einfach für ihre Kinder!"

Führt also der Aufschrei „Kinder nicht um Gott betrügen" nur noch zu einer weiteren Verschärfung dieses Leistungsdrucks? „Ihr seid schlechte Eltern, Ihr meint es mit Euren Kindern nicht gut, sonst würdet Ihr Eure Kinder religiös erziehen."

Die Beziehung zu Gott ist keine Leistung. Die Beziehung zu Gott ist eine Gabe, sie ist ein unverdientes Geschenk von Gott her. Sie ist aber auch eine Aufgabe, die gelebt werden kann – ohne Druck und moralische Aufforderung. Wer sich nämlich als Vater oder Mutter mit seinen Kindern auf die Beziehung mit Gott einlässt, dem kommt etwas zu, was er oder sie selber nicht leisten muss. Es wird der Vorhang für ein Leben geöffnet, das niemand anderer zusagen kann als Gott selbst, der es gut meint mit unserem Leben.

Es ist nirgends festgeschrieben, dass wir mit den üblichen innerweltlichen Schubladen von Weltdeutung zufrieden sein müssen, die unsere Gesellschaft fabriziert und die oft nicht weit führen. Es ist vielmehr eine Grundentscheidung, sich von Gott lieben zu lassen, sich also der „Umfassungserfahrung von Gott" her – wie Martin Buber es formuliert hat – bewusst zu werden und diese zuzulassen oder eben nicht.

Es gibt viele Eltern, die sich derzeit in der Verteidigungsposition sehen, wenn sie ihre Kinder religiös erziehen. Je nach Bekanntenkreis gelten solche Eltern als unkritisch, frömmelnd oder als von gestern. Ich argumentiere von einer anderen Seite her und sage gegenüber solchen Bekannten: Es ist nicht eine Frage von „konservativ" oder „progressiv", sondern eine Frage von konsequentem Denken, ob ich meine Kinder religiös erziehe. Die Erschließung der Gotteskommunikation ermöglicht schließlich einen „Überschuss an Sinn", der eben nicht „entborgen" wird, wenn ich Kindern diese Beziehung verbaue. Wenn religiöse Erziehung als solche sinnstiftende Erschließung und Realisierung der Beziehung mit Gott verstanden wird, wird sie gerade nicht als Einschränkung, sondern im Gegenteil als Bewusstseinserweiterung und Intensivierung der Lebensqualität wahrgenommen.

Mit Menschen, die *bewusst nicht* an Gott glauben, ist allerdings anders und grundsätzlicher zu argumentieren. Dies würde an dieser Stelle den Rahmen sprengen. Die große Mehrheit der Bevölkerung in Deutschland ist „religiös";[88] mit diesen Menschen ist es oft ganz leicht, darüber nachzudenken, dass es tatsächlich eine spezifische Qualität ausmacht, Transzendenz zum Ausgangs- und Endpunkt eigener Lebensdeutung zu machen. Auf diese Weise wird der Horizont der Wirklichkeit daraufhin offen gehalten, dass „vielleicht alles ganz anders ist", dass sie überraschende Qualitäten und Dimensionen in sich birgt, die uns vom jüdisch-christlichen Sinnhorizont her geschenkt sind und uns aufgehen können. Das Postulat, „Kinder nicht um Gott betrügen", ist deswegen auch keine konfessionelle Hinführung.

Muslime oder Juden haben dieselbe Herausforderung ebenso zu bewältigen: Erziehen wir unsere Kinder unter Ausschluss der Gotteskommunikation, oder geht in den Prozess der Kindererziehung die Weite der Dimension der Beziehung mit Gott selbstverständlich als Ferment für die Lebensdeutung mit ein. Für den Buddhismus und Hinduismus stellt sich das Problem anders, da es in diesen Religionen keine Rede von dem einen, personalen „Gott" gibt.

Aber nicht nur jene Eltern betrügen ihre Kinder um Gott, die ihnen die Beziehung erst gar nicht eröffnen. Wir können Kinder auch durch dämonische Gottesbilder um Gott betrügen. Meine These lautet: Viele Kinder werden dadurch um Gott betrogen, weil ihnen kaputtmachende Gottesbilder vermittelt werden, von denen sie sich später notwendigerweise entweder ablösen müssen oder unter denen sie ein Leben lang zu leiden haben.

Gottesvorstellungen entstehen durch religiöse Sozialisation (durch religiöse Unterweisung, Verkündigung und Gebetstexte), die vor allem in der Familie beginnt

---

[88] Der Bertelsmann Religionsmonitor 2008, eine repräsentative Studie auf Grundlage eines substanziellen Religionsbegriffs, belegt die Religiosität in Deutschland mit überraschend hohen Zahlenwerten: 70 % der in Deutschland lebenden Personen können demnach als religiös bezeichnet werden (davon 18 % hochreligiös); 51 % schätzen sich selbst als religiös ein (davon 16 % hochreligiös); vgl. Bertelsmannstiftung 2007, 260, 272.

und sind relativ stabile kognitive Konstrukte (Grom 2007, 163–172).[89] Diese Vorstellungen können sich aber mit der Art der Unterweisung und dem „Zeitgeist" auch ändern. Einen großen Einfluss auf Gottesvorstellung übt die Familie, im Besonderen die Elternwahrnehmung durch Kinder, aus. Kinder, die ihre Eltern als autoritär wahrnehmen, neigen eher zu einer autoritären Gottesvorstellung und umgekehrt. Die Gottesvorstellungen gehen aber auch mit dem Selbstkonzept einher. Es tritt also bei der Bildung von Gottesvorstellungen neben die Elternwahrnehmung und die Assimilation von Elternschemata sowie die Akkomodation durch Unterweisung und Reflexion auch ein selektives Rezipieren der Wahrnehmung kultureller und elterlicher Einflüsse, das von individuellen Bedürfnissen und Werten und dem eigenen Selbstwertgefühl geleitet ist.

Bestimmte Vorstellungen über Gott können Menschen krank machen. Eine solche religiöse Erziehung ist schlimmer als gar keine. Es ist also sehr wohl nachzufragen, in welcher Qualität wir Kindern Gott erschließen sollen. Gerade wenn Eltern in ihrer eigenen religiösen Erziehung niedermachende Gottesbilder vermittelt bekamen, haben sie umso mehr die Aufgabe, diese kaputtmachenden Gottesbilder zu klären und sie nicht einfach unreflektiert ihren Kindern weiterzugeben. Diese von mir geäußerte Vorsicht ist nicht überflüssig. In einer langjährigen Untersuchung nämlich hat Karl Frielingsdorf an 591 Personen nachweisen können, dass sie geradezu dämonische Gottesbilder in sich tragen und auch weitergeben. Sie glauben zum Beispiel an einen strafenden Richtergott, einen dämonischen Todesgott, einen Buchhalter- und Gesetzesgott oder einen überfordernden Leistungsgott (vgl. Frielingsdorf 1992). Es ist für die religiöse Erziehung lohnend, sich mit diesen immer noch weit verbreiteten und weitergegebenen Gottesbildern kurz zu beschäftigen, um sich kritisch davon absetzen zu können.

Der strafende Richtergott

Dieses Bild zeichnet einen unerbittlichen Gott, der keinen Widerspruch duldet und der keine Barmherzigkeit kennt. In einer negativen Steigerung kann er zum unberechenbaren Willkürgott werden, dem man sich ohnmächtig ausgeliefert fühlt. Oft kommt es zur Selbstbestrafung, um den „unerbittlichen Richtergott [...] gnädig zu stimmen und so der Verurteilung zu entgehen." (Frielingsdorf 1992, 119f.)

Im Bild des allmächtigen Vatergottes wird oft der strenge, der strafende Richtergott weitertransportiert, der über seine Kinder verfügt. Kinder stellen sich demnach Gott oft so vor wie den eigenen strengen und übermächtigen Vater vor, der das eigene Leben einschränkt und streng bestraft. Frielingsdorf formuliert scharf: „Der destruktive Teufelskreis der Selbstbestrafung und Lebensverneinung ist letztlich nur zu durchbrechen, indem das einseitige Pseudo-Gottesbild des grausamen und unerbittlichen Richtergottes als dämonisch entlarvt und durch positive Got-

[89] Für die Abfassung dieses Abschnittes bedanke ich mich bei Thomas Rupp.

tesbilder der biblischen Offenbarung ersetzt oder ergänzt wird." (Frielingsdorf 1992, 123)

Der dämonische „Todes"-Gott

Der „Todes"-Gott ist ein „Dämon, der nicht Leben, sondern Tod bringt" (Frielingsdorf 1992, 124).

Dieses dämonische Gottesbild entsteht in der Erfahrung des Kindes, dass die Eltern über sein Leben und über seinen Tod bestimmen – und zwar von der Zeugung an. Dies ist angesichts der Abtreibungsdiskussion eine wichtige Feststellung, die auch in der gesellschaftlichen Auseinandersetzung mit diesem Thema ernsthaft zu bedenken und einzubringen ist.

In den ausgewerteten Lebensläufen der untersuchten Personen sieht der Psychologe und Theologe Frielingsdorf bestätigt, dass wesentliche Erfahrungen und Grundeinstellungen über das Leben bereits in der vorgeburtlichen Phase gemacht werden und dass von den positiven und negativen Erlebnissen der vorgeburtlichen Zeit nichts verlorengeht (Frielingsdorf 1992, 126f.).

> „Viele suchen […] einen Ausweg in zwanghaften Verhaltensweisen, die helfen sollen, sich abzusichern und sich unangreifbar zu machen für diesen Todesgott." (Frielingsdorf 1992, 130)

Zu solchen Absicherungen zählt auch ein lebenslanger zwanghafter Perfektionismus, der Schutz vor dem Todesgott gewähren soll. Frielingsdorf geht davon aus, dass einen wirklichen Ausweg nur eine bewusste Entscheidung gegen den Tod und für das eigene, von Gott zugesagte Leben bietet.

Der Buchhalter- und Gesetzes-Gott

> „Der Buchhaltergott ist ein gefühl- und herzloser Dämon, ein Robotergott, der jeden Fehler und jedes Vergehen des Menschen in das Gesetz automatisch registriert und aufschreibt für die große Endabrechnung beim Letzten Gericht." (Frielingsdorf 1992, 142)

Er wird oft mit dem unerbittlichen Richtergott in Verbindung gebracht; etwa durch den Spruch „Ein Auge ist, das alles sieht, auch was in finstrer Nacht geschieht." So wurde bei vielen Kindern „systematisch eine Sündenangst geschürt und sie wurden zur Skrupelhaftigkeit hin erzogen" (Frielingsdorf 1992, 143).

Menschen mit solchen negativen „Gotteserfahrungen" können sich von ihrem dämonischen Gottesbild nur dann lösen, wenn sie den gnädigen, sich zuwendenden Gott der biblischen Offenbarung näher kennenlernen und ihn z.B. durch Meditation auch emotional in sich hineinlassen. Ein wichtiger und letzter schwieriger Schritt in der Auseinandersetzung mit diesem Buchhalter- und Gesetzesgott ist: „Sich selbst zu vergeben und sich vergeben zu lassen." (Frielingsdorf 1992, 152)

Der überfordernde Leistungsgott

Indem dieser nur scheinbar gute Gott „den Menschen zur Übertreibung einer in sich guten Leistung verführt, erreicht er letztlich die Selbstzerstörung und damit den Tod des Menschen, der zusätzlich in dem Glauben lebt, ‚Gottes Willen zu erfüllen'." (Frielingsdorf 1992, 152) Hinter diesem Leistungsdenken steht eine eigenartige Rechtfertigungslehre, die fordert, dass jeder zu leisten hat, was er schuldig ist und dass jedem geleistet werden muss, was ihm zusteht. Dieses alte, grundlegende Vergeltungsprinzip kommt in der Formel *„do ut des"* – „gibst du mir, dann gebe ich dir" zum Vorschein. Das Thema „Leistung und Erfolg" gibt es im religiösen Bereich auch im Sinne eines geistlichen Aktivismus, der diesem „Leistungsgott" zu entsprechen versucht und bisweilen ruinöse Folgen hat.

Mit positiven Gottesbildern eine neue Welt eröffnen

Der Blick auf diese dämonischen Gottesbilder im Kontext der religiösen Erziehung hilft, die eigenen Gottesbilder zu klären. Niemand hat das Recht, die befreiende Gotteserfahrung, die Jesus von Nazareth verkündet hat, in Unterdrückungsmechanismen umzumünzen, die Gott zu einem Dämon machen.

Zu Recht werden Sie jetzt fragen: Welches sind dann die positiven Gottesbilder, die Kindern vermittelt werden sollten? Jesus hat Gott tatsächlich ganz anders verkündet:

- Gott hat jeden Menschen als sein Ebenbild erschaffen und schenkt jedem Menschen das Leben in Fülle.
- Gott begleitet das Leben des Menschen wie ein guter Hirte, er meint es gut mit uns Menschen
- Gott sorgt für den Menschen als „mütterlicher" Vater.
- Gott leidet mit dem Menschen, wir können ihm klagen, ja sogar ihn anklagen; Gott schafft Heil, so dass Leid und Tod nicht das letzte Wort bleiben.

Mit diesem biblisch fundierten Gottesbild wird Kindern in der religiösen Erziehung eine „Neue Welt" eröffnet, sie können die Umfassungserfahrung wahrnehmen, die in dem Begriff „Reich Gottes" steckt, das Jesus mit vielen Gleichnissen und Bildern farben- und lebensfroh als große Zukunft von uns Menschen verkündet hat.

Welche Gottesbilder die institutionelle Kirche den Menschen in den Veröffentlichungen der letzten Jahre vermittelt hat, wird immer wieder zur Frage. Für viele Menschen ist die oft als autoritär erlebte römische Kirchenleitung zur Sackgasse insofern geworden, als sie daraus Rückschlüsse auf ein autoritäres Gottesbild ziehen, das sie innerlich ablehnen, und damit der Weg in eine dynamische und lebensförderliche Gotteskommunikation verbaut wird.

Aber nicht nur die Kirchenleitung macht solche Fehler. Auch viele Eltern benützen Gott lediglich als Begründung für eigene Erziehungszwecke und Vorstellungen. Religion wird nach wie vor von Eltern gegen Kinder eingesetzt, um sich selber besser durchsetzen zu können.

Das Postulat „Kinder nicht um Gott betrügen" muss für Christen heißen, die zentrale Botschaft des Christentums erneut wieder zu entdecken und konsequent weiterzusagen, dass Gott es mit uns gut meint, dass er uns heil macht. Damit sind solche unterdrückenden Formen von religiöser Erziehung von vornherein unmöglich. Schließlich war Jesus eben gerade kein Asket, er hat keine religiösen Übungen vorgeschrieben. Seine Botschaft ist Liebe: Selbstliebe, Gottesliebe und Nächstenliebe. Sie ist die Freude des ankommenden Reiches Gottes, das alle Menschen heil macht. Jesus wettert gegen all das, was uns hindert, das Reich Gottes, das Reich des Liebens und Geliebtwerdens wahrzunehmen. Er wettert daher auch gegen Geld und Macht, gegen Unterdrückung und Ungerechtigkeit; und er holt nicht zufällig, einmalig und unerhört für seine Zeit, Frauen nahe an sich heran, heraus aus ihrer Bedeutungslosigkeit.

In vielen Vorträgen und Gesprächen bin ich in den letzten Jahren immer wieder auf dasselbe Problem gestoßen: Viele Eltern wollen ihre Kinder eigentlich schon religiös erziehen, sie haben aber aufgrund der eigenen schlechten Erfahrungen mit religiöser Erziehung Hemmungen dies zu tun. Zum einen wollen sie diejenige Qualität religiöser Erziehung, die sie selbst erlebt haben, auf keinen Fall mit ihren eigenen Kindern realisieren. Zum anderen haben viele Eltern den Eindruck, lieber gar keine religiöse Erziehung, als Fehler zu machen, die Kindern nachher vielleicht schaden könnten.

Dazu sind einige Überlegungen zu erschließen, wie Widerstände und Hemmungen abzubauen sind, die uns behindern, Kinder religiös zu erziehen.

Die Erfahrung machen wir Eltern ja auf ganz verschiedenen Gebieten, dass wir manches ganz anders mit unseren Kindern vollziehen, als wir es von unseren Eltern her kennen. Beispiele dafür gibt es genug. Die Erziehungsstile der eigenen Eltern sind ja in der Regel auch nicht übertragbar auf den Erziehungsstil mit unseren eigenen Kindern. Und dennoch erziehen wir unsere Kinder eben in der Weise, wie wir es für richtig halten – wobei nicht auszuschließen ist, dass wir unterbewusst durch den in unserer Kindheit erlebten Erziehungsstil gesteuert sind.

Es ist sehr wichtig, wenn wir uns auch im Bereich der religiösen Erziehung von manchen eigenen negativen Erfahrungen ablösen und eine entsprechende neue Qualität mit unseren Kindern finden. Aus der eigenen Erfahrung misslungener religiöser Erziehung abzuleiten, Kinder gar nicht religiös zu erziehen, wäre schließlich eine unlogische und nicht zu begründende Entscheidung.

Es ist ja nicht sinnvoll, die eigenen Kinder dafür zu bestrafen, dass wir in unserer Kindheit eine misslungene religiöse Erziehung erleben mussten.

Weiter ist es unverständlich, sogar ärgerlich für mich, dass sich bei vielen der Eindruck festsetzen konnte, für religiöse Erziehung müsse man besonders vorgebildet sein und möglichst studiert haben. Dies ist grundlegend falsch. Jeder Mensch – und ich bleibe am Beispiel des Christentums: jede Christin und jeder Christ – kann seine Beziehung mit Gott gemeinsam mit den eigenen Kindern leben, sie auf ihrem Weg ins Leben mit Gott und den Menschen hinein begleiten ohne dafür besonders intelligent reden zu müssen. Ich mache in Vorträgen und Gesprächen den Eltern grundsätzlich Mut, die eigenen Schritte zu gehen und die entsprechend für sie passenden Wege zu finden, um ihren Kindern die Beziehung mit Gott zu eröffnen.

Welche konkreten Wege sind realisierbar und sinnvoll?

Gerade für Eltern, die sich auf dem Gebiet der religiösen Erziehung wenig zutrauen, gibt es einige markante Möglichkeiten, die von heute auf morgen in einer Familie realisiert werden können:

Vor dem Essen ist es eine Geste der Dankbarkeit und der Kommunikation, wenn wir gemeinsam mit den Kindern beten. Dies kann bereits anfangen, wenn das Kind im Hochstuhl mit am Tisch sitzt.

Nach dem Gebet reichen sich alle, die am Tisch sitzen, die Hände. Für Kinder ist das sehr beeindruckend und sie lernen, dass Essen etwas mit Gemeinschaft untereinander und Gemeinschaft mit Gott zu tun hat.

Am Ende des Tages sollten Kinder nicht einfach ins Bett geschickt werden. Es ist ganz leicht, gemeinsam mit ihnen einen „Abendritus" zu entwickeln. Vater oder Mutter – wobei die Väter auf diesem Gebiet viel an Beziehungsdichte zu ihren Kindern gewinnen, wenn sie sich darauf einlassen – setzen sich an das Bett des Kindes und gehen mit dem Kind noch einmal den Tag durch, besprechen möglicherweise offene Konflikte, danken gemeinsam Gott für das, was schön war an diesem Tag oder legen Gott das in die Hände, was belastend oder traurig war, etwa wenn jemand in der Familie krank ist. Man kann diese Geschichte des Tages auch in ein einfaches Gebet bringen. Unsere damals 5-jährige Ingrid hat nach einem solchen Gespräch einmal spontan gebetet: „Lieber Gott, heute war es gar nicht schön. Der Moriz hat mich nämlich gehaut. Dann habe ich ihn auch gehaut. Schlaf gut lieber Gott." Nach diesem Gebet haben wir noch lange über ihren Konflikt mit Moriz gesprochen, der sich rasch wieder aufgelöst hat.

Mit der Zeit können sich auch andere Gebete entwickeln, die das Kind von selbst lernen möchte. So hat Ingrid mit 7 Jahren von selbst das Vaterunser angefangen zu beten, ist dann aber hängen geblieben, weil sie nicht mehr weiter wusste. Sie wollte dann einige Abende nur das Vaterunser beten und hat es so gelernt.

Der Abendritus ist nicht einfach ein Abendgebet, das heruntergebetet wird. Vielmehr werden das gesamte Leben und die Kommunikation des abgelaufenen Tages abgerundet und münden ein in Versöhnung, innere Ruhe und Geborgenheit, die Kinder am Beginn der Nacht ganz besonders brauchen.

Kinder gehen häufig gerne in die Kirche. Dies ist insofern nicht überraschend, weil sie die Stille und die besondere Atmosphäre der Kirchen viel intensiver aufnehmen als manche Erwachsene. Ich kenne viele Eltern, die mit ihrem Kind während der Woche in die Kirche gehen und mit ihnen die Figuren anschauen, ein kurzes Gebet sprechen oder eine Kerze anzünden. Dies ist für Kinder ein urtümliches religiöses Erlebnis, weil sie dafür (noch) eine ganz besondere Sensibilität haben. Dies kann ja auch mit bestimmten Anliegen verbunden sein. Ich kenne aus unserer eigenen Familie folgende Situation: Ich war mehrere Wochen mit Studierenden in Lateinamerika und unsere 6-jährige Ingrid wollte jeden Tag mit meiner Frau in die Kirche gehen, um für mich zu beten. Natürlich war es für sie auch reizvoll, wenn sie ein Licht anzünden konnte. Kerze und Licht sind schließlich ein ganz wichtiges Symbol gegen Angst, Dunkelheit und Unsicherheit.

3.3 Wider die Versteppung des Glaubens in den Gemeinden[90]

„Am kommenden Sonntag kein Gottesdienst." Das ist nicht erfunden, sondern wurde im August 2010 in den Mitteilungen einer Kirchengemeinde in Deutschland publiziert. Die Reaktion eines Kollegen an einer Theologischen Fakultät: „Die Menschen fahren ja auch zum Einkaufen in den nächsten Ort, dann sollen sie doch auch am Sonntag einen Bus chartern, der sie zum Gottesdienst in die zehn Kilometer weit entfernte Gemeinde fährt." Der Mann kann sich offensichtlich nicht in die familienbiographische Situation (vgl. Hauf 2004, 111–249)[91] einer jungen Familie am Sonntagmorgen hineinversetzen.

Die Zahl der Gottesdienstteilnehmer hat von 20,9 % im Jahr 1991 auf 13 % im Jahr 2009 auffällig abgenommen. Die Diskussion darüber allein auf den Mangel an Priestern zu konzentrieren wäre analytisch kurzsichtig, aber in immer mehr Gemeinden ist die regelmäßige Sonntags-Eucharistiefeier aufgrund des Fehlens eines

---

[90] Überarbeitete Version 2011. Zuerst erschienen als: Biesinger 2010a und Biesinger 2011b.

[91] Jörn Hauf danke ich für die kompetenten Diskurse und Hinweise für diesen Artikel.

Priesters generell gefährdet. Eucharistietheologisch ist jedoch vorausgesetzt, dass in überschaubaren Einheiten bzw. in Gemeinden am Sonntag Priester die Eucharistie feiern. Längst sind Modelle für differenzierte Zugänge zur Priesterordination diskutiert. Joseph Ratzinger schlug bereits 1970 vor: „Sie (die Kirche 2000) wird gewiss auch neue Formen des Amtes kennen und bewährte Christen, die im Beruf stehen, zu Priestern weihen: In vielen kleineren Gemeinden bzw. zusammengehörigen sozialen Gruppen wird die normale Seelsorge auf diese Weise erfüllt werden. [...] Daneben wird der hauptamtliche Priester wie bisher unentbehrlich sein." (Ratzinger 1970, 122f.)

Diesem Plädoyer für die „*viri probati*" analog zu den Diakonen mit Zivilberuf kann man sich nur anschließen – ungeachtet möglicher Einwände; denn auch als das II. Vatikanische Konzil das Institut der „ständigen Diakone" wieder einführte, wurden Bedenken wegen des Zugangs auch für Verheiratete laut, und heute sind die „ständigen Diakone" die weltweit am schnellsten wachsende Gruppierung im Ordinationsbereich der römisch-katholischen Kirche. Frauen als Diakoninnen sind der wichtige nächste Schritt.

Wir werden in der Zukunft viele Priester mit Zivilberuf brauchen, um die erfahrbare Nähe der eucharistischen Berührung in den Lebensräumen[92] der Menschen spürbar und erlebbar feiern zu können; die allermeisten Menschen leben auch in globalisierten Zeiten nun einmal in überschaubaren Lebensräumen. Ein Dorf mit 3.000 Einwohnern, ein Stadtquartier mit 5.000 Menschen ist ein solcher Raum. Diese Tradition der Nähe zu den Menschen hat die Kirche über Jahrhunderte realisiert.

Gotteskommunikation braucht konkrete Glaubenskommunikation[93]

Viele Menschen erleben und erfahren die christliche Gotteskommunikation nicht (mehr) als alltagstauglich und für ihr Leben relevant. Doch dort, wo sie im Unterschied zu diesem allgemeinen Trend kirchliche Rituale als „Lebenswende", als lebensbegleitend wahrnehmen und als hilfreich einstufen – Taufe, Erstkommunion, Firmung, Beerdigungsrituale –, sind sie angesprochen und vollziehen diese Rituale nach wie vor in hohem Maße mit.

Dass die Zahl der kirchlichen Hochzeitsliturgien von 116.332 im Jahr 1990 auf 48.765 im Jahr 2009 und der Taufen von 299.796 (1990) auf 179.081 (2009) zurückgegangen ist und dass sich viele gemischtkonfessionelle Paare entschlossen haben, ihre Kinder in der evangelischen Kirche taufen zu lassen, wäre gesondert zu diskutieren.

---

[92] Zur Pastoral der Lebensräume vgl.: Spielberg 2008.

[93] Vgl. Kasper 2008.

Die empirischen Analysen signalisieren nicht eine grundsätzliche „Müdigkeit" im Bereich von Religiosität. Vielmehr ist angesichts neuerer Untersuchungen von einem Wandlungsprozess religiöser Unterscheidung zu reden: Selbstbewusstheit versus (vor-)reflexive Religiosität, Verknüpfung von Selbstbewusstheit mit einem Grund (*principium*, nicht *causa*!) versus (verfasste) Religion, z.B. Christentum.

Der Religionsmonitor der Bertelsmann Stiftung zeigt auf, dass sich die religiösen Chiffren überwiegend am eigenen Erleben orientieren und nur sehr begrenzt durch bloße Mitgliedschaft bzw. bloße kirchlich-religiöse Praxis bestimmt sind (Bertelsmannstiftung 2008, 118).

Das religiöse Erleben und die religiöse Praxis werden nach wie vor individualisiert. Es geht nicht mehr um die Versöhnung von allgemeinem Anspruch und individuellem Leben, sondern um die „authentische Präsentierbarkeit individuellen Glaubenslebens, bisweilen unter Verzicht auf jede Orientierung an verallgemeinerbaren Erwartungen" (Bertelsmannstiftung 2008, 123).

Weiter ist zu bedenken, dass Religiosität als ein soziales Phänomen dort gedeiht, „wo religiöse Erfahrung kommunizierbar wird, wo sie anschlussfähig werden kann und wo sich ein sozialer Rahmen dafür findet" (Bertelsmannstiftung 2008, 129).

Es gibt eine starke Stufung in der religiösen Formkraft. Glaube übersetzt sich nicht linear in die Lebensgestaltung; die „situative Valenz" des Glaubens ist je nach Thema unterschiedlich stark. Lebenssinn, Lebenswenderituale und Lebenskrisen werden von „Hochreligiösen" stilisiert und gemeistert. Niedrig ist die Auswirkung der Religiosität auf Partnerschaft und Sexualität. Der Anteil der konsistenten Christen nimmt in Richtung der Jüngeren stark ab (Bertelsmannstiftung 2008, 150).

In der religiösen Lage moderner Kulturen entwickelt sich eine eher produktive Polarität von Glaubenden und Nichtglaubenden. Ein Drittel erlebt sich als Fragende, Skeptische und Suchende mehr oder minder als religiös mobil (Bertelsmannstiftung 2008, 154f.).

Religiöse Erziehung in Familien als Schlüssel

> „Die religiöse Sozialisation im Kindesalter ist für die Frage, ob man auch im Erwachsenenalter eine gewisse Nähe zur Religion aufweist, von großer Bedeutung." (Bertelsmannstiftung 2008, 176)

Neuere Analysen des Instituts Allensbach belegen differenziert Veränderungsprozesse. Sie geben aber mangels qualitativer Forschung zu wenig Einblicke in die Beweggründe der Befragten.

Das Generationsbarometer 2009 zeigt auf, dass die religiöse Erziehung von Kindern immer mehr an Bedeutung verliert. Nur noch 32 % der Befragten halten sie für wichtig, 48 % für unwichtig.

Auffallend sind hierbei sowohl regionale als auch generationsbedingte Spezifika: Im Osten Deutschlands ist die Zahl derer, die religiöse Erziehung für wichtig halten, mit 16 % nicht einmal halb so hoch wie im Westen mit 36 %. Unter den 16- bis 29-Jährigen halten nur 15 % religiöse Erziehung für wichtig, während es bei den über 60-Jährigen 47 % sind.

Eine gegenteilige Entwicklung zeigt eine für das Bundesministerium für Familie erstellte Umfrage zu Erziehungszielen und der Bedeutung religiöser Erziehung von 2006: Während 1991 nur 13 % der Eltern bis 44 Jahre der Meinung waren, dass Kinder im Elternhaus festen Glauben und feste religiöse Bindung erlernen sollten, waren es 1996 bereits 25 %. Sogar 37 % der Eltern waren der Meinung, dass Kinder Interesse und Offenheit für Religion und Glaubensfragen im Elternhaus erlernen sollten. Nur 4 % der Bevölkerung sind der Meinung, dass eine religiöse Erziehung schlechten Einfluss auf die Kinder hat. Dieses Ergebnis trifft im Großen und Ganzen für West- wie für Ostdeutschland zu.

Die generationsbedingten Unterschiede der Befragung von 2009 werden durch den Allensbacher Bericht Nr. 20 von 2005 bestätigt:

Während bei den über 60-Jährigen immerhin 19 % angaben, „hin und wieder" bzw. „häufig" in der Bibel zu lesen, sind dies bei den 16- bis 29-Jährigen nur 7 %. Allerdings lassen sich auch abweichende Tendenzen feststellen. Der biblische Bericht der zehn Plagen war der jungen Bevölkerung zwischen 16- und 29-Jahren mehrheitlich bekannt.

Missionarische Kirche im Volk

Katechese ist Mitteilung des Wortes und Vollziehung des Wortes – so der erste Katechetikprofessor der Katholisch-Theologischen Fakultät der Universität Tübingen, Johann Baptist Hirscher, schon 1834.[94] Dies ist ein wissenschaftstheoretisch bis heute hochinteressantes Konzept: Katechese als Erschließung und Selbsterschließung der Gotteskommunikation in den verschiedensten Selbstvollzügen der menschlichen Ko-Existenz wie Arbeit, Herrschaft/Konflikt, Eros/Sexualität und Spiel (Fink 1970; 1971; 1977; 1978; 1995)[95] in Familie, Gemeinde, Kindertagesstätten, Schulen, Beruf impliziert konkrete Aktualisierungen.

---

[94] Vgl. dazu Kapitel 2.2 im vorliegenden Band.

[95] Vgl. dazu Boschki 2003; Biemer/Biesinger 1976, wo diese Koexistentialien auf die Strukturelemente des christlichen Glaubens hermeneutisch bezogen sind.

Die entscheidende Frage im Horizont einer missionarischen Kirche im Volk ist, wie Mitteilung und Vollziehung des Wortes im Prozess der *Initiation* realisierbar ist und welches Niveau anzusetzen ist.

Kinder als Gabe und Aufgabe kirchlichen Handelns[96]

„Hilfe, mein Kind ist fromm" ist der Titel eines WDR-Fernsehfilmes. Regie führt eine Mutter, die durch die zweifelnden religiösen Fragen ihrer Tochter in ihrer eigenen Gotteskommunikation neu „aufgemischt" wird. Kinder sind Boten Gottes in die konkrete Menschheitsgeschichte hinein. Sie bringen die Botschaft, dass die Liebesgeschichte Gottes mit der Menschheit weitergeht.

Wenn ihr nicht so werdet wie diese Kinder, dann habt ihr von Gott nichts begriffen (vgl. Markus 10,15ff.). Dieses Evangelium nach Markus – man nennt es nicht ohne Grund „Kinderevangelium" – ist für mich der spirituelle Impetus, selbst an Kindern Maß zu nehmen, sie als Botschafter Gottes zu würdigen und zu „beobachten". Sie sind für mich nicht Objekt kirchlichen Handelns, sondern vielmehr Träger der Gottesverheißung.

Gott kommuniziert mit uns Menschen, wenn Kinder in unser Leben treten – mit ihren großen Augen, noch größeren Fragen, mit ihrem unbändigen Drang zu Kommunikation und Wachstum. Eine Gemeinde, die sich auf ihre Kinder dahingehend besinnt, dass sie von Gott anvertraute Gaben und Botschaften sind, wird mit ihnen entsprechend kommunizieren, sie fördern, ihnen Kommunikationsmöglichkeiten im Rahmen der Gemeinde, auch in Gottesdiensten, geben.

Eine Gemeinde muss für die Kinder „kämpfen". Es darf ihr nicht gleichgültig sein, dass manche Kinder am Montagmorgen hungrig in die Schule kommen, dass sie zuhause malträtiert werden und „leiden wie ein Hund" – so hat es kürzlich ein Kind selbst formuliert. Es darf ihr nicht gleichgültig sein, wenn ihre Eltern sie religiös verwahrlosen lassen.

Religionspädagogisch ist radikal vom Kind her, von seinen Möglichkeiten des Lernens, seiner Entwicklung, seinen Bedürfnissen nach Nähe und Distanz her zu denken. Selbstverständlich dürfen Kinder nicht zu „Mitteln zu dem Zweck" werden, an ihre Eltern heranzukommen. Eltern definieren ihr Verhältnis zur Kirche zwar danach, wie die Gemeinde mit ihren Kindern kommuniziert, aber auch die Kinder, deren Eltern sich nicht einer Gemeinde zugehörig fühlen, sind doch ernst zu nehmen und – gerade deswegen, weil sie von ihrer Familie religiös keine Unterstützung bekommen – zu fördern.

---

[96] Überarbeitete Version 2011. Erstmals veröffentlicht als Teil von: Biesinger 2009.

Kritische Analysen zur Erstkommunion-Katechese

„Die Kinder und Eltern kommen vor der Erstkommunion-Katechese nicht in die Kirche, sie kommen nach der Feier der Erstkommunion nicht zum Sonntagsgottesdienst. Warum sollen wir uns da überhaupt noch Mühe und Gedanken machen?"

„Ich rufe als Pfarrer die Kinder an zwei Samstagnachmittagen zusammen und mache mit ihnen selbst *richtige* Katechese – mehr aber nicht." (ein Pfarrer)

„Eltern als Begleiter der Erstkommunion-Gruppen will ich nicht mehr. Sie haben ja selbst keinen Glauben und wie sollen sie dann Kindern auf dem Weg zur Erstkommunion weiter helfen?" (ein Pfarrer in einer anderen Gemeinde)

„Ich finde gar keine Eltern mehr, die bereit sind, eine Kommunionkinder-Gruppe zu leiten – dann mach' ich es aber doch gleich am besten selbst und eben dann kürzer. Ich habe eh keine Zeit." (eine Gemeindereferentin)

Gegenläufig zu diesen Erfahrungen hingegen blüht in manchen Gemeinden die Kommunion-Katechese als intensiv und profiliert strukturierte „Initiationskatechese" auf. Eltern treten im Laufe der Kommunion-Katechese wieder in die Kirche ein, während zuvor einige Eltern direkt am Montag nach der Feier der Erstkommunion aus der Kirche ausgetreten waren – nachdem man den Erstkommunion-Service der Gemeinde noch mitgenommen hatte, konnte man sich nun das weitere Geld sparen.

Solche Rückmeldungen – sie sind leider nicht erfunden, sondern ich habe sie im Laufe vieler basisnaher Kurse, Vorträge und Diskussionen in den letzten 15 Jahren intensiv und beeindruckt, manchmal auch verstört wahrgenommen – machen deutlich: Die Sakramentenkatechese in den deutschsprachigen Diözesen gehört auf den Prüfstand. Vielerorts habe ich angesichts neuer komplexer gewordenen Verstehensvoraussetzungen von Kindern und Eltern Hilflosigkeit und resignative Verdrängung erfahren. Oft wird dieser Ist-Stand (im Sinne von Ausgangslage, die einem entgegen tritt, manchmal sogar entgegenschlägt) der Zielperspektive (im Sinne des Soll-Standes) übergeordnet.

Die Gründe, weswegen viele Menschen mit der Kirche hadern, sind verschieden: angefangen von „hausgemachten" Problemen der Kirche über den Trend zur oberflächlichen Ablenkungsmentalität bis hin zu einem anti-kirchlichen Säkularismus. Die Weiterentwicklung katechetischer Konzeptionen muss sich diesen Gründen stellen und darf nicht einfach wegtauchen.

Auch der Hinweis auf die größer werdenden Seelsorgeeinheiten als Grund für den zumindest zeitlichen, oft auch qualitativen Rückzug aus der Sakramentenkatechese ist gerade dann nicht überzeugend, wenn man den Horizont auf weltkirchliche Entwicklungen erweitert.

In der Analyse katechetischer Konzeptionen in Lateinamerika wie der *Catequesis familiar* habe ich Situationen wahrnehmen können, die mich mit Blick auf die Situation im deutschsprachigen Raum provoziert haben. In Lima/Peru lernte ich eine Gemeinde kennen, die tausend Kommunionkinder pro Jahrgang hatte. Die Gemeinde hat ungefähr 150.000 Katholiken. Das Leitungsteam besteht aus drei Pfarrern und Hunderten von ehrenamtlichen Katecheten. Die Kommunion-Kindergruppen werden von ausgebildeten, von einem Pfarrer kompetent begleiteten Jugendlichen geleitet. Ein anderer Pfarrer begleitet hundert Eltern – zum Teil sind es Elternpaare –, die wiederum andere Eltern und Elternpaare begleiten. Viele der Mütter – manchmal auch die Väter – sind alleinerziehend und mit wirtschaftlicher und sozialer Not konfrontiert. *Catequesis familiar* orientiert sich nicht an „Bilderbuchfamilien“, sondern an der Lebenswirklichkeit lateinamerikanischer Familien, wenngleich angestrebt wird, dass Mütter und Väter als Paar gemeinsam den Weg mit ihren Kindern gehen.

Meine Wahrnehmung in Lima war, dass die tausend Kinder besser auf die Feier der Erstkommunion vorbereitet wurden als in manchen Gemeinden hierzulande – sowohl was den zeitlichen, entschleunigten Rahmen als auch was die intensive inhaltliche Profilierung der Kernthemen betrifft.

Die entscheidende Frage für die Zukunft der Gemeindekatechese, speziell der Sakramentenkatechese, lautet: Wie kann eine kompetentere Begleitung von Multiplikatoren in den größer werdenden Seelsorgeeinheiten gelingen? Damit ist gleichzeitig ein weiterentwickeltes Selbstverständnis der Hauptamtlichen in pastoralen Berufen nötig. Wir müssen weg von der auch zeitlich überfordernden Mentalität à la „Ich kann alles viel besser, Eltern können das doch nicht“ hin zu einem spirituellen Paradigmenwechsel: In den getauften und gefirmten Müttern und Vätern ist der Geist Gottes bereits da, viele – nicht alle – können mehr als ihnen von den Akteuren pastoraler Berufe zugetraut wird.

Man kann auch in unseren Gemeinden erleben, wie je nach Kommunikationsqualität und katechetischem Konzept Eltern ganz leicht oder nur schwierig zu gewinnen waren, ihre Kinder katechetisch zu begleiten. Grundsätzlich ist die Ausgangssituation jedoch ermutigend: In den meisten Gemeinden stellen sich mehr Mütter und Väter als Leiter einer Kommunionkindergruppe zur Verfügung, als dies für Gruppen mit acht bis zehn Kindern erforderlich wäre.

Die konzeptionelle Weiterentwicklung der Katechese hat auch mit zeitlichen Planungen und Überlegungen zu tun. „Zeit ist Realität, und Realität ist Autorität“, lautet ein Ausspruch von Ruth C. Cohn, den ich in einem Ausbildungskurs der „Themenzentrierten Interaktion“ in der Schweiz gelernt habe. Wer der Zeit nicht ausgeliefert sein will, muss sich ihr als Autorität stellen. Zeit ist Realität und Autorität gerade in den sensiblen Lern- und Kommunikationsprozessen, in denen es um die Zugehörigkeit zu einer Gemeinde und die Selbstinterpretation in der Gotteskommunikation geht: In vielen Gemeinden wird die Erstkommunionvorbereitung auf wenige Wochen zurückgefahren. In anderen Gemeinden hingegen greift Schritt für Schritt das immer dringender und einsichtiger werdende Prinzip der „Entschleunigung". Der hausgemachte „katechetische Stress", der sich für viele Kinder und Eltern auf wenige Wochen konzentriert und manchmal hochdosiert in einer strukturierten Erstkommunion-Katechese ausbricht, würde erst gar nicht zustande kommen, wenn die Wege der Initiation zeitlich kreativer gestaltet würden – gestreckt, verlangsamt, entschleunigt („Prinzip der Langsamkeit"). „Ich habe es eilig, darum mache ich langsam." – Ebenfalls ein Konzept aus der Themenzentrierten Interaktion, das nur auf den ersten Blick paradox erscheint. (Wie eine solche Entschleunigung in der Erstkommunion-Katechese aussehen kann, werde ich weiter unten aufgreifen.)

Die Erklärung der Deutschen Bischofskonferenz „Katechese in veränderter Zeit" (Sekretariat der Deutschen Bischofskonferenz 2004) ist im Blick auf die Situation der Eltern- und Familien(biographischen)-Katechese keine überzeugende Antwort. Die dringliche Option, Familie als *locus theologicus* zu verstehen, aufzuwerten und entsprechend zu begleiten, ist in der deutschen Mentalität längst noch nicht angekommen. Doch es gibt Ausnahmen: Ein leuchtendes Beispiel für eine relativ rasch eingeleitete Trendwende ist die Erzdiözese Berlin, die regelmäßig Gemeinden darin unterstützt hat, Eltern als Subjekte der Glaubenskommunikation in der Familie auf dem Weg zur Erstkommunion zu sehen. Der seit Jahren mit großer Resonanz realisierte Diözesan-Familientag auf dem Weg zur Erstkommunion bringt als diözesane „Start-Katechese" eine beeindruckende Liturgie, Motivation, Identität und Zugehörigkeit hervor. Dies ist von großer Bedeutung angesichts der multikulturellen und multireligiösen Kontexte, in der bereits viele Kinder leben und mit der sie konstruktiv-dialogisch umzugehen lernen müssen.

Leider ist die Idee einer gemeindekatechetischen und sakramentenkatechetischen Ausbildung an theologischen Fakultäten noch nicht sehr weit verbreitet. Als deren entschiedener Verfechter bin ich sehr besorgt darüber, in welche Richtung sich die nächsten Jahre entwickeln werden. Sich nicht auf die schwieriger gewordenen Verstehensvoraussetzungen von Familien einzustellen ist eine von der Kirche selbst verursachte Sackgasse, die massive Folgen auch für die Zukunft unserer Kirche in unserer deutschsprachigen Gesellschaft haben wird. Dass es einfach sei, ist derzeit nicht zu behaupten. Aber vor Eltern katechetisch zu kapitulieren, indem man erst gar nicht mit ihnen versucht kreative, inhaltlich anspruchsvolle Wege zu gehen, ist ein großer Fehler – ganz abgesehen davon, dass dies auch eine Entwürdigung der Eltern wäre, wenn man argumentierte: „So wichtig seid ihr für uns auch nicht, dass wir uns Mühe geben, uns mit euch auseinanderzusetzen und uns euren Zweifeln, kritischen Rückfragen und auch eurer abgelenkten Mentalität zu stellen." Wer „Störungen" nicht bearbeitet, übersieht ein zentrales Grundprinzip der Kommunikation: Störungen nehmen sich Vorrang, auch wenn man sie auszublenden versucht.

Noch ist Zeit zu einer Trendwende – hin zur Motivierung und Ausbildung, zur theologischen und spirituellen Begleitung von Multiplikatoren für die Leitung von Elterngruppen bei der Taufkatechese, der Erstkommuniongruppen, der Elterntreffen auf dem Weg zur Erstkommunion sowie der Leiter von Firmgruppen. Gerade Gruppen von Jugendlichen in der Pubertät zu leiten bedarf einer speziellen Qualifizierung und Kompetenz. Solche Kompetenzen können Menschen sehr wohl erwerben. Aber die Gemeinden haben hierfür ihren Beitrag zu leisten. Die Diözesanleitungen tun gut daran, die dafür notwendige Infrastruktur und vor allem auch das entsprechend kompetente Personal für die Ausbildung und Begleitung von Multiplikatoren bereitzustellen.

Dies ist nicht so schwierig, wie es aussieht. Hinzu kommt: Es gibt keine Alternative. Missionarische Kirche geht gerade nicht darin auf, sich vorwiegend nur noch an diejenigen zu wenden, die eh schon da sind, oder nur selbst Katechese realisieren zu können.

Die Konzeption der Familie als Subjekt ihrer Gotteskommunikation ist ein dringend zu diskutierendes Argumentationsmodell. In Kreisen von kirchlichen Entscheidungsträgern, sogar in den hohen Ebenen, ist jedoch oft zu hören, dass dies nur der „Rekrutierung" diene. Dies ist ein inkompetenter Vorbehalt im Blick auf religiöse Familienkommunikation und besonders perfide, weil die Unterstützung von Familien auf dem Weg zu ihrer eigenen Gotteskommunikation als Lehr- und Lernprozess mit dem aus dem Militär kommenden Begriff der „Rekrutierung" belegt wird. Man fragt sich, auf welchem Stand ekklesiologischer und katechetischer Diskurse solche Dispute verlaufen. Ich kenne gerade im Umfeld meiner Analysen und kommunikativen Situationen niemanden, der sich überhaupt rekrutieren ließe, ganz abgesehen davon, dass dies mit Blick auf den Ansatz einer subjektorientierten Realisierung der Gotteskommunikation kontradiktorisch wäre. Wenn Gemeinden, in denen ein solches innovatives Konzept von familienorientierter Katechese realisiert wird, Anziehungskraft entwickeln und (wieder) Menschen einen Weg in der Gotteskommunikation entdecken können, ist dies eher als ein zartes Wachstum denn als „Rekrutierung" (dem hier ohnehin fragwürdigen Begriff) zu sehen.

Initiationskatechese – Qualitätsstandards

Unter Qualitätsstandard versteht die aktuelle Bildungsdiskussion Handlungskompetenzen im Sinne von Fähigkeiten und Fertigkeiten, die Menschen zu einem bestimmten Zeitpunkt verbindlich beherrschen sollen. Die meisten Standards sind operationalisierbar (= evaluierbar), also weniger Haltungen und Einstellungen (*soft skills*) (Tomberg 2008, 21f.).

Strukturelle Überlegungen zur Form der Katechese, insbesondere zur Familie als originärem Ort religiöser Erziehung, dürfen bei dieser Diskussion nicht vernachlässigt werden. Für die Sakramentenkatechese ist im Blick auf Qualitätsstandards grundlegend die Kommunikationsstruktur zu diskutieren: Kommunikation der Eltern mit dem Kind in der Familie (familiale religiöse Kommunikationskompetenz), Kommunikation der Kinder untereinander in der Peergroup (z.B. der Erstkommunion-Kindergruppe), Kindertheologie als Kompetenz selbst zu Gottesexperten zu werden, die mystagogische Partizipation (Liturgiekompetenz), religiöse Elternkompetenz (Erziehungskompetenz). Es ist problematisch, wenn dies nicht geschieht. Die Initiationskatechese – Taufe, Eucharistie und Firmung – ist eine zentrale Schlüsselsituation für die Zukunft unserer Gemeinden und der Gemeinschaft der Glaubenden in allen Sozialformen und Lernorten. Ziel sind die religiöse Sozialisation in Familie und/oder Gemeinde und/oder anderen sozialen Nah-/Lebensräumen der Menschen, die Lebensgestaltung aus dem Glauben und die Reaktivierung von Gemeindeentwicklung. Umso mehr ist die Qualität der Initiationskommunikation in diesem Bereich zu analysieren und um Kompetenzorientierungen (Scheidler 2002; Scheidler/Hofrichter/Kiefer 2010) im Theorie-Praxis-Zirkel zu erweitern (Jacobs 2010; Scheidler 2010).

Initiationskatechese im Angesicht gesellschaftlicher Realitäten muss folgendes leisten:[97]

► kommunikative Anschlussfähigkeit, ohne ihr Proprium preiszugeben, kommunikative Gestaltung, um vorgefundene Lebenswelten und -formen zu interpretieren, neu zu interpretieren, zu verändern und neu zu gestalten, freilich immer nur als ein einladendes Angebot und als Chance zum eigenen Lernen und Umlernen;

► die „Was bringt's?"-Frage mitbedenken, für ihre Sache werben/einladen;

► Neue Wege der Kommunikation und Vergemeinschaftung in der Sozialgestalt der Gemeinschaft der Glaubenden;

► Differenzierung: einerseits Anknüpfung bei vorreflexiver Religiosität – andererseits die Situation mit nichttheistischen/religiös unmusikalischen Menschen, für die sich die Sinn- und Grundfragen der Existenz erst gar nicht stellen. Sie sind nicht die Zielgruppen für Katechese, da bei ihnen keine Korrelation mit religiösen Grunderfahrungen herstellbar ist. Da sind andere Kommunikationswege einer missionarischen Pastoral erforderlich.

► Vorrangige Einbettung in die Grundvollzüge kirchlichen Handelns.

---

[97] Folgende Hinweise verdanke ich Jörn Hauf.

Taufe als Mitteilung und Vollziehung der Gotteskommunikation[98]

Gott, der Schöpfer der Welt und jedes Menschen, berührt Mann und Frau schon vorgeburtlich während der Schwangerschaft, wenn er ihnen ein Kind als Gabe und Aufgabe anvertraut. Wie aber lässt sich dies konkret kommunizieren? Im Folgenden einige in der Praxis erprobte und weiterreflekierte Erfahrungen.

▶ Segensfeiern für (werdende) Eltern und ihre Familien (Werbung über Hebammen und Frauenarztpraxen) erschließen diese Gotteskommunikation schon vor der Geburt des Kindes. Viele Eltern sind ansprechbar: „Segen für mein Kind kann ich nie genug haben".

▶ Anspruchsvoll gestaltete Abende als Taufkatechese in Elterngruppen mit folgenden Themen:

- Weil Gott uns in unserem Kind berührt, Symbole der Taufe, Rituale und religiöse Erziehung in der Familie.
- Mit Jesus Christus leben, sterben und auferstehen.
- Verständnis und gemeinsame Entwicklung der Taufliturgie.
- Wie können wir jetzt schon mit Ritualen in der Familie beginnen?

▶ Vernetzung der Taufeltern untereinander, die sich in der Regel nachher wieder im Kindergarten oder Schulbereich treffen.

▶ Segnungsgottesdienste für die vor zwei Jahren getauften Kinder im Rahmen eines Familiengottesdienstes am Sonntag.

▶ Familiengottesdienst am Beginn des Kindergartenjahres mit den katholischen Kindergärten – analog mit den kommunalen Kindergärten.

▶ Vernetzung mit den Elternbriefen der deutschen Bischofskonferenz.[99]

Kirchliche Kindergärten als Familienzentren und (religiöse) Elternschulen

Bei der Aufnahme der Kinder in katholischen Kindergärten/Betreuungsangeboten ist es ratsam, einen „Bildungsvertrag" abzuschließen, der folgendes beinhaltet (vgl. Biesinger/Wohnhaas 2008):

Zu unserer Kindertagesstätte gehört religiöse Bildung. Wir erwarten die Teilnahme an den Elternbildungsangeboten des Kindergartens mit den Themen: Rituale in der Familie – Familienkonferenz – Kinder brauchen Grenzen – Kinder und der Tod – Wie mit Kindern Konflikte konstruktiv lösen? – Wie mit Kindern Advent und Weihnachten, Kar- und Ostertage, Pfingsten feiern? – Mit Kindern beten, aber wie? – Wie viel Fernsehen verträgt mein Kind?

---

[98] Vgl. Hofrichter 2010.

[99] Zu finden unter www.elternbriefe.de, mit Themen wie: „Motzig, trotzig, liebeshungrig. Fünfjährige im Umbruch" oder „Warten auf die Ankunft Christi. Advent".

Vierteljährlich gestaltet der Kindergarten mit der Gemeinde einen Familiengottesdienst. Am Ende der Zeit in der Kindertagesstätte stehen Segnungsgottesdienste.

Eucharistiekatechese

Die Eucharistiekatechese verlangsamen und zeitlich strecken. In der ersten Klasse beginnt bereits der „Grundschulweg": Der Weg zur Erstkommunion wird in Kooperation mit dem Religionsunterricht über „katechetische Nachmittage" und entsprechende Familiengottesdienste eröffnet. Dabei geht es vor allem um die Erschließung der mystagogischen Dimension der Eucharistie und den Aufbau von liturgischer Zugehörigkeit und Kompetenz für Kinder und Eltern.

Im zweiten Grundschuljahr gibt es eine gestufte Hinführung der Kinder mit der Überreichung des Vaterunser. Die Eltern werden zu Elterntreffen eingeladen, die ihnen den Sinn und Zweck eines solchen entstressten, entschleunigten und vor allem nachhaltigen Kommunionweges erschließen.

Am Beginn des dritten Grundschuljahres beginnt die dritte Stufe der Eucharistiekatechese mit einem großen Elternabend, bei dem die Eltern für die Intensivierung der Kommunionkatechese motiviert werden. Das „Familienbuch" wird ihnen überreicht mit der Idee: Ihr selbst seid als Familie auf dem Weg zur Erstkommunion. Es bietet den Eltern mediale Unterstützung beim religiösen Familiengespräch zu Hause.[100]

Die Familien bekommen einen „Leseplan", der die Themen des Familienbuches für die entsprechenden Wochen enthält, die parallel dazu auch in den Kindergruppen behandelt werden. Im Oktober und November werden die Eltern zu „Elterntreffen" in Gruppen von circa 20–30 Eltern eingeladen – in vielen Gemeinden machen 50–70 % mit. Bei den Elterntreffen werden die Glaubensfragen auf Erwachsenenebene bearbeitet, zum Beispiel:

► Meine ersten Berührungen mit Gott (eine Zeitreise zurück in die eigene Kindheit). Was ich in meiner eigenen religiösen Erziehung erlebt habe, was ich davon weitergeben möchte – was ich davon nicht weitergeben möchte.

► Wie religiöse Erziehung alltagstauglich wird.

► Wandlung und Verwandlung unseres Lebens. Wie erkläre ich mir selbst und meinem Kind „Wandlung" in der Eucharistiefeier? Dies ist möglich auf der Basis

---

[100] Dass das an unserem Lehrstuhl entwickelte „Familienbuch zur Erstkommunion" (Biesinger/Bendel/Biesinger/Berger 2009) sich hierfür sehr gut eignet, haben empirische Studien (vgl. Biesinger/Gaus/Stroezel 2008) belegt. Dieses Buch wird derzeit in der Erzdiözese Shanghai auch für den chinesischen Raum inkulturiert, zudem hat es Carlo Kardinal Martini für Italien übersetzen und bearbeiten lassen. Weitere mediale Unterstützung bieten Biesinger 2007b und Biesinger 2008.

des Bausteins „Wandlung und Verwandlung unseres Lebens“ im Familienbuch (Biesinger/Bendel/Biesinger/Berger 2009, 118).

► Wie ich mir das Leben nach dem Tode vorstelle – und was ich mit Tod und Auferweckung Jesu Christi zu tun haben.

Bei jedem Elterntreffen werden die Themen nach dem Leseplan der nächsten vier Wochen im Familienbuch durchgeblättert; die Eltern werden daran erinnert und können eine kurze inhaltliche Einführung zu den Themen mitnehmen.

Die Kinder werden spätestens im Advent in einem Familiengottesdienst der Gemeinde vorgestellt und beginnen das neue Kirchenjahr mit ihren Kommunionkindergruppen. In den folgenden Monaten gestalten Eltern und Kinder gemeinsam eine monatliche Sonntagseucharistiefeier auf dem Weg zur Erstkommunion. Die Wegegottesdienste werden mystagogisch so gestaltet, dass Eltern und Kinder den Aufbau und den Vollzug der liturgischen Feier erschlossen bekommen und sich selbst erschließen können. Schritt für Schritt spricht sich dies in einer Gemeinde herum, und es kommen in der Regel sehr viele – selten alle.

„Wegegottesdienste“ am Werktag dürfen nicht die Hinführung zur sonntäglichen Eucharistiefeier untergraben

In vielen Gemeinden wird auf dem katechetischen Weg zur Erstkommunion mit Eltern und Kindern, oft in kleinen Gruppen, an Werktagen Eucharistie gefeiert. Dies ist sinnvoll, aber nur dann, wenn damit nicht die Partizipation an der Sonntagseucharistiefeier entfällt. Immer wieder ist von Verantwortlichen in der Eucharistiekatechese zu hören: „Die Familien haben am Sonntag keine Zeit für den Gottesdienst, deswegen feiern wir in der Woche.“ Wenn man mystagogisch so inkonsequent begleitet, muss man sich auch nicht wundern, wenn die Eucharistiefeier am Sonntag Schritt für Schritt irrelvant wird. Ohne partizipative Erschließung der Liturgie verliert die Eucharistiekatechese ihr Zentrum. Schließlich hat sie die Aufgabe, die Getauften zum Mitvollzug der Eucharistie anzuleiten. Manche Gemeinden reduzieren die Eucharistiekatechese auf dem Weg zur Erstkommunion bereits auf „Wegegottesdienste“, die dann auch noch oft nur an einem Werktagabend mit den Eltern und Kindern gefeiert werden – weil die „Leute am Sonntag ja keine Zeit mehr haben“. Damit konterkariert man das Anliegen der Eucharistiekatechese und die Sonntagsliturgie. Vieles an Ineffektivität der Eucharistiekatechese wird durch hausgemachte Inkompetenz selbst produziert.

Solche Weggottesdienste ersetzen auch nicht die Katechese. Die katechetischen Situationen in den Kommunionkindergruppen und den Elterntreffen haben ihre eigenen Möglichkeiten durch Diskussion, kritische Auseinandersetzung, Rückfragen und Klärungen. Wegegottesdienste können zur mystagogischen Erschließung und Begleitung des gesamten katechetischen Prozesses auf dem Weg zur Erstkommunion werden. Man könnte sie auch als einen Außenkreis um das Kommunikationsschema „Erstkommunion als Familienkatechese“ (Chile, Peru, Bolivien, Ecuador u.a.) verstehen.

Mit dem Kommunionweg beginnt der Firmweg

Die Distanz vieler Familien nach dem Erstkommuniontag zeigt, dass die Zugehörigkeit zur eucharistischen Gemeinschaft kommunikativ nicht nachhaltig genug erfahren wird.

Ein konkretes Praxisbeispiel aus der Gemeinde Balingen, in der Pfarrer Franz Nagler mit einem engagierten Team folgende Konzeption realisiert hat:

Die Kinder treffen sich bereits nach der Erstkommunion zu konkreten Projekten und Gottesdiensten auf dem Weg zur Firmung. In jedem der darauffolgenden Jahre gibt es entwicklungsgemäß gestufte Initiationsschnittpunkte (Wochenenden, Gruppenstunden, gemeinsam vorbereitete Gottesdienste u.a.) Es beteiligen sich Schritt für Schritt mehr und diejenigen, die diesen Weg der Initiation auf die Firmung hin mitgemacht haben, sie sind dann bei der weiteren Vorbereitung kurz vor der Firmung in einem entschleunigten und entstressten Konzept unterwegs. Die sich nicht beteiligt haben, werden auf die Firmung wie bisher in einem mehrmonatigen Intensivkurs vorbereitet.

Pädagogisch ist Folgendes ernst zu nehmen: Wer eine Kindergruppe mit dem Hinweis gründet: Ich bin deine Gruppenleiterin bis zum Erstkommuniontag, und dann gibt es diese Gruppe nicht mehr, gründet soziologisch Gruppen auf Abbruch. Die daraus zu ziehende Konsequenz ist: Kommunionkindergruppen werden gemeinsam von Eltern und Jugendlichen geleitet. Damit hat die Gruppe über den Kommuniontag hinaus mit dem jugendlichen Gruppenleiter bereits eine gemeinsame Geschichte hinter sich, und viele Kinder bleiben in dieser Gruppe. Man kann dann zwei ehemalige Kommunionkindergruppen zusammenlegen und die Gruppe hat dann zwei Gruppenleiter.

Initiationskatechese und Gemeindeentwicklung

Eine solche Intensivierung des Kommunikationsprozesses geschieht Schritt für Schritt. Man muss sich ca. fünf Jahre Zeit geben, bis sich die Mentalität ändert und eine gewisse Ausstrahlungskraft entsteht und Eltern von der „Servicementalität“ wegkommen. Allerdings sind angesichts der Ausgangslage, dass viele Eltern im Blick auf Erziehung ratlos sind, neue Chancen und Herausforderungen gegeben, diesen Aufbruch zu konkretisieren und effektiv zu gestalten.

Erfahrungen zeigen, dass sich Gemeinden über den Weg der Familienkatechese eindrucksvoll weiterentwickelt haben, z.B. St. Laurentius Kleinostheim (Diözese

Würzburg, vgl. Bieber 2008). Logischerweise generiert sich durch diese Glaubenskommunikation Schritt für Schritt mehr Interesse.

Die Rückmeldungen (Biesinger/Gaus/Stroezel 2008; Biesinger/Bendel 2000)[101] auf die theologisch elementarisierende, in gleicher Weise religiöse Erfahrungen, Glaubenswissen und Alltagsthemen erschließende, niederschwellig beginnende Katechese sind äußerst positiv. Eine Mutter äußerte nach dem Abend zum Thema: „Wie ich mir das Leben nach dem Tode vorstelle – und was dies mit Tod und Auferweckung Jesu Christi zu tun hat", spontan: „Wenn wir diese Elterntreffen nicht hätten, hätte ich mich mit diesem Thema gar nicht auseinandergesetzt, wo es sich doch dauernd stellt."

Eine aktuelle Rückmeldung von Gemeindereferent Bernward Beel aus dem Pastoralverbund Lippstadt:

> „Die Elternarbeit als auch wesentliches katechetisches Geschehen hat bei den Eltern eine sehr große Akzeptanz und positive Kritik gefunden. Das Familienbuch und eben auch die Elterngesprächskreise wurden zu 80 % positiv eingeschätzt. Die Fragebogen waren anonym. Zunächst waren viele Eltern skeptisch ob der vielen (monatlichen) Elterngespräche. Heute sagen die meisten Eltern: ‚Gut, dass wir mal wieder einen Rahmen hatten, über uns und Gott zu sprechen und diesen mit den einfachen Dingen des Lebens in Verbindung bringen zu können. Das hat auch den Gesprächen zu Hause sehr gut getan.' Die Eltern sagten, für sie sei (im Vergleich zu den Vorjahren) ganz entscheidend gewesen, dass sie als Eltern bei der Vorbereitung des Kindes eine entscheidende Bedeutung und Führung hatten und eben durch einen Hauptamtlichen sehr konstruktiv begleitet und unterstützt wurden. 20 % der Eltern kamen nicht, wohl aber die Kinder zu den entsprechenden Terminen. Ergänzend haben wir die sogenannten Weggottesdienste als ein wichtiges Element mit in das Konzept eingebunden. Dadurch hatte der Priester, der die Weggottesdienste leitete, unmittelbaren Kontakt zu den Kindern (er steht ja auch der Erstkommunionfeier vor), die Kinder wachsen ganz unmittelbar in den Gottesdienst hinein, sie können selbst mitgestalten und das Tempo bestimmen. Immer gibt es auch einen festen meditativen Teil im Weggottesdienst. Dieses haben die Kinder insbesondere genossen. Mir ist aufgefallen, dass die Kinder immer häufiger nicht so sehr nach „Unterhaltung und Aktion" suchen, sondern auch nach Stille und Verbindung mit Gott. Sie entschwinden förmlich der hektischen Kinderwelt und lassen sich in und auf die Gotteswelt ein. Das war schön zu beobachten." (Beel 2010)

Wie ist dieser Weg der Initiation angesichts der größer werdenden Gemeinden und der knappen Personalressourcen realisierbar?[102]

Wir brauchen dringend eine geerdete Qualität von „Graswurzelkatechese". Wer offensiv die Gotteskommunikation missionarisch in den Herzen der Menschen

[101] Der Religionspädagoge Bernhard Grom (Biesinger/Bendel 2000, 86–100) kann aufgrund weltweiter Forschungen belegen, dass der Glaube bis auf statistisch gering gewichtet wenige Ausnahmen in der Familie gelernt wird. Er gibt konkrete Kriterien für den Erfolg an: „In einer säkularen Gesellschaft ist die Ersterziehung entscheidend" (90). Dies hat Konsequenzen: „Wenn sich Eltern religiös neutral verhalten, neutralisieren sie die Bemühungen der kirchlichen Mitarbeiter" (96). Lernen am Modell, Lernen durch Unterweisung (Instruktion) und Lernen durch Fremdverstärkung und soziale Bestätigung sind die zentralen Lernprozesse auch für Glaubenlernen in Familien.

[102] Vgl. Hilberath 2008.

wachsen lassen will, muss die Herzen der Menschen erst einmal erreichen. Dies kann nur durch Nähe und intensive, sowohl inhaltliche als auch kommunikative, Solidarität entstehen.

- Nähe ist nicht einfach eine Frage der lokalen Nachbarschaft, sondern vielmehr eine Frage kultureller Solidarität in den Freuden und Nöten der Menschen, wie das Zweite Vatikanische Konzil dies in der Pastoralkonstitution formuliert hat.
- Welche Qualitätskriterien von Nähe sind zu diskutieren? Es geht um ein Mehr im Sinne von Empathie und solidarischer Mentalität. Damit ist die Herausforderung gemeint, sich als Gemeinde auf die konkreten Lebenssituationen etwa junger Familien ernsthaft einzulassen. Ihre Balance, ihre Sorgen mit den Kindern in der Schule und in der Erziehung, in Krankheit und materieller Not.
- Sympathische Nähe und Solidarität mit Menschen in Stress und Lebenskrisen – Partnerschaftsprobleme, Pflegebedürftigkeit, Hoffnungslosigkeit angesichts von Arbeitsplatzverlust.
- Ehe ist spirituelle Nähe. Alle Menschen sind vom Geist Gottes umhüllt. Schöpfungstheologisch wohnt Gott in jedem seiner Geschöpfe.
- Es ist dabei erst recht wichtig, den anderen als anderen wahrzunehmen und ihm – welcher Nation, welcher Hautfarbe, welcher sozialen Herkunft, welcher Religion auch immer er zugehört – innerlich die Hand auszustrecken.
- Spirituelle Nähe meint gleichzeitig auch für das Reich der Gerechtigkeit, der Liebe und des Friedens einzutreten. Das Reich Gottes ist nahe gekommen auch für die Menschen, die von der Kirche weit entfernt sind – bewusst oder unbewusst.

Die Dekanatsbildungsstellen/Katholische Erwachsenenbildung unterstützen die Gemeinden durch die Ausbildung von katechetischen Multiplikatoren: Eltern und Jugendliche, die Kommunionkindergruppen leiten, Ausbildung von Elternbegleitern für die Elterntreffen. Dies kann an verlängerten Freitagabenden oder in Kompaktwochenenden geschehen. Oft sind die Katecheten für eine solche Intensivierung der kommunikativen und theologischen Wegbegleitung sogar dankbar, weil sie ihnen mehr Sicherheit gibt. Das katechetische Leitungsteam plant, steuert und begleitet die Leiter der verschiedenen Treffen im konkreten Zeitablauf. Erfahrungsgemäß hervorragende Effekte erbringt das persönliche Gespräch mit den Kommunioneltern und Kindern am Beginn des Kommunionweges – in einer entschleunigten Konzeption in der Mitte der zweiten Klasse mit einer Person aus dem Leitungsteam.

Ein Beispiel aus Berlin: Eine Ordensschwester nimmt sich für jede Familie eine halbe Stunde Zeit und investiert dafür mehrere Tage mit der Wirkung, dass die Familien offensichtlich zum ersten Mal den Eindruck haben: Die Kirche hat Interesse an unseren Problemen, unterstützt uns konkret, wie es gehen soll, und es baut sich eine entsprechende Zugehörigkeit auf.

Interreligiöse Theologiekompetenz erwerben

Wir stehen in West- und Mitteleuropa als Christen an einer historischen Wegkreuzung. Zwei Situationen zwischen Kindern – nicht erfunden, sondern aus meiner konkreten Praxis – belegen dies eindrucksvoll:

Das Kommunionkind Mirjam geht in unserer Gemeinde Rottenburg am Neckar mit ihrem Schulkameraden Mustafa (Namen der Kinder geändert) gemeinsam den Heimweg von der Schule. Sie verstehen sich gut. Mustafa sagt zu Mirjam: „Der Gott kann doch keinen Sohn haben. Das mit Bethlehem ist alles Lüge."

Am Abend dieses Tages leite ich das Elterntreffen auf dem Weg zur Erstkommunion. Wir führen erst einmal die Eltern zur Erstkommunion hin, bevor wir mit den Kindergruppen überhaupt beginnen. Am Beginn dieses Elterntreffens erzählt mir die Mutter von Mirjam von diesem Gespräch der beiden Kinder und sagt sehr erregt fordernd: „Und, Herr Biesinger, was sag ich jetzt meiner Tochter?"

Ortswechsel zur zweiten Situation: Bei einem Gruppeninterview mit Kindergartenkindern im Rahmen unseres großen Forschungsprojektes an der Universität Tübingen zum Thema „Religiöse und interreligiöse Erziehung in Kindertagesstätten" (vgl. Schweitzer/Biesinger/Edelbrock 2008; Biesinger 2005; Schweitzer/Biesinger 2009) sagten Kinder in einer Gruppendiskussion: „In Berlin heißt Gott Jesus, in Thailand heißt Gott Buddha, und in Arabien heißt Gott Allah."

Diese Szenen zeigen: Wir sind bereits mittendrin in einem Umwälzungsprozess, der für die Verkündigung in den Gemeinden und für die religionspädagogischen Prioritäten in den Schulen höchste Alarmstufe bedeutet. „Alarmstufe" nicht etwa, weil christliche Kinder in der Schule und in ihrem Alltag auch muslimischen, jüdischen, atheistischen oder anders religiösen Kindern begegnen, sondern „Alarmstufe" deswegen, weil viele christliche Kinder und Jugendliche in dieser multireligiösen Situation aufgrund mangelnder christlicher Bildung in die Defensive geraten. Kinder sind auf der Suche nach der Wahrheit der Religionen bereits untereinander Gottesexperten.

„Seid stets bereit, jedem Rede und Antwort zu stehen, der nach der Hoffnung fragt, die euch erfüllt!" (1 Petrus 3,15). Diese Herausforderung, die uns der erste Petrusbrief mitgibt, bekommt bereits für Kindergartenkinder hohe Aktualität. Doch viele christliche Kinder und Jugendliche können den kritischen religiösen

Anfragen ihrer muslimischen Klassenkameraden kaum Rede und Antwort stehen. Sie haben für diese Fragen – und damit auch für sich selbst – keine Antworten.

Unsere Kinder und Jugendlichen brauchen eine andere, entschiedenere Qualität von religiöser Erziehung und Begleitung, damit sie lernen, im Pluralismus der Religionen ihr Christsein von den eigentlichen Wurzeln und elementaren Grundlagen her zu verstehen und im interreligiösen Dialog auskunftsfähig zu sein.

Und wie wird religiöse Erziehung in Familien alltagstauglich?

Für Eltern mit Kindern bis 12 Jahren sind folgende Rituale zu empfehlen (vgl. Biesinger 2008, 53 ff.; Biesinger/Braun 2004; Biesinger 2010c; Biesinger/Wohnhaas 2008): Segnen Sie ihr Kind oder Enkelkind, wenn es morgens aus dem Haus geht. Legen Sie ihm die segnende Hand auf den Kopf und machen sie ihm ein Kreuzzeichen auf die Stirn. Kinder gehen spirituell von Gottes Segen umhüllt anders in den Tag, als wenn man ihnen lediglich zuruft „Mach's gut!" Vor dem Essen reichen sich Eltern und Kinder die Hände – dies ist schon in sehr frühem Alter möglich, wenn sie mit am Tisch sitzen können – und sprechen ein kindgemäßes Gebet: „Jedes Tierlein hat sein Essen, jedes Pflänzlein trinkt von Dir, hast auch unser nicht vergessen, lieber Gott wir danken Dir!" In Buchhandlungen oder Klosterläden gibt es Gebetswürfel, Gebetskärtchen und weitere Ideen. Sie können auch frei ein kindgemäßes Gebet formulieren oder mit den Kindern ein Gebet Ihrer eigenen Kindheit beten, das sie in guter Erinnerung haben.

Überhaupt ist zu fragen, warum wir nicht unsere eigene Kindheitsreligiosität – natürlich reflektiert und von Angst machenden Gottesbildern gereinigt – mit unseren eigenen Kindern und Enkelkindern teilen. Wir teilen ja ansonsten auch mit ihnen unsere Sprache, das, was uns viel bedeutet, unseren Zugang zur Natur, unsere Hobbies und unsere Freizeit. Warum teilen wir nicht unsere eigenen religiösen Erfahrungen mit ihnen?

Ein ganz wichtiges Ritual ist das „Abend-Ritual": Kindern eine biblische Geschichte aus der Kinderbibel vorlesen und über die Bilder gemeinsam sprechen. Ihnen ein religiöses Lied vorsingen: „Weißt Du, wie viel Sternlein stehen auf dem blauen Himmelszelt? Gott der Herr hat sie gezählet…"

Anschließend mit Kindern gemeinsam den Tag durchgehen: Was war heute schön, was war nicht so schön? Unsere damals fünfjährige Tochter Ingrid hat mir auf diese meine Frage kurz vor dem Einschlafen in ihrem Zimmer gesagt: „Lieber Gott, heute war es gar nicht schön. Der Moritz hat mich gehaut, dann habe ich ihn auch gehaut. Schlaf gut lieber Gott." Ein Klagegebet des kleinen Mädchens, das zum ersten Mal in ihrem Leben geschlagen wurde. Hätte ich sie mit meiner

Frage nicht angeleitet, über ihren Tag nachzudenken, dann wäre diese Klage eben nicht ins Wort gekommen. So einfach ist das.

Solche Abendrituale sind für Kinder psychohygienisch ebenso wichtig wie religiös. Denn solche Rituale wirken sinnstiftend und konfliktklärend. Sie ermöglichen Kindern, selbständig Beziehung zu Gott aufzunehmen und mit ihm zu sprechen.

„Warum kommt man überhaupt auf die Welt, wenn man eh' wieder sterben muss?" So fragte mich unser damals 13-jähriger Sohn Benjamin einige Wochen nach dem Tod meines Vaters.

Wir tun also gut daran tiefer zu bohren, wenn es um den eigentlichen Sinn und die tiefste Würde unseres Lebens geht.

Im Leben geht es um mehr als Lesen, Schreiben, Rechnen; dies ist ohnehin wichtig, und ich wäre froh, wenn Bildung auch auf dieser Ebene bessere Ergebnisse erbringen würde. Im Leben geht es aber „um mehr als alles"; es geht um die großen Visionen unseres Lebens:

Du bist deswegen in diese Welt gekommen, weil du ein Lieblingsgedanke Gottes bist. Gott, der Schöpfer der Welt, hat dir als seinem Geschöpf Licht von seinem Licht mitgegeben. Wenn du nicht etwas von deinem Schöpfer in dir tragen würdest, wärst du ja nicht sein Geschöpf.

Du bist deswegen in diese Welt gekommen, weil du eine Botschaft Gottes bist für diese Welt, genau in unserer Zeitschiene und in dieser Weltregion. Du bist nicht im 12. Jahrhundert in Asien geboren, sondern im Hier und Jetzt deiner Existenz.

Du bist deswegen in diese Welt gekommen, weil du eine Gabe Gottes an diese Welt, an die Menschheit, an die Zukunft des Reiches Gottes bist.

Du bist deswegen in diese Welt gekommen, weil du zum Be-Reich Gottes gehörst in den Jahren deiner Existenz hier auf dieser Welt. Du gehörst zum Reich Gottes, zum Be-Reich Gottes über den Tod hinaus, wenn du deinen eines Tages kranken und alternden Körper verlässt und als Geistperson von Gott gerettet wirst, verwandelt in die neue Welt Gottes, wo Er alle Tränen trocknen wird und alles Leid sein Ende haben wird.

Du bist deswegen in diese Welt gekommen, weil du eine Aufgabe hast für die Menschen, mit denen du in Raum und Zeit lebst – im Nahbereich und im Fernbereich.

Du bist deswegen in diese Welt gekommen, weil du dein Leben als Gabe Gottes zur Aufgabe machen sollst: Nämlich Gott in dieser Welt zu verkünden, seine Liebe durch Solidarität zu kommunizieren und Menschen so zu begleiten, dass sie ihren eigenen Weg mit Gott und zu Gott finden.

Du bist deswegen in diese Welt gekommen, weil du auf dem Weg des Gebetes und der Meditation für dich selbst und andere Menschen den Himmel offen hältst, den Gott schon längst für uns geöffnet hat. Du musst ihn nicht krampfhaft offen halten, sondern vielmehr darauf hinweisen, dass er bereits offen ist und wir uns Ihm, dem Herrn der Welt, nur entgegenstrecken, uns IHM öffnen müssen. Die Projekte „Offener Himmel" sind dafür mehr als wichtig!

Du bist deswegen in diese Welt gekommen, weil du Zeichen für die betende Existenz sein sollst: Gott loben, Gott danken, Gott bitten, aber auch Gott klagen wie ein geschundener Hiob.

Du bist deswegen in diese Welt gekommen, weil Gott betende Menschen braucht – nicht zu seinem Selbstlob, vielmehr als Zeichen seiner Gegenwart unter uns Menschen. Milliarden Menschen auf dieser Erde beten als Christen, als Glaubende in den großen Weltreligionen und den verschiedenen religiösen Gruppierungen.

Du bist deswegen in diese Welt gekommen, dass du die Menschwerdung Gottes in dem Kind von Bethlehem, geboren von seiner Mutter Maria, in das Zentrum deines Meditierens und deines Betens bringst.

Gott *hat* nicht einen Sohn, Gott ist Sohn.

Das Kommunionkind Miriam könnte Mustafa auf seine Aussage hin, dass Gott doch keinen Sohn haben könne, sagen: „Du verstehst das nicht richtig. Bei uns ist Gott Vater, ist Sohn, ist Heiliger Geist. Dass Gott Mensch geworden ist, genau darüber freuen wir Christen uns so an Weihnachten. Deswegen ist das für uns ein so eindrucksvolles großes Fest."

Der Glaube gibt Zukunft, wenn wir Gott im Alltag in den Familien wohnen lassen

Die derzeitigen Ausgangslagen für Kinder und Jugendliche, wie ich sie in Ansätzen zu Beginn hier skizziert habe, sprechen dafür, die Katechese der Sakramente eher zu intensivieren und gerade nicht die katechetischen Wege zu verkürzen und zu banalisieren. Viele Menschen nehmen uns ja gerade deswegen in diesem Bereich nicht (mehr) ernst: Sie haben das Gefühl, dass viele Gemeinden die Vorbereitung auf die Erstkommunion, das Sakrament der Versöhnung und die Firmung aus verschiedensten Gründen nicht intensiv und vertiefend gestalten.

Die durch Papst Pius X. ermöglichte Frühkommunion von Kindern – ihr Ergebnis ist ja die heutige Praxis – hatte damals insofern ihren tiefen Sinn, als die Kinder in ihren Familien ganz selbstverständlich eine Glaubenskultur und eine religiöse Begleitung bekommen haben. In der heutigen Situation aber ist es notwendig, zunächst die Eltern auf die Kommunion ihrer Kinder vorzubereiten und dann erst mit der Vorbereitung der Kinder zu beginnen. So kann religiöse Erziehung gelingen. Wir haben dazu eindeutige Forschungsergebnisse, wonach Eltern in verschiedensten, auch schwierigen Regionen auf eine solche Begleitung sehr positiv und dankbar reagieren. Ja, die Eltern entdecken dadurch sogar wieder neu ihren eigenen Glauben als Erwachsene und lernen ihn zu verstehen.

Und vor allem bekommen Eltern Unterstützung angesichts ihres Aufschreies: „Hilfe – Mein Kind ist fromm!" In einer anonymen angelegten Befragung sagte ein Vater eines Kommunionkindes über diese Elterntreffen: „Es war wie ein guter Religionsunterricht für Erwachsene, und es hat mir sehr viel weitergeholfen."

Ohne Frage haben wir innerhalb unserer Kirche vieles neu am Evangelium auszurichten, so mancher Sumpf ist trockenzulegen. Aber eines ist sicher: Unsere Kirche hat dann Zukunft, wenn sie sich radikal in den Dienst der Gotteskommunikation der Menschen stellt und in der Sakramentenbegleitung, in den Gottesdiensten und vor allem in der diakonischen Zuwendung in Leid, Krankheit und Trauer ihren Auftrag immer wieder neu angeht und weiterentwickelt. Den „Schatz im Acker", die „Goldstücke" unseres Glaubens zum Vorschein zu bringen und damit den Menschen bereits jetzt eine Ahnung des aufleuchtenden Reiches Gottes zu erschließen, ist doch eine wunderbare und geradezu aufregende Lebensaufgabe.

3.4 Wie Gemeindekatechese Zukunft hat (Albert Biesinger/ Ralf Gaus/Holger Stroezel)[103]

Betrachtet man die Frage der Zukunft der Gemeindekatechese auf der Basis der Veröffentlichungen der letzten Jahre, dann zeigen sowohl die kirchlichen Schreiben wie „Zeit zur Aussaat. Missionarische Kirche sein" (Sekretariat der Deutschen Bischofskonferenz 2000) oder „Katechese in veränderter Zeit" (Sekretariat der Deutschen Bischofskonferenz 2004), die große Anzahl an Praxismappen als auch die Zahl an Artikeln sowie wissenschaftlichen Theoriearbeiten eine Aktualität dieses Themas. So legt Günter Biemer mit „Symbole des Glaubens leben. Symbole des Lebens glauben" (Biemer 1999) auf sehr hohem Reflexionsniveau und mit praxisnaher Perspektive eine sehr fundierte und sehr interessante Weiterentwicklung seiner „Katechetik der Sakramente" vor. Neuerdings bietet Peter Scheuchenpflug in seiner pastoraltheologischen Studie eine Dokumentation und Untersuchung von Konzepten, Inhalten und Orten der Katechese und Katechetik (Scheuchenpflug 2003). Gegenüber dieser generellen Beschreibung verweist etwa Monika Scheidler auf die drängenden Probleme der Migranten im Blick auf die Gemeindeentwicklung und Gemeindekatechese (Scheidler 2002). Jörn Hauf erarbeitet ein familienkatechetisches Projekt im Rahmen der Gemeindekatechese und konturiert es im Theorie-Praxiszirkel (Hauf 2004). Bereits 1997 legte Claudia Hof-

---

103 Überarbeitete Version 2011. Zuerst erschienen als: Biesinger/Gaus/Stroezel 2008, 70–95. Zuvor in Teilen erschienen als: Biesinger/Gaus 2006.

richter eine Grundlagenreflexion in kritisch-konstruktiver Weiterführung von Dietrich Zimmermann vor (Hofrichter 1997). Die Grundlagenreflexion von Joachim Hänle hat den Aspekt der Kerygmatik im Blick auf Gemeinde- und Verkündigungsprozesse ebenfalls tiefgründig und weiterführend entwickelt (Hänle 1997).

Damit sind weitere Fragen nach der Zukunft der Gemeindekatechese gestellt, die dazu herausfordern, sie in einer Metakommunikation zu reflektieren. Wissenschaftstheoretisch gehört nach Wolfgang Klafki doch gerade zur Empirie, Hermeneutik und Handlungsorientierung zwingend auch die Ideologiekritik (Klafki 1971). Situationsanalysen im Blick auf die Gemeindekatechese werden zum Teil je nach Optik mehr oder weniger pessimistisch beschrieben. Ideologien sind in diesem (immer schon) umstrittenen und umkämpften Bereich nicht zuletzt im Blick auf Effektivität, Erfolgskontrolle, Erfolglosigkeit und vor allem ekklesiologische Problemstellungen (Laxismus – Rigorismus u.a.) reichlich vorhanden. Die Hermeneutik im Blick auf Tauf-, Eucharistie- und Firmkatechese im Sinne der Initiation ist allein schon auf der Basis der konkreten katechetischen Materialien umkämpft. Handlungsorientierende Konsequenzen im hermeneutischen Zirkel der Initiationskatechese werden oft abgekoppelt reflektiert, so als ob es keine theoretisch fundierten Überlegungen für eine zukunftsfähige Gemeindekatechese gäbe. Dies im Einzelnen zu belegen, könnte aus Platzgründen nur eklektizistisch realisiert werden.

Gemeinde als Lernort wahrnehmen

Indem die Würzburger Synode Religionsunterricht von Gemeindekatechese unterschieden hat, löste sie zwar zunächst starke Widerstände aus, sie hat damit aber auch erfolgreich deren Profil geschärft und katechetische Aufgaben als Verantwortung der Gemeinde zugespitzt. In der wissenschaftlichen Religionspädagogik findet diese Profilierung der Gemeindekatechese als eigenes Handlungsfeld immer noch zu wenig Beachtung, da sie sich doch hauptsächlich auf den Religionsunterricht konzentriert. Solange dies aber der Fall ist, steht die Religionspädagogik, so Friedrich Schweitzer, „der Katechetik oder Gemeindepädagogik gegenüber" (Schweitzer 2002, 47). Religionspädagogisches Handeln findet aber eben auch außerhalb von Schule und nicht nur mit und zwischen Kindern und Jugendlichen statt. Gerade die Würzburger Synode hat mit ihrem Arbeitspapier „Das katechetische Wirken der Kirche", wie Jörn Hauf deutlich macht,

> „erstmals eine breite prinzipielle und (in Ansätzen) formalmethodologische Grundlage geschaffen für einen lebensbegleitend konzipierten Weg, Christen aller Altersstufen, in gemeindlich getragenen und organisierten (aber auch nicht organisierten) Lehr-/Lernprozessen Hilfestellungen für ein gelingendes Leben aus dem Glauben zu eröffnen und sie dadurch auch zur Erneuerung der Gemeinde anzuleiten, in der möglichst alle als Subjekte des gemeinsamen Glaubenslebens beteiligt sein sollten." (Hauf 2004, 35)

In dieser Tradition sowie der des Apostolischen Schreibens „*Evangelii nuntiandi*“ sieht sich auch der Text der deutschen Bischöfe „Katechese in veränderter Zeit“ (Sekretariat der Deutschen Bischofskonferenz 2004).

Wenn *Katechese* die Erschließung der Gotteskommunikation als intentionaler Lehr- und Lernprozess in den verschiedenen biographischen und gesellschaftlichen Situationen des Menschen meint, dann ist sie nicht nur eine Einführung in den Glauben, sondern eben auch eine Befähigung zur Praxis des Glaubens. Katechese findet somit auch außerhalb von Gemeinde statt. Nach wie vor offen zu sein scheint aber, so Rudolf Englert, ob „Erwachsenenkatechese [...] primär dem Glauben der Kirche, dem orientierungssuchenden Einzelnen oder der Erneuerung der Gemeinden (und der Evangelisierung der Gesellschaft) dienen“ (Englert 1994, 114) soll. *Erwachsenenkatechese* sehen wir als Teil der kirchlichen Erwachsenenbildung. Sie ist vom Lern*ziel* und vom Lern*ort* her konsequenterweise auf Gemeinde bezogen und legt ihren Schwerpunkt auf Gemeindebildung (Biesinger 1994a). Daher steht sie weder zu kirchlicher Erwachsenenbildung noch zum Religionsunterricht noch zu einem anderen katechetischen Feld in Konkurrenz. Vielmehr können sie sich zum kritischen Korrektiv werden und vor Verengungen und Vereinseitigungen warnen. So bewahrt die kirchliche Erwachsenenbildung davor, den Blick für die Lebenssituation des einzelnen zu verlieren und ihn vorschnell religiös zu vereinnahmen. Demgegenüber verweist die Gemeindekatechese darauf, dass Menschen ein Zugang zur christlichen Gemeinde ermöglicht werden muss. Denn das eigentliche Ziel christlichen Glaubens ist das Leben und Handeln im Horizont der Gotteskommunikation, d.h. Mensch und Kirche für Andere zu sein.

Daher hat gemeindekatechetisches Handeln eine doppelte Richtung. Zum einen zielt es darauf, „dem Menschen zu helfen, dass sein Leben gelingt, indem er auf den Zuspruch und Anspruch Gottes eingeht“ (Lehmann 1977, 41). Gemeindekatechese nimmt den einzelnen als Subjekt seines Glaubens ernst und stellt sich seinen Fragen und Zweifeln, insofern sie dann auch Lebensbegleitung sein kann. Dazu bezieht sie sich nicht nur auf Menschen, die schon Gemeindemitglieder sind, sondern ermöglicht auch anderen, Fremden und Fernstehenden einen Zugang zu Gemeinden. Dabei zielt Gemeindekatechese zum anderen auf die erlebbare Gemeinschaft von Gläubigen. „Gemeinschaft miteinander gehört nicht auch noch als eine Folge zum Glauben, sondern ist dessen realsymbolische Gestalt“ (Hilberath/Scharer 2002, 118), worauf Matthias Scharer und Bernd Jochen Hilberath hinweisen. Daher zielt Gemeindekatechese auf Gemeindebildung, also darauf dass „eine Gemeinde zu gemeinsamem Zeugnis, zu gemeinsamer Feier und zu gemeinsamer Praxis des Glaubens kommt“ (Bischöfliches Ordinariat Rottenburg 1986, 47).

Dies gilt umso mehr, wenn Gemeindekatechese nicht Katechese für die oder mit der Gemeinde, sondern *der* Gemeinde als Subjekt sein soll. Es ist das Verdienst des II. Vatikanischen Konzils, darauf hingewiesen zu haben, dass im Sinne der Kirche als Volk Gottes und der Stärkung der Ortskirche die Gemeindemitglieder nicht Objekte pastoraler Betreuung, sondern Subjekte der Glaubensrealisation und damit der Kirche sind. Als Getaufte und Gefirmte sind sie als Geistbegabte gesandt, in Kirche und Welt das Evangelium zu verkünden und so zur Auferbauung des Reiches Gottes beizutragen. Kirche realisiert sich in je eigener Weise in den Gemeinden. Auch wenn das Konzil mit Ortskirche hauptsächlich die bischöfliche Ortskirche meint, so Hilberath, baut sich Kirche von unten auf. Die Ortskirche lebt „konkret in und aus den Pfarrgemeinden" (Hilberath 1999, 86), selbstverständlich weltkirchlich verbunden. Die katechetische Förderung der Erwachsenen wäre damit eine Hilfe und eine Möglichkeit, so Paul Wehrle, „die Bedeutung und auch faktische Würdigung des Glaubenssinnes der Gläubigen bewusster zu sehen und zu praktizieren" (Wehrle 2005,93). Aus diesem Grund greift eine Gemeindekatechese, die sich nur als Sakramentenkatechese versteht, zu kurz. Vielmehr muss es darum gehen, situations- und generationsübergreifende Formen der Katechese zu realisieren und die Gläubigen als Träger der Verkündigung zu verstehen. Dazu braucht es Orte, wo Menschen gemeinsam und in Respekt die Gotteskommunikation suchen und sich über ihre Zweifel, Erfahrungen und Hoffnungen austauschen können. Gerade aber solche gemeindekatechetische Gesamtkonzeptionen sowie eine ihnen eigene Didaktik zeichnen sich bisher nur in Ansätzen ab (u.a. Lutz 2001; Armbruster 2001).

Erwachsenenkatechese, die sich um ein erwachsenengemäßes Verständnis von Sakramenten, Glauben und kirchlichen Vollzügen bemüht, darf entwicklungspsychologisch nicht gegen eine Kinder- und Jugendkatechese ausgespielt werden. Das Modell der Familienkatechese ersetzt nicht die dringend notwendige Katechese mit Jugendlichen, Singles (Scheuchenpflug 2000, 251–264; Biesinger/Gaus 2005), alten Menschen usw. Es geht nicht um ein Entweder – Oder (Wehrle 2005, 93). Leider wird in manchen Diskussionen so nicht differenziert.

Gemeinde als Herausforderung

Die tief greifenden Veränderungen in der Gesellschaft (Individualisierung, Pluralisierung, Flexibilisierung, Mobilität, Enttraditionalisierung usw.) erschweren es, eine gemeindliche Erwachsenenkatechese dauerhaft zu etablieren. Durch Pluralisierung, Individualisierung, Mobilität, Flexibilisierung usw. haben sich die alten traditionellen Milieustrukturen aufgelöst und neue Milieus mit eigenen Wertvorstellungen, Lebensstilen und Kommunikationsstrukturen gebildet.[104] Deshalb aber ganz auf die Gemeinde zu verzichten, wäre falsch. Stattdessen müssen Begegnungs-

[104] Vgl. die Studie von Sinus Sociovision (http://www.sinus-sociovision.de/); ebenso Barz/Tippelt 2004.

und Kommunikationsangebote für diese einzelnen Milieus geschaffen werden. Denn, wer milieuübergreifende Glaubenskommunikation will, so Bernd Lutz, „muss diese milieuintern anstoßen und braucht gleichzeitig neben den punktuellen Begegnungen zumindest relativ dauerhafte Glaubensgemeinschaften. Gemeinde und Katechese bleiben daher aufeinander verwiesen“ (Lutz 2003, 432).

Gleichzeitig stehen die Gemeinden generell und damit die Gemeindekatechese vor einem enormen Umbruch. Zunehmend sehen sie sich mit neuen Herausforderungen konfrontiert, auf die sie eine Lösung finden müssen. Hierzu gehören unter anderem das Entwickeln neuer Formen für alle Altersstufen und Arten von Lebensformen (Single, verheiratet, geschieden, verwitwet; (un)gewollt kinderlos; mit Kindern), die Integration von zunehmend mehr Zugezogenen, die teilweise Überforderung der Ehrenamtlichen, die Unklarheiten bei den Rollen zwischen Hauptamtlichen und Ehrenamtlichen sowie die generellen Veränderungen der Strukturen der und innerhalb der Gemeinden durch die Gestaltung von Seelsorge-Einheiten.

Im konkreten Teilsegment der Gemeindekatechese, der Initiationskatechese von Taufe, Kommunion und Firmung zeichnen sich damit dramatische Veränderungen ab, die letztlich nach einem Paradigmenwechsel rufen. In immer größer werdenden Seelsorgeeinheiten sind alternative katechetische Strukturen zu entwickeln, denn die eine Form der Erschließung des Glaubens gibt es nicht (mehr). Daher können, so Rudolf Englert, weder die Formen des Religionsunterrichts einfach auf das Lernen in der Gemeinde übertragen werden, noch gibt es die eine Form gemeindekatechetischen Handelns (Englert 2002, 104). Denn, was in der einen Gemeinde gelingt, muss nicht zwingend in der anderen auch funktionieren. Daher sind Pastoralkonzepte zu entwickeln, die Überlegungen zu einer gemeindebildenden Katechese integrieren und beim Einzelnen und seinen Glaubensfragen ansetzen.

„Erstkommunion als Familienkatechese“ als Dimension der Gemeindekatechese[105]

Viele Eltern handeln im Blick auf Religiosität und religiöses Lernen anlassorientiert. Zentrale Anlässe sind Taufkatechese in Elterngruppen, Erstkommunion als Familienkatechese sowie Firmkatechese. Für viele Menschen in den Gemeinden sind dies Anlässe, in denen sie (wieder) die eigene Existenz unter dem Horizont der christlichen Gotteskommunikation Schritt für Schritt, in verschiedenen Qualitäten und Dosierungen buchstabieren. Speziell im Bereich der Initiationskatechese hat sich die Ausgangslage dahingehend verändert, dass viele junge Eltern von einer

[105] Der folgende Absatz ist ergänzt durch Teile aus Biesinger/Bendel 2001.

Angst machenden religiösen Erziehung in ihrer bisherigen Biographie völlig unbelastet kommen, anfanghaft, aber intensiv interessiert sind, gleichzeitig aber auch zweifelnd in den Prozess einsteigen. Für viele junge Eltern ist die Erstkommunion der eigenen Kinder die biographische Kontaktaufnahme mit den religiösen Erfahrungen der eigenen Kindheit und damit ein wesentlicher Schlüssel für die Glaubenskommunikation auf Erwachsenenebene. Im interkulturellen Diskurs zur Sakramentenkatechese ist mit der „Erstkommunion als Familienkatechese" in vielen Regionen in Lateinamerika eine Konzeption entstanden, die die Sakramentenkatechese von Kindern mit einer Katechese für Erwachsene verbindet und damit gemeindebildend wirkt.

Familienkatechese ist Erschließung und Realisierung der Gotteskommunikation unter den kommunikativen Möglichkeiten und Grenzen familiärer Interaktion. Durch Partizipation und Interaktion lernen Kinder mit ihren Eltern und umgekehrt, das eigene Leben als Existenz in der Gotteskommunikation zu deuten und zu feiern. Die Familie ist dabei nicht als „ideale Familie" zu verstehen, vielmehr ist situationsgerecht aus der Sicht von Kindern Familie dort, wo Kinder mit Vater und Mutter, Vater oder Mutter (Alleinerziehende, Patchwork-, Heim-, Pflege-, Großeltern- und Adoptiveltern-Familien) leben. [106] Es ist eine etikettierende Herabwürdigung, wenn Eltern und Kindern in schwierigen familiären Konstellationen auch noch die Befähigung abgesprochen wird, ihre die Gotteskommunikation zu verstehen, zu deuten und gemeinsam zu realisieren. Für die große Mehrheit der Kinder und Jugendlichen ist die eigene Familie zentraler Stabilitätszusammenhang und authentischer Lebenskontext. Wie Bernhard Grom schon deutlich macht, ist es nicht sinnvoll, Kinder aus diesen systemischen Zusammenhängen herauszureißen bzw. sie ohne Beachtung ihrer Familienkontexte zu einem so hochkarätig kommunikativen Ereignis wie der „Kommunion" katechetisch begleiten zu wollen (Grom 2000b). Zu diesem System gehört eben auch analog zur Elternkompetenz im Allgemeinen eine religiöse Elternkompetenz (Biesinger/Kießling 2005, 222). Eine Bestätigung hierfür ergibt sich aus den Analysen des „Tübinger Familienprojektes" (Biesinger/Kerner/Klosinski/Schweitzer 2005) als eine grundsätzliche Anfrage an Familienerziehung, ob die religiöse Dimension ausgegrenzt oder impliziert ist. Daher ist es auch religionspädagogisch fragwürdig, wenn die Bedeutung der Schaffung von Begegnungsräumen, die Unterstützung und Begleitung etwa von Eltern im Blick auf ihre eigene religiöse Erziehungskompetenz, als Verzweckungshermeneutik fehl interpretiert wird (vgl. dagegen Haslinger 2006). Denn

---

[106] Soziologisch gesehen ist Familie der Raum, in dem mindestens ein Elternteil mit einem Kind in einem Haushalt lebt und in dem vorwiegend die religiöse Erziehung in intergenerationeller Form stattfindet. Vgl. hierzu Biesinger/Kerner/Klosinski/Schweitzer 2005; Kießling 2003, 82; ebenso Kaufmann 1995b.

dies nimmt nicht wahr, dass für Eltern die Frage nach der religiösen Erziehung ihrer Kinder bedeutsam ist und dass sie sich Unterstützung hierfür und damit auch für ihren eigenen Glauben Unterstützung durch gemeindekatechetisches Handeln wünschen.

Theologisch ist davon auszugehen, dass Eltern und Kinder durch die Taufe über Blutsverwandtschaft hinaus, auch Glaubensverwandte sind und insofern eine Basisgruppe im christlichen Sinne sein können. Indem sich die christliche Gemeinde für eine „Option für die Familie" entscheidet, gewinnt sie diakonische und solidarische Glaubwürdigkeit. Eltern gegenüber Zuspruch und Anspruch zu formulieren sowie gemeinsam mit den eigenen Kindern als Familie Gotteskommunikation zu realisieren, bedarf der Freiwilligkeit, Ermutigung und Motivation.

Hilfe zur selbständigen religiösen Alphabetisierung

‚Erstkommunion als Familienkatechese' ist analog zum Konzept von Paolo Freires „Pädagogik der Unterdrückten" (Freire 1973) entwickelt worden.[107] Es geht um ein sehr basisnahes und in die Breite der Bevölkerung hineinreichendes Konzept der religiösen Alphabetisierung. Ziel ist es, dass Eltern und Kinder im Prozess der Initiation in ihrer eigenen religiösen Suche und in ihrer eigenen religiösen Praxis in jener Qualität begleitet und gefördert werden, dass das Prinzip von Maria Montessori „Hilf mir, es selbst zu tun" tendenziell realisierbar wird. Im Sinne Freires bringt derjenige, der zehn Worte schreiben kann, dem, der ein Wort schreiben kann, die nächsten neun Worte bei. Wer hundert Worte schreiben kann, bringt dem, der zehn Worte schreiben kann, die nächsten 90 Worte bei usw. So entsteht ein gemeinsamer, gemeindlicher Lernprozess aller Beteiligten. Dabei ist es eben auch möglich, je nach Ausgangslage, Motivation und eigenen Möglichkeiten entsprechend sich zu beteiligen und den katechetischen Weg mitzugehen. Familienkatechese setzt methodisch an den eigenen Ressourcen zur Interpretation der Wirklichkeit unter den Deutungskategorien des christlichen Glaubens an, lässt den Raum zur Erprobung und fordert die Beteiligten heraus, diese selbst zu gestalten. Dabei begeben sich Menschen mit ihren Kindern und anderen auf einen gemeinsamen religiösen Lernweg, indem sie sich gegenseitig den Glauben weitergeben, soweit sie in ihn eingedrungen sind. Ziel ist es, wegzukommen von einer ‚Du sollst – Katechese' hin zu einer ‚Wie Du es kannst – Katechese'. Dann haben Menschen auch das Gefühl, dass der Glaube mit ihnen und ihrem Leben etwas zu tun hat und eine religiöse Begleitung der eigenen Kinder machbar ist.

---

[107] Vgl. Kapitel 3.6 des vorliegenden Bandes.

Ermöglichung und Unterstützung der Glaubenskommunikation

Die Glaubenskommunikation untereinander, aber vor allem zuhause, hat einen wichtigen Stellenwert. Menschen tauschen sich über wichtige persönliche Fragen meist mit engen Freunden und Familienangehörigen aus. Daher ist es religionspädagogisch zwingend notwendig, Eltern auf ihrem Weg der religiösen Kommunikation mit ihrem Kind zu fördern und ihnen entsprechende Wegbegleitung zu geben. Natürlich sprechen nicht alle Eltern mit dem eigenen Kind zuhause über religiöse Fragen, aber denjenigen Eltern, die dafür ansprechbar sind, die nach einer Antwort auf die religiösen Fragen ihrer Kinder suchen, ist eine solche Unterstützung von größter Bedeutung. In diesem Kontext vor einer „katechetischen Familiarisierung" (Scheuchenpflug 2000, 183) zu warnen, ist entwicklungspsychologisch daher inkonsequent. Denn nach wie vor ist das eigentliche Problem, dass Kinder in ihren Familien – Idealfamilien gibt es nicht und gab es nie (vgl. Hauf 2004) – weitgehend unzureichend Glaubenskommunikation erleben können. Das „Familiengespräch mit dem eigenen Kinde zuhause" ist in dieser Konzeption essenziell. Dass die Kinder sich über die Familie hinaus in ihrer Peergroup vorbereiten, belegt das Gegenteil einer einseitigen Katechese nur in der Familie.

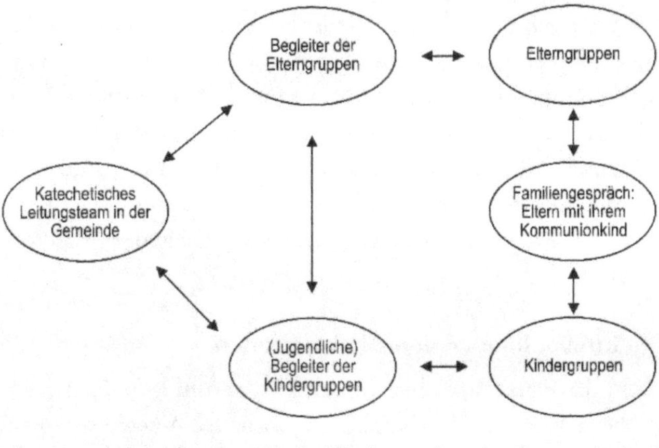

Abbildung 3: systematisch strukturierte Kommunikationsstruktur der Gruppen in der Erstkommunion als Familienkatechese

Wenn die Kommunionkatechese in den konkreten Gemeinden über einen längeren Zeitraum in wöchentlichem Rhythmus[108] realisiert wird, ist die Heranbildung von „Elternbegleitern" als Multiplikatoren für die konkrete Förderung und Unterstützung der Erstkommunioneltern für die religiöse Kommunikation mit dem ei-

[108] Sinnvoll ist – nicht nur in Diasporasituationen mit weiten Wegen – ergänzend eine geblockte Kommunionkatechese mit Eltern und Kindern in Klöstern, Bildungszentren, Familienbildungsstätten. Von Freitag bis Sonntag lassen sich in einer solchen Struktur interessante Erfahrungen machen.

genen Kind zuhause eine herausragende Möglichkeit, aber auch eine Herausforderung. Rückmeldungen aus verschiedenen Gemeinden zeigen, dass die Beteiligung in der Regel anwächst, wenn das katechetische Leitungsteam einer Gemeinde folgende katechetische Kommunikation anregt und kompetent begleitet (vgl. Abbildung 3).

Ergebnisse einer Pilotstudie[109]

Die positiven Einschätzungen des Modells „Erstkommunion als Familienkatechese" werden durch die Ergebnisse einer am Lehrstuhl für Religionspädagogik in Tübingen in Zusammenarbeit mit Sozialwissenschaftlern entwickelten und durchgeführten empirischen Studie bestätigt. Die Studie wurde 2006 in den Städten Ulm, Dresden/Freital, Kleinostheim und Berlin durchgeführt. Darin werden Fragen zur allgemeinen Religiosität, zur praktizierten Religiosität, zum Familienbuch, zum Ablauf der „Erstkommunion als Familienkatechese", zum Interesse und der Motivation der Teilnehmer, zur Gesprächsführung Zuhause mit den Kindern, den Geschwistern und dem Ehepartner, zu Gottesvorstellungen, zur religiösen Kenntnis und zu soziodemografischen Merkmalen erhoben.

Das Erhebungsinstrument ist eine Längsschnittstudie im Paneldesign und beinhaltet insgesamt 305 Fragen zu zwei unterschiedlichen Zeitpunkten: Zu Beginn der „Erstkommunion als Familienkatechese" kurz vor der Erstkommunion und am Ende der „Erstkommunion als Familienkatechese". Als empirische Basis dienen Daten von 101 Eltern zu Beginn und 101 Eltern am Ende der „Erstkommunion als Familienkatechese", von 245 Kindern zu Beginn und 145 Kindern am Ende, von 44 Kindern der Kontrollgruppe sowie von 11 Mitarbeitern des Leitungsteams zu Beginn und 10 Mitarbeitern des Leitungsteams am Ende der „Erstkommunion als Familienkatechese".

Gründe für Nichtteilnahme an den Elternabenden

Die Studie belegt, das starke Interesse an den Veranstaltungen der Erstkommunion unter den Eltern besteht. Das Fernbleiben von den Veranstaltungen hat vor allem terminliche (30 %) bzw. organisatorische Gründe (fehlende Kinderbetreuung: 23 %; Krankheit: 20 %) und nicht Desinteresse an religiösen Fragen oder Diskussionen (Thema uninteressant: 1 %; Begleiter didaktisch schlecht: 1 %; Desinteresse an religiösen Fragen: 1 %; Glaube ist Privatsache: 1 %).

---

[109] Zusätzliche Graphiken zu diesen Ergebnissen finden sich in Biesinger/Gaus/Stroezel 2008.

Teilnehmer an den Elternabenden

Vor allem die Mütter der Erstkommunionkinder nehmen an den Veranstaltungen teil (Mutter mit Kind: 43,6 %; Mutter mit Kind und Geschwistern: 10 %). Aber auch beide Elternteile mit Kind und dessen Geschwistern (20 %) oder ohne die Geschwister (19,8 %) werden häufig als Kombinationsmöglichkeiten genannt. Wenn der Vater sich beteiligt, dann meist mit der Mutter zusammen (ein Elternteil (Vater) und Kind: 3 %; zusätzlich mit Geschwistern: 1 %).

Elterngespräch mit dem Kind

Diese Struktur spiegelt sich in den Elterngesprächen wieder. Auch hier führen überwiegend die Mütter das Gespräch mit den Kindern (61,4 %) und damit findet die religiöse Erziehung in erster Linie über die Mutter statt. In mehr als einem Viertel (26 %) der Familien führen beide Elternteile gemeinsam das Gespräch mit dem Kind; in knapp zehn Prozent (9,9 %) beide abwechselnd. Nur in ganz seltenen Fällen führen die Väter alleine das Gespräch (2 %); häufiger als die Väter oder die Eltern abwechselnd sind es andere Personen (12 %), höchstwahrscheinlich Großeltern, Paten, Geschwister oder Bekannte.

Einschätzung der Materialien – Familienbuch

Das Familienbuch als Grundlage für das Familiengespräch zu Hause wird insgesamt sehr positiv eingestuft. Dabei finden über 80 % der Befragten die Bausteine und Inhalte des Familienbuchs nachvollziehbar. Nur knapp zwölf Prozent der Befragten konnten mit den Bausteinen des Familienbuchs nichts anfangen, bzw. konnten den inhaltlichen Aufbau nicht nachvollziehen. Die übrigen Werte zu 100 Prozent (5,9 %) sind fehlende Werte, bzw. wurden hierzu keine Angaben gemacht.

Insgesamt wird das Familienbuch als sehr positiv beurteilt (Mittelwert ca. 2 auf einer Skala zwischen 1 = positiv und 7 = negativ). Seine klare Strukturierung und verständliche Sprache wie auch die motivierende und ansprechende Gestaltung werden als ausgesprochen hilfreich sowohl zur Durchführung des Familiengesprächs als auch zur Kommunionsvorbereitung insgesamt eingeschätzt. Deutliche Unterschiede zwischen den einzelnen Merkmalen lassen sich nicht feststellen.

Erwartungen und Befürchtungen

In erster Linie erwarteten die Eltern bei der Eingangsbefragung eine Unterstützung durch die Familienkatechese bei der religiösen Erziehung ihrer Kinder. Das Klima der Gruppe in der Familienkatechese wurde als sehr freundlich angegeben, die bearbeiteten Themen als gelungen, die Familienkatechese insgesamt als sehr lebendig und eine Wirkungen auf das religiöse Familienleben als anregend eingestuft. Insgesamt wurde die Familienkatechese bereits bei der Eingangsbefragung als sehr positiv eingestuft. Dass die Familienkatechese die Eltern bei der religiösen Erziehung ihrer Kinder überfordert, wurde nicht angenommen.

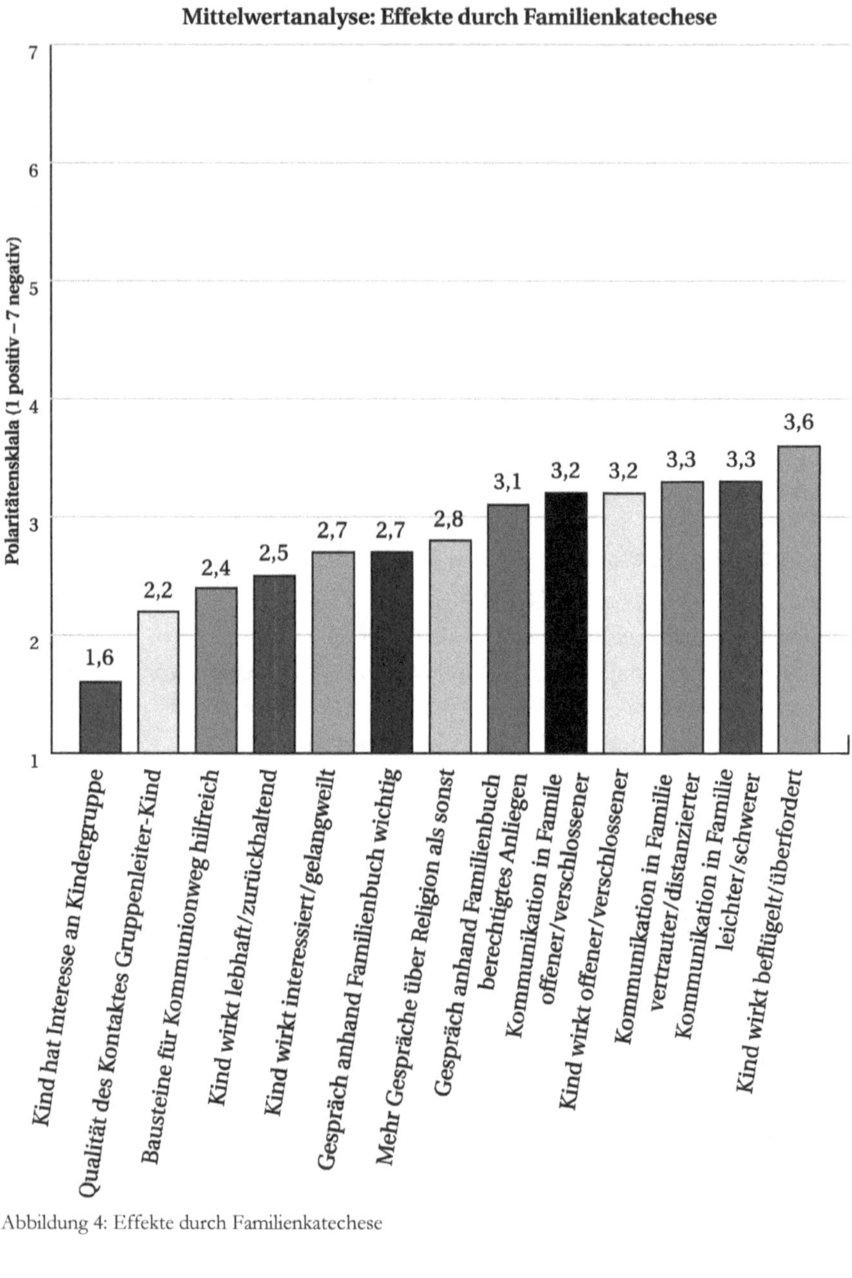

Abbildung 4: Effekte durch Familienkatechese

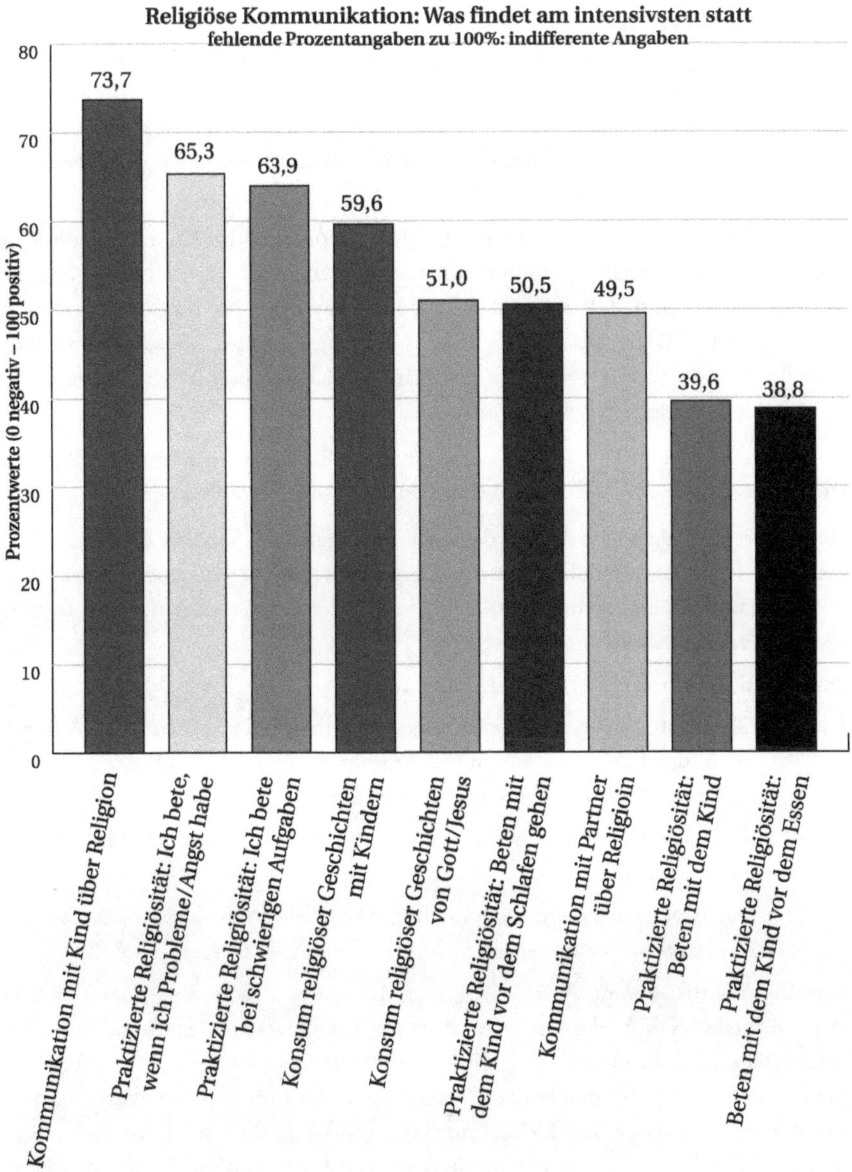

Abbildung 5: Intensität religiöser Kommunikation durch Familienkatechese

Veränderungen durch Erstkommunion als Familienkatechese

Würde man die vorliegende Skala (vgl. Abbildung 4, Seite 148) in einen positiven und einen negativen Pol unterteilen, dann lägen alle Antwortvorgaben im positiven Bereich (bis 3,5). Das Interesse des Kindes an der Gruppenstunde, die Qualität der Gruppenleiter, die Bausteine für die Kommunionvorbereitungen, die Lebhaftigkeit und das Interesse des Kindes, die Gespräche anhand des Familienbuches und die religiöse Kommunikation innerhalb der Familie werden tendenziell sehr positiv beurteilt. Allerdings (zwar immer noch im positiven Bereich) zeigt ein Mittelwert von 3,6, dass die Eltern ihre Kinder mit der Kommunionsvorbereitung tendenziell überfordert sehen.

Weiterhin zeigt sich (vgl. Abbildung 5, Seite 149), dass die Kommunikation in über 73 % der Familien zugenommen hat. Am intensivsten wird mit den Kindern zu Hause über Gott, Glaube und Religion gesprochen. Die religiöse Erziehung findet durch das Erzählen religiöser Geschichten bzw. Geschichten über Gott/Jesus statt. Sehr häufig geben die Befragten Eltern auch an, zu „beten, wenn Angst" oder Probleme im Alltag auftreten.

Die Gottesbilder von teilnehmenden Kindern und Erwachsenen

Die bisherigen Ergebnisse zeigen, dass sich bei Eltern wie Kindern das Gottesbild nach der Erstkommunionkatechese tendenziell in eine ermutigende Vorstellung von Gott wandelt und weniger mit Angst verbunden wird, als das noch zu Beginn der Fall war (vgl. Abbildung 6, Seite 151).

Drei Aspekte kommen im Schaubild zum Ausdruck:

(1) Die Gottesbilder von Kindern und Eltern ähneln sich in ihrer Ausprägung, das heißt, dass die in der Primärsozialisation vermittelten Gottesbilder tendenziell festgeschrieben werden.

(2) Bei den Kindern lässt sich im Vergleich zu den Eltern ein stärkerer Effekt nachweisen.

(3) Die Ergebnisse deuten darauf hin, dass die Eltern durch pädagogische Konzepte schlechter erreicht werden können als Kinder.

Vermutet werden könnte (in Bezug auf 1), dass eine Veränderung oder Vermittlung von religiösen Bildern primär über die Eltern stattfinden muss. Insoweit könnte dieser Befund mit dem Titel der Untersuchung „Eltern bei der religiösen Erziehung ihrer Kinder unterstützen" weitergehend zutreffen. Dies würde bedeuten, dass ein pädagogischer Erfolg nur dann wahrscheinlich wird, wenn entsprechende Grundlagen bei den Eltern Zuhause vermittelt werden. Diese ersten Ergebnisse bestätigen weitgehend die Erfahrungen, die von den Leitern sowie Teilnehmern am Modell „Erstkommunion als Familienkatechese" gemacht wurden bzw. werden. Weitere Untersuchungen zur stetigen Fortentwicklung des Konzepts und Materials sind im Gange, um die religionspädagogische Qualität dieses Konzepts auch unter sich verändernden gesellschaftlichen Bedingungen zu gewährleisten.

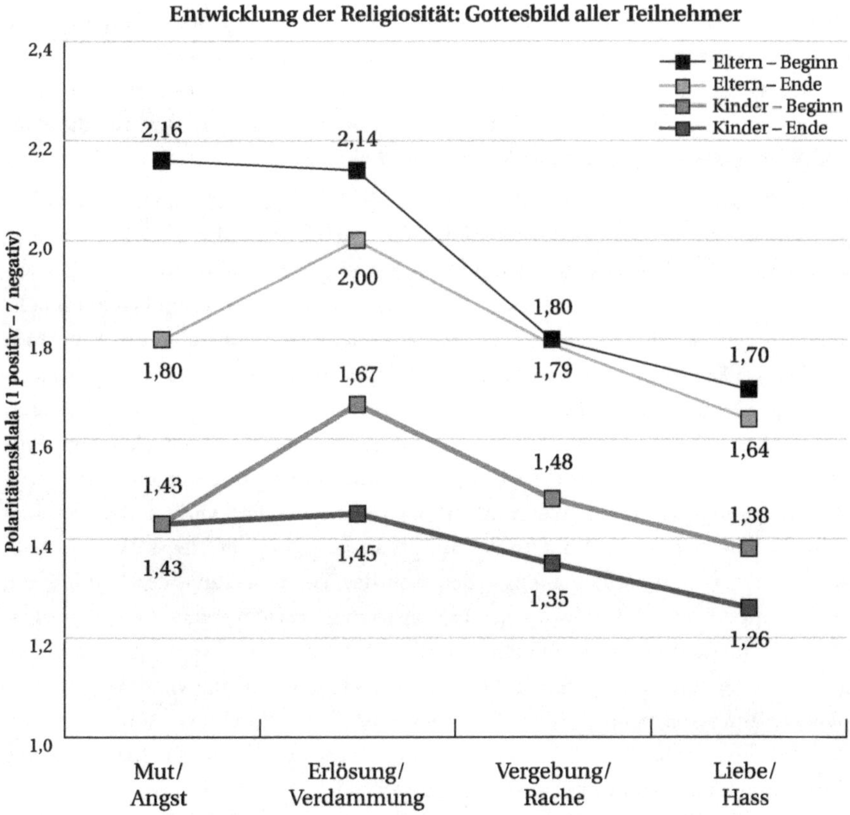

Abbildung 6: Entwicklung der Gottesbilder von Teilnehmern an der Familienkatechese (Kindern und Eltern zusammen)

Ausblick

Gemeindekatechese ist der Überbegriff für katechetische Prozesse zwischen den Generationen. Sie darf nicht nur auf Initiationskatechese reduziert werden. Jugendkatechese, Altenkatechese, Erwachsenenkatechese mit und von Singles sind wichtige Felder. Allerdings: Wer Taufkatechese, Kommunionkatechese, Bußkatechese, Firmkatechese, Ehekatechese nicht als einen wesentlichen, integrativen Bestandteil der Gemeindekatechese ernst nimmt, verkennt die reale Ausgangslage. Wenn 265.000 Kinder (Stand: 2006) zur Kommunion gehen, dann ist dies ein katechetisches Großprojekt von und mit Eltern und Kindern allein in Deutschland.

Katechetische Lern- und Lehrprozesse bedürfen generell der unterstützenden Begleitung und Kommunikationsbildung durch die Gemeinde. Wer es damit ernst meint, dass Menschen sich inhaltlich und kommunikativ reflektiert auf den Weg, etwa zur Kommunion, machen, muss sich der Verantwortung stellen, jede/n Einzelne/n adäquat zu unterstützen, Begegnungsräume zu eröffnen, Austausch und Evaluierung anzustreben. Situationsanalytisch zeigte sich in verschiedenen Situationen, dass Hauptamtliche sich etwa für die Begleitung von Elterngruppen nicht kompetent ausgebildet fühlen. Dies stellt theoretisch wie praktisch für die Aus- und Weiterbildung eine zentrale Herausforderung dar.

Die Rolle der Hauptamtlichen als ‚Begleiter der Begleiter' wird zunehmend wichtiger. Anders ist gemeindekatechetisches Handeln nicht denkbar. Daher ist auch dies unter rollentheoretischen, leitungstheoretischen und nicht zuletzt auch kommunikationstheoretischen Aspekten zu reflektieren. Denn viele Hauptamtliche haben Angst, überflüssig zu werden, wenn sie nicht mehr direkt in der Katechese tätig sind. Dies ist ernst zu nehmen, aber beinhaltet ein unpassendes Leitungsverständnis. Denn sie übersehen völlig, dass Kinder nach wie vor in Kommunionkindergruppen gehen, die von Vätern und Müttern begleitet werden, welche ihrerseits wieder der Begleitung durch die Hauptamtlichen bedürfen. Leitungskompetenzen sind religionspädagogisch daher nicht nur angesichts der veränderten Seelsorgestrukturen theorie- und praxisrelevant; grundsätzlich ist die Frage der katechetischen Intervention als Begleitung, aber auch der Themasetzung, der Leitung von Großgruppen, von Kleingruppen, der Vernetzung verschiedener Gruppen ernst zu nehmen. Zumindest an Fallbeispielen lässt sich belegen, dass es für das Gelingen von Gemeindekatechese auf die Qualität einer kommunikativen und partizipativen Leitungskompetenz (wesentlich) ankommt. Die Ergebnisse und Perspektiven des Forschungskreises „Kommunikative Theologie" belegen dies eindeutig (Forschungskreis Kommunikative Theologie 2006).

Dass das Schreiben der Deutschen Bischöfe „Katechese in veränderter Zeit" nicht nur den Begriff, sondern auch das Anliegen „Familienkatechese" erst gar nicht integriert, ist angesichts der langjährigen Forschungen zur Familienreligiosität nicht nachvollziehbar. Die von Franz-Peter Tebartz-van Elst (Tebartz-van Elst 1993) vorgeschlagenen Kriterien des Katechumenats wie Elementarisierung, Mystagogiekatechese im Kirchenjahr, Erschließung der Heiligen Schrift, Hinführung zum Gebet, Feier der katechumenalen Stufengottesdienste sind bereits seit 1998 in dem von unserem Team mit vielen Gemeinden erarbeiteten Weg „Erstkommunion als Familienkatechese" jedes Jahr zehntausendfach in den deutschsprachigen Gemeinden angekommen. Familienkatechese ist mehr als Erwachsenenkatechese, sie leitet Eltern zur religiösen Sprachfähigkeit, zur Glaubenskommunikation mit dem eigenen Kind zu elementaren Themen wie „Wandlung und Verwandlung unseres Lebens" mit klarem elementarisierten religiösen Basiswissen an (vgl. den Baustein 19 im „Familienbuch").

Eine Neuauflage von „Katechese in veränderter Zeit" müsste sich dringend diesen innovativen Entwicklungen stellen, die Familie als Ort der Glaubenskommunikation ernsthaft zu reflektieren. Ohne religiöse Erziehungskompetenz bei Eltern zu fördern und sie als Glaubenszeugen in der Katechese zu verankern, kommt Katechese weder inhaltlich profiliert noch alltagstauglich „in veränderter Zeit" zum Ziel.

3.5 Chancen der Familienkatechese – 20 Thesen

Familienkatechese[110] stärkt und ermutigt die Kräfte in den Eltern, ihr Kind auch in der Beziehung zu Gott zu begleiten und es mit seinen religiösen Fragen und Bedürfnissen nicht im Regen stehen zu lassen. Es darf also nicht um die Ausübung von Druck oder versteckte spirituelle Machtausübung gehen, vielmehr geht es um einen kommunikationsstiftenden und lebensförderlichen Lehr- und Lernprozess.

Die Lebenssituation „unser Kind geht zur Erstkommunion" ist für viele Eltern eine Motivation, sich intensiver mit „Kommunion" auseinanderzusetzen. Es handelt sich um einen situationsorientierten Weg von Erweiterung und Vergewisserung des eigenen Erwachsenenglaubens, der sich durch das Prinzip „*learning by doing*" vollzieht.

Familienkatechese ist eine Form der Kommunikation in der Familie, wobei nach dem Dreischritt Sehen – Urteilen – Handeln nicht an der Situation der Familien vorbei, aber auch nicht an den Deutekategorien und Provokationen des Evangeliums vorbei Veränderung und Wandel eigener Lebenskonzepte möglich ist. „Kommunikation" in der Familie wird also auf Glaubenskommunikation in der Familie erweitert. Glaubenskommunikation in der Familie macht das alltägliche Zusammenleben zum spirituellen Ort der Gottesbegegnung. Die Intensivierung der Kommunikation in der Familie durch die Elternbegleitung und die katechetischen Materialien (Familienbuch) ist genauer anzusehen. Die Kommunikationsanstiftung bedarf nämlich einer speziellen Qualität auch in den Elterntreffs.

Da sich Familienkatechese an grundsätzlich *alle* Eltern der Erstkommunionkinder richtet – ohne Ansehen der Person von arm oder reich, von Nähe oder Distanz zur Gemeinde, Kirchgängerin oder Nichtkirchgänger, Alleinerziehend oder Vollfamilie – werden Brücken auch in Lebenssituationen hinein- und aus Lebenssituationen herausgebaut, die angesichts der an alle ergehenden Einladungen Jesu wichtig sind. Die Hinweise darauf, dass viele Eltern aufgrund ihrer „Glaubenssubstanz" nicht in der Lage seien, ihre Kinder auf die Kommunion vorzubereiten oder einen Gottesdienst vorzubereiten, wenn sie doch jahrelang kaum Kontakt zur Gottesdienstgemeinde gehabt hätten, sind wenig hilfreich, sondern vielmehr demotivierend.

---

[110] Eine grafische Darstellung der an der Familienkatechese beteiligten Gruppen findet sich in Kapitel 3.4 des vorliegenden Bandes.

Die oft arrogant vorgetragenen Vorstellungen, dass Menschen erst einmal Voraussetzungen mitzubringen hätten, bevor sie für fähig und würdig erachtet werden, ihre Kinder in der Glaubenskommunikation in der Familie zu begleiten, werden hinterfragt. Bibeltheologisch gibt es keine Argumente dafür, dass Jesus erst einmal Glaubenssubtanz kontrolliert habe, bevor er sich mit den Menschen an einen Tisch gesetzt, sie zum Essen und zur Versöhnung eingeladen hat. Familienkatechese basiert auf der Sinnspitze der Evangelien: „Du bist willkommen. Lass Dich auf das Reich Gottes und die Begegnung mit Gott ein und mache die Dir im Augenblick möglichen kleinen oder größeren Schritte“ (vgl. Markus 1,15).

Familienkatechese sortiert die Eltern nicht vor. Dies hat Auswirkungen auf das Gemeindeverständnis. Dieses ist klar von dem Gedanken geprägt, dass die Gemeinde der Ort ist, an dem Gott als Zeichen des Heils seine Nähe und Zuwendung in Gesten, Symbolen, liturgischen Vollzügen und diakonischem Handeln ausdrückt.

Der katechetische Prozess wird intensiver und anspruchsvoller: Da grundlegend alle dazugehören, wird es anspruchsvoller, weil es die Kerngemeinde dann nicht nur mit Ihresgleichen zu tun hat, sondern sich mit den oft entlarvenden Fragestellungen und komplizierten Lebenssituationen aller Menschen auseinandersetzen muss, die sie sonst leicht verdrängen könnte.

Familienkatechese schafft eine familienfreundliche Atmosphäre in der Gemeinde, stiftet gelingende Kommunikation untereinander und Gottesdienste an, in die Familien mit Kindern sich hinzugehen getrauen. Der Prozess der Familienkatechese über Monate hinweg auf die Erstkommunion hin wird verstanden als eine katechetische Bewegung innerhalb der Gemeinde, die auch zu veränderten Handlungsvollzügen im sonntäglichen Gottesdienst führen muss und kann. Dadurch kann sie auch Konflikte auslösen, da oft Machthabergruppen in Gemeinden Veränderungen in der liturgischen Qualität und der intensiveren Verstehensmöglichkeit von Kindern im Sonntagsgottesdienst verhindern. Viele Eltern formulieren am Ende des Erstkommunionweges, dass sie jetzt aber auch von der Gemeinde erwarten, dass die Gottesdienste familienfreundlicher gefeiert werden, damit sie mit ihren Kindern kommen können.

Die Chancen für die Kinder sind zum einen in der eigenen Familie und zum anderen in der Gemeinde festzumachen. Viele Kinder erzählen unbefangen, wie schön es war, dass sich die Mutter oder der Vater Zeit für sie genommen hat, um mit ihnen Geschichten, Gespräche oder Gebete aus dem Familienbuch zu lesen oder zu gestalten.

Kinder erleben ihre Eltern in einem Bereich als kompetenter, den sie vorher so nicht wahrnehmen konnten. Zitat eines Kindes: „Ich hätte gar nicht gedacht, dass meine Mama das so gut kann...“

Familienkatechese setzt klare Optionen: Intensivierung der Glaubenskommunikation in der Familie im Kontext der Erstkommunionvorbereitung, sie ermöglicht aber differenzierte Wege. Es geht nicht um einen Totalitätsanspruch dahingehend, dass alle Eltern mitzumachen hätten. In der Realität ist dies nicht möglich. Aber die Einladung muss an alle Eltern gehen und die Gemeinde sich bemühen, die Eltern differenziert zu unterstützen und zu motivieren.

Die sich im Prozess auftuenden Konflikte können als konstruktive Dynamik der Veränderung von Mentalitäten, von Delegationsmechanismen („wo haben Sie Ihr katechetisches Dienstmädchen?") verstanden werden. Konstruktive Konflikte verändern eine Gemeinde und eröffnen Weiterentwicklungen.

Familienkatechese ist eine spirituelle Bekehrung und Vertiefung der Glaubenskommunikation in der Familie, aber auch in der Gemeinde, ist also eine wichtige Dimension der Gemeindekatechese.

Familienkatechese bezieht sich nicht einfach auf Volkskirche, vielmehr geht es um eine „Kirche des Volkes", Eltern werden zu Trägern des katechetischen Prozesses, einer wichtigen Dimension von Gemeinde (Martyria). In vielen Situationen ist es gleichzeitig eine diakonische Option, da immer mehr Eltern, denen es sozial schlecht geht, in den Blickpunkt kommen. In der Familienkatechese realisiert eine Gemeinde, dass sie selbst Trägerin des zugesagten Geschenkes ist, bereits schon in der Gotteskommunikation zu sein und dessen nur noch bewusster werden zu müssen und sie zu realisieren. Die Gemeinde übernimmt mehr Verantwortung, weil sie Menschen ermutigt und provoziert: „Hilf mir, es selbst zu tun". Es geht also nicht um eine „Rekrutierung" oder „Funktionalisierung".

Familienkatechese setzt spirituell an: Sie will das Bewusstsein, in der Gotteskommunikation zu sein, bei möglichst vielen Eltern und Kindern wecken und entsprechend zur Entfaltung bringen. Es ist deswegen sinnvoll von einer „Theologie des Volkes" zu sprechen. Der Lehr- und Lernprozess Glaubenskommunikation in der Familie macht Eltern anspruchsvoller in ihren Fragen nach Gott, in ihren Glaubensproblemen und macht sie auch sensibler im Blick auf die eigene Glaubenspraxis. Katechese als Herantragen von Inhalten ist ungenügend. Die Eltern wollen von ihrem Verstehenshorizont den Glauben neu buchstabieren, kommen dabei auf Themen und Fragestellungen, auf die manche von uns noch nicht vorbereitet sind. So provoziert Familienkatechese auch das „Bodenpersonal" sich intensiver mit den Glaubensfragen nicht nur einer kleinen Minderheit, sondern der großen Mehrheit sehr vieler Getaufter und Gefirmter auf vertieftem und aktuellem Niveau zu beschäftigen.

Wenn Jugendliche – auch neben den Eltern – als Leiter in die Erstkommuniongruppen bereits integriert werden, ergibt dies für viele Kinder die Chance, dass die Erstkommuniongruppe nach dem Erstkommuniontag nicht auseinanderfällt, sondern weiterbesteht und neue Möglichkeiten eröffnet. Der Erstkommunionweg für Kinder wird damit zu einem Anfang von Begegnungsräumen und -möglichkeiten für Kinder in Gruppierungen und verschiedenen kommunikativen Schnittstellen über die Erstkommunion hinaus.

Familienkatechese setzt bewusst so an, dass die Erstkommunion als eine Initiation in die eucharistische Gemeinschaft der Gemeinde über den Erstkommuniontag hinaus verstanden wird und die Gemeinde den Kindern auch *tatsächlich* Gemeinschaftserfahrungen in- und außerhalb von Gruppen ermöglicht.

Die Hauptamtlichen einer Gemeinde werden im Prozess der Familienkatechese anders gebraucht. Wenn die Eltern ihre Kommunionliturgie selbst erarbeiten und gestalten, wird die Gemeinde- oder Pastoralreferentin möglicherweise nicht mehr bei der Liturgieprobe gebraucht, jedoch sollte sie in der Erstkommunionmesse dennoch auch in den liturgischen Ablauf einbezogen bleiben, damit auch ihre Beteiligung an dem gesamten Prozess symbolisch präsent ist. Die eigentliche Herausforderung ist es, die vielen Multiplikatoren zu begleiten, die (mit der Zeit) zur Mitarbeit bereit sind und natürlich auch anspruchsvolle Fragen stellen („Wie soll ich denn meinen Eltern beim Elterntreff erklären, was ‚Wandlung' ist?").

3.6 Familienkatechese – Befreiungstheologische Kontexte[111]

Wenn man Befreiungstheologie nach Gustavo Gutiérrez konsequent als Auslegung des biblischen Glaubens und der großen Traditionen der Kirche aus der Sicht der Armen, der Entrechteten, der Unterdrückten und Gefolterten, der Ausgegrenzten, der materiell und psychisch Leidenden versteht, dann hat dies für Katechese grundlegende konzeptionelle Bedeutung. Es kommt zu einer spezifischen anderen Qualität des Glaubensverständnisses, wenn diese Hermeneutik aus der Sicht der Armen konsequent realisiert wird.

Im Konzept der *Catequesis familiar*, das am Ende der 60iger, Anfang der 70iger Jahre in Chile entstand und in verschiedenen lateinamerikanischen Ländern rezipiert und weiterentwickelt wurde, ist diese katechetische Trendwende integriert und weiterentwickelt.

Der Dreischritt Sehen – Urteilen – Handeln ist in den Materialien – ich wähle hier das Beispiel aus Bolivien – konsequent durchgeführt. Die einzelnen thematischen Einheiten sind immer so aufgebaut, dass zunächst *nuestra experiencia* (unsere Erfahrung) als konkreter Analyse- und Verstehenshorizont aus dem Alltag der Menschen genommen wird. Der zweite Schritt *la palabra de dios nos orienta* (Gottes Wort gibt uns Orientierung) ist hermeneutisch damit konsequent vernetzt. Der dritte

---

[111] Überarbeitete und gekürzte Version 2011. Zuerst erschienen als: Biesinger 2000.

Schritt *dialoga con tus padres* (Gespräch mit deinen Eltern) führt auf Veränderung des Handelns über den Dialog in der Familie hin.

Die Analyse der Realität ist ein entscheidendes Kriterium dieses katechetischen Ansatzes. Vom Wort Gottes her wird die Realität des Leidens, der Ungerechtigkeit, der Verzweiflung und der Armut beleuchtet und auf Veränderung hin bedacht. Zu einer befreienden Katechese gehört die Bildung von Basisgemeinden (*las comunidades eclesiales de base*), die Solidarität, gemeinsame Arbeit, Entwicklung des gemeinsamen Einsatzes gegen die todbringende Realität anstreben.

Die Materialien und die Konzeptionsbeschreibung zeigen, dass der Weg der Familienkatechese nicht zu einem politischen Umsturz führen will. Auch ist kritisch zu fragen, ob dieser katechetische Lernweg die Veränderung weg von den todbringenden Wirkungen der ökonomischen Globalisierung, das Problem der Auslandschulden, die Problematik der Arbeitslosigkeit bewältigen kann. Aber ohne die Entwicklung von entsprechenden Bewusstseinsprozessen in überschaubaren Gruppen, dem Selbstbewusstsein, gegen Unrecht angehen zu dürfen und zu sollen, ohne Entwicklung von Basisgemeinden, ist der Prozess der Befreiung um vieles geschwächter und ärmer.

Im Blick auf die Bewusstseinsbildung, die Initiation von Veränderungsstrategien durch Basisgemeinden und die konsequente Solidarität innerhalb der Gruppen, die sich auf einen solchen Weg der *Catequesis familiar* einlassen, handelt es sich um einen wichtigen und herausragenden Beitrag der Kirche Lateinamerikas, der wesentliche Aspekte der Befreiungstheologie, der Option für die Armen integriert.

Interessant an der Befreiungstheologie ist für mich als Religionspädagoge, dass sie nicht nur theologisch theoretisch diskutiert wird, sondern bereits in katechetische Materialien so breit und konsequent integriert ist, wie sich dies an den Materialien aus Bolivien belegen lässt. In Überlegungen zur Taufkatechese im Rückgriff auf Nr. 178 der IV. Lateinamerikanischen Bischofskonferenz von Santo Domingo wurde im Angesicht der leidenden Gesichter des Kontinentes eine völlig veränderte Konzeption von Taufkatechese als wir sie hier in Europa kennen formuliert:

> „Welche sind diese Übel, die wir anzuklagen haben? Der Hunger, die internationale Ausbeutung, die Auslandschulden, die Korruption des politischen Lebens, die ökonomische, soziale und kulturelle Ungleichheit, der Rassismus, die Gewalt in allen ihren Formen, der Drogenhandel. Alle Individualismen und der Missbrauch der Macht, die Schläge für die Kinder und für die Frauen, Arbeitslosigkeit, die ungerechten Löhne."

In der Vorbereitung auf die Taufe ist auf die neuen Zeichen der Zeit auf dem Gebiet der menschlichen Entwicklung zu schauen.

> „Das neue Leben der Getauften muss sich ausdrücken in gemeinsamen Werken, in Gerechtigkeit und der gleichen Würde in der Kirche und in der Gesellschaft, im Ausmerzen speziell der Unge-

rechtigkeiten, die aus der ökonomischen Ungleichheit hervorgehen." (Oficina Nacional de Catequesis Familiar Peru, 33)[112]

Pater Gustavo Ferraris hat bereits 1962, also vor Abschluss des II. Vatikanischen Konzils, eine Katechese gefordert, die sich *in* der Familie realisiert. Mitte der 60iger Jahre entwickelte sich in Chile – unterstützt von dem in Chile heute noch hoch geschätzten, inzwischen verstorbenen Kardinal Silva-Henriquez – die Forderung, dass Eltern selbst die Katechese mit ihren eigenen Kindern übernehmen und dafür eine „Anleitung" bekommen. Carlos Decker und Enrique García Ahumada, die als die wichtigsten Väter der Familienkatechese in Lateinamerika gelten, sehen in dieser Entwicklung den Geburtsprozess der *Catequesis familiar* (Ferraris 1962, 87: Decker 1988, 20; Garcia Ahumanda 1989, 51).

Im Jahre 1972 fiel in Chile auf breiter Ebene die Entscheidung, den Schwerpunkt der auf eine Glaubensbegleitung der Eltern selbst zu legen und Kindern nicht nur wie bisher lediglich Kommunionmütter (*mamas catequistas*) zuzuteilen. Dafür wurden folgende Argumente angeführt:

- Viele *mamas catequistas* wirkten auf die Kinder wie Lehrerinnen, es fehle der aktuelle Bezug zu den eigenen Eltern.
- Eine tatsächliche Erfahrung mit der Bekehrung zu Jesu Christus habe bei den *mamas catequistas* vielfach noch nicht stattgefunden.
- Das Hauptanliegen von *Catequesis familiar* sei die Evangelisierung der Erwachsenen und die Bildung christlicher Gemeinden sowie die Begleitung der Kinder auf dem Weg zum Erwachsenen: „Unsere größere Aufgabe dürften heute nicht die Kinder, sondern die Eltern sein." (Decker 1988, 10)

Bald konnte man in Chile die Erfahrung machen, dass in vielen Pfarrgemeinden die Beteiligung der Gemeindemitglieder auf diesem neuen katechetischen Weg intensiver wurde und immer mehr Christen ihre soziale Verpflichtung gegenüber der Welt entdeckten. Der Lehr- und Lernprozess wurde auf den Zeitraum von zwei Jahren hin konzipiert.

Der von Adveniat herausgegebene Band (Carrara 1999, 19–20) beschreibt im Dreischritt *Sehen – Urteilen – Handeln* klare Perspektiven. Zum *Sehen*:

„*Sehen* bedeutet, sich der verschiedenartigen Ausgangslagen und Lebensbedingungen des Landes zu vergewissern und die Eltern und Familien in den Gemeinden mit ihren konkreten, zum Teil äußerst schwierigen Lebenssituationen anzunehmen, um sie im Sinne der Hilfe zur Selbsthilfe kompetent unterstützen und begleiten zu können. Die Katechese in der Gemeinde muss damit die Stärken und Schwächen der Menschen unter den gesellschaftlichen Bedingungen der Armut kennen und verstehen. Dazu gehören:

[112] Übersetzungen (hier und im Folgenden): A. Biesinger.

die lebensverneinende und lebensbedrohliche materielle Armut, die zu einem großen Elend (Miseria) in den Familien führt.

die Destabilisierung der Familien, die von der Politik zumeist unterstützt wird; destabilisierte Familien haben keine Kraft, sich politisch aufzulehnen und sind mit ihren eigenen innerfamiliären Problemen beschäftigt.

die Defizite im Bildungswesen, die dazu führen, dass eine sehr große gesellschaftliche Gruppe im Unwissen bleibt und damit auch ihre Rechte nicht kennt und nicht einfordern kann.

die Unterernährung, die zu physiologisch bedingten Problemen – auch der intellektuellen Entwicklung – der Menschen führt, sie in Abhängigkeit hält und lebenslang dazu zwingt, gegen ihre Gesundheitsprobleme ankämpfen zu müssen." (Carrara, 1999, 19–20)

Die theologischen Kategorien und Kriterien zu dem zweiten Schritt *Urteilen* sind:

- Gott ist im Leben der Armen anwesend. Er ist ein Gott des Leben und nicht des Todes. Er steht auf der Seite der Armen.
- Das Leben mit Gott konkretisiert sich in einem entsprechenden Lebensstil: Gott will in Beziehung mit uns Menschen leben, und wir können in Beziehung mit ihm leben.
- Wenn man Gott in der Familie Raum gibt, entsteht ein qualitativ neuer Lebensstil.
- Die Geschichte Gottes mit seinem Volk wird greifbar in der Familie und anderen konkreten kleinen Gemeinschaften.
- Die Verkündigung Jesu enthält lebensförderliche Perspektiven für die Existenz des Menschen. Dies wird zum Beispiel deutlich in den Perikopen vom barmherzigen Samariter (Lukas 10,29–37), von der Vergebung gegenüber dem Schuldner (Matthäus 18,21–35), von der Einladung zur Gemeinschaft mit den Sündern (Lukas 19,1–10), vom Protest gegen den weltorientierten Tempelkult (Markus 11,15.19).

Diese Kriterien sind für die Konzeption des Prozesses von Familienkatechese inhaltlich unerlässlich. In den verschiedenen Gruppen dienen sie als grundlegende Kriterien für die Beurteilung der Situation im Licht des Evangeliums (Carrara 1999, 21f.).

Der dritte methodische Schritt, das *Handeln*, provoziert dazu, den so verstandenen Glauben zum Ausdruck zu bringen und zu leben. Menschen heute begegnen dem Gott des Lebens, dem auch Jesus und seine Jünger begegnet sind, und erleben dadurch Verwandlung und Bekehrung. Die Begegnung mit Gott rüttelt auf und führt zur Revision des Lebens. Wir Menschen sind für solche Veränderungen in unserem Leben individuell und auch als Gemeinschaft verantwortlich. Wir machen neue Lebens- und Glaubenserfahrungen durch das Leben des Wortes Gottes. In der Begegnung mit der Frohen Botschaft wächst in Menschen die Würde und das Bewusstsein, Kinder Gottes zu sein.

Eine solche Revision des Lebens im Sinne eines veränderten Handelns realisiert sich:

- in der Option für Gott gegen das Gold.
- im Einsatz für ökonomische Lebensmöglichkeiten.
- im Einsatz für Gerechtigkeit gegen (strukturelle) Ungerechtigkeit.
- in der vorrangigen Option für die Armen und der Herausforderung an die Reichen, zu teilen.
- in der Organisation von Basisgruppen, die im Sinne eines integralen Ansatzes den Glauben an Gott in den konkreten Herausforderungen der Armutssituation leben und durch einen intensiven Zusammenhalt in solidarischer Kommunikation den Gott des Lebens sichtbar machen.
- im Einsatz für politische Gerechtigkeit etwa im Blick auf Verschwundene, im Blick auf zu Unrecht Angeklagte, die generelle Straflosigkeit von politischen Verbrechen usw.
- in der Option für Bildung, für Arbeitsmöglichkeiten, für Gewaltlosigkeit in den Familien, gegen das Verlassen der Familien durch die Väter (Carrara 1999, 23f.).

Vergleicht man die Erfahrungen von Gemeinden, die in den letzten zehn Jahren den Weg der Familienkatechese realisiert haben mit Gemeinden, in denen es nicht zu einer solchen intensiven Gruppenbildung gekommen ist, zeigt sich, dass die Familienkatechese zu einer Intensivierung der Kommunikation in den Familien, zu einer Intensivierung der Partnerkommunikation und zu einer intensiven Kommunikation in den Gemeinden geführt hat. Dies ist bei Gemeinden ohne diese intensive Gruppenbildung so nicht feststellbar.

Provokation für Europa

Das Konzept der *Catequesis familiar* ist eine Herausforderung an die theologische Erwachsenenbildung, speziell die Erwachsenenkatechese sowie die Theorie und Praxis der Glaubenskommunikation in der Familie in Europa. Es impliziert einen basiskirchlichen Paradigmenwechsel, der in vielen unserer Gemeinden zu Konflikten aber auch zu Aufbrüchen führt.

Vom Konzept *Catequesis familiar* her ergeben sich folgende wesentliche Aspekte und Postulate:

- Der Dreischritt *Sehen – Urteilen – Handeln* ist katechetisch elementar sowohl im Blick auf die Formulierung von Deutekategorien als auch im Blick auf die Qualitäten der Vermittlung. Im Dreischritt von *Sehen – Ur-*

teilen – Handeln hat *Catequesis familiar* bezeugenden und erkennenden Charakter. Die Eltern werden unterstützt und begleitet, *selbst* zu Zeugen der nahegekommenen Gotteskommunikation für ihre eigenen Kinder und die Familie zu werden. „Der Glaube ist in sich selbst eine Praxis, die als Praxis, also im konkreten kommunikativen Handeln, Gott für die anderen behauptet und im Handeln zu bewähren sucht." (Arens 1989, 402)

- Angesichts oft einseitig überzogener Subjektorientierung in der Erwachsenenbildung legt *Catequesis familiar* deutlich Wert auf Solidaritätsorientierung. Familienkatechese hat diakonische Dimensionen. Viele Eltern lernen die Spannung auszuhalten zwischen ihrem subjektiven Zugang zum Glauben und den elementaren Profilen des Glaubens der Kirche. Sie benötigen dabei Ermutigung und Unterstützung und nicht – wie von einer Reihe von christlichen Erneuerungsbewegungen immer wieder deutlich abqualifizierend formuliert – Ausgrenzung und Misstrauen.
- Als Subjekte werden Eltern *und* Kinder so begleitet, dass sie sich im Blick auf das Geheimnis ihres Lebens „selbst leiten" können. Es handelt sich um einen Lehr- und Lernprozess, der Persönlichkeitsentwicklung, Glaubenskompetenz, Einstellungen und Motive und eigene Bedürfnisse nach Sinnerfahrung integriert. Eine solche Grundbefähigung zum Zeugnis für den christlichen Weg hat für viele befreiende Perspektiven.
- Derzeit werden in Europa große Gruppen von Kindern und Jugendlichen von ihren Eltern um die Beziehung zu Gott dadurch „betrogen", dass Eltern entweder nicht die Befähigung und den Mut haben oder aber die in ihrer Biographie erlittenen Störungen einer fragwürdigen religiösen Erziehung nicht so bearbeiten konnten, um ihren Kindern trotzdem die christliche Gotteskommunikation zu erschließen können. Die Bearbeitung solcher Störungen, von Mutlosigkeit und der Selbsteinschätzung, für religiöse Erziehung nicht kompetent zu sein, muss als zentrale Herausforderung für die kirchliche Erwachsenenbildung begriffen werden. Auf der Subjektebene ist dies ein Akt der Befreiung. Ein solches handlungsorientiertes Konzept als Sinnrealisierung hat konkrete Ausgangspunkte. Die Sinnfrage wird oft in typischen Situationen gestellt, die „nahezu ausnahmslos durch eine Irritation des bisherigen eingespielten Lebensvollzuges eines Menschen gekennzeichnet" sind (Köhler 1988, 77). Durch den Lernprozess *Catequesis familiar* können sich Eltern mit ihren Kindern neu orientieren, sie erleben sich als handlungsfähig angesichts der bevorstehenden Erstkommunion mit ihren Sinngehalten und Herausforderungen im konkreten Handlungsraum der eigenen Familie.

- Die Störungen aus der eigenen Biographie, auch die eigene religiöse Sozialisation, hinterlassen im Menschen tiefsitzende strukturelle Verarbeitungsformen als kognitive Tiefenstrukturen. Die Irritation des bisherigen, eingespielten Lebensvollzuges ist für die Erwachsenenbildung deswegen von großer Bedeutung, weil es neben dem theologischen Alltagsbewusstsein auch Lebenslagen gibt, in denen Deutungsmuster und Strukturen fragwürdig werden oder zusammenbrechen und in denen die Betroffenen für eine produktive Weiterentwicklung offen sein können.
- Erfahrung entsteht in Erschließungssituationen, d.h. in Situationen, in denen neue grundlegende Einsichten gewonnen werden. Religiöse Erfahrungen haben Widerfahrnischarakter, d.h. sie können nicht hergestellt werden. Sie erfordern „die Kompetenz, Erfahrung symbolisch zu deuten und zu verarbeiten. Erfahrungen vermitteln sich durch Symbole" (Lott 1984, 157). Zugleich ist religiöse Erfahrung soziale Erfahrung, die religiösen Symbole zur Verarbeitung von Erfahrungen werden in gemeinsamen Sprachspielen und Interaktionen „gelernt". Es ist eine zentrale Grundaufgabe der kirchlichen Erwachsenenbildung Erlebnisse religiös elementar zu reflektieren und dadurch die Erfahrungsfähigkeit zu fördern.

3.7 Die Zukunft der Liturgie ist Familienliturgie – oder sie wird nicht mehr sein[113]

Wer Familienliturgie als Entertainment oder Talkshow abqualifiziert, meint zunächst einmal die Argumente auf seiner Seite zu haben. Damit kann man jegliche Erneuerung der Liturgie auf Verständlichkeit und Lebensrelevanz hin desavouieren. So dürfen aber nicht – wie dies leider oft kurzschlüssig geschieht – neue, fundierte liturgische Ausdrucksformen, Gesten und Symbolisierungen abgewertet werden (Biesinger 1997). Es ist schließlich nicht einfach so, dass die Menschen liturgieunfähiger geworden sind; vielmehr stellen sie höhere Ansprüche an die Liturgie und Predigt als früher. Dies hat mit der Mediengesellschaft und ihren Ablenkungsstrategien einerseits zutun, aber auch mit den veränderten Verstehensmöglichkeiten vieler Menschen andererseits.

Analysiere ich als Religionspädagoge die Situation in Gemeinden, dann stelle ich allein schon in meinem Umfeld fest, dass in der einen Gemeinde mit ungefähr 2.000 Katholiken den Sonntagsgottesdienst noch ungefähr 100 Personen im Le-

[113] Überarbeitete Version 2011. Zuerst erschienen als: Biesinger 1998a. Vgl. dazu auch Odenthal 2008a, b; Hofrichter 1997; Fürst 2010.

bensalter von 45 Jahren an aufwärts besuchen. Fünf Kilometer weiter – die soziale Struktur dieser Gemeinden ist ziemlich ähnlich – ist die Kirche überfüllt, besuchen viele junge Eltern mit ihren Kindern den Sonntagsgottesdienst, bereiten Jugendliche in ihren Gruppen und mit ihrer Musikband regelmäßig Jugendgottesdienste in verständlicher, in ihrer Sprache vor. Ich habe es selbst gesehen und mit eigenen Ohren gehört: Die biblischen Texte ehrfurchtsvoll gelesen und gehört, in dichten Gesten und Worten ausgelegt.

Fünfzehn Kilometer weiter dasselbe: Die eine Gemeinde lebt vor sich hin, die junge Generation scheint abgeschnitten oder hat sich abgekoppelt. Die Nachbargemeinde dagegen drängt zum Gottesdienst, es bilden sich viele kleine Gruppen, die Gemeinde wird immer diakonischer, sie übernimmt Schritt für Schritt selbst „Werke der Barmherzigkeit“: Trauernde trösten, Kranke besuchen, Betrübten recht raten, die Kommunikation in der Familie stärken, die Kinder nicht mit ihren religiösen Fragen allein lassen.

Es muss keine Gottesdienste geben, die bewusst oder unbewusst so gefeiert werden, dass die Menschen wenig verstehen und kaum betroffen sind. Gottesdienste, in denen Menschen für die Beziehung mit Jesus Christus das Herz aufgeht, sind gefragt. Es wird sich mit der Zeit herumsprechen, dass Familien mit ihren Kindern erwünscht sind und mit einem guten Gedanken, einem aufbauenden Bild und einem tröstenden Wort aus dem Sonntagsgottesdienst in die nächste Woche gehen können.

Wenn die Sonntagsliturgie generell so gefeiert würde, dass junge Eltern mit ihren Kindern etwas verstehen, dann verstehen auch die anderen Erwachsenen; meistens ist es so, dass auch die Großeltern sich freuen, wenn die Enkelkinder mit ihnen über das, was sie im Gottesdienst erlebt haben, sprechen können.

Mein Plädoyer für integrative Liturgiegestaltung bezieht sich nicht nur auf punktuelle „Familiengottesdienste“, die in manchen Gemeinden in mehr oder weniger unregelmäßigem Abstand mit (zum Teil) großem Aufwand gestaltet werden. Ich fordere, das an jedem Herrentag die Liturgie so gestaltet und gefeiert wird, dass eine lebensrelevante Glaubenskommunikation entsteht, eine aktuelle Erneuerung und Festigung der Beziehung zum Herrn Jesus Christus, und zwar so, dass Kinder, Eltern und Großeltern verstehend feiern können.

Als wichtige Elemente einer solchen Qualität liturgischer Ästhetik unter strikter Wahrung der liturgischen Vorgaben ist grundsätzlich zu beachten (Biesinger 2010b): In kurzen, verstehbaren Sätzen kommt das zum Ausdruck, was wir feiern. Die verbalisierten Deutungen werden unterstützt durch Ehrfurchtsgesten, Symbole, durch geführtes Schweigen und Besinnung.

Der Bußakt: Die Scherben der vergangenen Woche und das alles, was uns an Solidarität, Einfühlsamkeit, an Friedenstiften, an Nachdenklichkeit gelungen ist, bringen wir mit; wir öffnen uns auf Gott hin, der alles das heil macht und in ein Ganzes bringt. Die Lebenssituationen, die wir ansprechen, müssen genauso aus dem Alltag der Kinder und Eltern stammen wie aus dem Alltag von Singles und älteren Menschen.

Das Tagesgebet darf sich nicht auf abgehobene Floskeln und rituelle Sprachspiele reduzieren. Es soll auf die Texte aus dem Alten und Neuen Testament, die anschließend vorgetragen werden, bezogen sein und mehr Lobpreis als Bitte beinhalten.

Die Lesung und *das Evangelium* sind durch entsprechende Gesten hervorzuheben. Kinder können gemeinsam mit Erwachsenen das Evangelienbuch, das in der Mitte des Gottesdiensthauses aufgelegt ist, in Prozession nach vorn tragen, die Kinder können um den Ambo stehend Lesung und Evangelium hören. Eine Alternative dazu ist die Evangelienprozession durch die Kirche, die die Aufmerksamkeit der Gottesdienstgemeinde auf das jetzt uns zugesagte Wort Gottes lenkt.

Die Auslegung des Wortes Gottes in der Predigt darf sich selbstverständlich nicht auf ein „kindisches" Niveau begeben. Kinder sind schließlich intelligente Wesen und wollen „groß werden". Allerdings erbringt andererseits eine Predigt, die von theologischen Richtigkeiten strotzt, nicht von vornherein mehr Niveau und mehr Verstehensmöglichkeiten als ein Predigtgespräch mit den Kindern anhand eines konkreten Symbols – ein Senfkorn in der Hand, eine Scherbe, die Transformation einer biblischen Geschichte in einem Rollenspiel. Oft geht die tiefere Bedeutung so mancher voller Geheimnisse steckender Bibeltexte frappierend deutlich auf, wenn wir eine Symbolgeschichte aus dem Chassidismus einbeziehen.

Die Fürbitten, von Erwachsenen formuliert, aber durch Kinder vorgetragen, sind meistens nicht stimmig. Wenn Kinder Fürbitten vortragen, dann sollen sie diese auch formulieren dürfen. Die Fürbitten Erwachsener sind sinnvollerweise auch von Erwachsenen vorzutragen. Schließlich soll es nicht ein Kindergottesdienst, sondern eine Sonntagsliturgie für alle sein, die gleichzeitig auch eine Familienliturgie ist, somit müssten aber auch die Erwachsenen in diesem Gottesdienst so angesprochen werden, dass es für sie stimmig ist.

Die Gabenbereitung: Es ist nicht nur so, dass wir Brot und Wein auf den Altar bringen, sondern unser ganzes Leben in der vergangenen Woche, mit allem was wir gearbeitet, gelacht und gelitten haben. Die Gabenbereitung ist die Hin-Gabe unseres Lebens hinein in die Beziehung mit Jesus Christus. Eine gemeinsame Gabenbereitung durch Eltern und Kinder wäre ein entsprechender Ausdruck, der als liturgisches Element an jedem Sonntag möglich ist. Die übliche Form, dass die Ministranten mit dem Priester die Gabenbereitung vollziehen, ist lediglich eine verknappte Ausdrucksform. Kinder können den Altartisch mit einer Tischdecke, mit Blumen und mit Kerzen decken, damit klar wird: Jesus lädt uns an seinen Tisch, den wir gemeinsam mit ihm bereiten.

Zum eucharistischem Hochgebet werden die Kinder eingeladen, um den Altar herum ganz nahe dabei zu sein, mit großen Augen und Ohren das Geheimnis unseres Glaubens wahrzunehmen. Wichtig ist dabei, konsequent nach dem dreifachen „Heilig" eine Phase des Schweigens zu gestalten. Schweigen öffnet die Sinne und fährt Antennen aus für die Wahrnehmung des Geheimnisses. Lieber einige Sätze an anderen Stellen weniger sprechen oder ein Lied weniger singen und zwei bis drei Minuten des Schweigens einfügen, bevor wir das eucharistische Hochgebet beten. Manche kirchlich approbierte Kinderkanones sind dialogisch aufgebaut, und die Gemeinde kann antworten, lobpreisen, bitten und danken.

Das Vaterunser: Es ist für mich seit mehr als einem Jahrzehnt eine besonders eindrucksvolle Geste, wenn sich beim Vaterunser alle, nicht nur vorn die um den Altar, sondern auch die in den Bänken Stehenden die Hände reichen als Zeichen dafür, dass sie geliebte Söhne und Töchter des einen Vaters sind. Unter liturgiewissenschaftlichen Aspekten mag dies umstritten sein; manche plädieren für die Orantenhaltung, das heißt, wir strecken unsere Arme geöffnet nach oben dem Vater entgegen. Streit ist hier überflüssig: Das eine betont etwas anderes als das andere, und eine Gemeinde kann in diesen Gesten zum Vaterunser abwechseln. Aber dass wir das Vaterunser ohne Körpergeste beten müssen, steht nirgends geschrieben und ist eher ein Problem unserer eigenen Mentalität als dass dahinter eine liturgische Vorschrift oder eine große Tradition stehen würde.

Der Friedensgruß: Wer versöhnt leben kann, ist ein glücklicher Mensch. Versöhnt leben ist anspruchsvoll, ich muss mich dann mit mir selber versöhnen, mich mit anderen versöhnen, mich von Gott versöhnen lassen. Es ist eine der ganz großen Gesten in der Eucharistiefeier, dass Jesus Christus uns Seinen Frieden gibt, der es uns ermöglicht, mit uns selbst und untereinander Frieden zu realisieren. Falls die Kinder noch um den Altar stehen, können sie sich im großen Kreis die Hände geben und somit miteinander verbunden beim Friedensgruß die Hände drücken. Dies stiftet Gemeinschaft und Versöhnung.

Die Austeilung der eucharistischen Gaben müsste intensiver angekündigt werden. Es geht um Tischgemeinschaft, die Kinder könnten um den Altar stehen und als erste die eucharistischen Gaben empfangen. Bei der Kommunionausteilung muss Ehrfurcht und Präsenz zum Ausdruck kommen. Ein hastiges Austeilen, ohne den Menschen in die Augen zu schauen und damit Beziehung aufzunehmen und sich dafür auch die Zeit zu nehmen, hat wenig Sinn. Die mit nach vorn kommenden kleineren Kinder, die noch nicht bei der Erstkommunion waren, müssen das Gefühl haben, dass sie willkommen sind, wenn wir ihnen ein Kreuzzeichen auf die

Stirn machen und ihnen sagen: „Gott segne Dich". Es ist die eine wichtige Form, eine Beziehung mit Jesus Christus und seinem himmlischen Vater zu stiften.

Nach der Kommunion eine kurze Schweigeminute. Das Schlussgebet kann die Gottesdienstgemeinde in die nächste Woche führen, ihr Mut und Hoffnung zusprechen, vom eucharistischen Herrn begleitet und gestärkt in die kommende Woche zu gehen.

Die Sendung ist als Stärkung und Kraft zu verstehen, im Energiefeld mit dem eucharistischen Herrn den Alltag auf seinen Frieden hin zu öffnen und sich von ihm öffnen zu lassen, die Welt zu gestalten und nicht nur in der Eucharistie, sondern auch in den Augen der Leidenden Jesus Christus zu entdecken.

Zur musikalischen Gestaltung: Das „Gotteslob" als alleinige Grundlage für die Lieder und die Musik in der Eucharistiefeier ist zu schmal. Wenngleich eine Reihe von Liedern des Gotteslobes in der Gemeindepraxis noch gar nicht entdeckt sind, bedarf es einer Erneuerung auch des Liedgutes, das in einer Reihe von neuen Liederbüchern den Gemeinden zur Verfügung steht. Es ist eine kurzsichtige und falsche Praxis, wenn Gemeinden sich von jenen Gruppen dominieren lassen, die lediglich die traditionelle Kirchenmusik akzeptieren (können). Genauso wie eine Gemeinde eine Orgel haben sollte, sollte sie auch eine Musikband mit Keyboard, Gitarre, Saxophon und Schlagzeug aufbauen, in der die jungen Leute ihre eigenen Lieder und musikalischen Ausdrucksmöglichkeiten erproben und damit auch selbst Träger der liturgischen musikalischen Gestaltung werden können. Für viele ist nun einmal Lob und Preis, Dank und Bitte in jugendgemäß ausgedrückten Liedern und musikalischen Gestaltungen eine wichtige Möglichkeit des Verstehenszuganges und des existentiellen Ausdrucks. In diesem Sinne ist in vielen Gemeinden eine rasche und konsequente Änderung und „Bekehrung" fällig, ohne dass deswegen die traditionelle Kirchenmusik Schaden leiden muss. Es bedarf dieser zweiten tragenden Säule musikalischer Ausdrucksformen.[114]

Die Messe „erklären"

Sehr wichtig ist es, immer wieder die wichtigsten Elemente der Eucharistiefeier zum Thema von Liturgie zu machen. Es hat ja wenig Sinn, jeden Sonntag Ritualisierungen zu feiern, deren eigentliches Geheimnis nicht „entborgen" wird. So ha-

---

[114] Die Umsetzung ist nicht so kompliziert. Fast in jeder Region gibt es musikbegabte Menschen oder Musiklehrer, die, vielleicht gegen ein kleines Honorar der Kirchengemeinde, eine solche Jugendmusikband aufbauen und sie begleiten. Unverständlich und für die Zukunft der Liturgie fatal, dass in der Kirchenmusikausbildung der kirchlichen Musikschulen diese Kompetenz, einen Kinder- und Jugendchor mit neuen geistlichen Liedern oder eine entsprechende Musikband aufzubauen und zu leiten, so wenig beachtet wird. Es ist überhaupt nicht einzusehen, warum ein Absolvent oder eine Absolventin der Kirchenmusikausbildung solche Kompetenzen nicht erworben haben soll, wenn sie in einer Pfarrgemeinde tätig werden sollen.

be ich die Bedeutung des Bußaktes mit dem Symbol der Scherben erschlossen. Ich nehme einen alten Keramikblumentopf und zertrümmere ihn mit einem Stein vor den Kindern im Altarraum, bitte die Kinder, die einzelnen Scherben in die Hand zu nehmen, wir sprechen über die Scherben der vergangenen Woche, welche Scherben wir anderen bereitet haben, wer uns Scherben gemacht hat und wie wir damit zurechtkommen. Auch für die Erwachsenen ist dies immer wieder eine Hilfe und es ist keineswegs eine „Kinderei", sich darauf immer wieder neu zu besinnen.

Ausblick

Die liturgische Feier am Sonntag hat infolge der hohen Mobilität der Menschen (Freizeit, Wochenendreisen) und ihrer anspruchsvoller gewordenen Wahrnehmung aufgrund des Fernsehens besondere Herausforderungen zu bestehen. Aber: Nicht alle Menschen verreisen am Sonntag, und es gibt Möglichkeiten, auf die veränderte Wahrnehmungsstruktur einzugehen. Eine Reihe von Beispielen[115] zeigt, dass es sehr wohl möglich ist, den Herrentag in der Eucharistiefeier mit Würde und Begeisterung so zu feiern, daß *alle* Generationen beteiligt sind. Auf die besonderen Verstehensprobleme und Ansprüche der jüngeren Generation besonders hinzuweisen ist leider immer noch nötig. Wer dies allerdings übersieht, kann allein aufgrund der demographischen Entwicklung wissen, wann diejenigen, die heute 50 Jahre und älter sind, aufgrund ihres Lebenslaufs eines Tages fehlen werden; wenn Kinder und Jugendliche keine liturgische Praxis erschlossen bekommen, wird es um die Sonntagsliturgie in zwei Jahrzehnten schlecht bestellt sein.

Heute klare Optionen zu treffen, ist von vitaler Bedeutung. Wir dürfen aber realistisch optimistisch sein, dass wir noch viele Möglichkeiten haben. Eine davon ist die Beteiligung möglichst vieler Gruppen als Träger bei der Mitgestaltung von Gottesdiensten: Kindergärten, Familienkreise, Erstkommuniongruppen, Eltern und Kinder in Jugendgruppen, Ökogruppen, Sportvereine, Jugendfeuerwehr, Dritte-Welt-Gruppen usw. bereiten Gottesdienste mit ihren Themen vor, gestalten sie, und plötzlich atmet die Sonntagliturgie spirituell neues Leben. Auch wenn diese Menschen nicht jeden Sonntag kommen, so verlieren sie auf diesem Weg doch nicht den Anschluss zum Energiefeld Eucharistie.

---

115 Zum Beispiel die Gemeinde St. Luzius in 72379 Hechingen. Vgl. Biesinger 2010b.

3.8 Eltern – Kinder – Großeltern – Singles in der sonntäglichen Eucharistiefeier[116]

Analysen und Herausforderungen für eine innovative Pastoral in Seelsorgeräumen[117]

In der Seelsorgeeinheit St. Luzius in Hechingen (Hohenzollern) feiern zwei Mal im Monat am Sonntag ca. 250 Kinder, Eltern, Großeltern und Singles Eucharistie – gleichzeitig liturgisch adäquat dem Ritus folgend sowie kind-, familien- und erwachsenengerecht.[118] Wie das möglich ist? Der „Sonntagvormittag mit LUKI" – die Gemeinde heißt St. Luzen – beginnt um 10 Uhr im Gemeindehaus. Dort treffen sich viele verschiedene Kindergruppen und ihre Leiter zu einer Spielstraße mit verschiedenen Angeboten. Ich komme dazu, um die Situation wahrzunehmen und religionspädagogisch zu reflektieren.

„Haben Sie schon eingecheckt?" – am Eingang liegen Anstecker mit den Namen der Kinder und Leiter. Die dahinter stehende Symbolik: Du bist hier wichtig, du wirst erwartet. Du bist hier willkommen und gehörst dazu.

Das Gemeindehaus ist voller Gruppen auf allen drei Stockwerken: Kommunionkindergruppen, Gruppen von Kindern, die im letzten Jahr zur Erstkommunion gegangen sind, Kindergartengruppen... Sie haben in der Mitte ein Symbol, ein Bild, einen Bibeltext. Sie wirken konzentriert. Im ersten Stockwerk trifft sich das Leitungsteam der Gemeinde zum gemeinsamen Gebet zur Vorbereitung: Sich öffnen und begleiten lassen vom Heiligen Geist.

Kurz vor 10.30 Uhr in der gegenüberliegenden Kirche. Vorne rechts im Kirchenschiff ist eine große Power Point-Wand: „Wir begrüßen euch zur schönsten Stunde der Woche." Die Eucharistiefeier als „schönste Stunde der Woche" – das ist eine komplett andere Botschaft als: langweilig, ich verstehe nichts, hat mit mir nichts zu tun, will ich nicht mehr hingehen.

Die vordere Hälfte der Kirche füllt sich. Die Kinder ziehen aus dem Gemeindezentrum in Gruppen in die Kirche ein: leise, konzentriert, andächtig. Doch plötzlich schreien sie im Chor: 10, 9, 8, 7, 6, 5, 4, 3, 2, 1 – dann absolute Stille, vorne eine Klingel. Der Pfarrer zieht mit zehn Ministranten ein und beginnt mit dem liturgischen Gruß die Eucharistiefeier.

Dieser Pfarrer ist keineswegs ein „liturgischer Chaot", der sein eigenes Hochgebet formuliert oder anderweitig willkürlich die Grundstruktur der Eucharistiefeier verändert. Die Eucharistiefeier beginnt mit dem Bußakt. Auf der großen Leinwand

---

[116] Dieser Text basiert auf einem Vortrag, der im April 2011 in Vallendar gehalten wurde.

[117] Der folgende Abschnitt ist entnommen aus: Biesinger 2010b.

[118] Vgl. http://www.sse-luzius.de/entdecken/kinderkirche-luki.html.

vorne wird jeder Schritt transparent gemacht: Die Lieder und Gebete werde im Volltext abgebildet. Diese Gemeinde geht davon aus, dass jeden Sonntag auch Menschen hinzukommen, die schon lange nicht mehr bei einer Eucharistiefeier waren oder sogar zum ersten Mal kommen.

Der Predigt für die Erwachsenen, die der Pfarrer hält, geht die kurze Predigt für die Kinder voraus. Die Pastoralreferentin sucht in der Rolle eines Detektivs nach Matthäus. Nach kurzer Zeit hat sie mit den Kindern erschlossen, wie sich Matthäus schreibt, es geht um die Berufung von Matthäus, dem Zöllner. Was heißt das, wenn Jesus ruft? Warum ruft er gerade diesen Zöllner? Was wäre gewesen, wenn Matthäus „nein“ gesagt hätte? Und wie ist es mit uns, sagen wir auf den Ruf von Jesus „ja“ oder „nein“? Viele Kinder beteiligen sich am Gespräch, die Pastoralreferentin bündelt theologisch punktgenau auf den Bibeltext.

Danach gehen sie in ihren Gruppen ins Gemeindehaus zurück – andächtig und geordnet. Sie vertiefen diese biblische Botschaft altersgemäß im Blick auf ihr eigenes Leben. Der Pfarrer kommt währenddessen weiter nach hinten in die Mitte der Kirche – der vordere Teil ist ja jetzt wieder leer, weil die Kinder im Gemeindezentrum sind. Er liest das Sonntagsevangelium, begleitet von den Ministranten mit Leuchtern. Die Predigt für uns Erwachsene ist präzise und hat mir einige elementare Gedanken mit in die Woche gegeben.

Vor dem Hochgebet kommen die Kommunionkinder des letzten Jahrganges herein. Sie sollen ja logischerweise mitfeiern. Die anderen Kinder kommen erst zum Vaterunser zurück. Viele Kommunionhelfer teilen das eucharistische Brot aus oder segnen die Kinder einzeln.

Am Ende des Gottesdienstes erscheint auf der großen Leinwand: „Wir danken, dass ihr mit uns gefeiert habt und wir laden euch wieder ein am 23. Oktober zur schönsten Stunde der Woche.“

Beim Hinausgehen sehe ich viele fröhliche und glückliche Gesichter und viele junge Eltern, die ich aus meiner Erfahrung nicht von vorne herein zum Milieu der Sonntagskirchgänger rechnen würde... Als Religionspädagoge und Homiletiker reflektiere ich: Hier wird dieselbe Eucharistiefeier gefeiert, wie sie auch in den Gemeinden im Umkreis in der Regel mit nur noch ganz wenigen Kindern und jungen Eltern gefeiert wird. In meist insgesamt immer leerer werdenden Kirchen...

Was sind die Gründe dafür, dass es hier anders läuft?

Ganz offensichtlich ist es eine andere Qualität der Kommunikation, sowohl in der Vorbereitung als auch in der konkreten Realisierung der Liturgie. Die Kinder sind Subjekte der Liturgie und ihrer katechetischen Gruppen. Es ist eine Atmosphäre entstanden von Zugehörigkeit und emotionaler Wärme. Die Kinder erleben Kirche als Gemeinschaft, sie treffen andere Kinder, mit denen sie gemeinsam beten und feiern können. Gewiss ist die Kommunikationsqualität der Schlüssel – diese beginnt bereits im Vorfeld – bei der Gewinnung, Motivation und Begleitung von ehrenamtlichen Mitarbeitern. Dies erscheint mir gerade eine Chance der Seelsorgeeinheit zu sein, ehrenamtliches Engagement zu bündeln und in hochqualifizierten und -engagierten zentralen Veranstaltungen für alle als Team einzusetzen. Die kritische Frage lautet ja meist: Woher kriegen wir die motivierten Leute? Es gibt sie ja, leider mühen sie sich oft in ihrer jeweiligen Gemeinde ohne Vernetzung und Lobkultur als Einzelkämpferinnen, nicht selten kritisch als Überengagierte beäugt...

Die Differenzierung der Predigt in der Hermeneutik von Kindern und Eltern und Großeltern, aber auch Singles und Paare, erbringt Präzision, Beheimatung und Lebensrelevanz und widerlegt den Vorbehalt, dass Gottesdienste mit Kindern „kindertümelnd" seien.

Stellt man diese liturgische Konzeption in den elementaren biblischen Kontext, dann gilt mit Markus 10,15ff.: „Lasst die Kinder zu mir kommen. [...] Amen, das sage ich euch: Wer das Reich Gottes nicht so annimmt, wie ein Kind, der wird nicht hineinkommen." Diese Botschaft Jesu gilt auch für heute. Es ist theologisch nicht stimmig Gottesdienste so zu feiern, dass Kinder abgeschreckt sind und hermeneutisch ausgegrenzt werden. Jesus würde im Blick auf die Kommunikation mit ihm in vielen Gottesdiensten auch heute „zornig", er könnte vielen sagen: „Ihr lasst die Kinder ja gar nicht zu mir kommen, Ihr wehrt sie ab durch Eure Art von Sprache und Kommunikation. Bei Euch sind sie eigentlich nicht willkommen. Ihr würdigt Kinder ja gar nicht als Kinder, sondern kommuniziert mit ihnen (über sie hinweg), als ob sie Erwachsene wären." Auch aus der Perspektive der Entwicklungspsychologie ist es unsinnig, Kindern das Glaubensverständnis von Erwachsenen abzuverlangen.

Das Direktorium für Kindermessen hat diese Problematik bereits 1973 erkannt:[119]

> „Für die kirchliche Unterweisung der Kinder liegt eine besondere Schwierigkeit darin, dass die gottesdienstlichen Feiern – vor allem auch der Eucharistie – die ihnen innewohnende pädagogische Wirksamkeit für die Kinder nicht voll entfalten können. [... Es] sind doch die Worte und Zeichen der Fassungskraft der Kinder nicht genügend angepasst. [... Es] wäre eine Beeinträchtigung ihrer religiösen Entwicklung zu befürchten, wenn den Kindern Jahre hindurch im Gottesdienst immer nur Unverständliches begegnete. Die moderne Psychologie hat aufgewiesen, wie nachhaltig sich die religiösen Erfahrungen des Kleinkindes und der frühen Kindheit auf Grund der religiösen Offenheit dieser Phasen auswirken." (Nr. 2)

> „[... Weil] ein volles christliches Leben [...] ohne die Teilnahme am Gottesdienst, in dem die versammelten Gläubigen das Pascha-Mysterium feiern [... nicht vorstellbar ist,] sollen alle Erzieher

[119] Vgl. hierfür und für die folgenden Zitate: Kongregation für den Gottesdienst, Direktorium für Kindermessen (1. November 1973), in: Rennings 1983, 1305–1322.

in gemeinsamer Überlegung und mit vereinten Kräften darum bemüht sein, dass die Kinder – die ja schon einen gewissen Sinn für Gott und religiöse Dinge mitbringen – entsprechend ihrem Alter und ihrer persönlichen Entwicklung auch die menschlichen Werte erleben, die der Eucharistiefeier zugrunde liegen wie zum Beispiel gemeinsames Tun, Begrüßung, die Fähigkeit zuzuhören, Verzeihung zu erbitten und zu gewähren, Bezeugung der Dankbarkeit, Erfahrung zeichenhafter Handlungen und freundschaftlichen Gemeinschaftsmahles sowie festliches Zusammensein."

Das entspricht dem, was ich an jenem Sonntagvormittag in Hechingen miterleben konnte. Die Kongregation für den Gottesdienst sieht in ihrem Direktorium für Kindermessen solche Kommunikationsqualitäten, wie sie sich in der vorgestellten Form der Kindergottesdienste in Hechingen bewähren, also ausdrücklich vor: Neben den inzwischen relativ verbreiteten frei formulierten, auch dialogischen Kurzansprachen (Nr. 23, 48) ist die Rede von Kinder-Lektoren und Kinder-Kantoren (Nr. 24), kindgerechten gesungenen und selbst musizierten Liedern (Nr. 30–32), von den Kindern formulierten Fürbitten (Nr. 22, 29), Konkretionen aus dem Leben zum Beispiel bei Bußakt oder Friedensgruß (Nr. 32), Bibeltheater (Nr. 47), Kommunionprozession (Nr. 34), Beteiligung der Kindern an den Vorbereitungen der Liturgie (Nr. 29) usw.

Kindergottesdienste sollen „Kinder zur wirklichen liturgischen Teilnahme führen und nicht bloße belehrende Erklärungen sein." (Nr. 23) Besonders betont wird deshalb auch „entsprechend dem Wesen der Liturgie als einem Tun des ganzen Menschen und entsprechend der Psychologie der Kinder" (Nr. 33) der Wert von Gesten und Bildern, speziell von Bildern, „die von den Kindern selbst hergestellt wurden, etwa zur Illustration der Predigt, zur bildlichen Darstellung der Fürbittanliegen, zur Anregung der Meditation." (Nr. 36) Kindergottesdienste sollen Kindern helfen Glaubensinhalte zu erschließen und zu verstehen. Deshalb verdienen alle Elemente, „die der Ausdeutung der Lesungen dienen, [...] besondere Beachtung." (Nr. 47)

Das Direktorium betont, dass Kinder wie Erwachsene wechselseitig von einer gemeinsamen Feier profitieren; erst recht, wenn der Gottesdienst teilweise in altersspezifischer Form stattfindet:

„Bei solchen (gemeinsamen) Messfeiern können die Kinder eindrücklich das Glaubenszeugnis der Erwachsenen erfahren. Doch auch für die Erwachsenen kann eine solche Feier religiös bereichernd sein, weil sie die Rolle der Kinder in der christlichen Gemeinde erleben. Der christliche Geist der Familie wird sehr gefördert, wenn die Kinder an solchen Messfeiern zusammen mit den Eltern und anderen Familienmitgliedern teilnehmen. Kleinere Kinder, die an der Messe nicht teilnehmen können oder wollen, können zum Abschluss der Messe hinzukommen, um zusammen mit der Gemeinde den Segen zu erhalten, nachdem sie während der Messe in einem anderen Raum von Helferinnen betreut wurden." Explizit erwähnt wird auch, dass es „angebracht sein (kann), den Wortgottesdienst mit Predigt für die Kinder an einem anderen, nicht zu entfernten Ort zu halten [...]." (Nr. 17).

Ein solches liturgisches Handeln, wie es in St. Luzius in Hechingen stattfindet, ist vom Direktorium für Kindermessen der Kongregation für den Gottesdienst also eindeutig gedeckt, ja muss ausgehend vom Direktorium für Kindermessen in einer solchen oder einer entsprechenden analogen Form sogar als eingefordert angesehen werden.

Analytisch ist festzuhalten, dass die einen Gemeinden im Hinblick auf die Beteiligung an der Sonntagseucharistie aufblühen, andere Gemeinden hingegen tendenziell oder gar ganz absterben. Wenn sich in einer Kirche heute im Sonntagsgottesdienst fast ausschließlich über 60-Jährige beteiligen, muss man kein besonders vorausschauender Statistiker sein, um ausrechnen zu können, dass diese Kirche in zwanzig Jahren am Sonntag für die Eucharistiefeier zugeschlossen ist.

Die römisch-katholische Kirche hat auf dem Gebiet der liturgischen Lebendigkeit und der Herausforderung, von den Quellen der liturgischen Tradition her entsprechende Kommunikationsformen zu erschließen, lange genug untätig Zeit verstreichen lassen. Wenn wenigstens heute Suchprozesse hin zur Veränderung kompetent in Gang gesetzt würden, könnte schon bald in vielen Gemeinden analog – also nicht einfach kopiert – wie in Hechingen Eucharistie gefeiert werden: liturgisch adäquat dem Ritus folgend und zugleich spezifisch kind-, familien- und erwachsenengerecht.

Ich kenne noch eine ganze Reihe anderer Gemeinden, in denen die Sonntagsliturgie sich – durch entschiedene Wege der Familienkatechese – regeneriert hat und ganz offensichtlich Menschen das Gefühl haben, herzlich willkommen und eingeladen zu sein – gerade auch *mit* ihren Kindern. Dabei ist es zu einfach, diese Anforderung lediglich an die Priester als die Vorsteher der Eucharistiefeier zu formulieren. Es gibt in vielen Gemeinden „Machthabergruppen", die es nicht dulden, dass Kinder ihre eigene Würde im liturgischen Raum und Vollzug bekommen. Doch in denjenigen Gemeinden, in denen Liturgieteams gebildet werden, die gemeinsam mit dem Priester Gottesdienste mit und für Familien vorbereiten, kann auch heute die Eucharistiefeier zur „schönsten Stunde der Woche" werden.

3.9 „Den Benjamin, den haben wir getauft!" – Taufe lernen mit 3- bis 7-Jährigen (Beate Biesinger/Albert Biesinger)[120]

Vorschulkinder sind in der sonntäglichen Eucharistiefeier häufig nicht willkommen. Sie stören ja, schauen rückwärts, fangen laut an, vor sich hin zu singen, rascheln mit dem Gebetbuch, finden die Predigt langweilig und gehen hinaus. Aufgenommen in die Gemeinde Jesu Christi durch die Taufe, Glied des einen Leibes

120 Überarbeitete Version 2011. Zuerst erschienen als: Biesinger/Biesinger 1981.

Jesus Christus, bleiben sie dem gottesdienstlichen Vollzug innerlich fremd bzw. haben sie den Eindruck darin nicht vorzukommen.

Hautnahe Erfahrung kommt im Rahmen der auf Erwachsene abgestimmte Vollzugsform nur schwerlich zustande. Oft können die Kinder noch nicht einmal aus ihrer Perspektive auf den Altartisch schauen. Ausgehend von dieser desolaten Situation versuchten wir, mit den Kindergartenkindern der Gemeinde Taufe anders zu feiern. Unser 4-jähriger Sohn hatte seinen Kindergartenfreunden voller Stolz erklärt, dass er jetzt ein kleines Baby zu Hause habe, es heiße Benjamin. „Die Kinder wollen Benjamin einmal sehen", erzählt er mit großen Augen beim Mittagessen. Unser Vorschlag, dass er seine Gruppe aus dem Kindergarten zur Taufe von Benjamin einladen könne, gefällt ihm nicht wenig.

Durch Handzettel werden die Kinder eingeladen. Der Pfarrer der Gemeinde lädt im Gemeindeblatt die 3- bis 7-Jährigen Kinder ein.

Katechetische Vorüberlegungen

Ausgehend von dem pastoral-theologischen Prinzip, die Kinder am Glauben der Erwachsenen partizipieren zu lassen bzw. sie im Rahmen dieser Glaubensgemeinschaft ihren Glauben auf ihre Weise vollziehen zu lassen, sind Realisierungsmöglichkeiten auch im sakramentalen Verkündigungsbereich ausfindig zu machen. Im Rahmen des sakramentalen Vollzugs der Taufe eignen sich die Symbole Wasser und Licht ganz besonders. Um die Kinder in ihrer Aufnahme- und Deutefähigkeit nicht zu überfordern, entschieden wir uns, nur diese beiden Symbole erfahrbar werden zu lassen: wie Wasser und Licht als Gabe Gottes zu Zeichen des Heiles werden.

Verlauf

Parallel zum Hauptgottesdienst am Pfingstsonntag versammelten sich die Geschwister von Benjamin und 30 Kinder aus dem Kindergarten mit den Eltern des Täuflings und einigen nahen Verwandten im Gemeindesaal neben der Kirche. Durch diese Organisation war es möglich, dass die Kinder nach dem Hauptgottesdienst von ihren Eltern wieder abgeholt werden konnten.

Die Kinder sitzen im Pfarrsaal auf dem Boden, zwischen ihnen sitzt Benjamin in einer Kinderwippe.

Der Vater des Täuflings begrüßt alle Kinder und Verwandten sowie den Priester, einen uns bekannten Katechetiker, mit dem diese Tauffeier abgesprochen war. Dann gibt er eine Einführung für die Kinder: „So klein wie Benjamin seid ihr auch mal gewesen. Ihr könnt euch das vielleicht gar nicht mehr richtig vorstellen. Ich kann mir nur ganz schwer vorstellen, dass ich einmal so klein war. Seht euch mal die kleinen Händchen an, die kleinen Ohren, überhaupt das kleine Köpfchen von

Benjamin. Habt ihr gesehen, gerade eben hat er ein bisschen gelacht. Als ihr so klein wart, seid ihr getauft worden; ich auch, aber ich kann mich überhaupt nicht mehr daran erinnern. Könnt ihr euch noch daran erinnern? – Also auch nicht. Deswegen haben wir euch heute zu diesem Tauffest eingeladen, dass ihr einmal ganz nahe sehen könnt, wie ein Kind getauft wird. Dann könnt ihr euch auch leichter vorstellen, wie ihr einmal getauft wurdet."

Gemeinsam singen alle das aus dem Kindergarten bekannte Lied „Die Sonne hoch am Himmelszelt"; die Kinder musizieren dazu frei mit Instrumenten aus dem Kindergarten.

Zum anschließenden Gebet werden alle eingeladen: „Die Mutter von Benjamin betet jetzt zum lieben Gott. Vielleicht könnt ihr dazu eure Hände falten und mitbeten.". Das Gebet, das die Mutter spricht:

> „Großer, guter Gott, Du hast uns dieses liebe Kind geschenkt, Du hast es gesund zur Welt kommen lassen, Du hast es im Mutterleib wohl behütet, Du hast es in unserer Liebe werden lassen. Es ist Dein Kind und es ist jetzt unser Kind. Lass´ es uns lieb haben, wie Du es liebst, großer Gott!"

Die folgende Katechese wir illustriert durch Farbdias – es geht um die Erfahrung lebensspendenden Wassers in der Wüste:

> „Was seht ihr auf diesem Bild? – Hohe Berge, gelb und rot, und ein großes, weites Tal. Die Berge sind ganz kahl und das Tal trocken, sandig. Stellt euch vor: wir marschieren schon viele Stunden durch dieses Tal. Die Sonne brennt heiß, wir schwitzen, wir sind durch und durch nass geschwitzt. Wir halten die Hand vor die Augen, wir sind geblendet. Die Füße haben sich in dem heißen Sand wundgelaufen, das Wasser läuft uns über die Stirne, wir haben ganz rote Köpfe. Nach Stunden sehen wir von weitem einen Brunnen vor uns, einen Brunnen mitten in der Wüste. Wir kommen immer näher, endlich ist es soweit: Wasser, Wasser. Wir tauchen unsere Hände tief in das Wasser und waschen uns unser staubbedecktes, sonnenverbranntes Gesicht. Wir trinken, trinken, es geht um unser Leben. In der Nähe dieses Brunnens wollen wir bleiben. Wir haben uns bis hierher durchgerettet. Hier können wir leben."

Nun bringen Benjamins ältester Bruder und dessen Freunde, die am Beginn des Hauptgottesdienstes mit dem Pfarrer in die Kirche oben eingezogen waren, das Taufwasser und die brennende Kerze in den Gemeindesaal herunter.

Taufversprechen

Täufling, Eltern, Paten, Täufer bilden einen zu den Kindern hin offenen Halbkreis. Der Priester zu den Eltern: „Versprecht ihr, für euer Kind ein guter Vater und eine liebe Mutter zu sein? Versprecht ihr, euer Kind im Geiste des Evangeliums zu erziehen? Versprecht ihr treu zu ihm zu halten, was die Zukunft auch bringen mag, und es zu achten, wohin es auch gehen wird, immer eingedenk, dass euer Kind von Gott geschenkt ist?"[121]

Die Taufe

Der Priester erklärt den Kindern, dass es für die Eltern wichtig ist, dass sich noch andere Menschen, die Taufpaten, um dieses Kind sorgen. Und dass Benjamin noch gar nicht sprechen kann und deswegen die Paten an seiner Stelle Gott sagen, dass sie ihn lieb haben. Deswegen nehmen jetzt die Paten Benjamin in den Arm.

Taufakt

Der Priester kniet sich zu den auf dem Boden sitzenden Kindern in die Mitte und bittet sie, ganz nahe heranzukommen, damit sie gut sehen können, wie Benjamin jetzt getauft wird. Das Kind, das das Wasser in der Kirche geholt hat, darf das Wasser reichen, das andere Kind kniet mit der Kerze daneben. Der Priester vermittelt den Kindern, dass dieses Wasser aus der Kirche geholt wurde, wo die Menschen an Jesus Christus glauben. Indem Benjamin getauft wird, wird er ein Kind Gottes, so wie wir auch Kinder Gottes sind, seitdem wir getauft wurden. Er erklärt: „Wir haben vorhin bei unserer Wanderung durch die Wüste besprochen, dass wir Menschen ohne Wasser nicht leben können. Dieses Wasser der Taufe bedeutet für Benjamin aber nicht nur Reinwerden, Durstlöschen, Badenkönnen. Es ist das Wasser des Glaubens aus der Kirche und schenkt ewiges Leben."

Der Taufende gießt Benjamin langsam das Wasser über den Kopf: „Ich taufe Dich im Namen des Vaters, des Sohnes und des Heiligen Geistes." Einige der Kinder kommen jetzt zu Benjamin her und machen ihm ein Kreuzzeichen auf die Stirn. Immer mehr Kinder wollen herkommen. Wir haben Zeit.

Salbung mit Chrisam

Der Priester erklärt die Salbung des Kindes: Schon vor einigen tausend Jahren wurden in Israel, wo Jesus geboren wurde und gelebt hat, die Königskinder mit Öl gesalbt. Benjamin ist jetzt auch ein Königskind geworden. Ich salbe ihn deshalb auch mit Öl: Ich stelle ihn unter den Namen Jesu Christi, ich salbe ihn mit seinem Geist, ich bezeichne ihn mit seinem Kreuz, damit er mit der Kraft und Gesinnung erfüllt wird, die in Jesus Christus war. Kind Gottes heute und bis in Ewigkeit.

[121] Die übrigen Texte des Taufscrutiniums folgen dem Rituale. Hier wie bei allen anderen Texten handelt es sich um der Situation der Teilnehmer entsprechende Ergänzungen. Wertvolle Anregungen bietet Molinsky 1971.

Weißes Kleid und Kerzen

Diese Taufe ist für uns und für Benjamin ein Fest. Deswegen ziehen wir ihm jetzt ein Festkleid an. Einige Kinder helfen jetzt, Benjamin das weiße Kleid anzuziehen. Alle Kinder zünden jetzt ihre kleinen Kerzen an der Taufkerze an: Gott bedeutet für Benjamin Licht, das seinen Lebensweg erhellt, wenn es dunkel ist.

Um den Kindern dies erfahrbar zu machen wird der Raum verdunkelt. Die Kinder werden gebeten, mal kurz ganz ruhig zu werden und Gott leise etwas zu sagen.

Nach einer Weile wendet sich der Taufende im wieder erhellten Raum an die Eltern: Empfangt dieses Kind, umarmt es liebevoll, bewahrt diese Wort in eurem Herzen und seid miteinander glücklich.

Der Vater bekommt das Kind aus den Händen der Patin zurück und küsst es; er gibt es der Mutter weiter, die es ebenfalls küsst.

Abschlussgebet

> „Großer Gott, heute ist Pfingsten. Die ganze Welt blüht und lacht. Die Menschen sollen wissen, dass Du immer bei ihnen bleibst, und dass Du uns nicht verlassen wirst. Wir danken Dir, dass Du uns in unserer eigenen Taufe zu Deinem Kind gemacht hast. Lass uns nie vergessen, dass wir ein großes Licht in unseren Herzen tragen."

Abschlusslied

Wiederholung „Die Sonne hoch am Himmelszelt". Die Kinder werden motiviert, mitzuklatschen oder auf den Instrumenten mitzuspielen.

Am Schluss lassen alle Kinder und Anwesenden den Täufling hochleben.

Nach einer kurzen Pause werden die Kinder eingeladen, auf große Tapeten auf dem Boden das, was ihnen an der Taufe am besten gefallen hat, zu malen.

Danach werden alle zu einer Agape an die Tische geladen. Drei große Kränze mit zusammengebackenen Broten werden gebrochen. Weil wir uns freuen, dass Benjamin jetzt wie wir ein Kind Gottes ist, wollen wir noch miteinander feiern.

Nachspiele

In den kommenden Wochen „tauften" viele der eingeladenen Kinder im Kindergarten immer wieder ihre Puppen. Nach der Mitteilung der Erzieherinnen wurde dieses „Spiel" sogar eine Weile täglich von den Kindern wiederholt. Selbst nach einigen Monaten spielten einige Kinder noch vereinzelt Taufe.

Wenn die Mutter die Geschwister von Benjamin im Kindergarten abholt, bilden sich immer wieder Gruppen von Kindern, die Benjamin unbedingt wieder sehen wollen.

Ein 4-Jähriger Bub stürmt herbei: „Das ist der Benjamin, den haben *wir* getauft."

Reflexion

Den Kindern war es offenbar möglich, in dieser katechetischen Situation Taufe mitzuvollziehen. Es hat Partizipationslernen stattgefunden, was sich auch in nachträglichen Identifikationshandlungen, z.B. Taufe im Kindergarten, aufweisen lässt.

Die Kinder waren aber nicht nur passive Teilnehmer, sondern sie waren Subjekte der Gemeinde Jesu Christi. „Den Benjamin, den haben wir getauft." Anstatt Zuschauer in einer unverständlichen Atmosphäre zu sein, konnten sie selbst mit Hand anlegen und „mittaufen". Der Taufende war gar nicht weit weg, er kniete sich in die Gruppe der Kinder, auch er war nah.

Kognitives und affektives und psychomotorisches Lernen des Glaubens fiel in dieser Situation hochgradig zusammen. Die Erlebnisgruppe war durch einzelne katechetische Elemente (Wasser in der Wüste, Licht in der Dunkelheit) mitinitiiert.

Taufe lernen, dauernde Herausforderung an die Gemeinde, war in diesem Fall sogar mit kleinen Kindern gelungen. Die Taufe war nicht auf irgendeinen privaten Sonntagnachmittagtermin verbannt, sie wurde als Fest gefeiert mit den Kindern der Gemeinde.

3.10 Taufkatechese mit Eltern

Religiöse Lernprozesse entstehen zunächst über die Suchbewegungen der einzelnen Menschen. Sie bringen in der Regel ihre großen religiösen Fragen schon mit sich, aber auch ihre Distanz, ihre Unsicherheit, ihre Glaubenszweifel. Sie zunächst so zu nehmen und zu würdigen, wie sie sind, ist ein Teil christlicher Spiritualität.

Der Zusammenhang zwischen niederschwelligen Einstiegen und den profilierten Ritualen der Taufe ist in der Regel nicht so schwierig herzustellen. Die Ausgangslagen der Eltern wie z.B. „Ich möchte, dass mein Kind gesegnet wird", werden in der Tauffeier ja öfter aufgegriffen. Am Beginn der Tauffeier spricht der Täufer das Kind mit seinem Namen an und segnet es mit einem Kreuzzeichen auf die Stirn mit dem Text:

> „Mit großer Freude empfängt dich die Gemeinschaft der Glaubenden. Im Namen der Kirche bezeichne ich dich mit dem Zeichen des Kreuzes."
>
> „Auch deine Eltern und Paten werden dieses Zeichen Jesu Christi, des Erlösers, auf deine Stirn zeichnen." (Rituale Romanum 2007, 36)

Danach segnen die Eltern und die Paten, manchmal die ganze mitfeiernde Familie oder Gemeinde das Kind mit einem Kreuzzeichen. Das ist oft ein sehr rührender Augenblick, wenn die Oma oder das ältere Geschwisterkind das Taufkind würdevoll und sehr bedächtig meditativ segnet.

Manche Eltern „verstehen“ in der gemeinsamen Feier und in der Konkretisierung der Rituale erst die Goldstücke der Taufe. Oft sind die Eltern vor der Taufe noch ganz angespannt, was jetzt auf sie zukommt und wie es geht. Hier ist der Liturg gut beraten, den Stress und die Spannung, man könne da etwas falsch machen, herauszunehmen und eine entspannte spirituelle Atmosphäre herzustellen.

In der Kraft der Rituale geht vielen Menschen durch den Vollzug das Herz auf – oft in einer Weise, wie wir es uns nicht vorstellen können. Nicht umsonst sieht man gerade auch bei Tauffeiern immer wieder Menschen mit „feuchten Augen“.

Die Taufe als Anlass für eine „Erstbegegnungen“ mit Taufeltern ist immer häufiger geworden. Oft sind die jungen Eltern seit der Firmung mit der Kirche nicht mehr im Kontakt, sondern nur noch punktuell an Weihnachten oder zu bestimmten liturgischen Anlässen wie Beerdigungen oder anderen Taufen oder Familienfesten. Umso mehr kommt es darauf an, dass die Kommunikation mit den Familien entspannt realisiert wird.

Die liturgischen Rituale der Taufe sind Segnung mit dem Kreuzzeichen auf die Stirn, die Fürbitten im Sinne von Solidarität für einander vor dem Angesichte Gottes, das Absageritual an das Böse, das Ritual den Glauben zu bekennen. Diese Rituale führen auf den Akt der Taufe mit Wasser hin. Die Taufe mit Wasser und der trinitarischen Taufformel ist für Menschen dann auch leichter zugänglich, wenn man ihnen folgendes erschließt: Gott ist Vater, Schöpfer unseres Lebens, Schöpfer dieses Kindes. Gott ist Sohn, der aus der göttlichen Welt gekommen ist, um das Leben von uns Menschen bis in die extremen Situationen hinein zu teilen, es zu durchleben und sich von Gott aus dem Tod erwecken zu lassen. Gott ist Heiliger Geist, der uns eine Zukunft gibt.

So kann man zusammengefasst sagen: Gott ist unsere Herkunft – Gott ist Ankunft in der Menschheit – Gott ist die Zukunft unserer Zukunft. Damit wird das Taufkind umhüllt – von seiner Herkunft bis in seine Zukunft über seinen Tod hinaus. Auch dieser Gedanke wird in der Regel von Eltern als eine gefühlsvolle Erfahrung der Geborgenheit und der Verwurzelung in Gott positiv wahrgenommen und erlebt.

So manches dieser Taufkinder wird später seine Eltern fragen: „Papa, warum kommt man denn überhaupt auf die Welt, wenn man sowieso wieder sterben muss?“ – Du kommst deswegen auf die Welt, weil Gott wollte, dass du in diese Welt kommst. Gott hat mit dir auf dieser Welt, in diesem konkreten Zeitfenster, in dieser konkreten Region, in dieser konkreten Kommunikation mit den Menschen, mit denen du kommunizieren kannst, etwas Originäres und Einmaliges vor. Du bist eine Botschaft Gottes für diese Welt. Und du kommst auch deswegen in diese Welt, weil du eine Aufgabe hast für diese Welt und etwas von der Liebe Gottes auf dieser Welt weitersagen sollst.

Der *Effata*-Ritus betont genau dieses: Gott öffnet dir deine Augen, dass du Gottes Liebe in dieser Welt sehen kannst. Gott öffnet dir deine Ohren, dass du Gottes Wort hören kannst. Gott öffnet dir deinen Mund, dass du Gottes Liebe weitersagen kannst.

Die konkrete Vorbereitung auf die Taufe

Die Eltern bitten um die Taufe ihres Kindes, melden sich im Pfarrbüro an. Die Gemeinde schreibt in regelmäßigem Abstand einen Taufsonntag aus. 14 Tage vorher beginnt die Taufkatechese mit je einem Abend pro Woche. Es werden die Eltern und die Paten (letztere ohne Verpflichtung, aber herzlich willkommen) eingeladen.

Eine konkrete Situation des ersten Treffens

Es sitzen insgesamt 10 Personen im Kreis. In der Mitte brennt eine Kerze, die von Farbtüchern umlegt ist. Die Eröffnung: Wir freuen uns, dass Sie Ihr Kind taufen lassen wollen und haben Sie eingeladen, damit Sie auf dem Weg der Taufe Unterstützung und Begleitung bekommen und sich holen können, sowohl von uns als auch von der Gemeinde und untereinander. *Wir sprechen über Erfahrungen in der Schwangerschaft, bei und seit der Geburt: Was hat sich in der Familie verändert – wie kommen wir damit zurecht – was hat das alles mit Gott zu tun?*

Eine Möglichkeit, solche Themen anzustoßen, liegt im Gebrauch von Bildern. In der Mitte liegen einige Bilder von Kindern und Eltern, aber auch von Alltagssituationen. Es müssen natürlich ausdrucksstarke, thematisch passende Bilder sein, die die Menschen untereinander ins Gespräch bringen. Sie wählen sich jeweils ein Bild aus und sprechen dann zu zweit oder zu dritt miteinander über die ausgewählten Bilder. Dieser Weg ermöglicht, dass die Eltern sehr früh miteinander ins Gespräch kommen und über die Bilder sich langsam thematisch auf das Thema Taufe konzentrieren.

Diese „Bildmethode“ ist gruppenpädagogisch der leichtere Einstieg. Die Eltern können „über die Situation anderer Eltern und Kinder“ sprechen und müssen nicht gleich über die eigene Schwangerschaft, die Geburt und die Situation, wie es ihnen geht, wenn sie nachts aufstehen müssen oder wenn sie Spannungen mit ihrem Partner haben, sprechen. Für den Fall, dass sich aus der Besprechung der Bilder dann eine Erweiterung auf die eigene Situation ergibt, geschieht dies meistens organischer und unkomplizierter.

Die Eltern zunächst einmal von der Geburt erzählen lassen, wann sie sich kennen gelernt haben, wo sie herstammen, welche Erfahrungen sie früher selbst in der Kirche und mit der Kirche gemacht haben, ist für viele wie eine „sprudelnde Quelle“, die auch für weitere Gespräche hilfreich ist. Vor allem die Würdigung der Situation von Schwangerschaft und Geburt und der veränderten Situation, aus dem Paar wird durch ein Kind eine Familie, ist wichtig. Ein Kind verändert die Paarbeziehung. Bisweilen kommt es zu Eifersuchtsreaktionen der Väter im Blick auf das Kind, weil sie das Gefühl haben, dass die Frau sich mehr um das Kind kümmert als um den Mann.

Sie erbitten für Ihr Kind die Taufe. Was sind Ihre Beweggründe – welche Erwartungen haben Sie und wie stellen Sie sich diesen gemeinsamen Weg auf die Taufe und die Tauffeier Ihres Kindes vor? Warum wollen Sie Ihr Kind taufen lassen?

Die Taufe ist das grundlegende Sakrament Christ zu werden. Wenn Sie wollen, dass Ihr Kind Christin oder Christ wird, versuchen Sie durch die Taufe ihm einen Weg in die christliche Gotteskommunikation hinein zu eröffnen. Indem Sie Ihr Kind taufen lassen wollen geschieht dies ja jetzt Schritt für Schritt.

Am Ende des ersten Treffens in der Elterngruppe werden die Teilnehmer gebeten für den nächsten Abend in der kommenden Woche jeweils ein Symbol mitzubringen, das ihnen viel bedeutet. Dies kann ein Symbol aus der Partnerbeziehung sein, aus der eigenen Kindheit, ein Symbol aus der eigenen Herkunftsfamilie usw.

Zweites Treffen Taufkatechese

Nach der Begrüßung werden die Symbole, die mitgebracht wurden, in die Mitte gelegt und jede Person darf kurz erklären, warum sie dieses Symbol mitgebracht hat.

Wir versuchen uns klar zu machen, was ein Symbol ist: ein Symbol steht für eine Bedeutung. *Der Stein, den Sie mitgebracht haben von jener Bergwanderung, bei der Sie Ihren Mann kennen gelernt haben, ist für Sie nicht nur ein Stein. Er trägt in sich die Bedeutung von Liebe und des Beginns Ihrer Partnerbeziehung. Für einen anderen Menschen bedeutet dieser Stein lediglich Stein und kann diese Bedeutung gar nicht haben.*

So ist es auch mit den Symbolen der Taufe. Wasser kann völlig unbedeutend weggekippt werden, kann Abwasser sein, oder kann sprudelndes Quellwasser sein. Licht kann eine Kerze sein, die man anzündet, wenn es Stromausfall gibt, es kann aber auch eine Kerze sein, die wir in der Liturgie von der Osterkerze anzünden, um eben das Licht der Osternacht symbolisch in diesem Kind, das getauft wird, auszudrücken.

Im nächsten Schritt werden die Symbole der Taufe thematisiert: ein Krug Wasser, ein weißes Kleid, eine Kerze, das Chrisamöl werden in Kleingruppen gegeben. Jede Kleingruppe (2–3 Personen) spricht ca. 10 Minuten darüber, was für sie das jeweilige Symbol bedeutet, welchen Zugang sie haben und was sie einander darüber sagen wollen. Danach erklären die Personen, die das Symbol Wasser bedacht haben, den anderen, was Wasser bedeutet, eine andere Gruppe, was heiliges Öl bedeutet, usw.

Wichtig ist dabei, dass die Verantwortlichen der Taufkatechese an der entsprechenden Stelle theologisch ergänzen, Horizonte aufzeigen und dabei auch das theologische Basiswissen im Blick auf die Symbole und Sakramente entsprechend in die Kommunikation eingebracht wird. Die Menschen erwarten schließlich auch eine professionelle Kompetenz der Begleiter auf dem Weg zur Taufe. Wenn sie am Abend mit dem Gefühl nach Hause gehen, nichts Neues erfahren zu haben, ist dies letztlich auch kein Eindruck, der motivierend ist. Hier entsprechend selbstbewusst und mutig auch an die Kernthemen, wie etwa Erbsünde usw. heranzugehen, ist wichtig. Die Eltern beschäftigt ein solches Thema in der Regel ja doch, dann ist es besser, gleich dieses Thema direkt aufzugreifen und nicht zu verdrängen.

Zum Thema *Erbsünde* ist zu verdeutlichen, dass in der Taufe dem Kind nicht eine subjektiv selbstverantwortete Sünde vergeben wird. Viel mehr wird in der Taufe das Kind dem Zusammenhang der menschlichen Schuldgeschichte entrissen. Es wird ihm zugesagt: Du stehst auf der Seite der Erlösung und nicht auf der Seite des Diabolischen und der Brutalität der Menschheitsgeschichte. Du bist dem, was sich in der Menschheit an Schuld aufgetürmt hat, nicht nur ausgeliefert, sondern du gehörst zu dem, der die Schuld der Welt dadurch getilgt hat, indem er das Extremste, was Menschen sich einander antun, selbst durchgemacht hat und damit den Knoten der Schuldverstrickung aufgelöst hat.

Damit wird dem Kind nicht zugesagt, dass es später nicht auch selber schuldig wird – kein Mensch kann leben, ohne schuldig zu werden. Wer von sich selber sagt, er sei ohne Sünde, der werfe den ersten Stein – so Jesus von Nazareth.

Bei dem Symbol *Wasser* ist es wichtig, darauf hinzuweisen, dass ursprünglich die Taufe durch Untertauchen gefeiert wurde. Die Taufbecken der frühen Kirche waren so strukturiert, dass man zwei oder drei Treppen hinunter stieg, ganz untergetaucht durch das Wasser hindurch ging, auf der anderen Seite wieder aufgetaucht ist und dann das weiße Kleid angelegt bekam. Bis in das frühe Mittelalter hinein haben deswegen Frauen bei der Taufe mitgewirkt, da es Männern nicht erlaubt war, Frauen nackt durch das Wasser gehen zu sehen.

Das Symbol *Licht* ist unbedingt im Blick auf die Osternachtsliturgie hin zu vernetzen. Es ist sinnvoll bei der Taufe, dass der Vater für sein Kind von der Taufkerze das Licht holt und der Priester/Diakon es dann überreicht. Es geht also nicht einfach um Kerzenromantik, sondern um das Licht der Osternacht, das die Dunkelheit der Welt und die Dunkelheit auch im Leben dieses Taufkindes erhält, wenn sie dann kommt.

Das *Chrisamöl* verweist auf die Königskindschaft in der Königsherrschaft Gottes. Im Alten Testament wurden nur die Kinder von Königen gesalbt. Das Taufkind hat in der Regel keinen König als Vater – und dennoch ist es ein Königskind in der Königsherrschaft Gottes. Vor allem wenn noch ältere Geschwisterkinder dabei sind, ist diese Aussage für die Geschwisterkinder meistens von hoher Bedeutung: Jetzt haben wir ein Königskind und auf dieses Königskind müssen wir gut aufpassen.

Das *weiße Kleid* wurde den Täuflingen – am Anfang und lange Zeit waren es Erwachsene – in der Osternacht bei der Taufe übergelegt. Sie haben dieses weiße Kleid eine ganze Woche getragen bis zum Sonntag nach Ostern. An diesem sogenannten „Weißen Sonntag" wurde das weiße Kleid dann abgelegt. Der Begriff „Weißer Sonntag" ist also von der anderen Seite her zu verstehen: Es war der Sonntag, an dem das weiße Kleid abgelegt wurde.

Kinder assoziieren mit dem weißen Kleid in der Regel schnell „Hochzeit". Bei der Taufe wird dem Kind gleichzeitig gesagt: Du bist eingeladen zum großen Gastmahl bei Gott. Das Himmelreich ist wie ein Hochzeitsmahl und das Gewand, welches dir bei der Taufe umgelegt wird, trage es als Zeichen deiner Würde, dass du eingeladen bist zum großen Gastmahl bei Gott.

Der zweite Teil des zweiten Treffens der Taufkatechese dient dann der gemeinsamen Vorbereitung der Liturgie. Dafür ist es gut, die Grundstruktur der Tauffeier auf einem Blatt mitzubringen, dass die Eltern an der jeweiligen Stelle Lieder, Gebetstexte, Fürbitten usw. einfügen können.

Der zweite Abend endet mit einer kurzen meditativen Stille, einer Schweigeminute für die Taufkinder und mit einem gemeinsamen Vaterunser für die Taufkinder und für die Familien. Dabei geben sich alle die Hände und vernetzen sich auch untereinander als Gemeinde Jesu Christi.

3.11 Zukunftsfähige Perspektiven kirchlicher Erwachsenenbildung[122] – Thesen

Im Folgenden fasse ich einige wichtige Argumentationsstränge für die Weiterentwicklung der kirchlichen Erwachsenenbildung, die im Sinne lebenslangen Lernens ein wichtiger Aspekt der Stiftung und Begleitung von Gotteskommunikation ist, thesenhaft knapp. Einzelne Thesen sind entsprechend weiter ausbaubar und können neu gewichtet werden.

1. Ausgehend von den Auseinandersetzungen über die Spezifika der kirchlichen Erwachsenenbildung, die sich in der provokanten Formel „Etwas Glauben und viel Basteln" (Georg Betz) und der gegenläufigen Einschätzung, dass alle Bereiche menschlicher Existenz nichts mit Gott zu tun haben, zugespitzt haben, ist die Fra-

---

122 Überarbeitete Version 2011. Zuerst erschienen als: Biesinger 1993b.

ge nach einer sich öffnenden Profilierung der kirchlichen Erwachsenenbildung intensiv zu stellen. Die Polarisierung der Einschätzungen soll im Folgenden durch eine theologische und pädagogische Begründung der kirchlichen Erwachsenenbildung überwunden werden.

2. Von der Enzyklika „*Redemptor hominis*" ausgehend muss sich der Dienst der Kirche an den Menschen immer um die ganze Wahrheit der menschlichen Existenz kümmern. Der inkarnationstheologische Ansatz (Franz Xaver Arnold), verstanden als das „Gott-menschliche Prinzip" der praktischen Theologie, identifiziert zum einen die – offenbarungstheologisch gesprochen – bereits realisierte Zusage der Erlösung an die Menschen und an die Welt und zum anderen den erschreckenden, brüchigen Verfehlung und Schuld beinhaltenden Weg der Menschen „durch die Scherbenhaufen der Geschichte".

3. Die in Jesus Christus angebrochene Reich Gottes-Zeit und die noch ausstehende Vollendung im Sinne des „schon-und-noch-nicht" bedarf der *Ant-Wort* des Menschen auf das *Wort*, auf die Zusagen der Nähe Gottes.[123] Kirchliche Erwachsenenbildung hat dem Anbruch und der Verwirklichung des Reiches Gottes in dieser Welt in allen gesellschaftlichen, ökonomischen, psychischen und soziologischen Dimensionen zu dienen.

4. Von diesem theologischen Grundansatz verbietet sich jegliche Ausgrenzung von Lebensbereichen und damit von Themen der Lebens- und Todeszonen der Welt am Beginn des dritten Jahrtausends.

5. Die Gefahr der Verdunstung des Spezifikums der einmaligen Hoffnungszusagen Gottes an sein Volk, schöpfungstheologisch gesprochen an alle Menschen und Lebewesen dieser Erde, ist nicht durch Ausgrenzung abzuwehren, sondern durch offensive Vergewisserung der Substanz des „christlichen Weges" als „Sinnüberschuss".

6. Indem die derzeit vorfindbare Welt der noch ausstehenden Vollendung bedarf, ist es nicht möglich, die Welt so wie sie ist, zum Kriterium der Thematiken und Lernwege für die kirchliche Erwachsenenbildung zu machen. Die prophetische Kraft, die vorfindbare Welt nicht lediglich als „Ist-Zustand" zu fassen, sondern grundlegende Impulse zur Erneuerung zu setzen, muss in der kirchlichen Erwachsenenbildung als veränderungsorientierter Lehr- Lernsituation realisiert werden. Die prophetische Kraft von Bildung besteht darin, die Zukunftskrise, die auch eine Krise des Gottesglaubens ist, beim Namen zu nennen, Realitäten ungeschminkt aufzudecken und Selbstbekehrung (individuell und auch für die Kirche als ganze) anzustreben. Würde sich kirchliche Erwachsenenbildung nur an das anpassen, was gerade „in" ist, was „die Leute" gerade wollen, könnte sie sich um

---

[123] Vgl. Hirschers Ansatz zur Katechetik (Hirscher 1831) und Kapitel 2.2 des vorliegenden Bandes.

ihre Dimension, nämlich Bildung als Antizipation kommender Geschichte zu werden, selbst betrügen. Zerstörtes und vernichtetes Leben ist eine grundlegende Herausforderung vor dem Anspruch Gottes und den künftigen Generationen: „Wie konntet ihr das zulassen" – aufrechter Gang gegenüber vielen konkreten Tendenzen in der Gesellschaft, gegenüber den gesellschaftlich festgelegten Strukturen und individuellen Egoismen ist dringend erforderlich.

7. Wenn man mit „*Evangelii nuntiandi*" einen weiten Evangelisierungsbegriff zugrunde legt, dann ist Evangelisierung „die Botschaft der Befreiung". Kirchliche Erwachsenenbildung ist als praxisverändernde Bildung zu verstehen. Dies schließt keineswegs aus, Menschen in den Ausgangslagen ernst zu nehmen und sie abzuholen, in denen sie sind, und mit ihnen gemeinsam Prozesse der Veränderung anzustreben. Theologisch ist dies mit den Kategorien Umkehr, Hinkehr zum Eigentlichen, zu zukunftsfähigen Lebensorientierungen zu verstehen: Umkehr und Hinkehr zu Gott, zu einer neuen Qualität im Umgang mit Menschen und zu einer neuen, lebensbewahrenden Qualität der Schöpfung und zur Zeugnisbereitschaft für das Leben mit Gott.

8. Versteht man Glaubensverkündigung in der „Heilsdienst – Weltdienst"-Unterscheidung, so ist dies eine ungünstige Denkfigur. Ich plädiere für ein Konzept ganzheitlicher Verkündigung, in dem sämtliche Lehr- Lernprozesse im Sinne von Veränderungsprozessen aus der Gabe und Aufgabe der Gotteskommunikation zu verstehen sind (Sayer/Biesinger 1988).

9. Wenn man die wichtigen Impulse der lateinamerikanischen Verkündigung kritisch analysiert, dann ergeben sich analog für die europäische Situation intensive Herausforderungen: Optionen zu setzen für den geschundenen Menschen, den orientierungs- und kulturloser werdenden Menschen, die sinnentleerten Menschen unter den Zwängen von Wirtschaft, gesellschaftlichen Engpässen, Arbeitslosigkeit, Ausgrenzung, Midlife-Crisis leidenden Menschen usw.. Kirchliche Erwachsenenbildung muss diakonische Funktion haben. Diakonie ist neben der individuellen Realisierung von Barmherzigkeit auch zu verstehen als Liebe durch Strukturen, und als „Liebe durch Aufklärung". Georg Picht schreibt der kirchlichen Erwachsenenbildung die Aufgabe zu, dass es ihr „um die Therapie einer Gesellschaft, die sich auf schwere Erschütterungen ihres Bestandes vorbereiten muss" (Picht 1969, 9), gehen müsse und die Heilung der Gesellschaft eine primäre Aufgabe der Kirche sein müsse. Die gesellschaftliche Existenz der Menschen als Subjekte mit eigenem Gewissen und Verantwortung muss in eine solche Perspektive von Erwachsenbildung als „Bildungsdiakonie" über caritatives Almosendenken weit hinausgehen, um die Gerechtigkeit Gottes, den Anbruch des Reiches Gottes in der Gesellschaft anzustreben. Dies kann sich auch realisieren, durch eine „kulturelle Diakonie", die angesichts des spezialisierten reduzierten Lern- und Informa-

tionswissens und die damit einhergehende subjektive und gesellschaftliche Desorientierung noch wichtiger wird.

Kirchliche Erwachsenenbildung muss auch als „kulturelle Diakonie“ verstanden werden (Fuchs 1988).

> „Christlich orientierte Erwachsenenbildung wird sich niemals darauf einlassen, sich von gesellschaftlichen Tendenzen auf bloß religiös-theologische Inhalte allein einschränken zu lassen. Glaube ist öffentlich, und an ihm sich orientierende Bildungsarbeit wird sich auch der Themen von Wirtschaft, Gesellschaft, Kultur und Wissenschaft annehmen. Glaube und christliche Weltanschauung sind – infolge ihrer inkarnatorischen Struktur – grundlegend der Kultur des Menschen verbunden. Und christliche Bildungsarbeit versteht sich als ein Teil dieses Kulturauftrages, oder sie ist keine Bildungsarbeit.“ (Zeilinger 1983, 102)

10. Kirchliche Erwachsenenbildung muss sich dann konsequenter Weise auch auf die gesellschaftlichen Konflikte einlassen und sie vom Anspruch des Reiches Gottes thematisieren. Auch wenn es schwierig ist, muss kirchliche Erwachsenenbildung sich auch um die „Lernunfähigen“ kümmern und sie als besonderen Auftrag verstehen, sie darf sich nicht lediglich auf die gesellschaftlich Etablierten, auf die Mittelschicht, die Lernwilligen und Lernfähigen eingrenzen und sich damit zufrieden geben. Kirchliche Erwachsenenbildung ist zu verstehen als eine „Sprachschule für die Freiheit.“ (Lange 1980)

11. Wenn kirchliche Erwachsenenbildung offensiv sich auf das Heil aller Menschen bezieht, dann kann sie nicht nur als „Lerngemeinschaft im Glauben“ verstanden werden (Feifel 1972, 24). Im Sinne des Selbstverständnisses der Kirche sind vielmehr Lernprozesse anzustreben, in denen Menschen die Möglichkeit haben, ihre eigene, wie auch immer vertrackte und leidvolle Situation im Horizont des christlichen Weges zu interpretieren und als Praxisweg zu erproben. Ohne fragwürdige Abstufungen und damit auch Ausgrenzungen zu unterstützen, gibt es in verschiedenen Bereichen kirchlicher Erwachsenenbildung auch von zunächst nicht explizit religiösen Thematiken her eine Dynamik hin zum Zentrum der großen Visionen des christlichen Weges. Darüber hinaus ist es unter religionspädagogischen Gesichtspunkten sehr wichtig, im Sinne des „Aufklärungsprozesses“ die jeweilige Thematik in ihrer Relevanz für die Gotteskommunikation nicht verschämt zu neutralisieren, sondern gemeinsam mit den Lerngruppen Zusammenhänge der zu bearbeitenden Thematik im Blick auf die Realisierung der Gotteskommunikation hin auszugestalten.

12. Umgekehrt ist es kein Gegensatz, sondern eine theologisch plausible und für zukunftsfähige Glaubensbildung dringliche Dynamik, gemeinsam mit Menschen Thematiken zu orten, die für sie im Kontext der entsprechenden Herausforderungen ihrer jeweiligen Lebensphase „dran“ sind. Wenn man das beispielhaft festmacht an dem Interesse an Glaubensorientierung, an erwachsenengemäßer Selbstvergewisserung über den eigenen Glaubensweg (biographisches Glaubenlernen ist

gerade in den verschiedenen Knotenpunkten im Erwachsenenalter höchst bedeutsam), dann eröffnet sich auch ein zahlenmäßig breites Feld im Kontext kirchlicher Erwachsenenbildung als Elternbildung in einer Generationen übergreifenden Sakramentenkatechese. Dieses ist nicht in Konkurrenz zu den obigen Postulaten zu setzen. Vielmehr handelt es sich um eine spezifische, thematisch interessante Dimension kirchlicher Erwachsenenbildung, in der praxisverändernde, handlungsorientierte Elternbildungsprozesse ermöglicht werden, die Erwachsenen hilfreich sind, mit ihren Kindern den christlichen Weg alltagsnah neu kompetent zu deuten und zu realisieren.

Die „Grundbefähigung zum Zeugnis für den christlichen Weg“ als Ziel kirchlicher Erwachsenenbildung ist nicht ein restauratives Anliegen, sondern ein offensives, zukunftsfähiges Postulat. Immerhin werden große Gruppen von Kindern und Jugendlichen von ihren Eltern um die Beziehung zu Gott dadurch „betrogen“, weil die Eltern entweder nicht die Befähigung und den Mut haben, oder aber die in ihrer eigenen Biographie erlittenen Störungen einer fragwürdigen religiösen Erziehung nicht so bearbeiten konnten, um ihren Kindern die Gotteskommunikation erschließen zu können. Die Bearbeitung von solchen Störungen, von Mutlosigkeit und der Selbsteinschätzung, für religiöse Erziehung nicht kompetent zu sein, muss als zentrale Herausforderung für die kirchliche Erwachsenenbildung begriffen werden. Im Rahmen der neueren, sich bewährenden Ansätze der Sakramentenkatechese ist dies ein hoffnungsvoller Ansatz.

Die in den Theorien zur Erwachsenenbildung immer wieder geforderten Zielvorgaben Mündigkeit, Befreiung, kommunikatives Handeln, Konstitution von Lebenswelten, Förderung personaler Identität, Förderung sozialer Handlungskompetenz usw. sind damit kompatibel und leisten einen wesentlichen Beitrag dazu. Das neuzeitliche Freiheitsbewusstsein angesichts der sich immer deutlicher zeigenden Zerstörungstendenzen von Mensch und Umwelt muss dabei kritisch reflektiert werden. Diese Freiheitssehnsucht des Menschen, die letztlich eine theologische Begründung in sich birgt, ist für diese spezifischeren Bildungsprozesse der Erwachsenenkatechese in den zentralen Themen des biblischen Gottesglaubens aufzugreifen und positiv zu würdigen. Wenn Versöhnung und Vergebung alltagstheoretisch konkretisiert wird, dann erhält die Umkehrbotschaft Jesu und die Versöhnung des Menschen mit Gott eine lebensstiftende und zukunftseröffnende Perspektive.

13. Kirchliche Erwachsenenbildung muss Experimentierräume bereitstellen, um im konkreten Kontext Handlungsfähigkeit, Veränderung der eigenen, defizitären individuellen und gesellschaftlichen Lebenspraxis einzuüben. Bildung ist als realer Veränderungsprozess zu verstehen und nicht als Beschäftigungstherapie. Es ist strikt darauf zu achten, dass der Zusammenhang von Denken und Tun sich im Vorgang der Bildung selbst vollziehen kann. Erwachsenenbildung unter dem An-

spruch des Evangeliums kann nur dort ihren Anspruch einlösen, wo Wort und Tat integrativ miteinander verzahnt sind. Gerade wenn man die Einheit von Orthodoxie und Orthopraxie als wesentliches Merkmal der Interpretation der Wirklichkeit vom christlichen Glauben her versteht, dann ist Lehre und Leben zwar durchaus different, aber als wesentliche Dimensionen ganzheitlich verstandener Wirklichkeit untrennbar aufeinander verwiesen. Die christliche Wahrheit ist konkret und die Wahrheit Gottes ist in der konkreten Nachfolge Jesu Praxis der Liebe und Befreiung. Darin gründet der zu unterstützende handlungsorientierte Ansatz kirchlicher Erwachsenenbildung, wenn an der Handlungspraxis Jesu Maß genommen wird, dann muss es kirchlicher Erwachsenenbildung um die konkrete Praxis der Lebensvollzüge als zentralen Ort des Bildungshandelns gehen. Dies schließt die Notwendigkeit des Konkreten und auch des Partiellen ein. Ganzheitsideologien etwa im Sinne, es muss immer der ganze Glaube in den einzelnen Veranstaltungen bzw. Lehr- Lernprozessen anwesend sein bzw. vermittelt werden, eignen sich für prozessorientierte kirchliche Erwachsenenbildung als Grundpostulat nicht. Lernpsychologisch ist allerdings darauf hinzuweisen, dass einzelne Themen aus Gründen besserer Vernetzung und intensiverer eigenständiger Zuordnungsmöglichkeiten in die strukturellen theologischen Zusammenhänge hinein gestellt werden können. Die Teilnehmer sind in der Regel für das Aufzeigen solcher theologischen Zusammenhänge sehr dankbar.

14. Da wesentliche, zukunftsmächtige Entwicklungen und Bewegungen sich in der Regel nicht in den Leitungsgremien der Institutionen abzeichnen, sondern vielmehr nach dem „Schneeballsystem" in kleinen überschaubaren Gruppen und Organisationen, kommt der Effizienz einer handlungsorientierenden und handlungsstimulierenden Erwachsenenbildung große Bedeutung zu. Dies gilt auch für innerkirchliche Erneuerungsprozesse durch mystische Lehr-Lernprozesse in Meditation, Anbetung, Intensivierung der Liturgie, Bibelteilen, religiöse Erziehung.

15. Kirchliche Erwachsenenbildung ist – statistisch quantitativ – nachweisbar vorwiegend im Handlungsfeld der Gemeinde verwurzelt. Dabei besteht die Gefahr, dass weitgehend nach dem marktwirtschaftlich ausgerichteten Typus kirchlicher Erwachsenbildung vorgegangen und insbesondere das „angeboten wird", was „ankommt". Hier wäre in einem selbstkritischen Diskurs nach Eindimensionalitäten zu fragen. Eine konsequente Situationsanalyse auch in sozialen Schichten, die nicht auftauchen, könnte möglicherweise überraschende Themenstellungen provozieren. Der elementare Bezug zur Lebenswelt ist dabei selbsttragende Motivation. Oft kommt den Praktiker in der Erwachsenenbildung vorwiegend mäeutische Funktion zu. Viele Selbsthilfegruppen, Bürgerinitiativen haben in den letzten Jahren gezeigt, dass sie sich offenbar in der Kirche nicht verstanden fühlen und sich außerhalb ansiedeln, wenngleich etwa die Überlebensthematik Umweltzerstörung ein hochkarätiges schöpfungstheologisches und kirchliches Anliegen schon vor

zwanzig Jahren hätte sein müssen. Auch die Ansiedelung von Veranstaltungen etwa in Fabriken, Betrieben, Wohngebieten, kommunalen Zentren usw. wäre eine Konkretion dafür, die „Komm-Struktur" zu einer „Geh-Struktur" im Sinne einer Bekehrung der kirchlichen Erwachsenenbildung hin zu einem diakonische Ansatz zu verwandeln. Weit ab von der Schwellenangst vor kirchlichen Räumlichkeiten und anderen Barrieren wäre dies eine Möglichkeit diakonisch ausgerichteter Erwachsenenbildung, die auf die konkreten Menschen in Not in ihren gesellschaftlichen Abseitssituationen eingeht.

16. Auf der Basis einer „ganzheitlichen Verkündigung" ist kirchliche Erwachsenenbildung ganzheitliche Bildungspraxis, die projektbezogen dem Sehen und Urteilen auch das Handeln als integralen Bestandteil des Bildungsprozesses folgen lässt. Bildung bedarf, neben der kognitiven-rationalen Komponente der aktionalen Dimension auch wesentlich der Emotionalität (Pestalozzi). Damit sind sowohl kognitive Auseinandersetzungen zu konkretem Glaubenswissen auch im Kontext etwa eines Erwachsenenkatechismus ebenso relevant wie die großen Felder der Malerei, Literatur, der Musik und breiter kultureller Bildung, in denen ebenso Spuren des Geistes Gottes anwesend sein können wie in konkreten Projekten.

17. Als Grundmodell für die kirchliche Erwachsenenbildung ist demnach zusammenfassend ein andragogisches Lernkonzept zugrunde zu legen, das die großen Zusagen Gottes im Sinne der Offenbarung thematisch so bündelt und transformiert, dass die Ich-Ebene und die Wir-Ebene angesichts des konkreten näheren und weiteren gesellschaftlichen Umfeldes zum Zuge kommt. Die Themenzentrierte Interaktion[124] ist ein solches hilfreiches Lernmodell, das den Primat des Handelns Gottes im Sinne von Schöpfung und Erlösung als heilig und unantastbar bewahrt und andererseits im Sinne der inkarnationstheologischen Grundstruktur des Christlichen keinen Bereich menschlicher Existenz ausspart, sondern die individuellen und gesellschaftlichen Lebensbereiche konsequent mit diesen Themen in Verbindung setzt.

18. Angesichts der Verunsicherungen über Glaubensaussagen, die durch kirchliche Konflikte und medial gesteuerte Diskussionen zustande kommen, ist der Bereich der kognitiven Glaubensreflexion auf der Basis der Entwicklung der Glaubensstufen höchst bedeutsam.

19. Die Ergebnisse über die Entwicklung des Glaubensverständnisses nach James W. Fowler (Fowler 1991; 1989)[125] ergeben aus den verschiedenen Stufen religiöser Entwicklung auch spezifische Herausforderungen für die Themenstellung in der kirchlichen Erwachsenenbildung.

---

[124] Vgl. die Kapitel 2.3–2.5 des vorliegenden Bandes.

[125] Vgl. Kapitel 1.3 des vorliegenden Bandes.

Für viele Erwachsene ist vor allem die Stufe der individuierend-reflektierenden Glaubenshaltung (Stufe 4) von Bedeutung. Dabei sind Menschen dazu anzustiften und zu begleiten, die Verantwortung für die eigenen Glaubensinhalte und -einstellungen sowie für die eigenen Bindungen und Lebensstile ernst zu nehmen und damit auch jeweilige Umkehr- und Veränderungsprozesse anzustreben. Die Spannungen, angesichts des immer komplexeren Lebens die eigene Lebenswahrheit zu finden, führt viele zur Erkenntnis, dass Begriffe vorläufig und begrenzt hilfreich erscheinen und sie immer mehr zu einer mystischen Interpretation in der Wirklichkeit und auch in der eigenen Identität kommen.[126]

Die Stufe des „verbindenden Glaubens" (Stufe 5) und ihre Herausforderungen für die kirchliche Erwachsenenbildung hängen mit dieser persönlich bedeutsamen, in das eigene „tiefere Selbst" hineinragende Glaubensbewusstsein zusammen. Symbole des Glaubens und des eigenen Lebens werden neu entdeckt und es kommt bisweilen zu einer zweiten Naivität. Diese Stufe wird in der Regel nicht vor der Lebensmitte erreicht und hat die Einbrüche der „Midlife-Crisis" als Hintergrund. Spezifische Themen sind: Mit Niederlagen umgehen lernen, mit den Realitäten eingegangener Bindungen und Handlungen umgehen lernen angesichts der Nähe des Reiches Gottes. Die Aufgeschlossenheit gegenüber dem Paradox und der Wahrheit in offensichtlichen Widersprüchen führt viele Erwachsene auf dieser Stufe dazu, die Gegensätze im Denken und in der Erfahrung zu vereinigen. Zentrale christliche Glaubensaussagen sind nur auf dieser Ebene zu verstehen: „Gott wird Mensch". Zu dieser Stufe gehört auch die Ernsthaftigkeit, sich einzusetzen und eingesetzt zu werden, „dass für andere die Möglichkeit erhalten und entwickelt wird, Identität und Sinn zu erzeugen" (Fowler 1991, 216).

20. Die kirchliche Erwachsenenbildung hat eine hervorragende Bedeutung. Wenn man daran glaubt, dass Gott seine „alte Kirche" in Europa nicht aufgegeben hat und nicht aufgibt, sondern sie sich nur seinem Geist konsequent öffnen muss, dann sind Millionen Menschen in der Bundesrepublik Träger des Geistes Gottes, die gemeinsam mit uns für den Anbruch des Reiches Gottes auf dieser Erde eintreten. Sich dafür zu investieren, dass wir uns überflüssig machen können, weil sie selber immer intensiver zu Zeugen in der Nähe Gottes in den aller verschiedensten Bereichen menschlicher Existenz werden, ist ein erfreuliches Ziel, das uns optimistisch machen kann.

---

[126] Vgl. dazu die aufschlussreichen Zukunftsanalysen von Naisbitt/Aburdene 1990, die der individuierend, spirituell mystischen Ausformung von Religion eine große Zukunft zusprechen.

4 Gotteskommunikation in der Schule

4.1 Erschließung der Gotteskommunikation in der Schule?! Religionsunterricht als Ort religiösen Lehrens und Lernens – schulpädagogische und theologische Argumente[127]

Religionsunterricht als Erschließung der Gotteskommunikation unter den Bedingungen schulischen Lehrens und Lernens – zur Ausgangslage

Der Religionsunterricht ist nach Artikel 7, Absatz 3 des Grundgesetzes der Bundesrepublik Deutschland in den öffentlichen Schulen „ordentliches Lehrfach“. Damit ist noch nicht alles, aber doch einiges definiert. Denn ein ordentliches Lehrfach ist im Diskurs schulpädagogischer und fachdidaktischer Theorie- und Praxiszusammenhänge zu erörtern.

Religionspädagogik ist wissenschaftstheoretisch ganz Pädagogik und ganz Theologie (Schweitzer 2002; Biemer/Benner 1973).[128] Daher ist sie methodologisch, wie Wolfgang Klafki für die Pädagogik definiert, als Empirie, Hermeneutik und auch als Ideologiekritik akzentuiert (Klafki 1976, 13ff.; Schweitzer 2006a, 280).

In erziehungswissenschaftlicher Sicht ist es Konsens, dass Lernen und Lehren kognitive, affektiv-emotionale und handlungsorientierende wie handlungskonstruierende Dimensionen hat. Dies gilt für alle Unterrichtsfächer – wie Mathematik, Chemie, Musik, Sprachen und selbstverständlich auch für den Religionsunterricht – allerdings in fachdidaktisch differenzierter Qualität. Es war mein Studium der Pädagogik mit Schwerpunkt Schulpädagogik, das mich denkerisch auf das Konzept Religionsunterricht als (Selbst-)Erschließung der Gotteskommunikation unter den Bedingungen schulischen Lehrens und Lernens geführt hat. Wolfgang Klafki sowie meine Ausbildung in Themenzentrierter Interaktion spielten dafür zentrale Rollen. Die Auseinandersetzung mit alternativpädagogischen Ansätzen, wie Themenzentrierter Interaktion, Gestaltpädagogik, Montessori u.a., sowie die Betreuung der Dissertationen von Matthias Scharer (Scharer 1987b), Dieter Gehrlein (Gehrlein 1992) und Friedhelm Lott (Lott 2001) führten mich im Theorie-Praxis-Zirkel zu beziehungsorientierten Lehr- und Lernformen. In meinem Beitrag „Religionsunterricht als Beziehungslernen. Thesen zur Aufhebung falscher Alternativen“ (Biesinger 1983b; 1989a)[129] habe ich bereits 1983 meine Überlegungen vorge-

---

[127] Überarbeitete Version 2011. Zuerst erschienen als: Biesinger 2007a.

[128] Vgl. zum Begriff Katechese: Exeler 1972.

[129] Vgl. Kapitel 2.1 des vorliegenden Bandes.

stellt, die seither auch bei großen Lehrertagungen kritisch konstruktiv diskutiert wurden.

Den Religionsunterricht verstehe ich als Kommunikationsprozess, in dem persönlich-existenzielle Zugänge, Gruppenprozesse und Themen in gleichgewichtiger Weise aufeinander bezogen und beziehungsorientiert realisiert werden (Scharer 1997; Lott 2001).

Religionsunterricht als Erschließung der Gotteskommunikation ist nicht Gemeindekatechese in der Schule

Religionsunterricht als Erschließung der Gotteskommunikation setzt sich von einem wie auch immer katechetisch gedachten Religionsunterricht ab. Ich halte die bisweilen vorgetragene Option, dass der Religionsunterricht eine katechetische Dimension habe, wie dies auch von der Deutschen Bischofskonferenz in „Katechese in veränderter Zeit" neuerdings wieder formuliert wird (Sekretariat der Deutschen Bischofskonferenz 2004, 32), für bildungstheoretisch und bildungspolitisch kontraproduktiv. Die Profilierung von Religionsunterricht und Gemeindekatechese muss weiter diskutiert werden – ich sehe darin innovative Chancen. Dabei haben beide Handlungsfelder ihre eigene Dignität. Katechese legt ihren Schwerpunkt auf Gemeindebildung. Gemeindekatechese will dazu beitragen, dass „eine Gemeinde zu einem gemeinsamen Zeugnis, zur gemeinsamen Feier und zur gemeinsamen Praxis des Glaubens kommt" (Bischöfliches Ordinariat Rottenburg 1986, 47; vgl. Emeis/Schmitt 1986, 223– 237). Diese Aufgabe kann der Religionsunterricht nicht erfüllen und es ist ihm auch nicht zuzumuten, Schüler zu konkretem Gemeindeengagement hinzuführen. Diese Aufgabe müssen kompetente Gemeinden schon selber durch kompetentere Sakramentenkatechese lösen, durch innovative Jugendarbeit und nicht zuletzt auch durch familien- und jugendfreundliche Gottesdienstformen. Die Diskussion zwischen Adolf Exeler und Georg Baudler ist zwar eine wichtige Wegkreuzung gewesen (Baudler 1973), sie hilft aber derzeit nicht weiter.

Bereits in meiner Dissertation unter der Begleitung von Alfons Auer und Günter Biemer zum Thema „Die Begründung sittlicher Werte und Normen im Religionsunterricht" (Biesinger 1979a) habe ich mich kritisch mit dem katechetisch strukturierten „Rahmenplan für die Glaubensunterweisung" (Katholische Bischöfe Deutschlands 1967) sowie dem Religionsbuch „glauben – leben – handeln" (Deutsche Bischöfe 1969) auseinandergesetzt. Letzteres war zwar eine Weiterführung des kerygmatischen Ansatzes, aber immer noch kein Religionsbuch, das schulpädagogische Kriteriologien wie Kognition, Emotion und Handlungsorientierung in einen gegenseitigen Bedingungszusammenhang integriert hätte.

Der „Rahmenplan für die Glaubensunterweisung“ von 1967, herausgegeben von den deutschen Bischöfen durch den Deutschen Katecheten-Verein in München, ist ein materialkerygmatisch orientierter Stoffverteilungsplan, der den neuscholastischen Katechismusunterricht zurückdrängte und Stoff reduzierte (Nastainczyk 1998). Ein erster Schritt dahingehend war, die Altersphasen der Schüler zu berücksichtigen.

Das empirisch orientierte und hermeneutisch weiterführende Normenbegründungsmodell von Alfons Auer „Autonome Moral im christlichen Kontext“ (Auer 1971, 110–145) habe ich in meiner Tübinger Dissertation dagegen gehalten. In der damaligen Situation war dies heftig umstritten. Meine kritische Rezension (Biesinger 1979c) des im Auftrag der Bischöfe der Bistümer Essen und Augsburg herausgegebenen katechetisch strukturierten Schülerbuches „Botschaft des Glaubens“ (Baur/Plöger 1978), das Katechese in der Schule im obigen Sinne intendierte, führte dazu, dass der damalige Bischof von Essen, Franz Hengsbach, mir 1981 für meinen ersten Ruf auf den Lehrstuhl an der Theologischen Fakultät in Bochum – Nachfolge Gottfried Bitter – zunächst die Lehrerlaubnis verweigert hat. Soweit Wissenschaftsbiographisches.

Wenn ich meine These Religionsunterricht als Erschließung der Gotteskommunikation unter den Bedingungen schulischen Lehrens und Lernens ausdrücklich schulpädagogisch und fernab einer so verstandenen Katechese entwickle, dann nicht zuletzt auch deswegen, weil ich dieses katechetische Paradigma für den schulischen Religionsunterricht für überholt halte. Die Ausgangslage hat sich in einer so frappierenden Weise verändert, dass viele Schüler erst einmal die Möglichkeit – bisweilen oft als allererste Möglichkeit – benötigen, die eigene Existenz in der Weite der Gotteskommunikation zu interpretieren im Spannungsfeld von Wesen und Unwesen der Religion (Welte 1965).

Zum Begriff Erschließung – bildungstheoretischer Zugang

Bildung ist in Anlehnung an Klafki „Erschlossensein einer dinglichen und geistigen Wirklichkeit für einen Menschen, das heißt zugleich: Erschlossensein dieses Menschen für […] seine Wirklichkeit“ (Klafki 1967, 44). Ebenso ist Bildung als Vorgang zu sehen. Sie ist „der Inbegriff von Vorgängen, in denen sich die Inhalte einer dinglichen und geistigen Wirklichkeit erschließen. Dieser Vorgang ist nichts anderes als das Sich-Erschließen bzw. Erschlossenwerden eines Menschen für jene Inhalte und ihren Zusammenhang als Wirklichkeit“(Klafki 1967, 44). Dieser dialektische Prozess vollzieht sich, indem dem Menschen allgemeine, kategorial erhellende Inhalte sichtbar werden und er dadurch allgemeine Einsichten, Erlebnisse und Erfahrungen gewinnt.

Zusammenfassend formuliert Klafki:

„Bildung ist kategoriale Bildung in dem Doppelsinn, dass sich dem Menschen eine Wirklichkeit ‚kategorial' erschlossen hat und dass eben damit er selbst – dank der selbstvollzogenen ‚kategorialen' Einsichten, Erfahrungen, Erlebnisse – für diese Wirklichkeit erschlossen worden ist." (Klafki 1967, 44)

Der dialektische Grundgedanke dieses Bildungsbegriffes lässt sich wie folgt formulieren: Die Wirklichkeit erschließt sich dem Schüler oder wird ihm erschlossen. Der Schüler erschließt sich seinerseits der Wirklichkeit.

Im Religionsunterricht ist die Wirklichkeit der Mensch in seiner Beziehung zu sich selbst, zu seiner Mitwelt, zu einer Umwelt, zu Gott, sowie Gott in seiner Beziehung zu den Menschen – zumindest wenn man den jüdisch-christlichen Traditionszusammenhang denkerisch vertieft. Reinhold Boschki hat diesen (Boschki 2003, bes. 223–329) überzeugend geführt.

Ebenso hat Thomas Schreijäck in seiner Dissertation in Weiterführung des Bildungsbegriffs von Romano Guardini gezeigt, dass religiöse Bildung christlich einen Sinnüberschuss für die menschliche Selbst- und Fremdinterpretation impliziert, wenn Menschen sich geborgen, zweifelnd, aber auch klagend als Existenz in der Gotteskommunikation wahrnehmen können (Schreijäck 1989). Geworfen sein ins Weltall oder im göttlichen Beziehungsgrund verwurzelt sein – das ist eine der großen Fragen. Gerade der Tübinger Alttestamentler Walter Groß hat in seinen wichtigen Forschungsprojekten zur Bundestheologie den Aspekt der Beziehung JHWHs zu seinem Volk und der Beziehung des Volkes Israel zu seinem Gott JHWH in den verschiedenen Kontexten, Bruchsituationen, neuen Bundesschlüssen, erneuerten Bundesschlüssen erarbeitet (Groß 1978; 1995; 1996a, b; 1998a, b).

Die Gottesfrage als Beziehungsfrage

Als zentraler Aspekt des Religionsunterrichts gilt die Gottesfrage. Denn immerhin ist damit im Blick auf die Ausgangsvoraussetzungen vieler Schüler eine zentrale thematische Fokussierung gesetzt. Die Gottesfrage setzt keine bereits bewusste Beziehung zu Gott, zu einer konkreten Religion, auch nicht zum Christentum, oder noch konkreter zu Kirche und Gemeinde voraus. Daher kann die Gottesfrage auch im Philosophieunterricht kompetent diskutiert werden. Dementsprechend heißen dann die Themensetzungen „Letzte Ursache, Höheres Wesen, Idee von Gott, Gottes-Gedanke". Auch im Ethikunterricht kann die Gottesfrage so diskutiert werden. Dort ist dann zu klären, welchen Beitrag der Glaube an Gott für die Werteerziehung innerhalb einer Gesellschaft leisten kann.

Religionsunterricht als Erschließung der Gottesbeziehung als Gotteskommunikation geht aber über reduzierte, kognitiv abstrakte Auseinandersetzung mit der Gottesfrage hinaus. Im Religionsunterricht geht es um den Menschen im Sinne seiner Herkunft, seiner Zukunft und seiner Umfassungserfahrung in der Gegenwart (Martin Buber) als Beziehung zu Gott (Buber 1953, 41). Denn Kinder und

Jugendliche deuten ihr Leben nicht von einer abstrakten Gottesfrage her, sondern als Beziehung zu Gott oder auch nicht. Gerade die Forschungen zur Entwicklung des religiösen Urteils (Oser/Gmünder 1992) zeigen, dass die beschriebenen Stufen beziehungsorientiert sind. Man denke nur in der Stufe 2 an das *do ut des*-Verhältnis. Dabei hat Oser entschieden deutlich gemacht, dass die emotionale Dimension zwingend beachtet werden muss (Oser 1994; Beile 1998). Die Gottesbeziehung als Gotteskommunikation ist ohne die emotionale Dimension nicht beschreibbar.[130]

Dies zeigt sich schon bei Kindern, die, wie die Interviews von Rainer Oberthür zeigen, Gott ganz offensichtlich beziehungsorientiert interpretieren.[131]

Kinder eines vierten Schuljahres:

> Gott selber hat keine Leiden, aber er leidet unter dem Leid der Menschen.
>
> Gott kann uns nicht in die Hand nehmen, aber er führt uns trotzdem durch das Leben.
>
> Wir können zu Gott sprechen, aber er kann uns nichts sagen.
>
> Wenn man Gott sehen will, sieht man ihn nicht, aber wenn man ihn braucht, dann sieht man ihn.
>
> Gott ist ein leuchtendes Licht, auch für Menschen, um die es dunkel ist.
>
> Gott ist nicht da, aber da. Gott ist still, aber spricht.
>
> Gott ist weit, aber mir nah.

Kinder eines dritten Schuljahres:

> Man kann Gott zwar nicht sehen, aber man kann Gott in Träumen hören.
>
> Gott ist still, aber er kann mit den Menschen reden.
>
> Gott ist nicht zu sehen, aber in Gedanken sieht man ihn doch.
>
> Gott ist immer bei dir, nur du merkst es nicht.
>
> Gott lässt Menschen sterben, aber er lässt uns trotzdem leben.
>
> Gott kann man nicht fühlen, aber ich kann es in der Seele fühlen.
>
> Gott ist hier, obwohl er sich nicht zeigt.
>
> Wir können Gott nicht sehen, aber er hinterlässt seine Spuren.
>
> Gott ist sehr hoch am Himmel, ist aber ganz nah bei mir.
>
> Gott ist nicht überall, aber bei jedem in der Nähe.

---

[130] Vgl. hierzu ein Unterrichtsbeispiel aus dem DFG Projekt „Konfessionelle Kooperation. Religionsunterricht im Jugendalter“: Schweitzer/Biesinger/Conrad/Gronover 2006, 77–80.

[131] Kinderfragen gekürzt zitiert aus Oberthür 2000; vgl.: Biesinger 2004b.

Ebenso verweist Karl Ernst Nipkow mit seinen Untersuchungen darauf, dass das Hauptinteresse der Schüler nicht Gott als solchem und auch letztlich nicht Gottesvorstellungen und Gottesbildern gilt.

> „Man sollte davon ausgehen, dass zumindest einige Schüler darauf warten, wann bei einem Unterrichtsinhalt […] die Wege zu einer konkreten Gotteskommunikation und die erfahrungsbezogenen Schwierigkeiten des Gottesglaubens bedacht werden." (Nipkow 2007a, 334)

Auch seine dokumentierten Aussagen von Schüler sind Beziehungsaussagen (Nipkow 1997):

> „An Gott glaube ich nicht, ich habe keinerlei Beziehung zu ihm. Denn früher, wo ich ab und zu in der Klemme saß, betete ich viel und er half mir nie" (Elektromaschinenbauer, ca. 20 J.) (Nipkow 1997, 52)

Gott als ein Helfer, die Verkörperung von Liebe und der Garant des Guten?

> „Ich glaube an Gott, weil ich davon überzeugt bin, dass es eine höhere Macht gibt, und weil irgendjemand diese Erde, das ganze Weltall erschaffen haben muss. Wenn die Forscher auch sagen, die Erde sei durch einen Urknall entstanden, doch wo kommt der Urknall her, dieser muss ja auch irgendwo herkommen. Also kommt er doch von einer höheren Macht – von Gott" (Fachschülerin, 16–17 J.) (Nipkow 1997, 61).

Gott als Schlüssel zur Erklärung des rätselhaften Anfangs der Welt; Urknall oder Schöpfung?

> „[...] es muss doch nachher irgendwie weitergehen, es kann damit nicht zu Ende sein, es muss einfach nach dem Tode weitergehen, vielleicht mit einem neuen Leben oder dem ewigen Leben." (Berufsfachschüler, Metall, 17 J.) (Nipkow 1997, 64)

Gott als Erklärung des individuellen Endes des Lebens; Weiterleben nach dem Tod oder Tod – basta?

> „‚Gott', das ist ein Wort nichts anderes, doch für viele Menschen ist dieses Wort eine Stütze [...]; es ist etwas, was man ‚Gott nennt' und als ‚Symbolfigur benützt, als die Figur nach der jeder Mensch streben sollte." (Berufsfachschüler, Metall) (Nipkow 1997, 70)

Gott als bloß ein Gedanke, Wort und Symbol?

> „Ich glaube an Gott, weil mir meine Eltern, meine Freundin, deren Eltern und viele andere Menschen und Beispiele gezeigt haben, dass es ihn gibt" (Berufsfachschüler, 17 J.) (Nipkow 1997, 76)

Gott als glaubhaft verbürgt und verständlich bezeugt in der Kirche?

Als weitere Punkte formuliert Nipkow die Hoffnungen auf persönliche Hilfe, die eigene Sorge um die Verwirklichung des Guten und die Überwindung des Bösen, das eigene Leid und die Fragen wegen des ungerechten Leidens in der Welt, das eigene Interesse an der Entstehung des Universums, das eigene Ende und ein Leben nach dem Tod sowie die Möglichkeit, nicht einer Wort-Erfindung oder Symbolerfindung des Menschen im Blick auf Gott aufzusitzen, als konkrete Anfragen von Jugendlichen an ihre Beziehung zu Gott (Nipkow 2007a, 334).

Für den berufsbildenden Bereich ist knapp auf die Einzelportraits von Schüler von Klaus Kießling in seiner qualitativen Analyse zu verweisen. Aus der Vielzahl an Beispielen sei hier „Bernd als Leugner und Sucher Gottes" sowie auf die „christliche Kindererzieherin Maria" verwiesen:

Bernd, Koch, Leugner und Sucher Gottes:

> „Also man greift da immer wieder darauf zurück, obwohl man oft zweifelt." (Kießling 2004a, 131)

Maria V., Christliche Kindererzieherin zwischen Himmel und Hölle:

> „Für meine Arbeit bekomme ich viele Sachen [...], aber für mich selbst?" (Kießling 2004a, 144)

Kießling kommt zu dem Schluss, dass

> „die religiöse Heterogenität einer suchenden und fragenden Schülerschaft [...] nach methodischer Kreativität und einer Beziehungsdidaktik [verlangt], die Religionsunterricht – zumindest im Ansatz – zu einem Ort wechselseitiger Selbstkundgabe werden lässt." (Kießling 2004a, 162)

Dass Beziehung nicht nur unter dem Aspekt von Gotteskommunikation im Religionsunterricht von hoher Relevanz ist, liegt auf der Hand:

> „Die Qualität des Religionsunterrichtes resultiert primär aus der Qualität der darin lebendigen Beziehungen: der Lehrkräfte zu sich selbst, zwischen Lehrenden und Lernenden, schließlich der Schüler untereinander." (Kießling 2004a, 155)

Dann ist auch zweifelndes Hineinfragen in die Gotteskommunikation am ehesten möglich.

Die Gotteskommunikation lernen und lehren ist für den christlichen Religionsunterricht eine ganz spezielle Herausforderung. Wenn sich der Religionsunterricht darauf einlässt, die christliche Gotteskommunikation vom Thema Jesus Christus abzukoppeln, dann wird er unter fachwissenschaftlichen Gesichtspunkten inkompetent. Die christliche Theologie hat beim Thema Gotteskommunikation immer auch die Jesus Christus-Beziehung und den inneren Zusammenhang zwischen Gott als Vater, Sohn und Heiligem Geist inhaltlich mitzureflektieren, auch wenn dies didaktisch sehr anspruchsvoll ist.[132] Fritz Oser hat mit seinem eindrucksvollen Buch „Die Jesus-Beziehung" (Oser 1973) schon früh differenzierend darauf verwiesen. Es war mir als Religionslehrer von vornherein einsichtig. Die Kinder haben Jesus nicht abstrakt, sondern als Beziehung erlebt, gemalt und gespielt. Die an der Tübinger Evangelisch-theologischen Fakultät verfasste Dissertation von

---

[132] Vgl. dazu weiter Hanisch/Hoppe-Graff 2002.

Tobias Ziegler „Jesus als ‚unnahbarer Übermensch' oder ‚bester Freund'"? (Ziegler 2006) kann diese Diskussion weitertreiben.

Religionsunterricht als Erschließung der Gotteskommunikation ist mehr als kognitive Auseinandersetzung mit der Gottesfrage

Interpretationen der Wirklichkeit werden in verschiedenen Interaktionssituationen gelernt, gelehrt, angezweifelt, weiterentwickelt und individuell verarbeitet, bisweilen auch aufgedrängt (Ehmann/Fitzner/Fürst/Isak/Stark 1998).[133]

Der von mir erhobene Anspruch an den Religionsunterricht geht über Wissensvermittlung hinaus. Wer den Religionsunterricht auf kognitive Wissensvermittlung über Gott reduziert, bewirkt bei vielen Schülern eher innere Distanzierung zu dem, was in den vielen Texten aus Bibel oder Theologie an Beziehungsdynamik impliziert ist.

Ein konkretes Beispiel: Schüler eines Gymnasiums hatten wöchentlich fünf Stunden Religion. Bei der Abiturfeier fragte ich sie – in Abwesenheit ihres Religionslehrers –, wie sie diesen intensiven Religionsunterricht einschätzen. Sie sagten zusammengefasst: „Wir haben viele theologische Texte gelesen, studiert, vertieft und diskutiert, von Ratzinger, Küng, Böckle bis Schillebeeckx, auch Enzykliken. Viele biblische Texte haben wir erarbeitet – aber mit uns hat das nichts zu tun."

Die Einwände, dass der Religionsunterricht für Schüler, die wir heute vor uns haben, nicht Lernraum für die Erschließung der Gottesbeziehung als Gotteskommunikation sein könne, sind schulpädagogisch zu entkräften. Lehrpersonen und Schüler kommen immer nur verschieden weit; ganz wichtig ist, jegliche Übermächtigung zu vermeiden.

Eines der Hauptkriterien für einen kompetenten Religionsunterricht ist die existenzielle Betroffenheit und die Möglichkeit, über religiöse und ethische Probleme offen, pro und contra zu dialogisieren. Burkard Porzelt hat diese Aspekte anregend reflektiert (Porzelt 1999). Berufsschuljugendliche antworteten Klaus Kießling in einem qualitativen Interview auf die Frage, ob sie etwas vermissen würden, wenn es an ihrer Berufsschule keinen katholischen Religionsunterricht mehr gäbe: „Und wenn ich Fragen hätte, an wen sollte ich mich dann noch wenden?" (Kießling 2004a, 148; vgl. Kießling 2004b)

Das Postulat, existenziell betroffen machende Probleme in der schulischen Bildung nicht auszugrenzen, sondern bewusst in den Prozess der Persönlichkeitsbildung und der religiösen Orientierung zu integrieren, bedingt allerdings hohe Kompetenz und nicht zuletzt auch kommunikative Sensibilität. Die Klassengruppen oder Kurse in der Sekundarstufe II sind ja von der Zusammensetzung der

---

133 Vgl. zum Folgenden Biesinger 2004a, 253–257.

Schüler dafür nicht von vornherein und vor allem nicht immer geeignet. Es ist eine Herausforderung an die Diskussionskultur, oft auch Störungsbearbeitung, einfühlsam und offen miteinander dialogisieren zu lernen. Helga Kohler-Spiegel fordert bei Lehrern daher als Teil der kommunikativen Kompetenz die besondere Fähigkeit, ganz in der Situation anwesend zu sein, intuitiv das Nicht-Ausgesprochene und Nicht-Fassbare einer Atmosphäre zu erfassen, emotional dabei zu sein, ohne aufzugehen in der Situation. Sie sieht gerade in dieser teilhabenden Form pädagogischen Handelns „eine Urform menschlichen Umgangs" (Kohler-Spiegel 2004, 138; 2006).

Dass es religionsdidaktisch sinnvoll ist, Theologie als Kommunikative Theologie zu konzipieren und weiterzuentwickeln, wie Matthias Scharer und Bernd Jochen Hilberath dies in ihrem Innsbruck-Tübinger Projekt realisieren (Hilberath/Scharer 2003; Hilberath/Nitsche 2002; Scharer/Kraml 2003; Hilberath/Kraml/Scharer 2003; Fiechter-Alber 2004; Drexler/Scharer 2004; Kraml 2005; Werner 2005), belegt folgendes Beispiel:

Ich erzähle in der 11. Klasse Gymnasium am Beginn der Religionsstunde zusammenfassend die Geschichte der Befreiung Israels aus Ägypten (Exodus 13ff.) und bitte anschließend die Schüler, diese Geschichte auf kleine Plakate zu malen:

> „Malen Sie sich selbst in diese Geschichte hinein. Mit wem wollen Sie in dieser Geschichte unterwegs sein?
>
> Markieren Sie den Höhepunkt in dieser Geschichte.
>
> Setzen Sie sich in Zweier-Gruppen zusammen und sprechen Sie über Ihr Bild, so authentisch und selektiv, wie Sie wollen."

Wir lesen jetzt gemeinsam in der Bibel die einschlägigen Textausschnitte, analysieren sie exegetisch und klären dabei, wie der Glaube an den befreienden Gott im Volk Israel entstanden ist und weiter kommuniziert wurde.

Wir brauchen dafür mehrere Stunden. Eine zentrale, große Erzählung der Menschheitsgeschichte bekommt durch die eigenständige Rekonstruktion der Schüler auch auf der persönlichen Ebene Relevanz. Sie erschließen sich selbst und gegenseitig die Beziehung oder Nicht-Beziehung – zustimmend, zweifelnd distanziert, ablehnend – zum Gott Israels. Übermächtigung ist religionsdidaktisch nicht erlaubt, sie wäre geradezu unsinnig. Wer nicht mitmachen will, bekommt einen anderen Arbeitsauftrag. Dies war aber noch nie nötig.

Die Rückmeldungen auf diesen Unterricht waren:

> „Sehr interessant." „Hätte ich nicht gedacht, dass Bibel doch etwas mit mir zu tun haben könnte." „Wir brauchen einen neuen Moses, der die Verhältnisse in den Schulen endlich mal positiv verändert." „Aber wie soll ich heute Gott spüren?"

Möglichkeiten und Grenzen der Erschließung der Gotteskommunikation im Religionsunterricht: Der Religionsunterricht ist kein Ort des „Ausprobierens“ liturgischer Riten und gemeindlicher Praxis in der Schule…

Zentrale Elemente der christlichen Gotteskommunikation werden strukturell entfremdet, wenn sie nachgespielt in einer 45-minütigen Unterrichtsstunde angesiedelt werden. Ähnlich wie ich seit langem gegen die Praxis argumentiere, mit Schülern im Unterricht *Pessah* zu feiern, so eignen sich analog Handlungsvollzüge aus dem Christentum, wie etwa die Eucharistiefeier, logischerweise nicht als Rollenspiel. Jüdische Kollegen haben sich zu Recht sehr befremdet geäußert, als in Unterrichtsmodellen solche *Pessah*-Spiele aufgetaucht sind. Eine Religionslehrerin übt in der Grundschule mit ihren Schülern im Mai das Rosenkranzgebet ein und die Kinder streuen im Klassenzimmer vor einer Marienstatue Rosen – solch eine Lernsituation ist nicht im Religionsunterricht der Grundschule anzusiedeln.

Wie bei allen Optionen ist immer auch die differenzierende Qualitätsfrage zu stellen und im Bereich Gotteskommunikation, die ja immer auch ein gewisses Maß an Intimität in sich birgt, ganz besonders. In konkreten Projekten oder bei Besinnungstagen ist die Partizipation an authentischen Vollzügen christlicher Gottespraxis als Kontext des Religionsunterrichtes religionsdidaktisch gut zu begründen.

Burkard Porzelt ist sowohl in seiner Würdigung meiner Überlegungen als auch gerade an diesem Punkt der Grenzen zur Banalisierung von vornherein zuzustimmen. Auch ich gehe davon aus, dass sehr sorgsam die einzelnen Elemente der Praxis der Gotteskommunikation ausgewählt und aufbereitet werden müssen, auch und gerade unter theologischen Gesichtspunkten (Porzelt 2004, 67f).

…, aber ein mystagogischer Lernort

Wenn ich von Kindern und Jugendlichen her denke, dann wird ihnen eine wichtige Dimension im Religionsunterricht vorenthalten, wenn sie keine Lernräume vorfinden, in denen sie (auch) eine eigene, vorhandene, zögerliche, zweifelnde, wieder zurückgenommene, wieder neu gefundene Qualität ihrer Gotteskommunikation realisieren, austauschen, fundieren, kritisieren können. Die Gotteskommunikation kann und soll ein Religionsunterricht, der den Erwerb religiöser Kompetenz anzielt, allerdings unter dem Anspruch einer inneren Differenzierung sehr wohl erschließen.

Musikunterricht, Sportunterricht, Sprachunterricht und Mathematik intendieren selbstverständlich die eigenständige Praxis im Unterricht. Verschiedene Schulfächer gibt es schließlich deswegen, damit Schüler Kompetenzen erwerben, mit denen sie ihr Leben in ganz verschiedenen Bereichen sinnvoll gestalten können – und dies nicht nur berufsfixiert. Beten können ist auch eine wichtige Kompetenz.

Die Erschließung der Gotteskommunikation unter den Aspekten von Mystagogie im Sinne von Selbstwahrnehmung, Fremdwahrnehmung und Reflexion ist in manchen Fällen innerhalb des schulischen Rahmens von 45 Minuten nur differenziert möglich. Aber dieses rigide Zeitkorsett ist veränderbar. Die Ansätze zur Schulpastoral zeigen, dass in Projekttagen, die bei Schülern in der Regel hohe Resonanz haben, viele Schüler, etwa in Meditationsübungen, neue Erfahrungen im Blick auf ihre eigene Gotteskommunikation realisieren können (Projekttage Kloster, ein Projekt gemeinsam in Taizé) (Biesinger/Nonhoff 1982).

Ein authentischer Erfahrungsbericht eines erfahrenen Religionslehrers:

> „Ich habe seit 1980 mit meinen Schülern von Klasse 5 bis 13 Schweigeübungen im Unterricht gemacht, als Vorbereitung oder Nachwirkung von Text-, Bild- oder Musikmeditationen. Sie sind natürlich nicht immer voll gelungen, aber meistens von der Mehrzahl der Schüler als hilfreich erlebt worden für die Identitätsfindung, für die Konfliktbewältigung, für echte religiöse Erfahrungen. Außer im Unterricht (etwa einmal im Monat, vierzig Minuten lang, in jeder Klasse, auch in den ‚schwierigen') habe ich achtzehnmal bei der jährlichen sogenannten ‚Route Spirituelle' (spiritueller Weg) mit vierzig Teilnehmern, darunter einige ‚Ehemalige' und zwei Mütter, intensive Erfahrungen mit Schweigezeiten bei Kindern und Jugendlichen machen dürfen. Die Teilnehmer machen sonst auch mit bei der Reli-AG der Schule, die sich während der Schulzeit wöchentlich in der Bücherei zu Gebet, Meditation, Gespräch und zur Vorbereitung der geplanten Aktionen (zum Beispiel Partnerschaft für Ruanda) treffen. Bei der fünftägigen Route Spirituelle, meist in einem schönen Wanderheim in der Pfalz, halten wir drei Schweigezeiten, zwei kleine von einer Stunde und eine große von drei Stunden. Im Pfälzerwald spielen natürlich auch Naturbeobachtungen eine besondere Rolle: Natur als Schöpfung Gottes erfahren. Die jeweilige Einführung in die Schweigezeit wird von erfahrenen Schülern und Religionslehrern vorgenommen. Zwei Texte von der Erinnerungstapete der Route Spirituelle mögen die Bedeutung der Kunst des Schweigens auch bei heutigen Kindern und Jugendlichen aufzeigen. Jedem wurde klar, dass das Höchste, Schönste, Liebste, Wahrste nicht in Worten übermittelt werden kann, sondern im Schweigen. Das Geheimnis ist für Worte oft nicht erreichbar." (Heine 1999)

Niko (16 Jahre) schreibt:

> „Die Route ist der Höhepunkt der Anreicherung von Stille und Freude im Jahr. Auf der Route tanken wir alle Stille, Friede und Frischluft."

Und Katja (18 Jahre):

> „Ich atme Schweigen. Es ist so wichtig für mich wie Brot. Ich brauche die Stille, um hören zu können. Ich brauche die Stille, um Mensch zu sein." (Heine 1999)

Aber auch in Klassenzimmern konnte ich die Erfahrung machen, dass Schüler auf eine zehnminütige Musikmeditation am Beginn jeder Unterrichtsstunde sehr positiv reagiert haben. In einer Lehrlingsklasse im Berufsbildungszentrum in Tübingen begann ich die wöchentliche Unterrichtsstunde eines etwa achtwöchigen Unterrichtsprojektes zum Dekalog jeweils mit einer Musikmeditation und der Anleitung: „Lasst Euch auf diese Musik ein und sagt Gott all das, was Ihr ihm sagen wollt. Falls Ihr dies nicht wollt, hört einfach die Musik."

Zunächst war ich gespannt, ob und wie die Schüler sich auf eine solche Lernmöglichkeit einlassen. Es war, was Disziplin, Stille wie Intensität angeht, völlig unproblematisch. Die Atmosphäre in den Unterrichtsstunden änderte sich positiv. Es wurde konzentriert, gelassen, auch einfühlsam gearbeitet. Als ich in einer Stunde den Kassettenrekorder nicht dabei hatte und deswegen die Religionsstunde ohne Musik beginnen musste, kam die halbe Klasse nach dem Unterricht zu mir und fragte: „Warum haben wir heute nicht gebetet?"

Der Nobelpreisträger Elie Wiesel formuliert es prägnant und provokativ:

> „Beten heißt, fähig zu sein, seine Stärken und Schwächen zu erkennen, seine Existenz und seine Zukunft zu ermessen, heißt empfangen und geben. Ohne diese Möglichkeit wäre der Mensch um eine wesentliche Dimension ärmer. Niemand ist mehr zu bedauern als der Mensch, der nicht beten kann, denn nicht beten ist keine Sünde, sondern eine Strafe. Die tragischste Stunde im Leben des Bescht ist jene, als er zur Strafe seine Gebete vergaß." (Wiesel 1986, 33f.)

Wenn heute der Arbeitskreis Grundschule selbstverständlich Meditationsübungen im Unterricht fordert, erzeugt dies bei mir kritische Nachdenklichkeit. Als ich 1981 den Band „Meditation im Religionsunterricht. Theoretische und schulpraktische Perspektiven" mit Beiträgen von Bernhard Grom, Fritz Oser, Michael Frickel sowie dem chassidischen Rabbi Salman Schachter aus Philadelphia u.a. vorgelegt habe, haben damals manche Kollegen stirnrunzelnd gefragt, was denn Meditation im Religionsunterricht zu suchen habe (Biesinger 1981; vgl. Ehmann/Fitzner/Fürst/Isak/Stark 1998, 251–256).

Heinrich Rombach beschreibt in seiner Anthropologie des Lernens eine wichtige Korrektur für die Diskussion über die Möglichkeiten und Grenzen schulischen Lernens. Er plädiert für eine neue Dimensionierung des Lernbegriffs und diagnostiziert zu Recht, dass die westliche Wissenschaft in der Gefahr allzu großer Vereinfachung grundlegender Vorgänge zentrale Möglichkeiten des Lernens übersehen könnte.

> „Was man mit dem generellen Namen der Meditation benennt, sind sehr unterschiedliche und komplizierte Vorgänge der ‚Bewusstmachung' (d.h. des Lernens) elementarer Lebensfunktionen, die auf diese Weise ganz anders in ein durchlichtetes existentielles Ganzes eingebracht werden können, als es in der nachlässigen Weise geschieht, wie wir heute noch Dinge ‚selbstverständlich', d.h. ohne eine Verfremdung, hinnehmen. Bei dem rapiden Zuwachs an Lernaufgaben, der uns heute bedrängt, und noch viel mehr bedrängen wird, könnte es einmal notwendig werden, auf diese noch unerforschten Lernformen zurückzugreifen."[134]

---

[134] Zitiert nach Biesinger 1981, 11. Vgl. auch Biesinger 1981, 25f.: „John Henry Newman, der bedeutende englische Kardinal und Fundamentaltheologe, plädiert in seinem ‚Entwurf einer Zustimmungslehre' für ein ganzheitliches Konzept der Glaubenszustimmung. Der christliche Glaube darf nach ihm niemals nur eine Sache der Reflexion sein, sondern muss die gesamte Person betreffen. Einerseits lehnt er eine bloße Gefühlsreligion als unverantwortbar ab, andererseits ist es sein besonderes Verdienst, auf die subjektive Seite der Glaubenszustimmung, den Glaubensakt,

Im buddhistischen Lehrplan des Landes Berlin sind Meditationsübungen selbstverständlicher Bestandteil des Religionsunterrichtes.[135] Andere denken offensichtlich in einem *weiteren* Horizont!

Erwerb von religiöser Partizipationskompetenz, religiöser Sprachkompetenz und interreligiöser Handlungskompetenz

Analog zu Sprachkompetenz, musikalischer Kompetenz, sportlichen Kompetenzen ist im Religionsunterricht die Frage nach analogen Kompetenzen im Alltag nicht zu tabuisieren, sondern offensiv zu diskutieren. Was ist von einem Sportlehrer zu halten, der lediglich die Regeln über Powerpoint und andere Medien in Klassenzimmern vermittelt und nie mit den Schülern Fußball, Volleyball oder Ähnliches tatsächlich spielt? Was halte ich von einem Musikunterricht, indem nur Partituren gelesen werden und nie gesungen wird?

Partizipationskompetenz bezieht sich auch auf den eigenen religiösen Weg. Kognitive und emotionale Zugänge zu religiösen Handlungen im Christentum – selbst-

---

hingewiesen zu haben. Es geht ihm sowohl um eine Theorie als auch um die Praxis der Glaubenserkenntnis. ‚Deduktionen haben keine Überzeugungskraft. Das Herz wird gemeinhin nicht durch den Verstand erreicht, sondern durch die Einbildungskraft, aufgrund unmittelbarer Eindrücke, durch das Zeugnis von Tatsachen und Ereignissen, durch Geschichte, durch Beschreibung. Personen beeinflussen uns … Kein Mensch will der Märtyrer einer Schlussfolgerung sein.‘ Die Tatsachen des Glaubens sollen ‚als Gegenstände so vor unserem Geist entstehen, … dass sie von einem Glauben angeeignet werden können, der so lebendig ist wie die Einbildungskraft, die sie erfasst‘. Newman spricht der Meditation den Zweck zu, die Glaubenstatsachen zu vergegenwärtigen (*to realize*). Das wesentliche Medium realer Erfassung eines Gegenstandes ist die Imaginationskraft. ‚Das Erkenntnismedium … der Wirklichkeit, vollen Wahrheit, ist nächst und neben der Wahrnehmung und immer verbunden mit ihr die Einbildungskraft: das Bild.‘ Newmans Zustimmungslehre weist dringlich auf den Prozess des Glaubenlernens hin. Der Glaube und das Vertrauen kommen erst in der Liebe zu einer Person, absolut nur in der Liebe zu Gott, zur Ruhe. Eine systematische Lehre, so wahr und logisch sie sein mag, kann ohne den personalen Prozess nicht zum Ziel kommen. ‚Wenn ich erst weiß und gewiss bin, wem ich glaube, macht das Was des Glaubens nicht mehr die großen Schwierigkeiten: *Cor ad Cor loquitur.*‘ Begrifflich zustimmende und folgernde Akte allein können die Lebensführung des Menschen nicht beeinflussen, dazu bedarf es vielmehr der Akte realer Glaubenszustimmung. Begriffliche und argumentative Auseinandersetzungen mit dem Glauben setzt Newman als selbstverständlich wichtig voraus. ‚Ich darf also wohl dazu noch einmal wiederholen, dass Zustimmung oder Glaube eine Erfassung der geglaubten Dinge voraussetzt, Folgerung dagegen keine Erfassung der geglaubten Dinge erfordert.‘ Der Glaube kommt erst nach faktischem Wissen, sinngebenden Aspekten und folgerichtigem Durchdenken. Beispiele und Vorbilder und nichttheologische Verstandesoperationen (*Reasonings*) sind die lebendigen Beweise, ‚die allein eine Macht über das Gemüt haben oder den Charakter formen können‘."

[135] Buddhistische Gesellschaft Berlin e.V., Buddhistischer Religionsunterricht. Rahmenplan für die Klassenstufen 1–13, Berlin 2002, unter: http://www.buddhistischer-religionsunterricht.de/downloads/rahmenpl.pdf. „Der buddhistische Religionsunterricht wird Kindern und Jugendlichen die Grundlagen der buddhistischen Lehre und Praxis als religiöse Übung nahe bringen, die Philosophie, Ethik und Meditation umfasst." (Ebd. 14.)

verständlich konfessionell-kooperativ – zu gewinnen, gehört zu religiöser Bildung selbstredend dazu.

An einer Beerdigungsliturgie, an einer Taufe, an einer Hochzeit verstehend teilnehmen zu können, hat seine Voraussetzungen. Damit wird der Religionsunterricht nicht zu einem Projekt der Gemeindebildung. Den Schülern aber den Lernraum für den Erwerb von solchen Partizipationskompetenzen zu öffnen, dass sie auf ihre Weise entscheidungsfähig und handlungskompetent auch im Blick auf religiöse Partizipation werden, ist schulpädagogisch anzustreben – gerade auch wenn man analog die interdisziplinäre Vernetzung zu den anderen Schulfächern ernstnimmt. Die religiösen Entscheidungen, die Schüler persönlich fällen, bleiben offen.

Dabei ist es angesichts der multikulturellen und vor allem auch multireligiösen Entwicklung in unserer Gesellschaft mehr als wichtig, die Gotteskommunikation gerade auch unter christlichen Gesichtspunkten interreligiös zu buchstabieren. Die didaktische Leitidee kann dabei sein, „Gemeinsamkeiten stärken – Unterschieden gerecht werden". Diese Leitidee eignet sich nicht nur für die konfessionelle Kooperation im Religionsunterricht, sondern bei entsprechend weiterführend kritischem Diskurs auch für die interreligiöse Buchstabierung der Gotteskommunikation im Christentum – Judentum – Islam, in spezieller Differenzierung mit Hinduismus und Buddhismus (Schweitzer/Biesinger 2002; Biesinger 1996b; Biemer/Biesinger/Fiedler 1984). Es gehört zu den Kompetenzen, die den heutigen Schülern in der Zukunft in unserer Gesellschaft abverlangt werden, dass sie sich religiös, vor allem aber auch interreligiös ausdrücken können. Dass sie fähig werden, Dialoge zu führen, sich interreligiös zu verständigen, den eigenen religiösen Weg so tief zu verstehen, dass sie sich tatsächlich auch mit anderen religiösen Wegen verständigen und dabei auch ohne Vorurteile den Unterschieden gerecht werden können. Auch dies ist fernab jeglicher Frömmelei einzuüben und für Schüler in der Regel auch eine enorme denkerische Herausforderung. Seit Jahren habe ich in Unterrichtsprojekten Oberstufenschülern die Aufgabe gegeben: „Erklären Sie einem gleichaltrigen muslimischen Jugendlichen, was Christen glauben". Für christliche Schüler ist es eine große denkerische Herausforderung, das Christentum mit eigenen Worten kompetent zu beschreiben. Durch diese Aufgabenstellung wird denkerisch ein wichtiger Prozess angestoßen, der es den Schülern ermöglicht, in der Zukunft in verschiedensten gesellschaftlichen Zusammenhängen mit Menschen aus anderen religiösen Wegen auf gleicher Augenhöhe einerseits selbstbewusst und andererseits sensibel wie ehrfurchtsvoll zu kommunizieren.

Religionsunterricht als Erschließung der Gotteskommunikation meint somit mehr als die kognitive Auseinandersetzung mit der Gottesfrage. Es ist ein anspruchsvoller Zugang, Schülern zu ermöglichen, sich in der Existenz Gottes zu deuten. Es verlangt von uns Lehrenden, nicht nur kognitiv die Auseinandersetzung der Schüler zu fördern, sondern immer auch im Hinblick auf ihre Selbst- und Weltinterpretation aus und in der Beziehung zu Gott.

4.2 Wie der Religionsunterricht Zukunft hat – Kognition, Emotion und religiöse Handlungsorientierung[136]

Gesellschaftliche Umbrüche haben auch für die Konturierung religiöser Bildung im öffentlichen Schulwesen Konsequenzen. Der Religionsunterricht, wie er nach dem Grundgesetz der Bundesrepublik Deutschland konzipiert ist, wurde durch die Entwicklung des Unterrichtsfaches „Lebensgestaltung-Ethik-Religionskunde" im Land Brandenburg auf der Basis der gesellschaftlichen Situation der früheren DDR angefragt. Solche Anfragen können eine profiliertere Diskussion anstoßen. Die maßgebende Norm für den schulischen Religionsunterricht in der Bundesrepublik Deutschland ist Artikel 7 mit seinen Absätzen 2 und 3:

> „(2) Die Erziehungsberechtigten haben das Recht, über die Teilnahme des Kindes am Religionsunterricht zu bestimmen.
>
> (3) Der Religionsunterricht ist in den Öffentlichen Schulen mit Ausnahme der Bekenntnisfreien Schulen ordentliches Lehrfach. Unbeschadet des staatlichen Aufsichtsrechtes wird der Religionsunterricht in Übereinstimmung mit den Grundsätzen der Religionsgemeinschaften erteilt. Kein Lehrer darf gegen seinen Willen verpflichtet werden, Religionsunterricht zu erteilen".[137]

Diese vom Grundgesetz geschaffene Verfassungswirklichkeit ist bildungspolitisch im Blick auf die Qualität des Religionsunterrichtes von Jahrzehnt zu Jahrzehnt neu einzuholen und zu realisieren. Die bildungstheoretischen Herausforderungen, die die Gottesfrage und -beziehung als Gotteskommunikation im Bildungswesen provoziert, bearbeitet der Beitrag des evangelischen Religionspädagogen Karl Ernst Nipkow (Nipkow 1999). Im organologischen Bildungsmodell stellt sich die Gotteswirklichkeit anders dar als im kulturanthropologisch-sozialisationstheoretischen Bildungsmodell. Das sich immer mehr durchsetzende subjektorientierte Bildungsmodell, das für das protestantische Bildungsdenken eine große Rolle spielt, legt Wert darauf, dass der christliche Glaube durch Eigeninitiative in die Person internalisiert wird.

Die Herausforderungen der ökumenischen Situation in den europäischen Ländern und speziell in Deutschland machen neue Reflexionen zur konfessionellen Kooperation im Religionsunterricht für die europäische Schule der Zukunft dringlich.

---

136 Überarbeitete Version 2011. Zuerst erschienen als: Biesinger 1999.

137 Die Einschränkung dieser Bestimmung nach Artikel 7 Abs. 3 Satz 1 bezieht sich auf Bremen, wo ein „bekenntnismäßig nicht gebundener Unterricht in biblischer Geschichte auf allgemein christlicher Grundlage" als ordentliches Lehrfach vorgesehen ist (vgl. Artikel 32 Abs. 1 Landesverfassung Bremen).

Ohne eine begrenzte, profilierte, nach Projekten und Themen fokussierte ökumenische Kooperation wird der Religionsunterricht in der Zukunft im öffentlichen Bildungswesen nicht plausibel verankert bleiben können.

Nicht eine solche präzisierte ökumenische Kooperation stellt eine Gefährdung des Religionsunterrichtes nach Artikel 7 Abs. 3 dar, sondern die von manchen Kreisen angestrebte Konzeption eines religionskundlichen, überkonfessionellen Religionsunterrichtes. Friedrich Schweitzer, ebenfalls evangelischer Religionspädagoge, argumentiert die verschiedenen Modelle kritisch und erörtert den Zusammenhang zwischen „Versäulung“ der Konfessionen und abstraktem Universalismus (Schweitzer 1999). Die Notwendigkeit eines konfessionell-kooperativen Religionsunterrichts in ökumenischer Verantwortung will einen profilierten Religionsunterricht, der Gemeinsamkeiten zwischen den Konfessionen stärkt, Unterschieden aber auch gerecht wird.

Diese Frage ist nicht lediglich in Deutschland wichtig, ökumenische Verständigung ist für den europäischen Horizont von erheblicher Bedeutung und für die Zukunftsgestalt von Schule und Religionsunterricht in Europa unerlässlich. Für die derzeitige bildungspolitische Diskussion sind die Vorstellungen zu Ethikunterricht – Philosophieunterricht – Religionskunde und Religionsunterricht zu präzisieren und vor allem auch voneinander abzugrenzen. Einen Einblick in diese zum Teil sehr verwirrende Diskussion gibt der Beitrag des Mainzer katholischen Religionspädagogen Werner Simon (Simon 1999). Dass der Religionsunterricht langfristig in eine Fächergruppe mit diesen Unterrichtsfächern kommen könnte, birgt auch seine Gefahren. Wenn die Schüler aus einer solchen Fächergruppe auswählen, dann ist Religionsunterricht nicht mehr von vornherein ein ordentliches Lehrfach, wie dies im Grundgesetz vorgesehen ist. Die Wahl steht im Falle der Gewissensgründe offen. Grundsätzlich aber ist davon auszugehen, dass der Religionsunterricht genauso wie Mathematik ein ordentliches Lehrfach ist, von dem man sich nicht einfach dispensieren kann – außer durch Gewissensgründe. An diesem Punkt wird im Blick auf die Bedeutung des Religionsunterrichtes als ordentliches Lehrfach in der Zukunft Wichtiges entschieden.

Religionslehrer sein – Herausforderungen und Kompetenzen erörtert der Freiburger katholische Religionspädagoge Werner Tzscheetzsch (Tzscheetzsch 1999). Der Religionsunterricht ist personales Angebot von Menschen, die sich auf die Gotteskommunikation soweit einließen, dass es ihnen ein Anliegen ist, Schülern die Gotteskommunikation zu erschließen. Dabei sind Anforderungen von Zeugniskompetenz, von Selbstkundgabe und vor allem Authentizität im Blick auf die eigene Religiosität von wichtiger Bedeutung. Will man sie im Blick auf die Zukunft des Religionsunterrichtes tabuisieren, würde man eine ganz entscheidende Dimension vernachlässigen (vgl. auch Bucher 2009).

Der Ausblick „Wie der Religionsunterricht Zukunft hat. Kognition, Emotion und religiöse Handlungsorientierung" bündelt im Theorie-Praxis-Zusammenhang Argumente für ein Spezifikum des Religionsunterrichts, das die anderen von Werner Simon beschriebenen Fächer so in der Schule gar nicht realisieren dürfen. Von der Option der Gotteskommunikation ausgehend in der die getauften Schüler im Religionsunterricht bereits umfangen sind, geht es um den Bewusstwerdungsprozess, die Initiierung eines Entscheidungsprozesses auf der kognitiven, emotionalen und der Handlungsebene. Dies ist für einen interessanten, lebensrelevanten, die Gefühle und die Argumentationsfähigkeit der Schüler in gleicher Weise ansprechenden Lernweg von zentraler Bedeutung. Die These, dass es im Religionsunterricht nicht einfach nur um theologische Begriffe, sondern letztlich um die Sensibilisierung für die vorgängige Beziehung mit Gott geht, hat ihre schulpädagogischen Parallelen auch in anderen Schulfächern. Wenn der Biologieunterricht über naturwissenschaftliche Formen nicht hinaus kommt und die Schüler nicht auch Ehrfurcht vor dem Lebendigen lernen, handelt es sich um ein sehr einseitiges Konzept von schulischer Bildung. Das konkrete Beispiel eines Biologielehrers: In einer Schulklasse behandelt er den Aufbau der Blüten einer Tulpe. In der großen Pause sieht er wie einige dieser Schüler den Tulpen auf dem Schulhof die Köpfe abschlagen. Welches Bildungsziel hat er erreicht?

Über Gott zu sprechen kann sehr distanziert sein, wie man auch über andere Objekte spricht. Gott ist aber nicht ein Objekt des Menschen. Hier plädiere ich für ein radikales Zu-Ende-Denken dessen, um was es im Religionsunterricht geht, wenn er sich im jüdisch-christlichen Traditionskontext verwurzelt. Gott ist nicht Gott an sich, Gott ist immer schon Beziehung in sich und Mitteilung an uns Menschen. Es geht um die *Ant-Wort*, die wir auf sein gegebenes Wort geben. Und das ist letztlich Thema und Herausforderung des Religionsunterrichtes. Dazu gehört natürlich auch eine inhaltlich begriffliche Klärung über Bibelauslegung, über den Glauben der Kirche, über dogmatische Vorstellungen. Aber dies alles hat lediglich Dienstfunktion dafür, Gott als Beziehung für sich selber zu entdecken, zu verstehen, darüber auch begrifflich kommunizieren zu können.

Wenn es im Religionsunterricht um Gott geht, dann geht es nicht nur um Begriffe. Es geht um die Frage, woher komme ich, warum bin ich überhaupt auf der Welt, wenn ich eh wieder sterben muss, was kann ich von Gott erwarten, wenn ich tot bin? Dies lediglich auf der distanzierten begrifflichen Ebene oder gar nur auf der vergleichenden religionskundlichen Ebene zu bearbeiten, ist eine Selbstbescheidung für den Religionsunterricht, für die ich einzutreten nicht bereit bin.

4.3 Was also gewinnen Schüler durch den Religionsunterricht?[138]

Eben gerade nicht aus der Verteidigungsposition heraus, sondern im Blick auf den „Sinnüberschuss", den der Religionsunterricht erbringen kann, kann ein Perspektivenwechsel, auch in der öffentlichen Diskussion, entstehen.

Denn im Gegensatz zur grobflächigen Außenansicht von Religion und Religionen, wie sie das Konzept LER (Lebensgestaltung-Ethik-Religionskunde, Brandenburger Modell) ermöglicht, „bringt" der Religionsunterricht Schülern Wesentliches:

- Innenansicht in der Begleitung von Lehrern, die den religiösen Weg des Christentums, Islams, Judentums, selbst praktizieren und partizipieren.
- Die spirituelle Verwurzelung im Theorie-Praxis-Zirkel eines konkreten großen religiösen Weges im Spannungsfeld von kognitiven Power-Diskussionen bis hin zum Vollzug meditativer Rituale, ermöglicht eine existentielle Fundierung und Ermöglichung von Entscheidung für oder gegen diesen religiösen Weg.
- In der Verortung und Entwicklung von religiöser Sprachfähigkeit und religiöser Grammatik in einem dieser großen religiösen Wege entsteht auch die Befähigung, andere religiösen Sprachen und Vorstellungen kompetenter wahrzunehmen und in einen wirklichen Dialog auf gleicher Augenhöhe einzutreten: das Andere und die Anderen entsprechend zu würdigen, die Andersartigkeit wahrzunehmen und dennoch die Gemeinsamkeiten zu stärken.[139]
- Schüler haben ein Anrecht darauf, in ihrer eigenen Gottessuche kompetent unterstützt und begleitet zu werden, ihren eigenen religiösen Weg zu suchen, sich in einem religiösen Weg zu verwurzeln, aber auch zu zweifeln, sich zu distanzieren, vor allem aber, den eigenen religiösen Weg im Sinne einer Selbstleitung zu realisieren und zu vergleichen.
- Schüler haben ein Anrecht darauf, in der Entfaltung ihrer Persönlichkeit auch in ihren eigenen religiösen Krisen und Verwundungen wahrgenommen und entsprechend begleitet zu werden. Ich rede bewusst von religiösen Krisen, Verwundungen, Verzweiflungen: „Wo ist denn Gott, wenn er mir meinen Vater nimmt?“ Ich beerdigte einen 47-Jährigen Vater, der plötzlich an Herzinfarkt verstarb. Auf dem Weg von der Fried-

---

[138] Überarbeitete Version 2011. Zuerst erschienen als: Biesinger 2001.

[139] Prinz El Hassan bin Talal von Jordanien, dem die Katholisch-Theologische Fakultät der Universität Tübingen im Mai 2001 die theologische Ehrendoktorwürde verliehen hat, formulierte dieses Anliegen aus islamischer Sicht: Bei den Gemeinsamkeiten beginnen und die Unterschiede achten.

hofskapelle bis zum Grab hat sein damals 9-jähriger Sohn die ganze Strecke laut geschrien. Wenn das keine religiöse Krise für ein Kind ist...

- Schüler haben ein Anrecht darauf, zu religiösen Kompetenzen und auch zu religiösen Höchstleistungen im Denken und im Interpretieren herausgefordert zu werden. „Setz Dich damit auseinander, welche Möglichkeiten es gibt, den Tod zu interpretieren. Lasse nicht locker und versuche den Text noch einmal zu lesen. Vielleicht kommst Du auf etwas anderes als ich."
- Schüler haben ein Anrecht darauf, sich im Sinne einer spiralförmigen Weiterentwicklung religiöse Kompetenzen anzueignen und zu realisieren. Im Blick auf die existentiellen Fragen von Schülern ist festzuhalten, dass es sie sehr interessiert, woher die Welt kommt, ob es Gott überhaupt gibt, ob Gott widersinnigem Leid einen Sinn geben kann. Was wird aus mir, wenn ich eines Tages sterbe, was wird aus dieser Erdkugel, wenn sie eines Tages zerstört wird?
- Schüler haben ein Anrecht darauf, vernetztes Denken kennen zu lernen und zu praktizieren. Glaube und Naturwissenschaft sind für mich ganz nah beieinander. Naturwissenschaftler sind Menschen, die theologisch gesprochen das Geheimnis der Schöpfung Gottes erforschen. Je mehr ich von den Geheimnissen der Schöpfung weiß, desto mehr preise ich den Schöpfer und die Schöpfung.
- Schüler haben ein Anrecht darauf, Religionslehrer zu haben, die von ihrem Glaubensweg kritisch konstruktiv überzeugt sind, die ruhig auch einmal eine Krise haben dürfen und die den Schülern als spirituelle Wegbegleiter zur Verfügung stehen. Hier bietet die These von der Selbstkundgabe des Religionslehrers und der -lehrerin, die Werner Tzscheetzsch mehrfach entwickelte, noch viele neue Aspekte.
- Schüler haben ein Anrecht darauf, Religion als Rückbindung an Gott auf einem konkreten religiösen Weg wahrzunehmen und zu erproben. Sie haben das Recht, „Gott entgegen zu zweifeln". Pubertät im Sinne auch von Ablösungsprozessen vom Kindheitsglauben muss notwendigerweise religionspädagogisch implizieren: Gott entgegenzweifeln. Die eigentlichen Weiterentwicklungsprozesse, das wissen wir ja auch aus den Stufen der Glaubensentwicklung bei James W. Fowler u.a., verlaufen über Krisen und Zweifel. Schüler haben das Recht, Gott entgegen zu zweifeln, sie haben das Recht, Gott anzuklagen, genau wie es die alttestamentlichen Beter auch taten.

Fazit: Offensive Strategien, der Religionsunterricht bringt „mehr“ als LER, „Gott – mehr als Ethik“ sind wichtige Optionen für die Zukunft des Religionsunterrichts.[140]

Doch es bedarf für den Religionsunterricht der Zukunft spezieller Begegnungsräume, die auch andere Zeiteinteilungen erforderlich machen. Es ist eher unsicher, ob die 45-Minuten-Stunde für den Religionsunterricht überhaupt sinnvoll ist. Religionsunterricht in Projektphasen, zwei Tage Partizipation, Reflexion, Meditation in einem Kloster, Religionsunterricht in Doppelstunden – die Schüler bekommen andere Einblicke und andere Lernmöglichkeiten.

4.4 Was gewinnt die Wirtschaft durch den Religionsunterricht?[141]

Gott – mehr als Ethik

1. Fallbeispiel

Ich sitze mit 20 Friseurlehrlingen – zum Großteil Frauen – im Religionsunterricht an der Berufsbildenden Schule in Tübingen, dem größten Berufsschulzentrum in Südwürttemberg. Es ist die erste Schulstunde nach Ostern. Wir nähern uns dem Thema „Wie ich mir Tod und Auferweckung vorstelle: Ostern – Auferweckung – Wiedergeburt“.

Die Schüler tragen nach kurzer Einzelarbeit ihre Vorstellungen in Gruppen zusammen, anschließend werten wir die Gruppenarbeit aus. Ich skizziere ein Schema an der Tafel. Nach einiger Zeit spitzt sich die Diskussion heftig zu: Wenn es nach dem Tod nichts mehr gibt, dann wäre das ganze Leben ja fatal und sinnlos. Einige gehen davon aus, dass sie wiedergeboren werden. Sie fragen mich, was nach der Bibel mit der „Auferweckung von den Toten“ denn gemeint sei, und ich wähle als Antwort das Beispiel von der Raupe, der Puppe und dem Schmetterling.

---

[140] Auf dem Podium des von der Bundestagsfraktion Bündnis 90/Die Grünen 1997 veranstalteten Symposions zum Brandenburger-Modell und zum Religionsunterricht erklärte mir in Berlin ein Vertreter der humanistischen Union süffisant zynisch: „Herr Biesinger, das ist ja schön, dass Sie meinen, es gehe im Religionsunterricht um so etwas wie den christlichen Weg. Ihre Religionslehrer, die machen aber etwas ganz anderes, die machen nämlich nur Ethik – und das können wir besser als diese.“ Ich gab ihm natürlich sofort Gegenpower und er musste zugeben, dass er weder die Lehrpläne kennt, noch einen Einblick in die gegenwärtige religionsdidaktische Diskussion hat. Somit war diese Diskussion schnell zu Ende. Darauf habe ich den muslimischen Vertreter auf dem Podium gefragt, ob er den LER für die muslimischen Kinder und Jugendlichen in Deutschland wolle. Seine Antwort war: „Auf gar keinen Fall, kommt überhaupt nicht in Frage, wir wollen einen muslimischen Religionsunterricht.“

[141] Überarbeitete Version 2011. Zuerst erschienen als: Biesinger 1998b.

Mitten in der Stunde fällt mir auf, dass eine Schülerin weint. Hinten links hat eine weitere Schülerin Tränen in den Augen. Ich setze mich kurz zu beiden hin und versuche, mit ihnen zu sprechen. Es zeigt sich, dass bei der einen vor einigen Wochen der Vater gestorben ist und sie nicht weiß, was aus ihm geworden ist. Die andere hat ihren Freund bei einem Motorradunfall verloren. Die Religionsstunde wird sowohl für die Schüler als auch für mich immer dichter und zum unvergesslichen Erlebnis. Am Beginn der nächsten Stunde gehe ich auf das Problem der Wiedergeburt noch einmal ein, indem ich eine Frage aufgreife, die mir ein frommer Hindu einmal gestellt hat: „Wir im Hinduismus wollen aus dem Kreislauf der Wiedergeburt aussteigen, wollen endlich für immer gerettet sein, und Ihr in Europa wollt unbedingt in den Kreislauf der Wiedergeburt einsteigen. Kannst Du mir erklären, warum das so ist? Ich verstehe das nicht."

2. Fallbeispiel

Im Managertraining für Top-Verkäufer der Firmen Porsche und VW in Salzburg leite ich eine Sitzung mit der Frage: „Welche Regeln sollen meine Kollegen im Umgang mit mir einhalten?". Nach einer kurzen Meditationsphase kommt es zu einem lebhaften Austausch untereinander. Die Zeit, die wir uns vorgenommen haben, reicht nicht aus, und am Ende des langen Abends sind wir bei den Freiheitsregeln der 10 Gebote angekommen, die die Verkäufer auf ihre Lebenssituation transformieren und für mein Empfinden auf faszinierende Weise kritisieren.

3. Fallbeispiel

In einer Berufsschulklasse von Metzgerlehrlingen – vorwiegend junge Männer, aber auch zwei junge Frauen – behandele ich das Thema „Die 10 Gebote und was sie für mich bedeuten". Ich beginne handlungsorientiert und induktiv: „Welche Verhaltensweisen in Deinem Betrieb sollten die anderen Deiner Meinung nach unbedingt einhalten? Was wünscht Du Dir, damit es Dir im Betrieb besser geht?"

Die Jugendlichen formulieren unter anderem: „Mein Kollegen aus dem 2. Lehrjahr soll mich nicht immer beim Chef anschwärzen." „Mein Kollege soll kein Fleisch mehr stehlen und mit nach Hause nehmen und es anschließend einem Freund von mir anhängen." „Es soll keiner seine Arbeit auf andere abwälzen und damit unserem Betrieb schaden." „Es ist wichtig, dass wir zusammenhalten, der Fleischkonsum ist eh schon massiv zurückgegangen. Es kommt auf die Qualität an, damit unser Betrieb überleben kann." Die Schülerinnen sagen, dass es für ihre Arbeit im Betrieb ungut sei, wenn die anderen sie dauernd „anmachen", weil sie Frauen sind.

Diese Fallbeispiele entstammen nicht aus Büchern, ich habe sie erlebt und selbst mitgestaltet.

1. These

Jeder Mensch in der Bundesrepublik Deutschland hat das Recht, seinen religiösen Weg im Kontext der großen Weltreligionen im öffentlichen Schulsystem zu reflektieren.

Die großen Weltreligionen Christentum, Judentum und Islam sind schon Jahrhunderte, zum Teil Jahrtausende vor der Frau und dem Herrn Minister gewesen und werden diese noch lange überleben. Es wäre eine fatale Anmaßung politischer Entscheidungsträger, die Religiosität als Thema des öffentlichen Schulsystems im Sinne des Grundgesetzes (als Recht und Pflicht) aus der Schule verdrängen zu wollen. Wer in der öffentlichen Diskussion von einem „Privileg der Kirchen" am und im Religionsunterricht spricht, hält keine tiefschürfende Rede. Es ist ein Recht von Eltern und Kindern, dass sie auf dem eingeschlagenen religiösen Weg profiliert und kompetent vom öffentlichen Schulsystem unterstützt werden – so wie Eltern dies in anderen Lebensbereichen von der Schule genauso erwarten dürfen und müssen. Dies schließt für mich auch ein, dass der Religionsunterricht nicht nur auf eine „Religionskunde" oder ein Unterrichtsfach wie „Lebensgestaltung – Ethik – Religionskunde" reduziert werden darf, weil er damit sein Profil verliert und Religiosität nach dem bescheidenen Motto des kleinsten gemeinsamen Nenners gelehrt wird: Damit fallen die Impulse zur Entscheidung für oder gegen die Gotteskommunikation im Rahmen eines konkreten religiösen Weges weg.

Das oben genannte Beispiel zum Thema „Tod" zeigt, dass Zeugnis, Entscheidungswille und vor allem Glaubenszustimmung zum Konzept lebendigen Religionsunterrichts gehören.

2. These

Im Religionsunterricht der Berufsschulen lernen die Schüler die Wirklichkeit im Sinnhorizont von „gottgeschenkter Freiheit, Liebe und Hoffnung" zu interpretieren.[142]

Während in den einzelnen Schulfächern Teilsinne im Blick auf die Wirklichkeitserfassung zum Thema gemacht werden – etwa Mathematik, Chemie, Betriebswirtschaft, Warenkunde usw. –, geht es im Religionsunterricht um die Integration von Teilbereichen in ein Gesamtkonzept von Sinn, welches der Mensch sich letztlich nicht selbst geben kann. Der gottgeschenkte Sinn, die in der Liebesenergie Gottes gründende Fähigkeit zu Liebe und Solidarität und die in der Zukunft Gottes grün-

[142] Der Religionsunterricht an Berufsbildenden Schulen ist ein lange vernachlässigtes, inzwischen aber durch die neu gegründeten Institute (KIBOR, vormals IboR; EIBOR, BIBOR) aufgewertetes Feld, zu dem inzwischen zahlreiche wissenschaftlich wie praktisch fundierte wegweisende Publikationen vorliegen (vgl. Biesinger/Jakobi/Kießling/Schmidt 2005; Biesinger/Schmidt 2010; Biesinger/Schmidt 2011b).

dende Hoffnung, dass er auch unserer Zukunft Zukunft gibt, beinhaltet eine unverzichtbare Interpretation menschlicher Existenz und Gesellschaft. Wer Jugendlichen diese Möglichkeiten der Sinndeutung vorenthält, betrügt sie um die Gotteskommunikation und damit letztlich um das einzig Rettende aus dem Tod (Biesinger 2011a).

Außerdem bleibt die technisch-naturwissenschaftliche Weltdeutung defizitär, wenn sie nicht in den Dialog mit den Deutekategorien des Glaubens gebracht wird. Innovative Naturwissenschaftler gehen davon aus, dass die wissenschaftstheoretischen Methoden ihres Faches zu Begrenzungen in der Weltdeutung führen, und sie fragen von sich aus nach religiösen Konzepten (Biesinger/Strack 1996).

Im Religionsunterricht an Berufsschulen lernen Schüler elementare Kompetenzen, ohne die Wirtschaft letztlich nicht funktionieren kann:

- Optimismus und Solidarisierungsfähigkeit gründen in gottgeschenktem Sinn, Liebe und Hoffnung.
- Arbeit ist Teilhabe am biblischen Schöpfungsauftrag. Die Wirtschaft wird langfristig viele kreative, innovative Mitarbeiter benötigen, denen Arbeit mehr ist als bloßes Funktionieren und Geldverdienen. Arbeit ist Auseinandersetzung mit der Welt zur Schaffung künstlicher Produkte, aber in dem Sinne, dass sich die Menschen dabei als Partner am Schöpfungsprozess und -geschehen in Gemeinschaft selbst verwirklichen können. Dies schließt im Blick auf die Bewahrung der Schöpfung mit ein, dass eine nur auf kurzfristigen Nutzen und Gewinn ausgerichtete Qualität von Wirtschaft sich selbst langfristig die Zukunftsmöglichkeiten abgräbt und – wie man jetzt im asiatischen Raum auch anhand des Raubbaus am Regenwald sehen kann – Gewinne und Investitionen gefährdet.
- Teamfähigkeit und das gemeinschaftliche Übernehmen von Verantwortung wird von der biblischen Tradition als unerlässlich eingestuft. Sowohl die Sozialkritik der Propheten als auch Kommunikationsdichte und -impulse der Evangelien zeigen, dass dort, wo der Mensch aus dem Mittelpunkt von wirtschaftlichen Zusammenhängen herausfällt, schnell auch das Überleben einer Gruppe und der Gesellschaft gefährdet wird. Der massive Anruf in der Gerichtsrede Jesu (Matthäus 25,35: „Denn ich war hungrig, und ihr habt mir zu essen gegeben; ich war durstig, und ihr habt mir zu trinken gegeben; ich war fremd und obdachlos, und ihr habt mich aufgenommen; ich war nackt, und ihr habt mir Kleidung gegeben; ich war krank, und ihr habt mich besucht; ich war im Gefängnis, und ihr seid zu mir gekommen.“) stellt Anforderungen an den gegenseitigen Umgang. Ein gutes Betriebsklima wirkt sich auf Produktionsprozesse aus. Die Er-

fahrungen mit entsprechenden Managertrainings bestärken mich darin eindeutig. Mobbing in einem Betrieb kommt für die Produktion erheblich teurer als der Religionsunterricht für Schüler, die später tendenziell kein Mobbing betreiben. Situationen von Mobbing habe ich bisher in jeder Berufsschulklasse erlebt und sie sofort thematisiert, worauf es immer Veränderungen gegeben hat.[143]

- Persönlichkeitsbildung und die Förderung bestimmter Charaktereigenschaften werden immer wichtiger. Es kann für die Wirtschaft sehr gefährlich sein, wenn nur egoistisch denkende Jugendliche nachrücken. Der Standort Deutschland lebt von der innovativen Kraft kreativer, gemeinsinnorientierter Persönlichkeiten. Ich sage nicht, dass diese nur durch den Religionsunterricht entstehen, aber neben dem Deutschunterricht und anderen Fächern spielt der Religionsunterricht in diesem Bereich eine ausgesprochen wichtige Rolle: Religiosität ist ohne Phantasie, ohne Kreativität, ohne Identifikation mit Lebens- und Zukunftsmodellen nicht möglich. Es bedarf der Hoffnung, dass wir die Situation, in der wir stehen, meistern können und es mit unserem Leben gut ausgehen wird, weil wir Gott vertrauen können.
- Fehler eingestehen und um Entschuldigen bitten können muss ebenso erlernt werden wie einfühlsame Verantwortung im Blick auf kommunikative Krisen im Team.
- Der Religionspsychologe Bernhard Grom spricht von einem „Sinnüberschuss“, den Religion erbringt, der menschenwürdiges Leben für alle inspiriert und motiviert.

3. These

Religionsunterricht ist erziehender Unterricht.

Im Religionsunterricht geht es nicht nur um distanziertes religiöses Wissen über Gott, sondern auch und vor allem um die Erschließung der Gottesbeziehung als Gotteskommunikation. In der Schulpädagogik werden unterrichtliche und erzieherische Ziele der Schule voneinander unterschieden. Unterricht zielt vor allem auf Wissen, während es der Erziehung um Einstellungen und Haltungen geht. Faktisch vollzieht sich dort, wo unterrichtet und gelernt wird, natürlich immer auch Erziehung, und dort, wo erzogen wird, geschieht auch immer Wissensvermittlung.

---

[143] Neben Mobbing wird Cyber-Mobbing zu einem immer größeren Thema gerade an Schulen. Wertvolle Analysen und Hinweise zum Umgang damit finden sich in EIBOR/KIBOR 2010.

Es geht um die Beziehung zwischen Wissen und Haltung einerseits und zwischen Haltung und Erkenntnis andererseits. Letztlich geht es um haltungsbezogenes Wissen und erkenntnisbezogene Haltungen (Benner 1973, 239–240).

Die Beziehung zwischen Wissen und Haltung wachsen zu lassen ist die eigentliche große Aufgabe des Ichs. Der Religionsunterricht an beruflichen Schulen hat die Aufgabe, die Herstellung dieser Beziehung in den Schülern zu unterstützen. Es geht um die Entwicklung und den Lehr- und Lernprozess von Persönlichkeiten. Die erzieherische Bemühung um Prozesse der Persönlichkeitsbildung ist eine Investition, die sich auch finanziell auszahlt. Ich habe Einblicke in konkrete Verhaltensweisen in Wirtschaftsprozesse in Lateinamerika und sehe, dass auch dort immer mehr auf authentische, das Gemeinwohl ins Auge fassende, nicht korrumpierbare Persönlichkeiten abgehoben wird. Dass dabei Religionslehrern hohe Verantwortung und auch Kompetenz abverlangt wird, liegt auf der Hand. Wir legen aber schon in der universitären Ausbildung großen Wert darauf, dass diese Kompetenz für erziehenden Religionsunterricht in Intensivseminaren und Trainingsseminaren eingeübt und Schritt für Schritt realisiert wird.

4. These

Für die Wirtschaft ist es ein Gewinn, wenn sie Mitarbeiter hat, die sich mit den großen Sinn-Themen des Menschseins und der Gesellschaft reflektiert auseinandersetzen können.

Die gegenwärtigen Gefährdungen der Jugend sind nicht zu unterschätzen. Diejenigen Jugendlichen, die aus dem Prozess der religiösen Bildung im schulischen oder auch im gemeindlichen Bereich herausfallen, sind Umfragen zufolge erheblich höher gefährdet, in Sekten, Drogenkreise oder in die stumpfe Sinnlosigkeit des Dahinvegetierens abzugleiten. Dies kostet sowohl die Wirtschaft als auch den Staat langfristig Milliarden. Menschen leben anders, wenn sie ihre großen Fragen kompetent reflektieren können. Eine von Karl Ernst Nipkow ausgewertete Untersuchung über die Religiosität von Jugendlichen an Berufsschulen hat zu dem Ergebnis geführt, dass die Jugendlichen kompetente Antworten auf die folgenden Fragen fordern:

- „Woher komme ich?“ (Schöpfungstheologie)
- „Gibt es Gott überhaupt?“ (Gotteslehre)
- „Liebt mich Gott im Alltag, begleitet er mich in meinem Leben?“ (Gotteslehre)
- „Kann Gott widersinnigem Leid einen Sinn geben?“ (Theodizeefrage)
- „Was wird aus mir, wenn ich sterbe und was wird aus dieser Erde, die eines Tages zerstört wird?“ (Eschatalogie) (Nipkow 1991)

Wenn diese großen Fragen der Menschheit, die so von den Jugendlichen an Berufsschulen geäußert wurden, im schulischen Kontext nicht beantwortet werden, drängen die Jugendlichen in privatistische religiöse oder nichtreligiöse Zirkel, die sich entweder fundamentalistisch oder auf der Ebene von Ersatzreligionen äußern.

Diese Fragen zeigen allerdings auch, dass es im Religionsunterricht um mehr geht als Ethik. Die elementaren Fragen der Jugendlichen an Berufsschulen beziehen sich auf die eigene Existenz und ihre Beziehung zu Gott.

Das provokative Buch „Gott – mehr als Ethik“ (Biesinger/Hänle 1997) macht deutlich, dass der Religionsunterricht nicht nur unter dem Aspekt von ethischer Wertevermittlung zu verstehen ist. Es sei denn, man versteht die Gotteskommunikation als den eigentlichen zentralen Wert. Die Gotteskommunikation definiert den Menschen als Kind Gottes, als unantastbar wertvoll, ausgestattet mit einer immensen Würde, die zu beachten in der Wirtschaft zumindest mittel- und langfristig mehr als nützlich ist.

5. These

Im Religionsunterricht lernen die Schüler, verschiedene religiöse Wege zu tolerieren.

Die multireligiöse Gesellschaft, auf die die Bundesrepublik zugeht, wird riesige Konflikte nur dadurch vermeiden können, dass die religiösen Wege mit gegenseitigem Respekt und Ehrfurcht wahrgenommen, zumindest aber mit Toleranz verstanden werden und bereits im Schulbereich Zusammenarbeit und gegenseitige Achtung eingeübt wird. Wie soll ein Betrieb funktionieren, wenn diese minimalen Anforderungen eines allen Religionen gemeinsamen Ethos nicht erfüllt werden? Die Interpretation des eigenen Lebens als von Gott erschaffen und auf Gott hinzielend, im Tod von der materiellen Welt in die geistige Welt transformiert, erbringt eine fundamental andere Grundeinstellung zu Leben und Gesellschaft, die im Religionsunterricht der Berufsschule angestrebt wird. Dass es dabei immer auch defizitäre Verwirklichungen gibt und nicht alle Lehrer gleich gut sind, liegt auf der Hand. Ich kann allerdings in meinem Erfahrungskontext wahrnehmen, dass für viele Jugendliche an Berufsschulen gerade die Religionslehrer Vertrauenspersonen und wichtige Wegbegleiter sind, die die Jugendlichen nicht verlieren wollen. Wenn nun auch neuere psychologische Forschungen einen Zusammenhang zwischen positiver Geborgenheit in der Gotteskommunikation einerseits und Lebenszufriedenheit andererseits herstellen, dann ist dies ein weiteres Argument dafür, nicht an der falschen Stelle zu sparen und Entscheidungen zu fällen, die sogar schon kurzfristig Wirtschaft und Gesellschaft schädigen werden.

4.5 Herausforderungen

Aus der gesellschaftlichen Situation, in der der Religionsunterricht stattfindet und die im Sinne der Korrelation als Lebensumwelt der Schüler und Lehrer neben dem Glauben das zweite konstituierende Element ist, ergeben sich für die Einführung in die Gottesbeziehung als Gotteskommunikation subjektiv aus Sicht der Schüler gesehen täglich neue Herausforderungen. Exemplarisch können an dieser Stelle nur einzelne benannt werden: eine konfessionell und religiös plurale Gesellschaft als die offensichtlichste Herausforderung für den schulischen Religionsunterricht ebenso wie für unser Zusammenleben überhaupt sowie die Diskussion um Ganztagsschulen als ein Teil der breit geführten Bildungsdiskussion.[144]

4.5.1 Empfehlung zum konfessionell-kooperativen Religionsunterricht (Friedrich Schweitzer/Albert Biesinger/Jörg Conrad/Matthias Gronover)[145]

Nachfolgende Empfehlung beruht auf theoretischen und empirischen Erkenntnissen, die insbesondere aus den von uns durchgeführten, von der DFG unterstützten Untersuchungen zum konfessionell-kooperativen Religionsunterricht erwachsen. Eine strenge Ableitung normativer Perspektiven bzw. von Handlungsempfehlungen aus empirischen Ergebnissen ist jedoch nicht möglich. Im Folgenden fließen deshalb immer auch religionspädagogische Voraussetzungen allgemeiner Art mit ein.[146]

1. Stärkung des Religionsunterrichts

Insbesondere für die Lehrer belegt die Möglichkeit konfessionell-kooperativen Religionsunterrichts in wichtiger Hinsicht die Reformfähigkeit von Religionsunterricht und stärkt insofern dessen Plausibilität, nicht zuletzt im Verhältnis zu den heute viel diskutierten Alternativen (sog. „Religionsunterricht für alle“, Wertekunde, LER usw.). Ähnliche Einschätzungen können auch im Blick auf die (bildungs-) politische Öffentlichkeit erwartet werden. Darüber hinaus geht es um Lernprozesse im Umkreis pluraler Wahrnehmung von Religion und Konfession. Eine differenzierte Wahrnehmung des Christentums führt zu Kompetenzen auch für das Verstehen von Profilen und Unterschieden in anderen Bereichen. Die Grund-

---

[144] Weiter zu benennen wäre noch die Diskussion um (inter-)religiöse Bildung schon im Kleinkindalter, zum Beispiel in Kindertagesstätten. Vgl. dazu Edelbrock/Schweitzer/Biesinger 2010.

[145] Leicht gekürzte Version 2011. Zuerst erschienen als: Schweitzer/Biesinger/Conrad/Gronover 2006, 202–205.

[146] Vorliegende Empfehlung stellt eine Fortschreibung unserer früheren Empfehlung dar (vgl. Schweitzer/Biesinger 2002, 237ff.)

struktur *Gemeinsamkeiten stärken – Unterschieden gerecht werden* gilt analog auch als didaktisches Prinzip für interreligiöses Lernen, etwa zwischen Christentum und Islam.

2. Realisierbarkeit

Die vorliegenden Erfahrungen und Befunde können als Nachweis dafür angesehen werden, dass konfessionelle Kooperation sowohl in der Grundschule als auch in der Sekundarstufe möglich und sinnvoll ist. Bei der Realisierbarkeit sind immer auch lokale oder regionale Faktoren zu berücksichtigen, angefangen bei der Größe von Lerngruppen über räumliche Voraussetzungen bis hin zur religiösen Situation vor Ort. Auch die Verfügbarkeit geeigneter Lehrkräfte ist von großer Bedeutung. Die Bereitschaft zur Kooperation, zu gemeinsamer Vorbereitung und Reflexion von Unterricht ist offenbar unterschiedlich ausgeprägt. Im Blick auf die Kinder und Jugendlichen ist festzuhalten, dass auch Grundschulkinder zu Gesprächen über zum Teil sehr komplexe, auf Konfession bezogene Inhalte fähig sind und sie von konfessionell-kooperativem Religionsunterricht auch nach eigener Einschätzung profitieren können. Schüler der Sekundarstufe zeigen sich demgegenüber häufig weniger interessiert an Fragen von Konfession und Konfessionszugehörigkeit, was jedoch nicht als ausschließliches Kriterium verstanden werden darf. Die gesellschaftliche Situation in Deutschland ist nach wie vor durch die Präsenz der beiden großen Kirchen geprägt, was eine Auseinandersetzung mit entsprechenden Themen unverzichtbar macht.

3. Angemessene Zielsetzung

Die verfügbaren Erkenntnisse lassen erwarten, dass die Herausbildung eines konfessionellen (Selbst-)Bewusstseins einen langfristigen Prozess darstellt, der nicht in nur einem Schuljahr und vermutlich auch nicht in nur einer Schulstufe abgeschlossen werden kann. Die Genese eines entsprechenden Bewusstseins kann im Zusammenhang der Schule am besten durch die Verschränkung von „Identität und Verständigung" bzw. „Beheimatung und Begegnung" unterstützt werden. Dies bestärkt die auch theologisch begründete, von uns entwickelte übergreifende Zielsetzung *Gemeinsamkeiten stärken – Unterschieden gerecht werden.* Schüler sollen im Religionsunterricht auch Kompetenzen im Sinne konfessionellen und religiösen Orientierungswissens und einer entsprechenden Dialogfähigkeit erwerben können. Dazu gehört auch eine differenzierte Wahrnehmungsfähigkeit, wie sie in der Auseinandersetzung mit konfessionellen Profilen ausgeprägt werden kann. Dies bedeutet allerdings nicht, dass der Religionsunterricht den Kirchen Mitglieder erschließen sollte. Dies bleibt die Aufgabe der Kirchen selbst. Umgekehrt dürfen Kirche und Kirchenmitgliedschaft auch im Religionsunterricht nicht ausgegrenzt werden. Innovative Schulentwicklung impliziert auch die Förderung von gesellschaftlichem Engagement, zu dem auch kirchliches Engagement zählen kann.

4. Leistungsfähigkeit konfessionell-kooperativen Religionsunterrichts

Unterrichtsanalysen und Lehrerbefragungen, zum Teil auch die Gespräche mit Kindern und Jugendlichen zeigen, dass konfessionell-kooperativer Religionsunterricht einen deutlichen „Mehrwert" an religiösen Lernprozessen erbringt. Die bewusstere Wahrnehmung konfessionsbezogener Ausgangsvoraussetzungen und die Thematisierung sowohl von Gemeinsamkeiten als auch von Unterschieden führen im Unterricht zu einer spezifischen Qualität des Lernens, die offenbar direkt mit der konfessionellen Kooperation verbunden ist. In diesem Sinne können unsere Untersuchungsergebnisse als empirisch gestützter Nachweis von Sinn und Möglichkeit konfessionell-kooperativen Religionsunterrichts angesehen werden. Negative Effekte etwa im Sinne von Vorurteilsbildung waren nicht festzustellen. Mitunter wurde von den Lehrern ein „Beheimatungseffekt" beobachtet. Insgesamt darf die Leistungsfähigkeit eines auf wenige Wochenstunden begrenzten Unterrichtsangebots jedoch nicht überschätzt werden.

5. Unterschiedliche Realisierungsformen

Die verschiedenen Realisierungsformen in der Organisation konfessioneller Kooperation im Religionsunterricht haben deutliche Folgen für die Qualität des Lernens und müssen daran bemessen werden. Besonders wirkungsvoll ist offenbar ein von zwei Lehrkräften mit unterschiedlicher Konfessionszugehörigkeit gemeinsam erteilter Religionsunterricht (Team-Teaching). Weiterhin empfehlenswert sind gezielte, didaktisch im Einzelfall geplante oder phasenweise Formen der Kooperation. Solche phasenweisen thematischen Kooperationsformen erlauben einen Dialog, wie er bei kooperativem Unterricht anzustreben ist. Angesichts der lokal bzw. für jede Einzelschule unterschiedlichen organisatorischen und personellen Voraussetzungen sind im Einzelfall die jeweils optimalen Annäherungen an diese Form der Kooperation zu suchen, was umgekehrt bedeutet, dass mit einem Spektrum unterschiedlicher, aber gleichwohl legitimer Realisierungsformen gerechnet werden sollte, so wie dies auch sonst heute in der Schule üblich ist („Profilierung der Einzelschule", Schulentwicklung usw.). Steht der beschriebene, in begrenzten Phasen von zwei Lehrkräften gemeinsam erteilte Unterricht als stärkste Form auf der einen Seite dieses Spektrums, so markiert der im Klassenverband von nur einer Lehrkraft erteilte Unterricht als schwächste Form das andere Extrem.

6. Konfessionell-kooperative Didaktik

Konfessionell-kooperativer Religionsunterricht bedarf einer eigenen Didaktik, die auf die besonderen Voraussetzungen und Zielsetzungen eines solchen Unterrichts zugeschnitten ist, nicht zuletzt auch unter Berücksichtigung der Lernvoraussetzungen der Kinder und Jugendlichen. Eine solche Didaktik muss stufenspezifisch ausgearbeitet werden – anders für die Grundschule als für die Sekundarstufe. Sie muss insbesondere die unterschiedliche religiöse Entwicklung und Orientierung um Kindes- und Jugendalter berücksichtigen. Die Auseinandersetzung mit pluralen Ausprägungen von Christentum und Religion wird mit zunehmendem Alter immer wichtiger.

7. Aus- und Fortbildung

Wie von den Lehrern vielfach berichtet wird, stellt konfessionell-kooperativer Religionsunterricht vor die Aufgabe, sich der eigenen konfessionellen Bindungen zu vergewissern und Einblick in die andere Konfession zu gewinnen. Beides wird offenbar durch die bislang übliche Ausbildung nicht erreicht. Entsprechende Veränderungen in der Aus- und Fortbildung sind deshalb von besonderer Bedeutung. Hier sollte ein eigenes Fortbildungsprogramm, das nicht nur aus isolierten Einzelveranstaltungen besteht, erwogen bzw. entwickelt werden. Dabei ist zu beachten, dass unseren Befunden zufolge das Interesse an einer Stärkung der Gemeinsamkeiten im Christentum durchaus in konfessionellen Profilen begründet sein kann. Darüber hinaus sollte der weiteren Ausbildung von Teamfähigkeit (Team-Teaching) und Dialogfähigkeit eigene Aufmerksamkeit gewidmet werden.

8. Zusammenfassung

Aus unserer Sicht ist eine Fortsetzung des konfessionell-kooperativen Religionsunterrichts unbedingt empfehlenswert. Das didaktische Prinzip der Kooperation kann auch für die Zusammenarbeit zwischen dem evangelischen oder katholischen Religionsunterricht und anderen Formen von Religionsunterricht (jüdischer Religionsunterricht, ggf. islamischer Religionsunterricht usw.) eingesetzt werden. Konfessionell-kooperativer Unterricht ist ebenso wie interreligiöses Lernen nicht ohne Selbstinterpretation des jeweils eigenen Weges möglich. Wissen und Information über andere Konfessionen oder Religionen ist von grundlegender Bedeutung. Für einen dialogorientierten Ansatz bleiben die persönliche Begegnung und das persönliche Gespräch mit Angehörigen anderer Konfessionen und Religionen jedoch unverzichtbar. Ein kooperativer Unterricht sollte aber nicht flächendeckend eingeführt oder zentral verordnet werden, da die persönlichen Beziehungen und Kooperationsmöglichkeiten zwischen den Lehrkräften sowie die örtlichen bzw. auf die Einzelschulen bezogenen Voraussetzungen eine wichtige Rolle spielen. Die Fortsetzung einer entsprechenden Praxis ist zugleich von grundlegender politischer, pädagogischer und religionsdidaktischer Bedeutung: Zu erwarten ist eine Stärkung des Religionsunterrichts, eine wirksame Unterstützung der Entwicklung konfessionellen (Selbst-)Bewusstseins („Identität und Verständigung", „Beheimatung und Begegnung") sowie ein insgesamt im Vergleich zum herkömmlichen Religionsunterricht verbessertes Lernangebot (Lernanlässe, Lernmöglichkeiten usw.) (vgl. dazu auch Mette 2004, 2009).

In juristischer Hinsicht ist eine solche von den Kirchen ausgehende konfessionelle Kooperation durch Art. 7,3 GG voll gedeckt.

4.5.2 Interreligiöses Lernen (Albert Biesinger/Joachim Schmidt)[147]

Wer die Zeichen der Zeit erkennen will, muss derzeit für die Weiterentwicklung der religionspädagogischen Herausforderungen und Konzeptionen plädieren (vgl. dazu auch Leimgruber 2007; Jäggle 2010; Knoblauch 2011). Die multireligiöse Situation in den deutschsprachigen Gesellschaften ist kompetent und offensiv-profiliert aufzugreifen.

Die christlichen Jugendlichen, so ist immer wieder zu hören, kennen ja ihren eigenen Glauben noch nicht einmal, wie sollen sie denn dann in den interreligiösen Dialog mit Muslimen, Juden, Buddhisten und anderen Religionen, Religiositäten und Weltanschauungen eintreten können.

Immerhin ist aufgrund der neueren empirischen Forschungen – etwa der Shell Jugend Studie 2010 – zu bedenken, dass die katholischen Jugendlichen in ihrer Glaubenssicherheit geradezu eingebrochen sind. Die entsprechenden Zahlen weisen darauf hin, dass die Werte für die Glaubensverunsicherung bei den evangelischen Jugendlichen zwar schon in der Vorgängeruntersuchung geringer waren, sich aber nach den Ergebnissen von 2010 stabilisiert haben, bzw. möglicherweise sogar die „Talsohle" durchschritten haben. Parallel dazu sind die Werte für die Unsicherheit bei muslimischen Jugendlichen wiederum zurückgegangen, d.h.: die muslimischen Jugendlichen sind in ihrem Glauben im Vergleichszeitraum eher noch sicherer geworden – und das auf der Grundlage einer ohnehin schon hohen Ausgangsbasis.

Tatsächlich ist die religiöse Orientierungskompetenz im eigenen religiösen Weg für viele Jugendliche kaum gegeben.[148] Dies ist auch eine kritische Rückfrage an die Qualität des Religionsunterrichtes. Allerdings muss man sich klarmachen, in welch knapper Zeitspanne sich der Religionsunterricht – insbesondere an berufsbildenden Schulen – abspielen muss. Darüber hinaus sind die Ausgangslagen vieler Schüler schwieriger geworden.

Man könnte also auch so argumentieren: Die Jugendlichen sollen sich (endlich) intensiver in ihrem eigenen religiösen Weg beheimaten, vertiefen und verwurzeln.

---

[147] Überarbeitete Version 2011. Zuerst erschienen als: Biesinger/Schmidt 2011a.

[148] Vgl. dazu auch die Frage nach der Ablösung von Religiosität durch Spiritualität in Bucher 2008.

Wenn sich dann noch übrige Kraft abzeichnet, können Sie auch in den interreligiösen Dialog eintreten.

Diese Ausgangslage dürfte sich allerdings im Hinblick auf die Herausforderungen, die auf diese Jugendlichen im Laufe des Jahrhunderts zukommen, als Fehleinschätzung erweisen: Immerhin werden die heutigen Jugendlichen in eine multikulturelle Situation hinein wachsen und sie sind es ja bereits schon. Aber die Herausforderungen, die sich daraus ergeben werden noch ansteigen. Nicht zuletzt auch deswegen, weil sich am Beispiel des Islam zeigt, dass diese Religion auch öffentlich eine immer größere gesellschaftliche Rolle und Bedeutung spielt. Damit ist die Idee, die Augen davor zu schließen und sich diesen Herausforderungen zu verweigern, eine religionspädagogische Sackgasse.

Auf der anderen Seite allerdings darf der Religionsunterricht im berufsbildenden Schulbereich nicht einseitig zu einem interreligiösen Religionsunterricht werden. Er würde sich von den verschiedensten Konzepten von Religionsunterricht als Religionskunde kaum mehr unterscheiden. Wenn der Religionsunterricht sich nicht mehr auf seine christlichen Wurzeln, die christlichen Deutekategorien und vielfältigen Erfahrungen, wie sie uns in den Traditionen der evangelischen und katholischen Kirche bewahrt und als Gabe und Aufgabe anvertraut sind, berufen dürfte, würde man die Schüler um wesentliche Erkenntnisse, Identifikationsmöglichkeiten und vor allem auch um spirituelle Vollzüge bringen.

Damit ist gleichzeitig aber auch deutlich gesagt, dass beide Extrempositionen nicht hilfreich und zukunftsfähig sind. Will man nämlich die religiöse Verwurzelung für die christlichen Schüler in ihrer Tradition intensivieren und sie gleichzeitig für den interreligiösen Dialog kompetent machen, dann sind religionsdidaktisch neue Wege zu suchen. Eine Vorreiterrolle hierfür nimmt der Religionsunterricht an Berufsbildenden Schulen ein, der in vielen Bundesländern seit längerem schon in konfessioneller Kooperation und mit nicht-christlichen Schülern im Gaststatus realisiert wird. Wenn man sich also Gedanken macht, wie Interreligiöses Lernen im konkreten Unterricht verläuft und welche interreligiösen Kompetenzen Schüler in diesem Unterricht zeigen, dann bieten die Ergebnisse wissenschaftlich begleiteter Unterrichtsversuche dort viele wichtige Hinweise und Möglichkeiten (Biesinger/Kießling/Jakobi/Schmidt 2011).

Die religionspädagogisch hoch interessante Fragestellung ist: Lernen Jugendliche ihren eigenen religiösen Weg im Spiegel anderer religiöser Wege besser und neu kennen? Einfach gesagt: Bringt der interreligiöse Dialog möglicherweise sogar einen Motivationsschub, sich anders, intensiver und vor allem auch motivierter mit solchen Fragestellungen zu beschäftigen. Konkret: Verstehen christliche Jugendliche die Botschaft von der Menschwerdung intensiver, wenn sie von muslimischen Gleichaltrigen kritisch angefragt werden, ob sie etwa an drei Götter glauben?

Der intensiv geführte Dialog: Was meinen Christen wirklich mit dem Glauben an den einen Gott in drei Personen und was meinen Muslime wirklich mit ihrer Gottesvorstellung Allah, könnte ja zu einer interessanten Lernsituation führen, die die christliche Hermeneutik der Inkarnationsvorstellungen inspiriert – und dies gerade aus dem Dialog mit muslimischen Gleichaltrigen.

Der Paradigmenwechsel hin zu einem fundierten christlichen Religionsunterricht in der Hermeneutik des interreligiösen Dialoges wird nach meiner Einschätzung dringend. Möglicherweise sind wir bereits schon zu spät dran.

4.5.3 Unterricht über andere Religionen. Didaktische Reflexionen am Beispiel des Dialoges Christentum – Judentum[149]

Der interreligiöse Dialog hat eine hochkarätige gesellschaftliche und identitätsstiftende Bedeutung. Unterricht *über* andere Religionen sollte zu Dialog, Verständigung und gemeinsamen Projekten oder Aktionen *mit* anderen Religionen führen, Frieden und Versöhnung stiften.

Die Überlebensmöglichkeiten einer multikulturellen und künftig multireligiösen Gesellschaft sind in hohem Maße vom Dialog und gegenseitigen Verstehen der verschiedenen religiösen Vollzüge abhängig. Religion kann gefährlich sein, wenn sie Trennendes so weit aufbaut, dass es zu Aggressionen und gewalttätigen Auseinandersetzungen kommt. Menschen, die miteinander beten, bekriegen sich nicht. Gegenseitige Einladungen zu religiösen Vollzügen können Freundschaften und gemeinsame Zukunftsprojekte der nachwachsenden Generation stimulieren.

Handlungsorientierende Einstiege zum interreligiösen Lernen in der Schule sind aufgrund der alltäglichen Kontakte mit Mitgliedern anderer Religionen möglich und notwendig geworden. Kinder haben ein unmittelbares Interesse an der Andersartigkeit kultureller und religiöser Vollzüge. Muslimische Kinder z.B. verhalten sich anders als durchschnittliche Kinder bei uns; sie erzählen aus der Moschee, von Gebräuchen zu Hause und sind oft auch durch ihre Kleidung Gegenstand des Interesses ihrer Mitschüler. Islamische Glaubenspraxis ist durch Alltagskontakte zugänglicher geworden. Umgekehrtes Interesse gilt den christlichen Kindern von Seiten der muslimischen aufgrund ihrer Eigenarten.

[149] Überarbeitete Version 2011. Zuerst erschienen als: Biesinger 1994b. Siehe dazu auch: Boschki 2007; Brocke 2007; Trutwin 2007. Zum Dialog Christen – Muslime: Leimgruber 2006; Schreiner 2006.

Unterschiedliche Ausgangslagen in Schulklassen

Die religionsdidaktische Ausgangslage ist differenziert:

- Kinder, die keinen konkreten religiösen oder konfessionellen Weg kennen und auch keine religiöse Praxis in der Familie oder in der Gemeinde erleben, haben andere Zugänge zum interreligiösen Lernen als Kinder, die aufgrund ihrer kirchlichen Praxis und religiösen Erlebnisse konfessionelle Erfahrungen haben.
- Für christliche Kinder, die zwar getauft sind, aber noch nie in ihrer Familie mitgebetet oder selbst gebetet haben, ist es entsprechend schwieriger, jüdisches Beten oder muslimische Glaubenspraxis zu verstehen. Es fehlen die Grundvoraussetzungen für das Verständnis von Beten und dialogischer Gotteskommunikation.
- Wenn Kinder dagegen aufgrund einer engen konfessionellen Glaubenspraxis keine andere Art von religiöser Praxis als die eigene verstehen oder dulden lernen, können sich religiöse Vorurteile mit ausländerfeindlichen Einstellungen etwa im Blick auf Juden und/oder Türken, die Muslime sind, vermischen und gegenseitige Verständigung verhindern.

Die *zentrale religionsdidaktische Frage* lautet demnach: Müssen Kinder erst einen religiösen Standpunkt entwickeln, um andere Religionen kennen lernen zu können? Erlernen sie ohne eine Verwurzelung in einer spezifischen religiösen Praxis lediglich eine Mixtur unkonturierter Religiosität? Religiöse Gleichschaltung und die damit mögliche Manipulation durch nicht befriedigte und unreflektierte religiöse Bedürfnisse als wesentliche Gefahren verweisen auf die Dringlichkeit, sich der eigenen religiösen Tradition zu vergewissern. Die Relativierung des christlichen Weges dient dem Dialog mit den Weltreligionen nicht. Dies darf aber nicht zu Totalitätsansprüchen führen, die sich im Gegensatz zu Modellen eines konzessionistischen Christentums und einer pluralistischen Theologie verstehen (Moltmann 1989, 535).

Methodische Überlegungen

Nach dem breit angelegten Projekt der Deutschen Forschungsgemeinschaft „Das Verhältnis von Christentum und Judentum im Katholischen Religionsunterricht" (Biemer/Biesinger/Fiedler 1984) ergeben sich religionsdidaktische Dringlichkeiten.

Bei allen interreligiösen Lernprozessen ist der *Abbau von Vorurteilen* und die Verhinderung neu entstehender Vorurteile anzustreben. Daraus ergibt sich die wichtige *religionsdidaktische Grundoption*: Religiöse Überzeugungen müssen so vermittelt und erlernt werden können, dass keine Vorurteile gegenüber Menschen mit anderer religiöser Einstellung entstehen; sind solche bereits vorhanden, müssen sie abgebaut werden.

Vorurteile kann man im Sinne einer vorgefassten Einstellung verstehen, die ein Urteil beinhaltet, das noch nicht überprüft ist. Sie werden meist unreflektiert von anderen übernommen und sind als emotional positiv oder negativ gefärbte Urteile zu verstehen. Vorurteile werden dann am ehesten abgebaut, wenn die vorurteilsbeladenen Gruppen gemeinsam an einem Projekt arbeiten. Eine zur Toleranz ermutigende Erziehung bringt erheblich bessere Resultate als die direkte Bearbeitung von Vorurteilen.

Zum konkreten *Lernprozess Christen – Juden* ist, so die Ergebnisse des damaligen Projektes, *sozialpsychologisch* und *schulpädagogisch* festzuhalten:

- Durch kurzzeitige Appelle werden keine Änderungen der indifferent-negativen Ausgangseinstellungen der Schüler gegenüber Juden erreicht.
- Über Informationen hinaus ist es sehr bedeutsam, Schüler ihre Vorurteile und Einstellungen zum Ausdruck bringen zu lassen und sachlich auf sie einzugehen. Sanktionierungen gegenüber geäußerten Vorurteilen sind aus pädagogischen Gründen abzulehnen.
- Für die Planung von Lernprozessen ist die allgemeine Bereitschaft zu negativen Einstellungen und Vorurteilen erzieherisch aufzugreifen. Dies ist deswegen wichtig, weil es sonst lediglich zur Verlagerung von Vorurteilen auf eine andere Gruppierung in der Gesellschaft kommen kann.
- Durch die Analyse, wie bei Menschen Vorurteile entstehen und warum Menschen Vorurteile nötig haben, wird diese grundlegende Vorurteilsbereitschaft erzieherisch bearbeitet.
- Schüler müssen im Rahmen des Lernprozesses Gelegenheit haben, selbst zu werten, Stellung zu beziehen und zusammen mit dem Lehrer erforderliche Schlussfolgerungen zu realisieren.
- Durch Identifikation mit Einzelschicksalen wird im Prozess der Einfühlung (Empathie) die nötige Sensibilität für die Folgen vorurteilsvollen Handelns für die Schüler existentiell deutlich.
- Durch konkrete Kontaktaufnahmen mit jüdischen Gemeinden, etwa durch den Besuch des Sabbatgottesdienstes, mit Informationen oder Gesprächen mit deren Kindern, lässt sich die Dialogbereitschaft der Schüler erheblich verbessern (Biemer/Biesinger/Fiedler 1984, 94).

Vorurteile revidieren – Theologische Grundlagen

Der Lernprozess Christen – Juden darf aber nicht lediglich in ein Thema eingehen. Vielmehr muss er ein grundlegendes religionsdidaktisches Unterrichtsprinzip werden. Die Überlebensmöglichkeiten der Gesellschaft hängen am Frieden unter den Religionen vor Ort und im globalen Kontext. Küngs These „Kein Weltfriede ohne Religionsfriede“ leuchtet ein, nicht nur angesichts der Geschichte, sondern auch im Blick auf die zeitgenössischen Konflikte. Alle Religionen sollten sich auf ein „Weltethos“ einigen (Küng 1990, 104–133).

Das Konzilsdekret „*Nostra Aetate*“[150] geht ursprünglich als Erklärung über die Juden auf den ausdrücklichen Wunsch von Papst Johannes XXIII. zurück. In diesem Dokument anerkennt die katholische Kirche erstmals Gottes bleibendes Heilshandeln an Israel bis heute. Die geistliche Verbundenheit und das gemeinsame Erbe werden hervorgehoben. Das Bild vom guten Ölbaum, dessen Wurzel die Offenbarung des Ersten Testamentes ist, wird als Ausdruck der bleibenden Verwurzelung des Christentums im Judentum verstanden. Die Juden sind von Gott geliebt, denn Gott steht zu seinem Bund mit ihnen (Papst Johannes Paul II.).

Die Ereignisse des Leidens Jesu dürfen – so *Nostra Aetate* weiter – nicht „den Juden“ zur Last gelegt werden. Die Kirche „beklagt“ heute die früheren Ausschreitungen gegenüber den Juden und regt den jüdisch-christlichen Dialog an. Christen und Juden warten in Verbundenheit auf den Tag des gemeinsamen Dienstes für den Herrn. Und im Blick auf die Kirche wird davon ausgegangen, dass die Anfänge des kirchlichen Glaubens schon in Israel vorfindbar seien und das Heil der Kirche im Exodusgeschehen „geheimnisvoll vorgebildet“ ist.

Von einer solchen epochalen Kehrtwendung her wird deutlich, dass religionsdidaktisch ein Neuanfang nötig ist und große Chancen in diesem Lernbereich liegen, zwei Jahrtausende an Judenfeindschaft zu überwinden. Damit sollte schon in der Grundschule begonnen werden.

4.5.4 Ganztagsbetreuung, Sport und Kirche – Denkanstöße von der Theorie für die Praxis[151]

Zu erörtern ist, welche Impulse aus der Religionspädagogik für die Gestaltung des Programms an Ganztagesschulen relevant sein könnten. Ganztagesbetreuung ermöglicht Kindern und Jugendlichen, Sinnerfahrungen zu erleben und religiöse und interreligiöse Orientierungen zu erhalten. Ganztagesbetreuung kann – bei entsprechender Qualität – zur Persönlichkeitsentwicklung und Identitätsbildung Wesentliches beitragen. Dies kann durch die Kommunikationsmöglichkeiten gelingen, die eine Ganztagesbetreuung bietet.

---

[150] Hünermann/Hilberath 2004–2006, Bd. 1, 355–362.

[151] Impulsreferat auf der Fachtagung des WLSB; der Diözese Rottenburg-Stuttgart und der Evangelischen Landeskirche am 18. Februar 2011 in Stuttgart.

Die Frage nach der Bedeutung des eigenen Lebens ist gerade in der wichtigen Phase der Schulzeit nicht nur in den Stundentafeln der einzelnen Schulfächer zu reflektieren, sondern auch in der Selbsterprobung der eigenen Begabungen in anderen Kommunikationsformen.

Die Grundfrage jeglicher religiöser Orientierung lautet ja: Warum komme ich überhaupt auf die Welt, wenn ich sowieso wieder sterben muss? Was also bedeute ich für die Menschen, mit denen ich in der Familie, in der Schule, im Freundeskreis, im Nahbereich, aber auch im Fernbereich kommuniziere?

Die Interpretation muss entschieden von den Kindern und Jugendlichen ausgehen: Was gewinnen Kinder und Jugendliche durch die Ganztagesbetreuung für sich und ihre Persönlichkeitsentwicklung?

Oftmals sind die Alternativen für viele Kinder und Jugendliche:

- geparkt werden vor dem Fernsehen,
- unkontrolliertes und viel zu langes Surfen im Internet,
- kein gesundes Mittagessen.

Dies sind jedoch signifikante Qualitätskriterien.

Gerade Kinder und Jugendliche, die in einem prekären Familienumfeld wenig Unterstützung bekommen, sollten in der Ganztagesbetreuung die entsprechende Begleitung und Förderung, natürlich auch das notwendige Aufzeigen von Grenzen erfahren. Sie sollten sich und ihre eigene Begabung erproben können und an Herausforderungen wachsen.

Es geht nicht um ideologische Argumentationen, dass die Familie ausgehöhlt werde, wenn die Kinder länger in der Ganztagesbetreuung sind oder dass der Staat damit seine Kompetenzen überschreite. Letztlich geht es um Entscheidungsfreiheit. Kinder, Jugendliche und Eltern müssen frei entscheiden können, ob sie sich für oder gegen eine Tagesbetreuung aussprechen.

Kritische Töne

Schenkt man dieser theoretischen Analyse Glauben, dann sprechen religionspädagogische Überlegungen zunächst einmal eindeutig für eine Ganztagesbetreuung. In Form von drei Thesen sollen an dieser Stelle aber auch kritische Töne Gehör finden.

These 1: „Es darf nicht zu einer ideologischen Aushöhlung der Familie kommen“

Die Betreuung in Ganztagesschulen sind keine Konkurrenz, sondern eine Ergänzung der familiären Erziehung.

These 2: „Die Ganztagesbetreuung ist kein Steigbügelhalter der Wirtschaft"

Das hohe Interesse an der Ganztagesbetreuung von Seiten des Bundesfamilienministeriums hängt auch mit den Interessen der Wirtschaft zusammen. Frauen sollen die Anforderungen von Familie und Beruf konstruktiv lösen können, indem sie eine verlässliche Betreuung der Kinder erhalten. Dass dies vor allem mit Blick auf die Frauen und kaum auf Männer diskutiert wird, ist ein äußerst interessanter Teil des Problems. Schließlich haben die Kinder nicht nur eine Mutter, sondern auch einen Vater!

These 3: „Mittagessen ist nicht gleich Mittagessen"

Zum Teil gibt es große Schulmensen, die aber gar nicht ausgelastet sind, weil erheblich weniger Schüler als vorgesehen diese Möglichkeit nutzen wollen oder können. Bisweilen hat es an der Qualität des angelieferten Essens gefehlt, dass Kinder und Jugendliche dort nicht hingehen. Eine gute Qualität muss gewährleistet sein. So wird das Mittagessen in der Schulmensa zur großen Chance, denn das Essen ist nicht nur Nahrungsaufnahme, sondern auch Kommunikation und Gemeinschaft.

Impulse von der Praxis für die Praxis

Durch die Ausweitung der Zeit, die Kinder an der Schule verbringen, entstehen neue Möglichkeiten im Lebensraum Schule. Will man die Diskussionen mit Blick auf die Ganztagesbetreuung entkrampfen, kann man dies am ehesten über eine kritische Diskussion der spezifischen Möglichkeiten und Angebote erreichen. Die Gestaltung von Kommunikations- und Lernräumen, aber auch von Freizeitaktivitäten haben sich der grundlegenden Forderung zur Sinnorientierung zu stellen und sich daran messen zu lassen. Es geht um die Anleitung zur Selbstleitung (Ruth C. Cohn).

Selbstverständlich können an dieser Stelle nur einzelne Ideen angerissen und Impulse gegeben werden. Wenn man die folgenden Vorschläge, die ich als *„best practice"* bezeichne, aus Sicht der Schulentwicklung betrachtet, dann entstammen sie alle den drei klassischen Bereichen der Qualitätsdiskussion und beziehen sich auf Unterrichts-, Organisations- und Personalentwicklung. Insofern sollten sie durchaus als Impulse dienen, die den Schulalltag optimieren können.

(1) Kinder und Jugendliche sind Experten für ihre eigene Biographie. Sie haben Bedürfnisse, Sehnsüchte und Interessen auch mit Blick auf ihre beruflichen Möglichkeiten. Von daher gesehen ist in den entsprechenden Klassenstufen der verschiedenen Schularten die Frage der Berufsfindung auch in die Ganztagesbetreuung entsprechend einzubauen. Dies kann

durch Einladung verschiedenster Berufsgruppen zu Gesprächen geschehen, aber auch durch Kontaktaufnahmen mit Betrieben, sozialen Einrichtungen u.a. im Rahmen und als Programm der Ganztagesbetreuung. Die Kooperation mit den anderen Gruppierungen – Sport, Umwelt, usw. – ist von vorneherein mit zu bedenken. Dass dieser heutige Tag in dieser Kooperation zustande kommt, ist ein Indikator für einen Mentalitätswechsel. Der heutige Tag zeigt aber auch die noch zu lösenden Dringlichkeiten sehr deutlich auf.

(2) Sozialkompetenz lernen: Schülermentorenprogramme und Tage der Orientierung sind natürlich „keine spezifischen Ganztagsschulangebote". Sie sind aber „gut etablierte Programme, die von den Schulen sehr gerne in Anspruch genommen werden". Kirchliche Jugendarbeit hat im Bereich der Sozialkompetenz viel zu bieten und gibt eine Antwort auf die Frage nach der Lebensorientierung. Ein Mitarbeiter des Evangelischen Jugendwerkes, der mit Zehntklässlern eine Woche im Kloster Neresheim verbrachte, war ganz erstaunt, wie sich besonders die „wilden Jungs" auf die spirituellen Impulse eingelassen haben: „Kerzen, Stille und Meditationsangebote", so seine Einschätzung, „waren der Knüller" (zitiert nach Wolfgang Ilg).

(3) Weltweite Vernetzung: Ganztagesschulen können kompetent für Fragen der Globalisierung sensibilisieren, auf Ungerechtigkeiten und Schwierigkeiten von Menschen in Entwicklungsländern aufmerksam machen. Ein gutes Beispiel ist der Eine-Welt-Kiosk: Hier lernen Kinder und Jugendliche, Verantwortung zu übernehmen. Sie setzen sich mit der Eine Welt-Thematik auseinander und eröffnen einen Kiosk in ihrer Schule mit fair gehandelten Produkten.

(4) Interkulturelle und interreligiöse Projekte: Auf interkulturelle und interreligiöse Fragen kompetent zu antworten, ist eine Schlüsselkompetenz, die aufgrund unserer pluralen, heterogenen Gesellschaft äußerst wichtig ist. Kinder und Jugendliche können interkulturelle und interreligiöse Kompetenz an Ganztagesschulen erwerben und den Schulalltag, der nicht nur aus einem Vormittag, sondern aus dem ganzen Tag besteht, intensiv miteinander erleben. Das bedeutet nicht nur Schulgottesdienste, den Nikolaus, Weihnachten und Ostern, sondern auch das jüdische *Pessach*- und das muslimische Opferfest zu feiern.

Fazit und Ausblick

Können die Kirchen einen spezifischen Beitrag in der Ganztagesbetreuung leisten?

Das Spezifikum der kirchlichen Kommunikation besteht in dem Überschuss an Sinn, den ihre Botschaft beinhaltet:

- Du bist nicht ein Zufallstreffer deiner Eltern.
- Du kommst aus Gott. Du bist von Gott umhüllt und begleitet.
- Du bist mit deiner Existenz schon immer Teil der Gotteskommunikation.
- Dein Leben auf dieser Welt hat Bedeutung für andere Menschen.
- Es gibt für dich eine Zukunft über den Tod hinaus: Gott ist die Zukunft deiner Zukunft!

Diese *dignificación* – der Befreiungstheologe Gustavo Gutierrez hat dies so formuliert – in der Ganztagesbetreuung als spezifisch kirchliches Angebot zu realisieren, umzusetzen, zu erproben, aber auch immer wieder weiter zu entwickeln, ist eine große Herausforderung. Dies würde Kindern und Jugendlichen bei ihrer Sinnorientierung immens helfen: in ihren Krisen und in ihren Suchprozessen, wohin die Reise ihres Lebens gehen soll. Dass wir erst am Anfang solcher Erprobungen stehen und regelmäßige Evaluationen nötig sind, um zu konkreten Verbesserungen zu kommen, liegt auf der Hand und ist bewusst anzustreben.

Das Engagement der Kirchen in der Ganztagesbetreuung ist aber differenziert zu betrachten. In einem Gymnasium, das die Ganztagesbetreuung einführte, meldeten sich sofort verschiedenste Gruppen der Stadt, die sich engagieren wollten. Sportvereine, das Rote Kreuz, Umweltgruppen. Auf die Anfrage an eine Pfarrgemeinde, welche Möglichkeiten des Engagements sie denn habe und einbringen könne, kam eine freundliche, aber entschiedene Ablehnung: Wir haben weder Personen noch Ressourcen dafür. Grundsätzlich wäre eher die Frage zu stellen, ob nicht die Freistellung von Religionslehrern in einem großen Schulzentrum für vier Stunden pro Woche günstig und hilfreich wäre. Diese Personen sind in der Schule bereits vernetzt, haben oft das Vertrauen der Schüler, des Kollegiums und der Schulleitung.

Sozialkompetenz, Werte-Bewusstsein, Sinnsuche, Orientierung, aber auch interreligiöse und interkulturelle Kompetenz: Auf viele spirituelle, ethische und gesellschaftliche Fragen können die Kirchen und Glaubensgemeinschaften eine Antwort geben. Sie brauchen daher einen festen Platz in der Ganztagesschule.

LITERATURVERZEICHNIS

Arens, E. (1989), Bezeugen und Bekennen. Elementare Handlungen des Glaubens, Düsseldorf.

Armbruster, K. (^{2}2001), Von der Krise zur Chance, Freiburg i.Br.

Auer, A. (1971; 1984), Autonome Moral und christlicher Glaube, Düsseldorf.

Barz, H./Tippelt, R. (2004), Weiterbildung und soziale Milieus in Deutschland, Bielefeld.

Baudler, G. (1973), Schulischer Religionsunterricht und kirchliche Katechese. Soll man unterscheiden? Mögliche Ansätze, erste Konturen, Düsseldorf.

Baur, A./Plöger, W. (Hg.) (1978), Botschaft des Glaubens. Ein katholischer Katechismus, Donauwörth/Essen.

Beel, B. (2010), Rückmeldung zur Erstkommunionvorbereitung im Pastoralverbund Lippstadt Mitte (E-Mail im Oktober 2010).

Beile, H. (1998), Religiöse Emotionen und religiöses Urteil, Ostfildern.

Benner, D. (1973), Hauptströmungen der Erziehungswissenschaft, München.

Bertelsmann Stiftung (Hg.) (2008), Religionsmonitor 2008, Gütersloh.

Bertsch, L./Boonen, R./Hammerschmidt, J./Homeyer, F./Kronenberg, H./Lehmann, H. unter Mitarbeit von Imhof P. (Hg.) (^{2}1976), Gemeinsame Synode der Bistümer der Bundesrepublik Deutschland. Beschlüsse der Vollversammlung, hg. im Auftrag des Präsidiums der gemeinsamen Synode der Bistümer in der Bundesrepublik Deutschland und der Deutschen Bischofskonferenz, Freiburg i.Br. u.a.

Bieber, C. (^{2}2008), Familienkatechese und Gemeindeentwicklung. Ein Beispiel aus der Praxis, in: Kasper, W./Biesinger, A./Kothgasser, A. (Hg.), Weil Sakramente Zukunft haben, Ostfildern, 96–108.

Biemer, G. (1980), Die humanwissenschaftlichen Grundlagen des Gewissens und seine Rolle in der Vermittlung religiöser Erfahrung, in: Fries, H./Becker W. (Hg.), Veröffentlichungen der Internationalen Cardinal Newman Gesellschaft (Internationale Cardinal Newman Studien 11. Achter Newman-Kongress Freiburg 1980), Heroldsberg bei Nürnberg.

Biemer, G. (1987), Ist Offenbarung in religiösen Lernprozessen gleichrangig mit der Erfahrung? Für und gegen Georg Baudlers Auffassung von Korrelationsdidaktik, in: Diakonia 18, 419–421.

Biemer, G. (1992), Die Gläubigen in Dingen der Lehre befragen? John Henry Newmans Auffassung von der Bedeutung der Laien für die Glaubensüberlieferung, in: MThZ 43, 437–448.

Biemer, G. (1999), Symbole des Glaubens leben – Symbole des Lebens Glauben, Ostfildern.

Biemer, G./Benner, D. (1973), Elemente zu einer curricularen Strategie für den Religionsunterricht in der Sekundarstufe II, in: Pädagogische Rundschau 27, 798–822.

Biemer, G./Biesinger, A. (1976), Theologie im Religionsunterricht. Zur Begründung der Inhalte des Religionsunterrichtes aus der Theologie, Münster.

Biemer, G./Biesinger, A. (1983), Christ werden braucht Vorbilder, Mainz.

Biemer, G./Biesinger, A. (1983), Christ werden braucht Vorbilder, Beiträge zur Neubegründung der Leitbildthematik in der religiösen Erziehung und Bildung, Mainz. (Das sind nicht beides Mal die gleichen, oder?

Biemer, G./Biesinger, A./Fiedler, P. (1983), Was Juden und Judentum für Christen bedeuten, Freiburg i.Br.

Biemer, G./Biesinger, A./Fiedler, P. (Hg.) (1984), Was Juden und Judentum für Christen bedeuten. Eine neue Verhältnisbestinnung, Freiburg i.Br. u.a.

Biemer G./Tzscheetzsch, W. (Hg.) ([3]1989), Wandlungen. Ein Symbolbuch für junge Menschen, Freiburg i.Br.

Blasberg-Kuhnke, M. (2004), Religiöse Erziehung in der Familie, in: Lesch, K.J./Spiegel E. (Hg.), Religionspädagogische Perspektiven, Kevelaer, 65–73.

Biesinger, A. (1974), in Zusammenarbeit mit A. Aichinger, Imitationslernen und Verhaltensänderung. Lernpsychologische Aspekte zum Lernbereich Nächstenliebe, in: KatBl 99, 588–598.

Biesinger, A. (1979a), Die Begründung sittlicher Werte und Normen im Religionsunterricht, Düsseldorf.

Biesinger, A. (1979b), Religiöse Sozialisation als ‚symbolische Interaktion'?, in: Stachel, G. (Hg.), Glaube, Erfahrung und religiöse Sozialisation, Zürich – Einsiedeln – Köln, 160–164.

Biesinger, A. (1979c), Ein neuer Katechismus. Bemerkungen zu ‚Botschaft des Glaubens – Ein Katholischer Katechismus', in: Anzeiger für die Katholische Geistlichkeit 88, 82–86.

Biesinger, A. (1980), Der christliche Sinnhorizont als Motivation für ethisches Handeln? Bedenken und Hypothesen des Religionspädagogen, in: Mieth, D./Weber, A. (Hg.), Anspruch der Wirklichkeit und christlicher Glaube. Probleme und Wege theologischer Ethik heute, Düsseldorf, 285–295.

Biesinger, A. (Hg.) (1981), Meditation im Religionsunterricht. Theoretische und Schulpraktische Perspektiven, Düsseldorf.

Biesinger, A. (1983a), Aufgaben des Religionslehrers, in: Biemer, G./Biesinger, A., Christ werden braucht Vorbilder, Beiträge zur Neubegründung der Leitbildthematik in der religiösen Erziehung und Bildung, Mainz, 103–123.

Biesinger, A. (1983b), Religionsunterricht als Beziehungslernen. Thesen zur Aufhebung falscher Alternativen, in: Katechetische Blätter 108 (11), 820–827.

Biesinger, A. (1984), Lebendiges Lernen in der Katechese. Hoffnungsversuche in Schule und Gemeinde. Antrittsvorlesung an der Universität Salzburg, in: Christlich-pädagogische Blätter 97, 6–9, 85–95, 223–226.

Biesinger, A. (1987), Auf dem Weg zu einer Option für die Katechese in Westeuropa?, in: KatBl 112, 793ff.

Biesinger, A. (1989a), Dignificación. Glauben als Beziehungswissen, in: Biesinger, A./Tzscheetzsch, W. (Hg.), Das Geheimnis erspüren – zum Glauben anstiften. Eine Geburtstagsgabe für Günter Biemer, Freiburg i.Br. – Basel – Wien, 116–134.

Biesinger, A. (1989b), Zur Relevanz des katechetischen Ansatzes Hirschers für die gegenwärtige katechetische Situation, in: Fürst, G. (Hg.), Glaube als Lebensform. Der Beitrag Johann Baptist Hirschers zur Neugestaltung christlich-kirchlicher Lebenspraxis und lebensbezogener Theologie, Mainz, 115–127.

Biesinger, A. (1989c), Katechetische Argumentationsstränge bei J.B. Hirscher, in: Fürst, G. (Hg.), Glaube als Lebensform. Der Beitrag Johann Baptist Hirschers zur Neugestaltung christlich-kirchlicher Lebenspraxis und lebensbezogener Theologie, Mainz, 61–76.

Biesinger, A. (1993a), Die Gottesbeziehung – ein lebenslanger Lernprozess, in: ThQ 173, 32–50.

Biesinger, A. (1993b), Zukunftsfähige Thesen zur kirchlichen Erwachsenenbildung, in: Stuttgarter Hefte 7. Sondernummer 20 Jahre Bildungswerk, 33–41.

Biesinger, A. (1994a), Erstkommunion als Familienkatechese. Zur Relevanz von ‚catequesis familiar', in: ThQ 174 (2), 120–135.

Biesinger, A. (1994b), Unterricht über andere Religionen. Didaktische Reflexionen am Beispiel des Dialoges Christentum – Judentum, in: Schweitzer, F./Faust-Siehl, G. (Hg.), Religion in der Grundschule. Religiöse und moralische Erziehung, Frankfurt a.M., 138–143.

Biesinger, A. (1996a), Themenzentrierte Meditation (für Michael Frickel zum 75. Geburtstag), in: Themenzentrierte Interaktion 10 (1), 26–35.

Biesinger, A. (^{3}1996b), Unterricht über andere Religionen. Didaktische Reflexionen am Beispiel des Dialoges Christentum – Judentum , in: Faust-Siehl, G./Nipkow. K.E./Schweitzer, F. (Hg.), Religion in der Grundschule. Religiöse und moralische Erziehung, Frankfurt a.M., 138–143.

Biesinger, A. (1997), Gottes Bodenpersonal, in: ThQ 177, 134 f.

Biesinger, A. (1998a), Die Zukunft der Liturgie ist Familienliturgie – oder sie wird nicht mehr sein, in: Anzeiger für die Seelsorge 1, 27–29.

Biesinger, A. (1998b), Was gewinnt die Wirtschaft durch den Religionsunterricht an Berufsschulen? Gott – mehr als Ethik, in: rabs-Themen 30 (2), 35–37.

Biesinger, A. (1999), Wie der Religionsunterricht Zukunft hat. Kognition, Emotion und religiöse Handlungsorientierung, in: ThQ 179 (2), 119–131.

Biesinger, A. (2000), Familienkatechese. Befreiungstheologische Aspekte und Realisierungen, in: Delgado, M./Noti, O./Venetz, H.-J. (Hg.), Blutende Hoffnung. Gustavo Gutiérrez zu Ehren, Luzern, 230–239.

Biesinger, A. (2001), Was gewinnen Schülerinnen und Schüler durch den Religionsunterricht? Warum der Religionsunterricht mehr bringt, als LER oder Ethikunterricht leisten können, in: KatBl 6, 423–425.

Biesinger, A. (2004a), Durchlässig für die Reichtümer Gottes, in: Schavan, A. (Hg.), Kirche träumen. Zwischen Vision und Wirklichkeit, Kevelaer, 29–43.

Biesinger, A. (2004b), Kinder nicht um Gott betrügen – Das Recht des Kindes auf Religion, in: Schavan, A. (Hg.), Bildung und Erziehung. Perspektiven auf die Lebenswelten von Kindern und Jugendlichen, Frankfurt a.M., 230–261.

Biesinger, A. u.a. (Hg.) (2005), Brauchen Kinder Religion? Neue Erkenntnisse – praktische Perspektiven, Weinheim – Basel.

Biesinger, A. (2006), Sakramentenpastoral – Passageriten oder Glaubenszeichen?, in: Ernsperger, B./Fischer, M./Fürst, W. (Hg.), Kursbuch Pastoral. Leidenschaft für das Leben, Rheinbach, 158–161.

Biesinger, A. (2007a), Der Religionsunterricht als Erschließung der Gottesbeziehung?! Schulpädagogische und theologische Argumente, in: RpB 58, 27–40.

Biesinger, A. (2007b), Verbinde dich mit dem Himmel! Ein Geschenkbuch für Kinder mit Gebetsschnur vom Berg Athos, München.

Biesinger, A. (2008), Wie Gott in die Familie kommt. Zwölf Einladungen, München.

Biesinger, A. (2009), Hilfe, mein Kind ist fromm. Kinder als Gabe und Aufgabe kirchlichen Handelns, in: Anzeiger für die Seelsorge 9, 20–23.

Biesinger, A. (2010a), Wider die Versteppung des Glaubens in den Gemeinden, in: ThQ 190 (4), 319–342.

Biesinger, A. (2010b), Jesus und die Kinder, in: ThQ 190, 71–74.

Biesinger, A. (2010c), Gott mit Kindern wiederfinden. Ein Begleiter für Mütter und Väter, Freiburg – Basel – Wien.

Biesinger, A. ([15]2011a), Kinder nicht um Gott betrügen, Anstiftungen für Mütter und Väter, überarbeitete und erweiterte Auflage, Freiburg i.Br.

Biesinger, A. (2011b), Kritisches Forum, in: ThQ 191 (1), 113–116.

Biesinger, A./Bendel, H. (Hg.) (2000), Gottesbeziehung in der Familie. Familienkatechetische Orientierungen von der Kindertaufe bis ins Jugendalter, Ostfildern.

Biesinger, A./Bendel, H. (2001), Familienkatechese, in: Mette, N. (Hg.), Lexikon der Religionspädagogik (Bd. 1), München, 549–552.

Biesinger, A./Bendel, H./Biesinger, D./Berger, B. ([3]2009), Gott mit neuen Augen sehen. Wege zur Erstkommunion. (verschiedene Bände: Familienbuch; Für das Leitungsteam – Einführung; Für die Elterntreffen – Leitfaden; Für die Kindertreffen – Leitfaden), München.

Biesinger, A./Berger, B./Mittler-Holzem, M. (Hg.) (2006), Abend-Oasen. Geschichten – Rituale – Gebete – Spiele. Ein Gute-Nacht-Buch für junge Familien, München.

Biesinger, A./Biesinger, B. (1981), Den Benjamin, den haben WIR getauft. Taufe lernen mit 3–7-Jährigen, in: Diakonia 12, 350–353.

Biesinger, A./Braun, G. (1995), Gott in Farben sehen. Die symbolische und religiöse Bedeutung der Farben, München.

Biesinger, A./Braun, G. (2004), Gott in Licht und Dunkel sehen. Werkbuch für Kindergarten, Schule und Gemeinde, München.

Biesinger, A./Gaus, R. (2005), Initiationswege – von der Schwangerschaft bis zur Firmung. Erfahrungen und Perspektiven, in: Nauer, D. (Hg.), Praktische Theologie. Bestandsaufnahme und Zukunftsperspektiven, Stuttgart-Berlin-Köln, 27–34.

Biesinger, A./Gaus, R. (2006), Wie Gemeindekatechese Zukunft hat, in: RpB 56, 75–82.

Biesinger, A./Gaus, E./Gaus, R. (2009), Hört Gott uns, wenn wir beten? Wenn Kinder mehr wissen wollen, Freiburg i.Br.

Biesinger, A./Gaus, E./Gaus, R. (2010), Warum hat Gott die Welt gemacht? Antworten auf Kinderfragen, Freiburg i.Br.

Biesinger, A./Gaus, E./Gaus, R. (2011), Warum müssen wir sterben? Antworten auf Kinderfragen, Freiburg i.Br.

Biesinger, A./Gaus, R./Stroezel, H. ([2]2008), Erstkommunion als Familienkatechese Fundierungen, Konkretionen und empirische Ergebnisse, in: Kasper, W./Biesinger, A./Kothgasser, A. (Hg.), Weil Sakramente Zukunft haben. Neue Wege der Initiation in Gemeinde, Ostfildern, 70–95.

Biesinger, A./Gronover, M. (2010), Gemeindekatechese als Familienkatechese. Im Dialog mit den „Zeichen der Zeit", in: ThPQ 158, 132–139.

Biesinger, A./Hänle, J. (Hg.) (1997), Gott – mehr als Ethik. Der Streit um LER und Religionsunterricht (= Quaestiones Disputatae 167), Freiburg i.Br. – Basel – Wien.

Biesinger, A./Hermann, D./Mette, N. (2008), Religiöse Sozialisation und Katechese – eine Evaluationsstudie: Antrag an die Deutsche Forschungsgemeinschaft, Tübingen – Heidelberg – Dortmund (unveröffentlicht).

Biesinger, A./Hiller, S. (2010), meditieren, in: Schiefer Ferrari, M./Mendl, H./Langenhorst, G./Sauter L. (Hg.), Leben lernen. Menschliche Ausdrucksformen als Lernperspektiven im Religionsunterricht. Festschrift für Ludwig Rendle, Babenhausen, 31–38.

Biesinger, A./Hiller, S./Mette, N. (2011), Familien als Subjekte der Gottesbeziehung. Familienbiographische Katechese als zukunftsfähiger Paradigmenwechsel, in: ThQ 191 (1), 46–64.

Biesinger, A./Jakobi, J./Kießling, K./Schmidt, J. (Hg.) (2005), Lernfelddidaktik als Herausforderung, Norderstedt.

Biesinger, A./Kerner, H.-J. /Klosinski, G./Schweitzer, F. (Hg.) (2005), Brauchen Kinder Religion? Neue Erkenntnisse – Praktische Perspektiven, Weinheim – Basel.

Biesinger, A./Kießling, K. (2002), Meditation und Kontemplation als Grenzerfahrung. Ein religionspädagogischer Diskussionsbeitrag zum Konzept einer „Deautomatisierung von Kategorisierungsprozessen", in: Simon, W. (Hg.), meditatio. Beiträge zur Theologie und Religionspädagogik der Spiritualität. Günter Stachel zum 80. Geburtstag (Forum Theologie und Pädagogik, Bd. 4), Münster, 81–92.

Biesinger, A./Kießling, K. (2005), Was gewinnen Kinder durch religiöse Erziehung?, in: Wege zum Menschen 57 (3) (= Themenheft Wandel der religiösen Familienerziehung), 222–228.

Biesinger, A./Kießling, K./Jakobi, J./Schmidt, J. (2011), Interreligiöse Kompetenz in der beruflichen Bildung. Pilotstudie zur Unterrichtsforschung (= Religion und berufliche Bildung Bd. 6), Berlin u.a. (im Druck).

Biesinger, A./Mayer-Klaus, U. (2007), Was feiern wir an Weihnachten? Wenn Kinder mehr wissen wollen, Freiburg i.Br.

Biesinger, A./Nonhoff, W. (Hg.) (1982), Religionsunterricht und Schülerpastoral, München.

Biesinger, A./Schmidt, J. (Hg.) (2010), Ora et labora. Eine Theologie der Arbeit, Ostfildern.

Biesinger A./Schmidt, J. (2011a), Vorwort, in: Biesinger, A./Kießling, K./Jakobi, J./Schmidt, J., Interreligiöse Kompetenz in der beruflichen Bildung. Pilotstudie zur Unterrichtsforschung (= Religion und berufliche Bildung Bd. 6), Berlin u.a. (im Druck).

Biesinger, A./Schmidt, J. (2011b), Religionsunterricht an Berufsbildenden Schulen. Situationsanalyse und Folgerungen aus der Sicht einer Berufsorientieren Religionspädagogik, Norderstedt.

Biesinger, A./Schreijäck, Th. (1985), Sich zur eigenen Autorität und Fehlbarkeit bekennen. Gespräch mit Ruth C. Cohn, in: KatBl 110, 676–683.

Biesinger, A./Strack, H.-B. (1996), Gott, der Urknall und das Leben. Was Glaube und Naturwissenschaft voneinander lernen können, München.

Biesinger, A./Wohnhaas, A. (Hg.) (2008), Das große Buch der Elternschule, Ostfildern.

Bischöfliches Ordinariat Rottenburg (Hg.) (^{2}1986), Beschlüsse der Diözesansynode Rottenburg-Stuttgart 1985/86, Ostfildern.

Bitter, G./Englert, R./Miller, G./Nipkow, K.-E./Blum, N. (Hg.) (^{2}2002), Neues Handbuch religionspädagogischer Grundbegriffe, München.

Blechschmidt, M./Kaufmann, E./Fackler, M. (1989), Heute noch muss ich in deinem Haus zu Gast sein, Landshut.

Blumer, H. (1973), Der methodologische Standort des symbolischen Interaktionismus, in: Arbeitsgruppe Bielefelder Soziologen (Hg.), Alltagswissen, Interaktion und gesellschaftliche Wirklichkeit. 1. Symbolischer Interaktionismus und Ethnomethodologie, Reinbek b. Hamburg, 80–101.

Böhler, D. (1985), Rekonstruktive Pragmatik. Von der Bewußtseinsphilosophie zur Kommunikationsreflexion: Neubegründung der praktischen Wissenschaften und Philosophie, Franfurt a.M.

Boschki, R. (2003), „Beziehung“ als Leitbegriff der Religionspädagogik. Grundlegung einer dialogisch-kreativen Religionsdidaktik (Glaubenskommunikation Reihe „Zeitzeichen“, Bd. 13), Ostfildern.

Boschki, R. (2007), Vierte Generation nach Auschwitz: Zugänge zur Erinnerung aus religionspädagogischer Sicht, in: Religionsunterricht an höheren Schulen, 50 (6), 354–362.

Boschki, R. (2008), Einführung in die Religionspädagogik, Darmstadt.

Boschki, R./Kießling, K./Kohler-Spiegel, H./Scheidler, M./Schreijäck, T. (Hg.) (2008), Religionspädagogische Grundoptionen. Elemente einer gelingenden Glaubenskommunikation, Freiburg i.Br.

Braun, A. (2009), Erziehungskompetenz als Bildungsstandard: Wie Oberstufenschülerinnen und -schüler für ihre spätere Elternrolle Kompetenzen erwerben können, Ostfildern.

Brocke, E. (2007), Was Schüler im christlichen Religionsunterricht vom Judentum wahrnehmen sollten, in: Religionsunterricht an höheren Schulen, 50 (6), 344–353.

Buber, M. (1953), Reden über Erziehung, Heidelberg.

Bucher, A. (2008), Löst Spiritualität Religiosität ab? Bericht über eine explorative empirische Untersuchung, in: Gramzow, Ch./Liebold, H./Sander-Gaiser, M. (Hg.), Lernen wäre eine schöne Alternative. Religionsunterricht in theologischer und erziehungs-wissenschaftlicher Verantwortung, Leipzig, 137–148.

Bucher, A. (2009), Religion unterrichten und leben. Spiritualität von Religionslehrerinnen und Religionslehrern, in: Rendle, L. (Hg.), Spiritualität zwischen Klostermauern und Esoterikmessen. Empirisch-psychologische Fakten, Donauwörth, 9–25.

Carrara, A. (1999), Der Weg der Catequesis Familiar in Peru, Adveniat u.a. (Hg.), Essen.

Cohn, R.C. (1973, ^{15}2009), Von der Psychoanalyse zur themenzentrierten Interaktion. Von der Behandlung einzelner zu einer Pädagogik für alle, Stuttgart.

Cohn, R.C. (1974), Zur Grundlage des themenzentrierten interaktionellen Systems, in: Gruppendynamik 6, 150–169.

Cohn, R.C. (1975), Themenzentrierte Interaktion. Kein ‚Regelsystem', keine ‚Leiterlose Gruppe'. Eine passionierte Richtigstellung von Ruth C. Cohn, in: Wege zum Menschen 27, 486–489.

Cohn, R.C. (1979), Ich bin ich – ein Aberglaube. Interview, in: Psychologie Heute 6, 25.

Cohn, R.C./Farau, A. (1987), Gelebte Geschichte der Psychotherapie, Stuttgart.

Cohn, R.C./Ockel, A. (1981), Das Konzept des Widerstandes in der Themenzentrierten Interaktion. Vom psychoanalytischen Konzept des Widerstandes über das TZI-Konzept der Störung zum Ansatz einer Gesellschaftstherapie, in: Petzold, H. (Hg.), Widerstand – ein strittiges Konzept in der Psychotherapie (Reihe Vergleichende Psychotherapie, Bd. 3), Paderborn, 255–282.

Oficina Nacional de Catequesis Familiar Peru (Hg.), Con Cristo Renovemos Nuestro Bautismo. Charlas y Celebraciones para Padres y Padrinos, 32–34.

Decker, C. (^{2}1988), Catequesis Familiar. Su Metodología, Santiago de Chile.

De Hart, J. (1990), Impact of religious socialisation, in: Journal of Empirical Theology (3) 1, 59–78.

Deutsche Bischöfe (Hg.) (1969), glauben – leben – handeln. Arbeitsbuch zur Glaubensunterweisung, Freiburg i. Br.

Domsgen, M. (2004), Familie und Religion: Grundlagen einer religionspädagogischen Theorie der Familie, Leipzig.

Drexler, C./Scharer, M. (Hg.) (2004), An Grenzen lernen. Neue Wege in der theologischen Didaktik, Mainz.

Dubach, A. (1991), Wie denken junge Eltern über Religion und Kirche?, in: Simon, W./Delgado, M. (Hg.), Lernorte des Glaubens, Berlin, 69–96.

Dubach, A. (2005), Religiosität in der Dynamik der entfalteten Moderne, in: Dubach, A./Fuchs, B. (Hg.), Ein neues Modell von Religion. Zweite Schweizer Sonderfallstudie – Herausforderung für die Kirchen, Zürich, 141–148.

Edelbrock, A./Schweitzer, F./Biesinger, A. (Hg.) (2010), Wie viele Götter sind im Himmel? Religiöse Differenzwahrnehmung im Kindesalter (Interreligiöse und Interkulturelle Bildung im Kindesalter, Band 1), Münster.

Ehmann, R./Fitzner, T./Fürst, G./Isak, R./Stark, W. (Hg.) (1998), Religionsunterricht der Zukunft. Aspekte eines notwendigen Wandels, Freiburg i.Br.

EIBOR/KIBOR (Hg.) (2010), Mobbing und Cyber-Mobbing an beruflichen Schulen: Problemlagen und Interventionsmöglichkeiten, Norderstedt.

Eigler, G./Judith, H./Künzel, M./Schönwälder, A. (^{4}1979), Grundkurs Lehren und Lernen, Weinheim – Basel.

Emeis, D./Schmitt, K.H. (1986), Handbuch der Gemeindekatechese, Freiburg i.Br.

Englert, R. (1988a), Vom Nutzen der Stufentheorien bei der religiösen Bildung Erwachsener, in: RpB 21, 115–138.

Englert, R. (1988b), Plädoyer für „religionspädagogische Pünktlichkeit". Zum Verhältnis von Glaubensgeschichte, Lebensgeschichte und Bildungsprozeß, in KatBl 113, 159–169.

Englert, R. (1994), Warum ist Erwachsenenkatechese so schwierig? Erwachsenenkatechese aus katholischer Sicht, in: ThQ 174, 107–120.

Englert, R. (2002), Skizze einer pluralitätsfähigen Religionspädagogik, in: Schweitzer, F./Englert, R./Schwab, U./Ziebertz, H.-G. (Hg.), Entwurf einer pluralitätsfähigen Religionspädagogik, Gütersloh – Freiburg i.Br., 89–106.

Englert, R./Reese-Schnitker, A. (2011), Varianten korrelativer Didaktik im Religionsunterricht. Eine Essener Unterrichtsstudie, in: Bayrhuber, H. u.a. (Hg.), Empirische Fundierung in den Fachdidaktiken, Münster, 59–73.

Exeler, A. (1966), Wesen und Aufgabe der Katechese. Eine pastoralgeschichtliche Untersuchung (UTS 21), Freiburg i.Br. – Basel – Wien.

Exeler, A. (1972), Kirchliche Katechese, in: Baudler, G. (Hg.), Schulischer Religionsunterricht und Katechese, Düsseldorf, 157–177.

Feifel, E. (1972), Glaubenssinn und theologischer Lernprozess. Funktion und grundlegende Strukturen theologischer Erwachsenenbildung, in: Feifel, E. (Hg.), Erwachsenenbildung. Glaubenssinn und theologischer Lernprozess, Zürich – Einsiedeln – Köln.

Ferraris, G. (1962), „Catequesis familiar“, in: Renovadas Actas del IV. Congreso Catequisto Nacional, Santiago de Chile.

Fiechter-Alber, E. (2004), Welche Ethik in der Schule? Grundlagen ethischen Lehrens und Lernens, Mainz.

Fiedler, M./Gaus, R./Gronover, M./Guggemos, C./Schmidt, J. (2008), „Störung“ als Normalfall gelingender Glaubenskommunikation, in: Boschki, R./Kießling, K./Kohler-Spiegel, H./Scheidler, M./Schreijäck, Th. (Hg.), Religionspädagogische Grundoptionen. Elemente einer gelingenden Glaubenskommunikation, Freiburg i. Br., 169–195.

Fiese, B.H./J. Tomcho, T.J./Douglas, M. u.a. (2002), A Review of 50 Years of Research on Naturally Occurring Family Routines and Rituals. Cause for Celebration?, in: Journal of Family Psychology 16 (4), 381–390.

Fink, E. (1970), Erziehungswissenschaft und Lebenslehre, Freiburg i.Br.

Fink, E. (1971), Epiloge zur Dichtung, Frankfurt a.M.

Fink, E. (1977), Sein und Mensch. Vom Wesen der ontologischen Erfahrung, Freiburg i.Br.

Fink, E. (1978), Grundfragen der systematischen Pädagogik, Freiburg i.Br.

Fink, E. (²1995), Grundphänomene des menschlichen Daseins, Freiburg i.Br.

Forschungskreis Kommunikative Theologie (2006), Kommunikative Theologie, Innsbruck.

Fowler, J.W. (1984), Becoming Adult, Becoming Christian. Adult Development and Christian Faith, San Francisco.

Fowler, J.W. (1989), Glaubensentwicklung. Perspektiven für Seelsorge und kirchliche Bildungsarbeit, München.

Fowler, J.W. (1991), Stufen des Glaubens. Die Psychologie der menschlichen Entwicklung und die Suche nach Sinn, Gütersloh.

Freire, P. (1973), Pädagogik der Unterdrückten. Bildung als Praxis, Reinbek b. Hamburg.

Frey, K. (¹¹2010), Die Projektmethode. Der Weg zum bildenden Tun, Weinheim.

Frickel, M.E. (1981), Themenzentrierte Meditation oder: Lebendiger Umgang mit Lernstoffen, in: Biesinger, A. (Hg.), Meditation im Religionsunterricht. Theoretische und Schulpraktische Perspektiven, Düsseldorf, 123–143.

Frielingsdorf, K. (1992), Dämonische Gottesbilder und ihre Entstehung, Entlarvung und Überwindung, Mainz.

Froese, R. (2005), Zwei Religionen – eine Familie. Das Gottesverständnis und die religiöse Praxis von Kindern in christlich-muslimischen Familien, Freiburg i.Br. – Gütersloh.

Fromm, E. (1979), Die Kunst des Liebens, Frankfurt a.M.

Fuchs, G. (1988), Evangelisierung in und durch Katholische Akademien? Theologische Überlegungen zur kulturellen Diakonie, in: Pastoraltheologische Informationen 8 (1), 154.

Fuchs, O. (1993), „Wer ist meine Mutter und wer sind meine Brüder?“ (Matthäus 12,48). Die christliche Familie: stigmatisiert durch Beschuldigung und Überforderung, in: ders., Im Brennpunkt: Stigma. Gezeichnete brauchen Beistand, Frankfurt a.M., 61–101.

Fürst, G. (2010), Den Glauben feiern. Über die Kraft der Liturgie in einer missionarischen Kirche, in: Fürst, G., Für eine bewohnbare Kirche. Perspektiven einer menschennahen Pastoral, Ostfildern, 207–211.

Fürst, W. (1978), Einleitung in die christliche Freiheit. Der Beitrag J.B. Hirschers zur Theorie der Katechese, in: Müller, M. (Hg.), Marchtaler Lehrer-Akademie. Festschrift zur Eröffnung der kirchlichen Akademie der Lehrerfortbildung, Obermarchtal, 128–150.

Fürst, W. (1979), Wahrheit im Interesse der Freiheit. Eine Untersuchung zur Theologie J.B. Hirschers (1788–1865) (= Tübinger Theologische Studien 15), Mainz.

Fürst, W. (1986), Praktisch-theologische Urteilskraft. Auf dem Weg zu einer symbolisch-kritischen Methode der Praktischen Theologie, in: Feifel, E./Paul, E./Stachel, G. (Hg.), Studien zur Praktischen Theologie, Band 32, Zürich u.a, 65–88.

Garcia Ahumanda, E. (1989), Catequesis Chilena Postconciliar,1966–1986, Santiago de Chile.

Gehrlein, D. (1992), Glauben voller Lebenslust. Die Hilfe der Transaktionsanalyse, Freiburg i.Br.

Gemeinsame Synode der Bistümer in der BRD (Hg.) (1977), Das katechetische Wirken der Kirche, in: dies., Offizielle Gesamtausgabe. Ergänzungsband: Arbeitspapiere der Sachkommissionen, Freiburg i.Br., 37–97.

Gerken, A. (1973), Theologie der Eucharistie, München.

Goldbrunner, J. (1966), Realisation: Anthropologie in Seelsorge und Erziehung, Freiburg – Basel – Wien.

Gonzales-Ruiz, J.M. (1966), Geistigkeit für eine Zeit der Ungewissheit, in: Concilium 2, 682–688.

Grom, B. ([5]2000a), Religionspädagogische Psychologie des Kleinkind-, Schul- und Jugendalters, Düsseldorf.

Grom, B. (2000b), Glauben-Lernen – nicht ohne die Familie. Zur Bedeutung und Praxis religiöser Erziehung in der Familie, in: Biesinger, A./Bendel, B. (Hg.), Gottesbeziehung in der Familie. Familienkatechetische Orientierungen von der Kindertaufe bis ins Jugendalter, Ostfildern, 86–100.

Grom, B. ([3]2007), Religionspsychologie, München.

Grom, B./Schmidt, J. ([6]1987), Auf der Suche nach dem Sinn des Lebens, Freiburg.

Groß, W. (1978), Bundeszeichen und Bundesschluß in der Priesterschrift, in: TThZ 87 (2), 98–115.

Groß, W. (1995), Neuer Bund oder Erneuerter Bund: Jer 31,31–34 in der jüngsten Diskussion, Mainz, 89–114.

Groß, W. (1996a), Erneuerter Bund oder Neuer Bund? Wortlaut und Aussageintention in Jer 31,31–34, in: Avemarie, F./Lichtenberger, H. (Hg.), Bund und Tora. Zur theologischen Begriffsgeschichte in alttestamentlicher, frühjüdischer und urchristlicher Tradition, Tübingen, 41–66.

Groß, W. (1996b), Der neue Bund in Jer 31 und die Suche nach übergreifenden Bundeskonzeptionen im AT, in: ThQ 176 (4), 259–272.

Groß, W. (1998a), Rezeption in Exodus 31,12–17 und Levitikus 26,39–45. Sprachliche Form und theologisch-konzeptionelle Leistung, in: Frankemölle, H. (Hg.), Der ungekündigte Bund? Antworten des Neuen Testaments, Freiburg i.Br., 44–63.

Groß, W. (1998b), Zukunft für Israel. Alttestamentliche Bundeskonzepte und die aktuelle Debatte um den Neuen Bund, Stuttgart 1998.

Gutiérrez, G. ([10]1992), Theologie der Befreiung. Mit der neuen Einleitung des Autors und einem neuen Vorwort von Johann Baptist Metz, Mainz.

Hamberg, E.M., (1991), Stability and Change in Religious Beliefs, Practice and Attitudes: A Swedish Panel Study, in: Journal for the Scientific Study of Religion 30, 63–80.

Hanisch, H./Hoppe-Graff, S. (2002), „Ganz normal und trotzdem König". Jesus Christus im Religions- und Ethikunterricht, Stuttgart.

Hänle, J. (1997), Heilende Verkündigung. Kerygmatische Herausforderungen im Dialog mit Ansätzen der humanistischen Psychologie, Ostfildern.

Haslinger, H. (2006), Von der katechetisierenden Verdinglichung zur pastoralen Subjektförderung, in: Diakonia 37 (1), 55–63.

Hauf, J. (2004), Familienbiographische Katechese: Unterwegs mit Familien in der Erziehungsphase, Ostfildern.

Heine, H. (1999), Leserbrief, in: CiG 51 (3), 24.

Hentig, H. v. , Allgemeine Lernziele der Gesamtschule, in: Deutscher Bildungsrat. Gutachten und Studien der Bildungskommission, Bd. 12, Stuttgart, 13–43.

Herget, F. (2000), Einsichtiges Lernen im Religionsunterricht an beruflichen Schulen, Münster – Berlin.

Hermann, D. (2009), Christliche Religiosität und Kriminalität. Eine neue Antwort auf eine alte Frage, in: Münk, H.J./Durst, M. (Hg.), Kirche, Theologie und Bildung (= Theologische Berichte 32), Freiburg/Schweiz, 183– 217.

Hilberath, B.J. (1999), Zwischen Vision und Wirklichkeit, Würzburg.

Hilberath, B.J. ([2]2008), Initiation in immer größer werdenden Seelsorgeeinheiten. Perspektiven aus der kommunikativen Theologie, in: Kasper, W./Biesinger, A./Kothgasser, A. (Hg.), Weil Sakramente Zukunft haben, Ostfildern, 124–133.

Hilberath, B.J./Kraml, M./Scharer, M. (Hg.) (2003), Wahrheit in Beziehung. Der dreieine Gott als Quelle und Orientierung menschlicher Kommunikation, Mainz.

Hilberath, B.J./Nitsche, B. (Hg.) (2002), Ist Kirche planbar? Organisationsentwicklung und Theologie in Interaktion, Mainz.

Hilberath, B.J./Scharer, M. (2002; 2003), Kommunikative Theologie. Eine Grundlegung (Kommunikative Theologie, Bd. 1), Mainz.

Hilberath, B.J./Scharer, M. (2006), Kommunikative Theologie. Selbstvergewisserung unserer Kultur des Theologietreibens (Kommunikative Theologie – interdisziplinär, Bd. 1), Berlin – Wien.

Hirscher, J.B. (1831), Katechetik. Oder: der Beruf des Seelsorgers, die ihm anvertraute Jugend im Christentum zu unterrichten und zu erziehen, nach seinem ganzen Umfange dargestellt, Tübingen.

Hofrichter, C. (1997), Leben – Bewusstwerden – Deuten – Feiern: Rezeption und Neuformulierung eines katechetischen Modells am Beispiel „Taufgespräche in Elterngruppen", Ostfildern.

Hofrichter, C. (2010), Eltern, Kinder und die Taufe. Warum die Kirche Hüterin der Freiheit ist, in: ThPQ 158 (4), 356–363.

Hünermann, P./Hilberath, B.J. (Hg.) (2004–2006), Herders Theologischer Kommentar zum Zweiten Vatikanischen Konzil (5 Bände), Freiburg i.Br. – Basel – Wien.

Jacobs, M. (2010), Neue Wege der Katechese (DKV).

Jäggle, M. (2010), Religionen in der Schule - interreligiöser Ansatz oder Religionsunterricht für alle?, in: Ucar, B./Blasberg-Kuhnke, M./Scheliha, A.v. (Hg.), Religionen in der Schule und die Bedeutung des Islamischen Religionsunterrichts, Göttingen, 179–188.

Joas, H. (Hg.) (2007), Braucht Werterziehung Religion?, Göttingen.

Johannes Paul II. (1979), Das Apostolische Schreiben „Catechesi tradendae", in: Herder Korrespondenz 33, 609–628.

Jungclausen, E.v. (Hg.) (1974), Aufrichtige Erzählungen eines russischen Pilgers. Erste vollständige deutsche Ausgabe, Freiburg i.Br.

Kasper, W. (Hg.) (1970), Christsein ohne Entscheidung oder soll die Kirche Kinder taufen?, Mainz.

Kasper, W. (^{5}1976), Jesus der Christus, Mainz.

Kasper, W. (1977), Das theologische Wesen des Menschen, in: W. Kasper (Hg.), Unser Wissen vom Menschen. Möglichkeiten und Grenzen anthropologischer Erkenntnisse, Düsseldorf.

Kasper, W. (2007), Jesus der Christus, in: Augustin, G./Krämer, K. (Hg.),Walter Kasper. Gesammelte Schriften, Band 3, Freiburg – Basel – Wien.

Kasper, W. (^{2}2008), Warum mir als Bischof die Katechese am Herzen lag, in: Kasper, W./Biesinger, A./Kothgasser, A. (Hg.), Weil Sakramente Zukunft haben. Neue Wege der Initiation in Gemeinden, Ostfildern, 12–24.

Katechetische Blätter (2007), 132 Heft 2, Themenheft „RU und Katechese",

Katholische Bischöfe Deutschlands (Hg.) (1967), Rahmenplan für die Glaubensunterweisung mit Plänen für das 1.–10. Schuljahr, München.

Katholische Bischöfe Deutschlands (Hg.) (1969), glauben – leben – handeln. Arbeitsbuch zur Glaubensunterweisung, Freiburg i.Br.

Kaufmann, F.-X. (1979), Kirche begreifen. Analysen und Thesen zur gesellschaftlichen Verfassung des Christentums, Freiburg i.Br. u.a.

Kaufmann, F.-X., (1995a), Zukunft der Familie im vereinten Deutschland, München.

Kaufmann, F.-X. (³1995b), A., Familie. Soziologisch, in: LThK 3, 1169–1170.

Kaufmann, F.-X./Metz, J.B. (1987), Zukunftsfähigkeit. Suchbewegungen im Christentum, Freiburg i.Br. u.a.

Keck, F. (Hg.) (2008), Glauben gestalten – Glaubensgestalten. Mit Robert Zollitsch auf dem Weg (Zum 70. Geburtstag des Erzbischofs von Freiburg und Vorsitzenden der Deutschen Bischofskonferenz), Freiburg i.Br.

Kießling, K. (2003), „Oh Gott, Religion! Oh Gott, was ist das?“ – Exemplarische Dokumentation einer multidisziplinären Pilotstudie zu Wirkzusammenhängen religiöser Familienerziehung, in: Transformationen 3, 79–148.

Kießling, K. (2004a), Zur eigenen Stimme finden. Religiöses Lernen an berufsbildenden Schulen (Glaubenskommunikation Reihe Zeitzeichen, Bd. 16), Ostfildern.

Kießling, K. (2004b), Chancen und Hindernisse religiösen Lehrens und Lernens an berufsbildenden Schulen – erste Ergebnisse aus der empirischen Forschung des Instituts für berufsorientierte Religionspädagogik an der Universität Tübingen in Thesen, in: Rundbrief des Verbands Katholischer Religionslehrerinnen und Religionslehrer an Berufsbildenden Schulen in Niedersachsen (Rundbriefe vom 12. September 2003, 11 sowie vom 16. August 2004, 34).

Klafki, W. (⁹1967), Studien zur Bildungstheorie und Didaktik, Weinheim.

Klafki, W. (1971), Erziehungswissenschaft als kritisch-konstruktive Theorie. Hermeneutik – Empirie – Ideologiekritik, in: ZP 17, 351–385.

Klafki, W. (1976), Aspekte kritisch-konstruktiver Erziehungswissenschaft. Gesammelte Beiträge zur Theorie-Praxis-Diskussion, Weinheim.

Klafki, W. (1980), Die bildungstheoretische Didaktik, in: Westermanns Pädagogische Beiträge 32, 32–37.

Knab, D./Langemeyer, G. (1980), Bildung, in: Böckle, F./Kaufmann, F.X./Rahner, K./Welte, B. in Verbindung mit R. Scherer (Hg.), Christlicher Glaube in moderner Gesellschaft, Bd.VIII, Freiburg, 6–38.

Knoblauch, Ch. (2011), Interreligiöser Dialog beginnt an den Wurzeln. Religionsunterricht und Religious Studies auf der Suche nach interreligiösem Verständnis. Eine Analyse und empirisch-explorative Vergleichsstudie beider Konzeptionen, Ostfildern.

Kohler-Spiegel, H. (2004), Was heißt es, eine gute Lehrerin, ein guter Lehrer zu sein? Anstöße auch für den Religionsunterricht, in: cpb 117 (3), 137–139.

Kohler-Spiegel, H. (2006), Was ist guter Religionsunterricht? Persönliche Beobachtungen und Rückblicke, in: JRP 22, 249–256.

Köhler, T.W. (1984), Die Sinnfrage in wissenschaftspsychologischer Perspektive, in: Jahrbuch der Universität Salzburg 1981–1983, Salzburg, 9–22.

Köhler, T.W. (1988), Anerkennung unverfügbarer Daseinskontingenz und Lebenssinn. Überlegungen zur Sinnfrage im Anschluß an einen Vorschlag H. Lübbes, in: Salzburger Jahrbuch für Philosophie 33, 57–81.

Kraml, M. (2005), Verwandlung auf das Leben hin. Sensibilisierung für eine kommunikative Eucharistiekatechese, Mainz.

Kroeger, M. (1976), Themenzentrierte Seelsorge. Über die Kombination Klientenzentrierter und Themenzentrierter Arbeit nach Carl R. Rogers und Ruth C. Cohn in der Theologie, zweite verbesserte und mit einem Nachwort versehene Auflage, Stuttgart u.a.

Kroeger, M. ([4]1989), Themenzentrierte Seelsorge. Über die Kombination Klientzentrierter und Themenzentrierter Arbeit nach Carl R. Rogers und Ruth C. Cohn in der Theologie, Stuttgart – Berlin – Köln.

Kuld, L. (1989), Lerntheorie des Glaubens. Religiöses Lehren und Lernen nach J.H. Newmans Phänomenologie des Glaubensaktes (Int. Cardinal-Newman-Studien, 13. Folge), Sigmaringendorf.

Küng, H. (1990), Projekt Weltethos, München – Zürich.

Lange, E. (1980), Sprachschule der Freiheit, in: Lange, E., Sprachschule für die Freiheit. Bildung als Problem und Funktion der Kirche, München-Gellenhausen, 69–78.

Langmaack, B. ([4]2009), Einführung in die Themenzentrierte Interaktion. Leben rund ums Dreieck, Weinheim – Basel.

Lehmann, K. (1977), Das katechetische Wirken der Kirche, in: Bertsch, L. u.a. (Hg.), Gemeinsame Synode der Bistümer in der BRD. Ergänzungsband: Arbeitspapiere der Sachkommissionen (Offizielle Gesamtausgabe II), Freiburg i.Br., 37–97.

Lehmann, K. (1982), „Er wurde für uns gekreuzigt". Eine Skizze zur Neubesinnung in der Soteriologie, in: ThQ 162, 298–317.

Lehmann, K. (2010), Arbeit als Realisierung der Gottesbeziehung, in: Biesinger, A./Schmidt, J. (Hg.), Ora et labora. Eine Theologie der Arbeit, Ostfildern, 13–31.

Leimgruber, S. (2006), In der Begegnung mit Muslimen lernen: Chancen interreligiösen Lernens im Religionsunterricht der Sekundarstufen I und II, in: Religionsunterricht an höheren Schulen 49 (4), 246–254.

Leimgruber, S. ([2]2007), Interreligiöses Lernen, München.

Liebold, H. (2005), „In der Hinsicht lassen wir uns eigentlich ziemlich in Ruhe". Religiöse Erziehung in christlich-konfessionslosen Familien. Ein Beitrag aus Ostdeutschland, in: WzM 57, 239–253.

Lohfink, N. (1983), Glauben lernen in Israel, in: KatBl 108, 84–99.

Löhmer, C./Standhardt, R. (1992), Themenzentrierte Interaktion. Die Kunst, sich selbst und eine Gruppe zu leiten, Mannheim.

Lott, F. (1997), Religionsunterricht als themenzentrierte Interaktion im Kontext einer Schule der Zukunft, Ostfildern.

Lott, F. (2001), Religionsunterricht als themenzentrierte Interaktion im Kontext einer Schule der Zukunft. Bildungs-, subjekt- und beziehungsorientiert (Glaubenskommunikation Reihe Zeitzeichen, Bd. 9), Ostfildern.

Lott, J. (1984), Erwachsenenbildung, in: Handbuch Religion, Bd. 2, Stuttgart, 156–159.

Ludwig, K.J. (Hg.) (1997), Im Ursprung ist Beziehung: theologisches Lernen als themenzentrierte Interaktion, Mainz.

Lutz, B. (2003), Gemeindekatechese zwischen Abbruch und Aufbruch, in: KatBl 128, 430–437.

Mahr, A. (1979), Die Störungspriorität in TZI-Gruppen. Psychoanalytische und empirische Studien, in: Hahn, P./Herdieckerhoff, E. (Hg.), Beihefte zur Zeitschrift „Materialien zur Psychoanalyse und analytisch orientierten Psychotherapie" Heft 1, Göttingen.

Matthes, J. (1975), Volkskirchliche Amtshandlungen, Lebenszyklus und Lebensgeschichte. Überlegungen zur Struktur volkskirchlichen Teilnahmeverhaltens, in: Matthes, J. (Hg.), Erneuerung der Kirche – Stabilität als Chance?, Gelnhausen-Berlin, 83–112.

McCullough, M.E. u.a. (2005), The varieties of religious development in adulthood. A longitudinal investigation of religion and rational choice, in: Journal of Personality and Social Psychology 89, 78–89.

Mead, G.H. (1968), Geist, Identität und Gesellschaft aus der Sicht des Sozialbehaviorismus, Frankfurt a.M.

Mette, N. (1983), Voraussetzungen christlicher Elementarerziehung: Vorbereitende Studie zu einer Religionspädagogik des Kleinkindalters, Düsseldorf.

Mette, N. (1999), Postmoderne Familie und die Zukunft religiöser Sozialisation, in: Kaufmann, F.-X. , Gabriel, K., Horstmann, J., Norbert, M. (Hg.), Zukunftsfähigkeit der Theologie: Anstöße aus der Soziologie, Paderborn, 139–147.

Mette, N. (2004), Dialog und Kooperation zwischen den Konfessionen, in Elsenbast, V. u.a. (Hg.), Wissen klären - Bildung stärken. 50 Jahre Comenius-Institut, Münster, 119–130.

Mette, N. (2005), Einführung in die katholische Praktische Theologie, Darmstadt.

Mette, N. (2006), Religionspädagogik, Düsseldorf.

Mette, N. (2009), Ökumene im Religionsunterricht. Impulse von Richard Schlüter zu einer nachkonfessionalistischen Religionspädagogik und-didaktik, in: RpB 59, 29–42.

Metz, J.B. (^{2}1978), Glaube in Geschichte und Gesellschaft. Studien zu einer praktischen Fundamentaltheologie, Mainz.

Meuteler, E. (^{3}1991), Erwachsene lernen, Stuttgart.

Modesto, H. (1976), Ethik einüben und erleben. Zur Methode der "Themenzentrierten Interaktion", in: Orientierung 40, 93–95.

Molinsky, W. (Hg.) (1971), Diskussion um die Taufe, München.

Moltmann, J. (1972), Der gekreuzigte Gott, München.

Moltmann, J. (1989), Dient die „pluralistische Theologie" dem Dialog der Weltreligion?, in: Evangelische Theologie 49, 528–536.

Morgenthaler, C. (2005), Rituale. Warum und wie sie Familien stärken, Tübingen.

Mussner, F. (1987), Die Kraft der Wurzel. Judentum – Jesus – Kirche, Freiburg i. Br. – Basel – Wien.

Naisbitt, J./Aburdene, P. (1990), Megatrends 2000. Zehn Perspektiven für den Weg ins nächste Jahrtausend, Düsseldorf u.a.

Naranjo, C./Ornstein, R.E. (1980), Psychologie der Meditation, Frankfurt.

Nastainczyk, W. (1998), Religionspädagogik und Katechetik – ein Zwischenbericht zu ihrem Nach- und Nebeneinander, in: Ritter, W./Rothgangel, M. (Hg.), Religionspädagogik und Theologie. Enzyklopädische Aspekte (FS zum 65. Geb. von Wilhelm Sturm), Stuttgart, 94–106.

Nipkow, K.E. (1981), Moralerziehung, Pädagogische und theologische Antworten (eine Veröffentlichung des Comenius-Institutes, Münster, Originalausgabe), Gütersloh.

Nipkow K.E. (1982a), Das Problem der Elementarisierung der Inhalte des Religionsunterrichts, in: Biemer, G./Knab, D. (Hg.), Lehrplanarbeit im Prozeß, Religionspädagogische Lehrplanreform, Freiburg i.Br. u.a., 73 ff.

Nipkow, K.E. (1982b), Grundfragen der Religionspädagogik, Bd. 3. Gemeinsam leben und glauben lernen, Gütersloh.

Nipkow, K.E. (1986), Lebensgeschichte und religiöse Lebenslinie, in: Bichl, P. u.a. (Hg.), Jahrbuch Religionspädagogik 3, Neukirchen, 3–35.

Nipkow, K.E. (1988), Religiöse Denkformen in Glaubenskrisen und kirchlichen Konflikten, in: RpB 21, 95–114.

Nipkow, K.E. (1991), Erwachsenwerden ohne Gott?, München,

Nipkow, K.E. ([5]1997), Erwachsenwerden ohne Gott – Gotteserfahrung im Lebenslauf, Gütersloh.

Nipkow, K.E. (1999), Gott – bildungstheoretische Herausforderungen, in: ThQ 179 (2), 83–89.

Nipkow, K.-E. (2005a), Bildungsverständnis im Umbruch - Religionspädagogik im Lebenslauf – Elementarisierung (Pädagogik und Religionspädagogik zum neuen Jahrhundert, Band 1), Gütersloh.

Nipkow, K.-E. (2005b), Christliche Pädagogik und Interreligiöses Lernen – Friedenserziehung – Religionsunterricht und Ethikunterricht (Pädagogik und Religionspädagogik zum neuen Jahrhundert, Band 2), Gütersloh.

Nipkow, K.E. ([2]2007a), Bildungsverständnis im Umbruch. Religionspädagogik im Lebenslauf. Elementarisierung, Gütersloh.

Nipkow, K.-E. (2007b), Der schwere Weg zum Frieden. Geschichte und Theorie der Friedenspädagogik von Erasmus bis zur Gegenwart, Gütersloh.

Nipkow, K.E./Schweitzer, F./Fowler, J.W (Hg.) (1988), Glaubensentwicklung und Erziehung (Eine Veröffentlichung des Comenius-Instituts, Münster), Gütersloh.

Oberthür, R. (2000), Die Seele ist eine Sonne. Was Kinder über Gott und die Welt wissen, München.

Odenthal, A. (2008a), Rituelle Erfahrung – Rituelle Praxis: Psychoanalytische und theologische Überlegungen zur Feier des christlichen Gottesdienstes, in: Psyche, Zeitschrift für Psychoanalyse und ihre Anwendungen 12, 1204–1229.

Odenthal, A. ([2]2008b), Christliche Initiation als Mystagogie. Thesen zu einer Intensivform liturgischer Praxis, in: Kasper, W./Biesinger, A./Kothgasser, A. (Hg.), Weil Sakramente Zukunft haben, Ostfildern, 139–157.

Oser, F. (1973), Die Jesus-Beziehung. Werkbuch für den Lehrer, Freiburg i.Br.

Oser, F. (1994), Die emotionale Dimension der Entstehung Gottes im Kinde. Neuer Gott für neue Kinder, in: Merz, V. (Hg.), Alter Gott für neue Kinder? Das traditionelle Gottesbild und die nachwachsende Generation, Freiburg/Schweiz.

Oser, F./Gmünder, P. ([3]1992), Der Mensch – Stufen seiner religiösen Entwicklung. Ein strukturgenetischer Ansatz, Gütersloh.

Parsons, T./Bales, R.F. ([4]1964), Family-Socialisation and Interaction-Process, London.

Pemsel-Maier, S., „Wir glauben immer daran, wenn einer aus unserer Familie stirbt, dass er dann auf den Boden kommt und als Schutzengel auf uns aufpasst". Medien-, Volks- und Familientheologie als Quelle der Theologie von Kindern, in: Müller, P./Ralla; M. (Hg.), Alles Leben hat ein Ende. Philosophische und theologische Gespräche mit Kindern, Berlin-Münster-Zürich., 85–96.

Peukert, H. (1978), Wissenschaftstheorie – Handlungstheorie – Fundamentale Theologie, Frankfurt a.M.

Petersen, P/Cohn, R.C. (1979), Diskussion. Holistische Holzwege der TZI Ruth Cohn's. Nachrede zum Aufsatz von Eleonore Olszowi-Müller, "Menschenbild und Struktur der TZI", in: Integrative Therapie 5, 246–261.

Picht, G. (1969), Kirche – Gesellschaft und Bewusstseinsbildung, in: Evangelische Kommentare II.

Porzelt, B. (1999), Jugendliche Intensiverfahrungen. Qualitativ-empirischer Zugang und religionspädagogische Relevanz, Graz.

Porzelt, B. (2004), Neuerscheinung und Entwicklungen in der deutschen Religionspädagogik, in: rhs 47 (2), 57–71.

Pottmeyer, H.J. (2000), Normen, Kriterien und Strukturen der Überlieferung, in: Kern, W./Pottmeyer, H.J./Seckler, M. (Hg.), Handbuch der Fundamentaltheologie (Bd. 4), Tübingen, 91ff.

Preul, R. (1980), Religion – Bildung – Sozialisation. Studien zur Grundlegung einer religionspädagogischen Bildungstheorie, Gütersloh.

Rahner, K. (1967), Art. Anthropologie, in: Sakramentum Mundi, Bd.I, Freiburg i.Br. u.a.

Ratzinger, J. (1970), Glaube und Zukunft, München.

Ratzinger, J. (1983), Glaubensvermittlung und Glaubensquellen, in: ders., Die Krise der Katechese und ihre Überwindung. Rede in Frankreich, übers. v. H.U. v. Balthasar, Einsiedeln.

Ratzinger, J. (2000), Einführung in das Christentum. Vorlesungen über das Apostolische Glaubensbekenntnis. Mit einem neuen einleitenden Essay, München.

Reich-Ranicki, M. (Hg.) (2002), 1400 Deutsche Gedichte und ihre Interpretationen, (Bd. 1) Von Walther von der Vogelweide bis Matthias Claudius, Frankfurt a.M. – Leipzig.

Rennings, H. u.a. (Hg.) (1983), Dokumente zur Erneuerung der Liturgie. Bd. I: Dokumente des Apostolischen Stuhls 1963–1973, Kevelaer.

Rituale Romanum (2007). Die Feier der Kindertaufe. In den Bistümern des deutschen Sprachgebietes. Zweite authentische Ausgabe auf der Grundlage der Editio typica altera 1973, Freiburg i.Br. – Basel – Wien.

Ritzer, G. (2001), Taufmotive: Zwischen Initiation und Konvention. Einblicke in die Motivation, ein Kind taufen zu lassen, in die Religiosität von Eltern und in die religiöse Primärsozialisation, Graz.

Rombach, H. (1969), Anthropologie des Lernens, in: Willmann-Institut (Hg.), Der Lernprozeß. Anthropologie, Psychologie, Biologie des Lernens, Freiburg i.Br. – Basel – Wien, 3–46.

Ryle, G. (⁷1961), The Concept of Mind, London.

Sayer, J./Biesinger, A. (1988), Von lateinamerikanischen Gemeinden lernen, München.

Scharer, M. (1987a), Miteinander glauben lernen. Glaubensbuch 5 (Österreichische Schulbücher, Bd. 4128), Wien – München.

Scharer, M. (1987b), Thema, Symbol, Gestalt. Religionsdidaktische Begründung eines korrelativen Religionsbuchkonzeptes auf dem Hintergrund themen- (R.C. Cohn)/symbolzentrierter Interaktion unter Einbezug gestaltpädagogischer Elemente, Graz u.a.

Scharer, M. (1995), Begegnungen Raum geben. Kommunikatives Lernen als Dienst in Gemeinde, Schule und Erwachsenenbildung, Mainz.

Scharer, M. (1997), TZI – Theologie – Glaubenserschließung. Vom didaktischen Rezept zur theologischen Hermeneutik des Lebens, in: Ludwig, K.J. (Hg.), Im Ursprung ist Beziehung. Theologisches Lernen als themenzentrierte Interaktion, Mainz , 90–105.

Scharer, M. (2002), Themenzentrierte Interaktion, in: Adam, G./Lachmann, R. (Hg.), Methodisches Kompendium für den Religionsunterricht 2 – Aufbaukurs, Göttingen.

Scharer, M./Kraml, M. (Hg.) (2003), Vom Leben herausgefordert. Praktisch-theologisches Forschen als kommunikativer Prozess, Mainz.

Scheidler, M. (2002), Interkulturelles Lernen in der Gemeinde. Analysen und Orientierungen zur Gemeindekatechese unter Bedingungen kultureller Differenz, Ostfildern.

Scheidler, M. (2010), Welche Kompetenzen werden in der Katechese erworben? Ein Kompetenzmodell für katechetisches Lernen (Vortrag auf dem Kongress des AKRK, Sektion Außerschulische Religionspädagogik, am 28.09.2010 in Leitershofen).

Scheidler, M./Hofrichter, C. /Kiefer, T. (Hg.) (2010), Interkulturelle Katechese. Herausforderungen und Anregungen für die Praxis, München.

Scheuchenpflug, P. (2000), Singles - eine Provokation für die Pastoral?, in: Provokation Seelsorge, 251–264.

Scheuchenpflug, P. (2003), Katechese im Kontext von Modernisierung und Evangelisierung, Würzburg.

Schiefele, H. (²1978), Lernmotivation und Motivieren. Grundzüge einer erziehungswissenschaftlichen Motivationslehre, München.

Schmälzle, U. (1979), Ehe und Familie im Blickpunkt der Kirche. Ein inhaltsanalytisches Forschungsprogramm zu Zielwerten in deutschen Hirtenbriefen zwischen 1915 und 1975, Freiburg – Basel – Wien.

Schmälzle, U. (1994), Christlich orientierte Familienbildung und Familienpastoral heute noch gefragt?, in: Arbeitsgemeinschaft für katholische Familienbildung e. V. (Hg.), Familienbildung – Familienpastoral. Aus der Sicht von morgen Projekte für heute (AKF-Bericht Nr. 33), Bonn, 11–31.

Schmälzle, U. (1997), Ehe und Familie im Schnittfeld von kirchlichem Anspruch und aktuellen Gesellschaftlichen Entwicklungen, in: Vaskovics, L.A./Lipinski, H. (Hg.), Familiale Lebenswelten und Bildungsarbeit. Interdiszipläre Bestandsaufnahme (Ehe und Familie im sozialen Wandel, Bd. 2), Opladen, 227–265.

Schreijäck, T. (1989), Bildung als Inexistenz. Elemente einer theologisch-anthropologischen Propädeutik zu einer religionspädagogischen Bildungstheorie im Denken Romano Guardinis, Freiburg i.Br. – Basel – Wien.

Schreiner, P. (2006), Interreligiöses Lernen in der Schule und im schulischen Religionsunterricht: ein Literaturbericht, in: Religionsunterricht an höheren Schulen 49 (4), 239–245.

Schüller, B. (²1980), Die Begründung sittlicher Urteile. Typen ethischer Argumentation in der katholischen Moraltheologie, Düsseldorf.

Schulz, A. (1962), Nachfolgen und Nachahmen im Neuen Testament, München.

Schulz, W. (¹⁰1979), Unterrichts-Analyse und Planung, in: Heimann, T./Otto, G./Schulz, W. (Hg.), Unterricht – Analyse und Planung (Auswahlreihe B, Bd. 1/2), Hannover, 13-47.

Schulz, W. (1980), Unterrichtsplanung, München u.a.

Schwab, U. (1995), Familienreligiosität. Religiöse Traditionen im Prozeß der Generationen, Stuttgart – Berlin – Köln.

Schweitzer, F. (1999), Konfessioneller Religionsunterricht in ökumenischer Kooperation: Dritter Weg für die europäische Schule der Zukunft, in: ThQ 179 (2), 110–118.

Schweitzer, F. (2000), Das Recht des Kindes auf Religion: Ermutigung für Eltern und Erzieher, Gütersloh.

Schweitzer, F. (2002), Religionspädagogik – Begriff und wissenschaftstheoretische Grundlage, in: NHRPG, 46–49.

Schweitzer, F. (2003a), Was ist und wozu Kindertheologie?, in: Anton A. Bucher et al. (Hg.), „Im Himmelreich ist keiner sauer". Kinder als Exegeten (= Jahrbuch für Kindertheologie 2), Stuttgart, 9–19.

Schweitzer, F. (2003b), Postmoderner Lebenszyklus und Religion. Eine Herausforderung für Kirche und Theologie, Gütersloh.

Schweitzer, F. (2005), Wirkungszusammenhänge religiöser Familienerziehung, in: Biesinger, A. u.a. (Hg.), Brauchen Kinder Religion? Neue Erkenntnisse – Praktische Perspektiven, Weinheim – Basel,131–141.

Schweitzer, F. (2006a), Religionspädagogik, Gütersloh.

Schweitzer, F. (2006b), Religionspädagogik (= Lehrbuch Praktische Theologie Band 1), Gütersloh.

Schweitzer, F. ([6]2007), Lebensgeschichte und Religion. Religiöse Entwicklung und Erziehung im Kindes- und Jugendalter, Gütersloh.

Schweitzer, F. (Hg.) (2008), Elementarisierung und Kompetenz. Wie Schülerinnen und Schüler von »gutem Religionsunterricht« profitieren, Neukirchen-Vluyn.

Schweitzer, F. (2011), Menschenwürde und Bildung. Religiöse Voraussetzungen der Pädagogik in evangelischer Perspektive, Zürich.

Schweitzer, F./Biesinger, A. (zus. mit R. Boschki/C. Schlenker/A. Edelbrock/O. Kliss/M. Scheidler) (2002), Gemeinsamkeiten stärken, Unterschieden gerecht werden. Erfahrungen und Perspektiven zum konfessionell-kooperativen Religionsunterricht, Freiburg i. Br. – Gütersloh.

Schweitzer, F./Biesinger, A. (in Zusammenarbeit mit Bausenhart, A./Conrad, G./Rink, C.) (2009), Religiöse Erziehung in evangelisch-katholischen Familien, Freiburg – Basel – Wien.

Schweitzer, F./Biesinger, A./Conrad, J./Gronover, M. (2006), Dialogischer Religionsunterricht. Analyse und Praxis konfessionell-kooperativen Religionsunterrichts im Jugendalter, Freiburg i.Br.

Schweitzer, F./Biesinger, A./Edelbrock, A. (2008), Mein Gott – Dein Gott. Interkulturelle und interreligiöse Bildung in Kindertagesstätten, Weinheim – Basel.

Schweitzer, F./Nipkow, K.-E./Faust-Siehl, G./Krupka, B. (1997), Religionsunterricht und Entwicklungspsychologie. Elementarisierung in der Praxis, Gütersloh.

Seckler, M. (1985), Der Begriff der Offenbarung, in: Kern, W./Pottmeyer, H.J./Seckler, M. (Hg.), Handbuch der Fundamentaltheologie (Bd. 2), Freiburg – Basel – Wien, 60–83.

Seckler, M. (1996), Loci theologici, in: LThK 6, 1014–1016.

Sekretariat der Deutschen Bischofskonferenz (Hg.) (2000), „Zeit zur Aussaat". Missionarisch Kirche sein, Bonn.

Sekretariat der Deutschen Bischofskonferenz (Hg.) (2004), Katechese in veränderter Zeit, Bonn.

Sekretariat der Deutschen Bischofskonferenz (Hg.) (2010), Katholische Kirche in Deutschland – Statistische Daten 2009, Bonn.

Siller, H.P. (1991), Handbuch der Religionsdidaktik, Freiburg i. Br. – Basel – Wien.

Simon, W. (1999), Ethikunterricht – Philosophieunterricht – Religionskunde – Religionsunterricht. Probleme und Differenzierungen, in: ThQ 179 (2), 90–99.

Speck, J. (1967), K. Rahners Theologische Anthropologie. Eine Einführung, München.

Spielberg, B. (2008), Kann Kirche noch Gemeinde sein? Praxis, Probleme und Perspektiven der Kirche vor Ort, Würzburg.

Stachel, G./Mieth, D. (1979), Ethisch handeln lernen, Zürich – Einsiedeln – Köln.

Steffensky, F. (2004), Bedeutsame Orte, bedeutsame Zeiten: Der Glaube wächst von außen nach innen, in: Steffensky, F. (u.a.) (Hg.), Gepflanzt am Wasser des Lebens. Kinder brauchen Religion (= Publik-Forum Extra 38).

Suin de Boutemard, B. (1973), Projektunterricht: Beispiel Religion, Düsseldorf.

Tamminem, K. (1993), Religiöse Entwicklung in Kindheit und Jugend, Frankfurt a.M. u.a.

Terbartz-van Elst, F.-P. (1993), Der Erwachsenenkatechumenat in den Vereinigten Staaten von Amerika. Eine Anregung für die Sakramentenpastoral in Deutschland, Altenberg.

Tillmann, F. (1934), Die katholische Sittenlehre. Die Idee der Nachfolge Christi, in: Tillmann, F. (Hg.), Handbuch der katholischen Sittenlehre, Band 3, Düsseldorf.

Tomberg, M. (2008), Religion – Evaluation – Bildung. Was man wissen muss, um ein religiöser Mensch zu sein, in: Religionspädagogische Beiträge 60, 19–30.

Tomberg, M. (2011), Bildungsstandards für den Weg zur Erstkommunion?, in: KatBl (136) 1, 61–67.

Trutwin, W. (2007), Das Judentum im Religionsunterricht. Rückblick und Ausblick, in: Religionsunterricht an höheren Schulen, 50 (6), 333–343.

Tzscheetzsch, W. (1999), Religionslehrer sein – Herausforderungen und Kompetenzen, in: ThQ 179 (2), 100–109.

Uphoff, B. (1991), Kirchliche Erwachsenenbildung. Befreiung und Mündigkeit im Spannungsfeld von Kirche und Welt, Praktische Theologie heute, Hg. von G. Bitter u.a. Bd. III, Stuttgart u.a.

Vogel, B. (2003), Religion und Politik. Ergebnisse und Analysen einer Umfrage, Freiburg i.Br.

Vopel, K.W. (1979), Zur Theorie der themenzentrierten interaktionellen Methode, in: Genser, B./Vopel, K.W./Buttgereit, B./Heinze, B. (Hg.), Lernen in der Gruppe, Theorie und Praxis der themenzentrierten interaktionellen Methode (R.C. Cohn), Blickpunkt Hochschuldidaktik 25, 1–34.

Watzlawick, P./Beavin, J.H./Jackson D.D. (1996), Menschliche Kommunikation. Formen, Störungen, Paradoxien, Bern.

Weblowsky, Z. (1973), Thora als Gnade, in: Kairos 15, 156–163.

Wehrle, P. (2005), Hören auf die Gegenwart Gottes. Zum Text der deutschen Bischöfe „Katechese in veränderter Zeit“, in: Lebendige Seelsorge 56 (2), 87–94.

Welte, B. (1960), Zum Vortrag von L. Scheffczyk, in: Schmaus, M. (Hg.), Aktuelle Fragen zur Eucharistie, München, 190–195.

Welte, B. (1965), Vom Wesen und Unwesen der Religion, in: Welte, B. (Hg.), Auf der Spur des Ewigen, Freiburg i.Br. – Basel – Wien, 279–296.

Welte, B. (1978), Religionsphilosophie, Freiburg i.Br. – Basel – Wien.

Werbick, J. (³1997), Artikel „Kommunikation, II. Fundamentaltheologisch", in: Kasper, W. u.a. (Hg.), LThK 6, Freiburg i.Br. u.a.

Werner, G. (2005), Macht Glaube glücklich? Freiheit und Bezogenheit als Erfahrung persönlicher Heilszusage, Regensburg.

Wiesel, E. (1986), Macht Gebete aus meinen Geschichten, Freiburg i.Br. u.a.

Wilits, F.K., Crider, D.M. (1981), Church Attendance and Traditional Religious Beliefs in Adolescence and Young Adulthood. A Panel Study, in: Review of Religious Research 31, 68–81.

Zehnder, S./Morgenthaler, C./Käppler, C. (2008), Religious Socialisation in the Family – A Multi-Dimensional and Multi-Level Perspective, in: Robbins, M./Astley, J./Francis, L. (Hg.), Qualitative, Quantitative and Comparative Perspectives in Empirical Theology, London, 291–320.

Zeilinger, U. (1983), Erwachsenenbildung hat Zukunft. Zur Diskussion um Stellung und Aufgabe einer christlich verantworteten Erwachsenenbildung, in: Bundesgemeinschaft für Katholische Erwachsenenbildung in Österreich (Hg.), Menschenerweckende Erwachsenenbildung, Wien – München, 89–106.

Zerfaß, R. (1992), Grundkurs Predigt. Textpredigt, Düsseldorf.

Ziegler, T. (2006), Jesus als ‚unnahbarer Übermensch' oder ‚bester Freund'? Elementare Zugänge Jugendlicher zur Christologie als Herausforderung für Religionspädagogik und Theologie, Neukirchen-Vluyn.

Zinnecker, J./Silbereisen R.K. (1996), Kindheit in Deutschland: Aktueller Survey über Kinder und ihre Eltern, Weinheim – München 1996.

Websites

http://www.buddhistischer-religionsunterricht.de/downloads/rahmenpl.pdf (zuletzt aufgerufen am 31.05.2011).

http://www.elternbriefe.de (zuletzt aufgerufen am 31.05.2011).

http://www.sinus-sociovision.de (zuletzt aufgerufen am 31.05.2011).

http://www.sse-luzius.de/entdecken/kinderkirche-luki.html (zuletzt aufgerufen am 31.05.2011).

http://www.uni-heidelberg.de/institute/fak2/krimi/Werte (zuletzt aufgerufen am 31.05.2011).

Sonstige Medien

Häcke, H. (1998), Hilfe, mein Kind ist fromm (Dokumentarfilm, 30 Min.), WDR.

Lutz, B. (2001), Gemeindekatechese, in: Mette, N./Rickers, F. (Hg.), Lexikon der Religionspädagogik (CD-Rom), Neukirchen-Vluyn.